我从哪里来

中华姓氏河南寻根

郑州市政协　河南商报　编

中华书局

图书在版编目（CIP）数据

我从哪里来:中华姓氏河南寻根／郑州市政协,河南商报编．—北京:
中华书局，2015.3
ISBN 978-7-101-10816-3

Ⅰ.我… Ⅱ.①郑… ②河…Ⅲ.姓氏－研究－中国 Ⅳ.K810.2

中国版本图书馆 CIP 数据核字 (2015) 第 047580 号

书　　名	我从哪里来——中华姓氏河南寻根	
编　　者	郑州市政协　河南商报	
责任编辑	申作宏　李洪超　傅　可	
美术编辑	刘　洋	
出版发行	中华书局	
	（北京市丰台区太平桥西里 38 号　100073）	
	http://www.zhbc.com.cn	
	E-mail:zhbc@zhbc.com.cn	
印　　刷	北京天来印务有限公司	
版　　次	2015 年 4 月北京第 1 版	
	2015 年 4 月北京第 1 次印刷	
规　　格	开本／700×1000 毫米　1/16	
	印张 36　插页 8　字数 510 千字	
印　　数	1－7000 册	
国际书号	ISBN 978-7-101-10816-3	
定　　价	128.00 元	

位于河南新郑市中华姓氏广场的姓氏墙（局部）

第二届郑州炎黄文化周开幕

鹿邑县老子文化广场

位于濮阳县的挥公陵大殿

淮阳县陈胡公陵园

潢川县黄国故城遗址上的 14 根石柱，象征古黄国 1400 余年的历史

卫辉市比干庙里的的妈祖像

曼公、吾离（中）、邓禹三位邓氏祖先的巨型雕塑屹立在吾离陵（位于邓州市）前

夏邑县孔子还乡祠里的塑像

位于郏县三苏园里的三苏坟

民国年间的吕氏族谱

牛氏家谱

禹州方岗镇有座"还桥"，相传是方孝孺后人逃难到此修建的

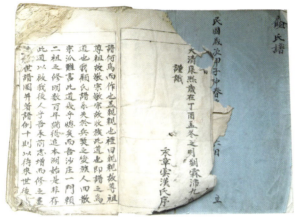

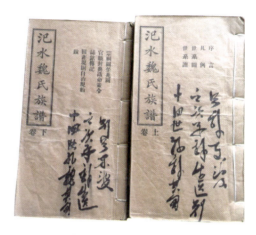

民国年间的顾氏族谱

泗水魏氏族谱

位于鲁山县的世界刘氏会馆

息县白公故城遗址

新郑市北常口村常氏宗祠内的常青树，枝繁叶茂，寓意常氏子孙世代繁荣

指导委员会

赵铁军（河南日报报业集团总编辑）

张建国（郑州市政协副主席）

董　林（河南日报报业集团副总编辑）

王顺生（郑州市政协副主席）

策　划

孟　磊　李洪太　关国锋

文字统筹

范新亚　肖风伟　张高峰　张琳娟

采写记者

李肖肖　丁亚菲　程国昌　段睿超　李　政　姬中贵　胡巨阳　高瞻展

徐方方　孙李爽　熊晓辉　李笑凡　仝存瑞　李江瑞　杨晓楠　王海英

李雅静　王　杰　陈朋冲　程时培　唐朝金　陈诗昂　郭丁然　孙　科

王维丽　沈　威　范艳涛　崔　文　赵灵修　邢　军　张君瑞　郭清媛

摄　影

杨东华　唐　韬　陈　亮

本书编委

孟　磊　牛振林　关国锋　刘天智　孙国系　白照军　王世伟　王义亭

张晓枫　赵　艳　杨　韬　范新亚

专家顾问团

赵太安（河南省委统战部副部长、河南省侨联党组书记）

董锦燕（河南省侨联主席）

袁义达（中科院院士、华夏姓氏源流研究中心主任研究员）

刘合生（河南省侨联经济文化联络部部长）

刘翔南（河南省姓氏文化研究会执行会长）

张新斌（河南省社会科学院历史与考古所所长、研究员，河南省姓氏文化研究会
　　　　副会长）

卫绍生（河南省社会科学院中原文化研究所所长、研究员，河南省姓氏文化研究
　　　　会副会长）

石小生（河南省姓氏文化研究会副会长）

郑强胜（《寻根》杂志主编，河南省姓氏文化研究会副会长）

李立新（河南省社会科学院中原文化研究所副所长、研究员，河南省姓氏文化研
　　　　究会秘书长、法人）

李　乔（河南省社科院中原文化研究所研究员，河南省姓氏文化研究会副秘书长）

（排名不分先后。限于篇幅，对本书亦有贡献的
诸多专家学者，不再一一鸣谢）

目　　录

第四部分　姓氏知识

乡关河南

在我的老家南阳，无论你是初来乍到的远客，还是多次到访的故交，南阳人见面头一句话就是："你回来了？"

这句话，是把你当成了归家的亲人来欢迎。

作为河南西南部一个有着深厚历史积淀的城市，南阳人朴素好客的意识自古而来，深具中国几千年农耕文化的特色，一句"你回来了"千年传承，不管时代怎么发展，这句热络的问候，始终不曾改变。

不管从哪里来的人，到这儿都有落叶归根的感觉。对客人说"回来"，意味着这就是你的家，欢迎回到老家来，享受亲人的盛情款待。

南阳就是河南的一个缩影。中原大地，更是整个中华民族的发祥地。河南具有深厚的根文化，是众多中国大姓的起源地。西周分封八百诸侯，每个诸侯几乎都流传下来一个姓氏，这些诸侯的封地主要在河南。

很多人现在一问，都说是从洪洞大槐树下出来的。其实大槐树下的很多人，也是中原人。现在散处于世界各地的华人，他们的祖先多数也是在河南。我们汉族是从哪儿来的？那是因为有了汉代，而刘邦斩蛇起义就在河南商丘永城。

中国人讲究个落叶归根。为什么呢？人的年龄越大，出去的时间越长，"根"的吸引力便越大。《论语》里也提到"父母在，不远游"，为什么这么说呢？并不是说父母在，就不出远门了，而是说，如果有父母在，不管你走到哪里，这里就是家，你就不会走远；这就是故乡对游子强大的吸引力；大而化之，就是中华文化对海外华人的强大吸引力，就是祖根的吸引力。只要"父母""故乡"在，对他们来说，不管走多远，都是一种精神支撑。

"日暮乡关何处是，烟波江上使人愁。"几千年来，人们都在寻找自己的故乡。这个故乡，既是自己生长的地方，也是祖根肇始之地。而河南，就是这样一个"故乡"，是中华民族的故乡，更是海外游子的故乡。

海内外华人对故乡祖根的深厚感情，我深有体会。

这么多年，我写了一些书，也得了一些奖，但我最看重的，是两个奖，一是香港中学生在生日宴上颁发的"最受欢迎作家和作品奖";二是美国中国贸易中心图书博览会评出的"海外最受欢迎的中国作家奖"。为什么是这两个呢?前者是因为孩子们不会作假,是完全发自内心的喜欢。后者则是因为华侨华人在海外的认可和支持。他们为什么就给了我呢?就是因为我的书里边注入的中国文化理念比较多,那些老华侨或者是移民到美国以后,长期喝洋酒、吃洋饭、说洋话、做洋事,形成一种对故乡驱之不去的怀念的需求。去国怀乡的思绪不但不会削弱,其实是"与日俱增"的。我的作品中的"中国文化情结"得到大家的认可,当然不全是我自己的功劳,也有海外游子文化心理的认同。

多年来,海内外华人来此寻根谒祖不断。河南拥有如此厚重的根亲文化资源优势,近年来,也有一批学者进行了研究和挖掘,但更重要的是,研究出来后,要有面向全世界的对外传播平台。

目前,这种平台还比较少。人家回来了不知道根在哪儿,你得给人家指路,得贴个标签。

比如说,现在许多人都知道孔庙在曲阜,但也许不知道,孔子的祖祠就在河南商丘,曲阜人也认可这一点。而且老子、庄子故里也都在豫东一带,这里是我国儒教、释教、道教的发祥地,可是过去在这方面的研究和宣传还不够。

这次家乡媒体河南商报对源自河南的姓氏逐一探访、梳理,继而把每个姓氏的演变和沿革向外传播,非常及时,也弥补了以前这方面图书的一个缺项。以前我们的姓氏研究,虽然资料详实,但着重面向学术界,现在这本书出来,内容严谨,语言通俗可读,很适合想了解姓氏文化的人群,以及海内外华人寻根。作为媒体,在传播上又具有先天优势,能非常好地把相对深奥的史实深入浅出地讲清楚。这既是姓氏文化的一次全面普及,也是河南根亲文化一次极好的传播。看完本书,相信你会明白自己"从哪里来"。

(二月河)

二○一五年二月

海外赤子，常怀桑梓

从上世纪 80 年代起，海外华侨华人就开始了寻根活动。他们循着手边纸页发黄的族谱，把目光停在了河南。

那是先祖肇始之地，是自己的血脉之源。越来越多的海外华人回到故地，想看一眼自己祖先繁衍生息的地方，寄托一下思古怀今的乡愁。

作为和华侨华人关系最密切的部门，河南省归国华侨联合会（以下简称河南省侨联）见证了他们对祖根故地的深厚感情。

漂洋过海来"寻根"

追根溯源，河南是中华姓氏起源地，特别是与东南各省有着密切的联系，闽粤大部分人的祖先是从中原迁移过去的，以后又进一步迁移到台湾和海外各地生了根。另外，中原是客家人之源。客家人是中原人南迁"移民"中的一支，在漫长的岁月里，筚路蓝缕、颠沛流徙、历经艰辛，从而形成一个有着数千万子民的民系，分布于世界各地。

华侨华人最早的寻根活动，就是姓氏寻根。

1992 年，泰国林氏宗亲会 68 人来到河南卫辉比干庙祭祖。此后，许多姓氏宗亲会来到河南，其中很大一部分涌向固始县。

现在侨居在国外的华侨华人后裔，无论是早期移居台湾和东南亚，还是后期移民欧美及世界各地的，它们大多数是唐初、唐末固始籍移民的后裔，它们自称为"唐人"，聚居的街区称为"唐人街"或"唐人町"。

无论走多远，炎黄子孙血脉同根

为更好服务于华侨华人的寻根，河南省侨联组织专家进行姓氏研究，并推动创办了"中华姓氏文化节""中原（固始）根亲文化节"等品牌性活动。每年，都有数千华侨华人前来寻根祭祖。

2014 年，在第六届"中原（固始）根亲文化节"上，国民党荣誉副主席蒋孝严出现在固始。来自新加坡、马来西亚等国和台港澳地区以及北京、福建等省市的宗亲代表、专家学者和商界人士共 1100 多人参加了开幕式。

把他们和固始连在一起的，就是"根亲"。在蒋孝严看来，无论距离多远，炎黄子孙血脉同根。直到现在，台湾和中原，在很多地方都有相同的印记。

河南省侨联主席董锦燕，从事侨联工作已有多年。她最深切的感受，就是海外侨胞那种血浓于水，对中华之根的深厚感情，"我有幸接触到这么多的侨胞，他们令我感动不已"。

心灵故乡，老家河南

对于海外华侨华人来说，祖根所在地，就是自己的"老家"。千余年前，他们的祖先从中原出发，艰难奔赴南方。如今，他们又从世界各地出发，只为回到魂牵梦绕的故乡。

不同于其他民族的宗教文化，中国传统文化是一种以血缘为基础、家庭为核心的伦理文化，不忘根本，是中华文化的一贯传统，因此，无论是散居世界各地的华侨或华裔，或者已经回国定居的归国华侨，他们的漫漫人生旅途，始终怀有"认祖归宗"的强烈心愿。

在这种"根亲"感情的驱使下，很多华侨华人，尽自己所能，奉献心力，以寄托他们的情思。如今，在河南许多地方，都有华侨捐建的"侨心小学"，捐建的医院、祖祠等，有的老华侨故去了，他们的子女仍持续着这份爱心。

河南省委统战部副部长、河南省侨联党组书记赵太安说，这些年，河南的"根亲文化"，已成为吸引华侨华商的一个重要因素。而这种"根文化"优势，也成为河南侨联工作的独特资源，使既不沿边又不沿海的河南，成为内陆侨务工作大省，情感和文化是凝聚力的能量源泉。对于河南省侨联来说，未来，继续发掘利用姓氏文化、客家文化、炎黄文化、河洛文化为核心的中原"根文化"，也是河南更好地连结海外华侨华人、连接世界的桥梁和纽带。

河南省侨联
二〇一五年三月

一部河南姓氏史，一部华夏传承史

我从哪里来？

一生中，我们每个人都要无数次回答这个问题。

往小了说，这是一个可以在户籍栏中随手填上、可以脱口回答别人的问题，不管是口音还是生活习惯，都带着自己从小到大的生活印记，自然而然，无须思索；往大了说，这又是一个哲学问题，带着血脉和灵魂深处的根，冥冥中牵绕着人，似乎只可意会，不可言传。

我们到底从哪里来，最直接的方式就是通过姓氏追寻。

姓氏，用一种最古老的标志，提示着你的血脉、你的祖根。在中国漫长的农耕文明时代，对一个人最好的夸奖是"不忘本"，最严厉的指责是"数典忘祖"。

千百年来，许多人费了大力气，小心翼翼地保存着祖上流传下来的家谱，为的就是知道自己"从哪里来"。

很多人发现，不管走到哪儿，不管到何方，追根溯源，大家的根竟然是在同一个地方——河南。

按照统计，中国排名前100位的姓氏，有83个源自河南。源自河南的姓氏人口，占中国汉族人口的80%以上。

从原始社会母系氏族开始，在姓氏形成到发展再到成形的漫长时期，河南一直是先祖集中活动地。可以说，一部河南的姓氏史，也就是一部华夏的传承史。

今天，我们重提河南的姓氏文化，就是为了重新打量我们共同的精神家园，凝聚我们血脉里共有的精气神儿。

在国务院支持中原经济区建设指导意见中，打造"华夏历史文明传承创新区"成为中原经济区五大战略定位之一，要求"充分保护和科学利用全球华人根亲文化资源"。河南省委书记郭庚茂也指出，"根亲文化"有较强的感染力和震撼力，对开放带动战略极为有利。

海内外华人的祖根大半在河南。如今这些姓氏就像蒲公英一样，在世界各地落地生根。而铭刻着这些姓氏基因的老乡，也都带着感恩之心，回到老家河南拜谒先祖、借投资反哺祖地。

马年伊始，河南商报社派出记者，兵分几路，到河南境内多个姓氏起源地，探寻与我们先祖有关的故事，推出大型系列策划《我从哪里来》。时历一年，很多篇故事或文章在《河南商报》刊出后，引起广大读者的关注和欢迎，带起了一股寻根问祖潮。

为了更便于读者阅读和查阅，现在羊年将《河南商报》已刊和未刊的多篇故事或文章结集出版。但限于我们的水平，以及未能广泛查阅相关文献、寻访相关专家，更无力作深入研究，所以书中的观点失之片面或错误在所难免，恳请有关专家和广大读者不吝批评指正。

编者

第一部分

河南寻根

老家河南，血脉之根

农历正月一过，河南就要开始接待络绎不绝来自全国各地以及海外的华人——他们不远万里前来只为一件事：寻根拜祖。

从上世纪80年代起，30多年来，海内外华人的"寻根"热情始终不减。无论身在何方，先祖所在地永远是心灵最值得膜拜的地方，魂牵梦绕，追根溯源，最终发现是河南。

根据河南省姓氏文化研究会统计，中国姓氏排名前100个大姓中，有83个姓氏源自河南，而之前官方公布数字为78个，南方"八大姓"全部源自河南。可以毫不夸张地说，河南是姓氏资源第一大省，海内外华人的祖根大半在河南。

姓氏摇篮：河南是中国姓氏的起源地

著名姓氏文化专家、曾担任河南省中原姓氏文化研究所所长的谢钧祥，对中原姓氏作过专门研究。他的研究结果表明，在有来源可考的4820个姓氏中，起源于河南的姓氏共有1834个，占38%；在按人口多少排列的占汉族人口90.14%的前120个大姓中，全源于河南的姓氏有52个，部分源头在河南的姓氏有45个，起源于河南的姓氏，人口数量占汉族人口的80%以上。

谢钧祥指出，不管是在"姓"起源的原始社会母系氏族制时期，还是在"氏"起源的父系氏族社会，河南都是人类活动的重要地区；从血缘关系上说，当今120个大姓分别属于三个族系，即黄帝族、炎帝族、东夷族，河南是这三族长期活动的中心。在姓氏发展时期的夏、商两代，河南均是国都所在地。夏、商时期，也是中华姓氏得以发展的时期，而这两个朝代活动的中心地带均在今河南境内。

河南历史悠久，按照河南省姓氏文化研究会副会长张新斌的说法，一部河南史就是一部中国史，河南人口密集、建都频繁、民族融合多，得姓的机会自然更广。

寻根 30 年：海内外华人一致认同姓氏的根在河南

张新斌说，华人寻根大约从 1978 年从台湾开始，到 80 年代初，"寻根"波及河南。

1981 年，厦门大学教授黄典诚研究闽南语，探寻闽南方言和中州官话之间的关系。当时他来到河南，到固始调查后，在《河南日报》上发表《寻根母语到河南》，讲到语言的根、闽南语方言的根以及福建人的根在河南，并建议中原利用这个优势，加强和东南沿海等地的交流。从那时起，就拉开了河南寻根的序幕，海内外华人一致认同，他们姓氏的根在河南。

"海外寻根"从此推动着河南，尤其是学术界对这种现象的思索：为什么这些人万里迢迢来河南寻根，河南吸引他们的资源有多大？一些专家学者研究发现，"我们有这么多资源，有这么厚的家底"。

了解到这种情况后，河南开始利用"寻根找亲"，吸纳海内外华人，努力实现双赢。"从寻根，到根文化，再到根亲文化，这也是河南文化的一种自觉。"张新斌说。

祖根圣地：海内外华人祖根大半在河南

在海外，尤其是中国台湾，有"陈林半天下，黄郑排满街"和"陈林李许蔡，天下占一半"的说法，占闽粤台绝大多数人口的八大姓氏——陈、林、黄、郑、李、许、蔡、张，发源地均在河南。

河南省姓氏文化研究会秘书长李立新说，河南有三个地点是东南沿海和海外华人魂牵梦萦的寻根圣地：一是洛阳的洛阳桥；二是信阳市固始县；三是开封的宋都珠玑巷。

洛阳桥

以超过 1 亿人口的客家人为例，主要分布在广东、福建及港澳台和东南亚，客家人根在河洛，不少台湾人和海外华人都称自己是"河洛郎"。而洛阳的洛阳桥，正是客家人普遍认同的最初迁出之地的标志。

固始县

固始是中原姓氏一个重要的迁出地，在东南沿海和台湾等省，许多人的族谱上都写有"光州固始"的字样。

据记载，固始人第一次南迁始于 669 年，陈政、陈元光父子先后率兵赴福建地区平乱，随后将士 80 余姓落籍闽地。第二次南迁始于 885 年，固始人王潮、王审知兄弟率乡民随农民义军入闽，所率将士 50 余姓也在闽地落户。1953 年台湾官方的户籍统计，每 5 户台湾居民中，有 4 户先民来自固始。固始成为东南人民眼中的"大槐树"。

珠玑巷

珠玑巷位于广东南雄市，是粤港人寻根问祖的圣地。南雄珠玑巷得名于开封珠玑巷，因南宋时移居此地的官吏士民眷恋故土而得名。今天，这些移居南雄的中原人士的子孙已经遍布粤港，从广东地方志和许多姓氏族谱中可以追寻到其祖先出自宋都开封。

父子同姓，始自黄帝

中华姓氏中，90% 以上的姓氏都出自黄帝及其后裔。

事实上，黄帝不只是最早定姓氏的人，父子同姓也是从他开始的。他的 25 个儿子中，有两人和他同姓。

到了如今，儿子跟父亲同姓、亲生兄弟同姓已是理所当然的事了。

中华姓氏：90% 以上出自黄帝一脉

黄帝，传说中中原各族的共同祖先，与炎帝共同被后人尊为人文始祖，还与伏羲、炎帝等被尊为姓氏始祖。

他是少典的儿子，原本姓公孙，后来因为长居姬水边而改姓姬。其生在轩辕之丘（今河南新郑西北），所以被称为轩辕氏。因为建国在有熊（今河南新郑），所以也被人称为有熊氏。传说中，养蚕、舟车、文字、音律等发明都跟他有关。

史书记载，他有 25 个儿子，其中得姓的有 14 人，共 12 个姓：姬、酉、祁、己、滕、箴、任、荀、僖、姞、儇、依。

姓氏专家谢俊祥认为，所谓 25 个儿子很可能是 25 个氏族，由此也可以看出黄帝族是一个巨大的部落联盟。

据资料显示，黄帝之子的 12 个姓发展到 101 个属地（方国、诸侯国），又派生出 510 个姓。其中的姬姓，作为黄帝的嫡系，势力最为庞大，拥有 61 个属地，衍生出 432 个姓。

在黄帝文化研究方面造诣颇深的新郑本土"大家"刘文学称，因为黄帝在历史上的地位，各朝各代的皇帝总说自己是黄帝的子孙。"言外之意就是，既然都是黄帝的子孙，都流着黄帝的高贵血脉，你能做皇帝，我当然也能做皇帝。"

在刘文学看来，这也是出自黄帝一脉的姓氏很多的原因之一。他统计发现，中华姓氏中，90% 以上的姓氏都出自黄帝及其后裔。另外，河南新郑作为黄帝故里，也是姓氏的重要发源地，仅源于新郑的姓氏就有 300 多个。

父子同姓，从黄帝开始

《国语·晋语四》中说，黄帝有 25 个儿子，其得姓的有 14 个人，一共 12 姓。其中，只有青阳与仓林氏这两个儿子跟黄帝同姓，都姓姬。

如今看来，这么多兄弟都不同姓，实在是不可思议。河南省炎黄文化研究会副会长李绍连说，倘若大家了解原始社会的习俗，就不会觉得奇怪了。

原来，早期的姓氏都是从出生地、母亲的氏族而得的。也就是说，一个氏族的名称和族员的姓氏大都是由居住地来的，也有人以图腾为姓。当一个氏族因人员增多而分裂时，新的氏族和成员要搬去别处，就会衍生出新姓氏。

李绍连举例说，比如黄帝、炎帝兄弟族跟父母氏族少典族就不同姓，炎、黄兄弟二人也不同姓（炎帝姓姜）。

为什么黄帝的那么多孩子中，只有两个人跟他同姓姬呢？李绍连说，因为当时实行的是族外对偶婚。也就是说，不同氏族的成年男女双方，在或长或短的时间内由一男一女组成配偶，保持较稳定的同居生活。这种婚姻中，一个女子往往有许多丈夫，她并不能确定孩子是哪个丈夫的。

而在黄帝时代后期，出现了一夫一妻的个体婚姻家庭，有了可确认的子女，而且母系氏族社会发展为父系氏族社会，也就有了父子同姓的基础。

所以，在中华大地上，父子同姓从黄帝开始，也就不难理解了。

重德轻色，黄帝是楷模

史书中记载，黄帝有四个妃子，其中嫘祖和嫫母是最为后人所熟悉的。河南省炎黄文化研究会会长许顺湛说，黄帝一脉的姓氏，其实大都是从嫘祖来的。

黄帝和嫘祖一共生了两个儿子：玄嚣（少昊）、昌意。玄嚣的儿子是蟜极，蟜极的儿子是五帝之一的帝喾；昌意的儿子高阳继承天下，就是五帝之一的"颛顼帝"。

据说，嫘祖爱远游，去世时也在路上。许顺湛说，其实嫘祖并不是出门游玩，而是跟着黄帝出门去推广养蚕，最终病死在了工作岗位上。

和嫘祖相比，嫫母的子孙并未见史书中有记载。关于她的传说，民间倒是有很多。

她是中国文学史上第一个受到褒扬的丑女。唐代的《瑚玉集·丑人篇》说她额如纺锤、塌鼻紧蹙、体肥如箱、貌黑似漆，是"黄帝时极丑女也"。黄帝为什么要娶一个丑女做妃子呢？史书中说，是因为她虽然长得丑陋，却十分有德有才。

据说，当时部落中经常发生抢婚事件，常有漂亮女子被部落首领抢走。黄帝为了制止此类事件，准备选一个丑女做妃子。后来，他遇到一个女子，长得极丑，心却特别美，就将她娶回去做了第四妻室，封号"嫫母"。

于是，黄帝也被后人奉为"重德轻色"的模范。

万民同庆，共祭轩辕

"三月三，拜轩辕"，祭祖人踏春而来。可是你知道为什么要在这一天祭祀黄帝吗？

一种说法是，这天是黄帝的生辰；还有一种说法认为，这天是上古"国庆节"，祭祀拜祖是为了给黄帝庆功。真的是这样吗？

黄帝故里的姓氏之树

阳春三月，一群戴着黄帝丝巾的人，或拿手机，或持相机，挤在黄帝故里景区的中华姓氏广场。

他们的镜头瞄准的是一棵雕塑在广场的大树。这是一棵绿色姓氏树，在树木的根部有一主三副4个分叉，分别是九黎、蚩尤、神农炎帝（姜）、黄帝（姬）。

主干上的黄帝脉络枝杈向上绵延，少昊、颛顼、尧、舜、禹，他们都是黄帝的子孙，他们从黄帝粗壮的枝杈上，又延伸出绿色的枝条，发散出数十上百个姓氏。

中国历史上曾出现过2.3万多个姓氏，现在已普查到的仅有4000多个，有文字可考的有3000多个。姓氏广场的一侧将3000多个姓氏一一镌刻上墙。排名前100位的姓中，起源于河南的有83个。

三月三，是上古国庆节

三月三，古又称"上巳节"，相传是黄帝的诞辰。也有人认为，二月二才是黄帝的生辰，为什么呢？民间有俗语呀，"二月二，龙抬头"，黄帝是谁啊？龙的化身！不然炎黄子孙怎么又称龙的传人？

如今，之所以"三月三，拜轩辕"，并不是因为这一天是黄帝生辰，而是为给黄帝庆功。

上古时期，氏族成千上万，炎帝、黄帝是其中两个最大的部族。三次大战后，两部族握手言和。黄帝九次与蚩尤交战而不能胜，就联合以熊、罴、貔、貅、豹、虎为图腾的六个部落，之后又会合炎帝部落在涿鹿郊野与蚩尤展开决战，之后黄帝收复了东方六个较大的部落，成就统一大业。

之后黄帝回归故里，在三月三这一天万民共庆，之后每年在这一天都要祭祀，逐步形成"上巳节"。

时间久远，这一天究竟是不是上古"国庆节"已经无从考证，民间却很认同这一说法。

"三月三，拜轩辕"，暗合古代养生

在黄帝文化研究方面造诣颇深的新郑本土专家刘文学说，黄帝的诞辰究竟是哪一天，早已无从考证。汉代有书称黄帝出生于辛卯年戊子，可戊子是哪天，谁也不知道。

至于黄帝到底是什么时候统一六部族，更是无从考证。但中华民族需要有一个信仰作为祖根、内在的感情线，中国人也需要一个历史偶像。而经过考证，历史上确实有黄帝这么个人，功绩很大，几乎无所不能，因此我们都认同黄帝为共同始祖。

关于为什么选择在"三月三"这天拜轩辕，从历史文献中虽然无从考证，但是或许可从"三"这个数字说起。

"三"，在传统中指天、地、人之道也。《道德经》中说，一生二，二生三，三生万物。可见"三"是个多么大的数字。

更重要的是，三月三，是一年四季中阳气最盛的日子，万物推陈出新，生机勃勃，在这一天出游祭祀，使情志随着春天生发之气散发，保持宽容、给予的姿态，顺应生发的季节，调和阴阳，符合古代养生理论。

祭祀黄帝，部落时期就有

据史书记载，中华民族对轩辕黄帝的祭祀，始于部落时期，自春秋时期开始成为由官方组织的公祭活动。战国初期，开始恢复祭祀黄帝和炎帝。这是轩辕黄帝在历史上第一次由神的地位改为人的祖先。

刘文学认为，在有熊国时期，就开始对黄帝进行祭祀了。而祭祀地点，

可能就在现在的故里祠。

黄帝故里祠据称始建于汉代,历史上有毁有修。明隆庆四年(1570)修葺,于祠前建"轩辕桥";清康熙五十四年(1715)新郑县知事许朝术于祠前立"轩辕故里"碑;清乾隆二十九年(1764)修葺,《重修大殿碑记》记载:"古传郑邑为轩辕氏旧墟。行在北有轩辕丘遗址,乃当年故址。"

如今这三个石碑,还保存在黄帝故里祠。走进正殿,大殿里供奉的就是轩辕黄帝的金身塑像。殿内四周的壁画,生动地展现了黄帝一生的丰功伟绩。

炎黄二帝,人文始祖

中国人自称炎黄子孙,奉炎黄二帝为人文始祖,可见,炎帝与黄帝同在中华文明中占据重要地位。据研究统计,炎帝衍生出的姓氏多达400多个,许、姜等大姓均出自炎帝。

与黄帝促成了华夏大一统相比,炎帝更注重提高人们的生活品质,是一位使老百姓丰衣足食的杰出领袖。

炎帝不是一个人,是部族首领的统称

据传,炎帝的出生地在陕西宝鸡,活动于湖南、湖北,葬于长沙茶乡之尾,即现在的湖南省株洲市炎陵县鹿原陂。

相传炎帝的母亲任姒,一天在玩耍时,看到一条巨龙腾空而下,身体有了感应。她在怀孕一年零八个月后,生下一个红球。红球裂为两半后,中间坐着一个胖乎乎的男婴,人身牛首。由于得到了神灵的保佑,炎帝出生三天就能说话,长大后,他身高3米,浓眉厚唇,具有非凡的智慧和过人的胆识。

对于炎帝的出生地,有陕西宝鸡、湖北随州、河南淮阳、山西高平等几种说法。其中陕西宝鸡一说流传较广。

河南省炎黄文化研究会会长许顺湛说,古时候,一个人往往以出生地或部落、家族的图腾取名。炎帝因生于姜水之岸,故被称为姜姓。在他看来,有人认为炎帝是一个人,这种观点不准确。炎帝并不是指一个人,而应该是炎帝族首领的统称。

许顺湛说，在炎黄二帝时期，人的平均寿命很短，也就三四十岁，不可能活上数百岁。炎帝部族持续千百年，一代接一代的首领均以炎帝作为统称。

炎帝衍生出 400 多个姓

炎帝作为与黄帝并称的中华始祖，其后裔繁衍昌盛。

1996 年出版的《中华姓氏大辞典》，根据人口抽样调查资料，按人数多少，排列出了《当代中国 300 个常见汉族姓氏》。其中，前 120 个大姓，约占汉族人口的 90.14%，也就是说，13 亿人中，有 11.7 亿人姓这 120 个大姓。

姓氏专家谢钧祥研究发现，120 个大姓，分别属于三个族系，即黄帝族、炎帝族、东夷族。其中，前 120 个大姓中，属炎帝族的有 6 个姓，占前 120 个大姓的 5%。

在《中国古文字学通论》中，除了前 120 个大姓外，由炎帝族演变而来的姓氏总数多达 400 多个。

随着历史的演进，有些姓消失了，没有家族或宗族人延续至今，而大多数的姓氏还存在，世代有后裔延续，分布在全国各地及世界上的有关国家。炎帝族系姓氏不仅在汉族中占有较大的比例，而且在少数民族中也占有一定的比例，姜、许、国、吕、丁、文姓等均可追溯到炎帝。

炎帝的姓后代演变很多，但无论哪种类型，都把炎帝当作血缘先祖。由于这样的姓氏很多，与由黄帝而来的姓氏一起共同构成了百家姓的主体，因此，现在常说的炎黄子孙，仅从姓氏的来源上便可以得到证明。

阪泉大战后，华夏族逐渐形成

在许顺湛看来，炎帝族要早于黄帝族，到了炎帝族末期，炎帝已经无法控制其他部族，随着黄帝族的崛起，大有取代炎帝族的势头，于是，一场争夺部落联盟首领的战争在所难免。

黄帝征服中原各族的过程中，与炎帝在阪泉进行了一次战役，史称阪泉之战。

关于这场战役的描述，《史记》开篇《五帝本纪》有记载，轩辕（黄帝）与炎帝战于阪泉之野，三战，然后得其志。关于这场战役的地点，学术界尚未有明确定论，传说最多的是冀西北的涿鹿，此外还有北京延庆县。

相传，战争结束后，黄帝仰慕炎帝的农业和医学技术，而炎帝也败得心服口服，于是两个大的部落联合在一期，形成了炎黄族部落联盟。

不过，在一些学者看来，炎黄两大部落的融合其实早在阪泉大战前就已经开始。

黄帝与炎帝经过多年征战，族群也进行了大融合，逐渐形成了上古大华夏部落联盟，当时的中国进入了华夏时代。据载，后来的夏、商、周都是由黄帝的后裔所建。

教人种植"五谷"，人称"神农氏"

炎帝之所以被后人敬仰，不仅是在姓氏方面作出了重要贡献，而且开创了谷物耕作，人称神农氏，并被尊称为传统农业创始人。

如今，河南省淮阳县城东北 5 公里处，有一处土台，周围面积约 10 亩，人称"五谷台"。

当地居民讲，相传在神农时代，炎帝就教人种植五谷，以充腹饥，炎帝把谷粒分为五种，分别起名为稻、黍、稷、麦、菽，炎帝兴农事，知耕稼，种五谷，"五谷台"就是炎帝种五谷的地方。在"五谷台"不远处，还有一口神农井，村民说，这口井是炎帝教民汲水浇灌五谷而开掘的。

关于炎帝神农氏和农业之间，坊间流传着一则故事。

在炎帝之前，天下万民主要靠狩猎生活。到炎帝当首领时，大地上的居民逐渐多起来了，但禽兽有限。有一天，炎帝意外发现每棵苗的根部都有一个还没有腐烂的果实。他想，若是能分辨出哪些果实能吃，哪些果实不能吃，然后将那些能吃的果实埋入地下，让它发芽、开花，结出果实，天下万民就解决了吃饭的问题。

随后，炎帝遍尝千草百卉，终于选出"五谷"，随后又苦研播种和管理技术，教给百姓。农业由此兴起。老百姓为了感谢炎帝，就把他敬之如神，称他为"神农氏"。

第二部分

全部源于河南姓氏

40 个

根在鹿邑，派分天下

每年农历八月初十，福建人李道烽都要忙一次——那是他们祖先的"开基周年祭典"，也就是落脚当地的日子，所有李姓族人都要参与祭祀活动。来自海内外的族人，不管多忙，都尽量参加。

"有水的地方就有华人，有华人的地方就有李姓。"作为河南第一大姓，同时也是中国第一大姓、世界第一大姓的李姓，占据了世界上1亿以上的人口。追根溯源，他们的根在一个共同的地方——河南鹿邑。

避祸武则天，先祖流放福建

30岁的李道烽是福建永安人。按照族谱记载，他们这一支李姓人，源自唐高祖李渊，排到他那里，是李渊的第45世孙。

李道烽那一支，是唐高祖李渊的第20子李元祥后裔，李元祥获封"闽越江王"。在武则天时期，因为她对众多李氏宗室进行打压，李元祥的孙子李祖丛被流放到福建南安。

唐建中四年（783），泾原节度使姚令言军队哗变，占领长安。李元祥六世孙李尚昊在长安为官，他回福建避难，不敢回老家南安，到了今永安市槐南镇皇历村，与长子李希悦定居下来，繁衍生息。至此，福建永安成了世界李氏祭祖的圣地，吸引泰国和我国台湾、香港、福建、广东、浙江等地的李氏后裔前来上香祭祖。

由于李唐皇帝出自"陇西李氏"，最近几年，李道烽也和众多"寻亲团"一起，前往甘肃陇西祭祖。当然，每来一趟，河南鹿邑是必去的地方——唐代认老子为李氏先祖，而老子的故里，就在河南鹿邑。

新加坡前总理也是李渊后裔

如今，李元祥一脉的李氏子孙，已经遍布世界各地，并且名人辈出。

这些后裔的出现，与李元祥第十五世孙李其洪外迁有关。后汉乾祐元年（948），李其洪从皇历迁到沙县的崇仁里二十六都（今福建永安贡川镇双峰村）居住，其后裔辗转向闽西扩展，部分后裔继而漂洋过海，在海外繁衍生息。

"李其洪一脉最旺，目前其后裔遍布世界各地。"李道烽说。

据统计，李其洪后裔主要在福建，在广东、广西、江西等地的也较多，台湾、香港、澳门等地也不少，东南亚和美国、日本等地也有。其中，台湾李氏后裔分居于金门、台北、嘉义、台中等地，并建立了"李氏宗祠"和"敦本堂"，成为台湾的重要一支李姓。

李其洪后代名人辈出。宋、元、明、清朝文风鼎盛，出过 104 位进士，共有宰相 4 人、兵部尚书 4 人、翰林 10 人。清康熙宰相李光地，中华民国前副总统、代总统李宗仁，新加坡前总理李光耀，香港财业巨子李嘉诚等，均为其后裔。

重要分支

1. 陇西李氏

陇西房始祖：李崇（老子裔孙李昙的长子），战国时在秦国做官，任陇西守，封南郑公。

李世民下令修《氏族志》时，以李姓为天下姓氏之冠，并诏令天下李姓皆以陇西为郡望，且对功臣武将广赐李姓，于是出现了"天下李氏出陇西"。陇西李氏由始祖李崇至唐李渊，其间 30 余世，先后分衍出 14 房：范阳房、顿丘房、渤海房、申公房、丹阳房、安邑房、镇远将军房、平凉房、姑臧房、敦煌房、仆射房、绛郡房、武陵房和定州刺史房。

2. 赵郡李氏

赵郡房始祖：李玑（老子裔孙李昙的四子），战国末期任秦国太傅。

李姓的郡望以后发展到 30 多个，以陇西与赵郡的历史最久、声望最高、人口最多，除赐姓李氏及部分少数民族李姓外，李姓其他各分支几乎都是从陇西李氏和赵郡李氏中分衍出来的。赵郡李氏由始祖李玑到唐初共传25世，先后分衍出11房：中山房、常山房、南祖房、西祖房、东祖房、平棘房、辽东房、江下房、广陵房、汉中房和管城房。

3. 福建上杭李氏

始祖李火德（李利贞第73代裔孙），出自陇西房，是唐高祖李渊之子、江王李元祥的后代。

南宋末年元兵入侵，李火德与妻子避居于福建省汀漳道上杭县胜运里之丰朗乡。

今天，不仅福建、广东、浙江、台湾的李氏家族大多是李火德的裔孙，甚至远在美国、加拿大、日本、菲律宾、印度尼西亚、马来西亚、泰国、印度、缅甸、新加坡及欧洲各国的李姓华侨，也大都归于李火德门下。李火德被称为"南方陇西李氏的一世祖"。

自李唐始，共尊老子

对于其他姓氏来说，可能有不同的分支和起源，但对李姓来说，虽然说法也多，但最无争议并被大家公认的，就是起源于鹿邑老子。天下李姓，几乎无不认老子李耳为先祖。这又是为什么呢？

得姓跟名叫"木子"的果实有关

2014年2月13日，鹿邑县太清宫镇。中华李氏大宗祠偌大的院子里，仅有一座尚未建成的主殿，显得格外冷清。

门卫老刘说，这两年来鹿邑寻根的李姓人越来越多。不只有河南人，更多的是从广东、福建等地来的外省人。

在全球超过1亿的李姓人看来，"根在鹿邑，望出陇西"是大家的共识。

但事实上，李姓并非从老子开始，而是来源于老子的十一世祖李利贞。

李利贞生于商末周初,父亲是商纣的大臣理徵,母亲是契和氏。理徵为人耿直,对于商纣王的种种无道之举犯颜直谏,惨遭杀害。利贞随母亲逃难途中,靠吃一种叫"木子"的果实,保住了性命。至于这种"木子"为何物,有人说是李子,有人说是柿子等,总归是一种"树上结的果实"。

之后,因他的姥姥家在陈国(今河南淮阳),便和母亲一路往靠近亲戚的方向逃亡,最终选在和淮阳临近的鹿邑定居。到了鹿邑后,为感激"木子"的保命之恩,也为了躲避追杀,利贞将"木"与"子"组合成"李",作为自己的姓氏。

李利贞作为李姓的得姓始祖,此后一直居住在鹿邑。而鹿邑,也成了李姓之根。

唐代皇室奉老子为始祖

2009年,世界李氏宗亲大会第一次在国内召开。

在世界李氏宗亲总会理事长李常盛看来,会址选在鹿邑,一个重要的原因是,鹿邑是李利贞十一代世孙老子(李耳)的出生地。而老子,又被世界各地李姓华人尊为先祖。

为什么尊老子为先祖?鹿邑老子研发中心主任陈大明说,这是因为李唐皇室认老子为先祖。

唐高祖李渊登上帝位后第三年,即尊封李姓中最有名望的道家学派创始人老子为始祖,以老子庙为太庙。他的继任皇位的儿子、孙子,也纷纷前往老子庙祭祖。老子的庙庭太清宫,于是一扩再扩,其精致华丽一时可媲美长安皇宫。

其后,太清宫屡屡毁于兵灾。前些年,鹿邑当地照着唐宋太清宫旧貌修复重建,才又有了如今这番恢弘景象。

"不怕炮弹"的老君台

太清宫西去5公里,还有一座宫阙,称为明道宫。这里最早有座升仙台(亦称老君台),相传为老子聚徒讲学之处。

在鹿邑民间，无人不知老君爷。上了年纪的老人们，还会讲一个关于老君台和炮弹的故事。

1938年农历五月初四上午9时许，日军从城东往鹿邑开进，发现了高耸的老君台，以为是抗战工事，就集中炮击。

老君台大殿东山墙、东偏殿后墙和附近古柏树共中炮弹12发，机枪弹无数。12发炮弹一发未响。其中两发炮弹穿过大殿山墙，一发卡在了西边的梁架上，一发落在了老君像的神龛上，还有一发卡在殿东柏树的树杈上。

日军攻进县城后一看，原来早先炮轰的是太上老君的升仙台。日本国内也供奉老子，于是他们吓得赶紧跪地磕头。

上世纪80年代，有位名叫梅川太郎的日本老人，特别要求到鹿邑"观光游览"。他来到老君台，蹒跚着爬上33级台阶，在老子像前拜了又拜，向旁人讲了这件他亲身经历的往事。如今，老君台下，立着一块"和平碑"，上面有梅川太郎的署名。

至于当时炮弹不响的原因，陈大明说，他们曾咨询过物理学家、化学家，但都没有答案。究竟原因何在，也许将成为永远无法破解的谜。

天下第一姓，发迹于唐朝

李姓缘何成为中国第一大姓？这和李唐王朝有着直接的关系。

在唐代，由于皇帝姓李，李姓成为"国姓"，唐太宗李世民着力抬高李姓门第，并对功臣大规模赐姓李，引领唐代"赐姓"之风。由于大唐国力强盛，众多少数民族依附，并以姓李为荣，有的少数民族因酋长获赐姓，整个部落也跟着姓李，导致李姓人口急剧膨胀。

皇帝出面，抬高李姓门第

李姓的大发展，始于唐朝。

魏晋以来，门阀制度根深蒂固。隋唐兴起的科举制，给寒门子弟提供了上升的渠道，历代帝王着意打击旧的门阀制度。

唐朝初年，山东郡姓依旧以崔、卢、王、郑为尊，李渊便着手抬高李氏门第。唐太宗李世民登基后，马上组织编写《氏族志》。吏部尚书高士廉等人接受任务后，于638年成书，仍以旧的门第观念列声望最高的山东崔氏为第一等。这让李世民很不高兴，他说："他们早已衰微，却还自负门第，嫁娶多索钱财，弃廉忘耻，不知世人为什么仍看重他们！我平定四海，天下一家，难道你们看不起我的官爵吗？"

高士廉等人被一番斥责后，终于明白了李世民想建立新士族集团的意思，于是对《氏族志》进行修改，改定以皇族李姓为第一等，其次是皇后外戚长孙氏，民间声望最高的山东崔氏被降为第三等。按照李世民的意思，崔氏连第三等都排不上的，但看在已把李姓作为第一等的份儿上，就此作罢。

经修改定稿的《氏族志》，共100卷，列293姓、1651家，所引定的士族等级，造成一个以皇族宗室为首、功臣（包括外戚）与关中士族为重要辅佐、山东和南方士族为次等辅佐的新统治集团。

至此，李唐王朝以御书国志的形式，确定了李姓至高无上的地位。天下李姓无不以称"陇西李氏"为荣，无不奉老子为祖根。

赐姓李，是莫大的荣誉

姓氏，以血缘的名义，显示着一个人的出身。所以，宋代定《百家姓》，因为皇帝姓赵，开头就是"赵钱孙李"；民族英雄郑成功被赐姓朱，下属们就更喜欢称他"国姓爷"；千百年后，鲁迅在《阿Q正传》里，提到无名无姓的阿Q，有一次无意中说自己大约姓赵，大家难免肃然起敬些，却被赵太爷骂了句："你也配！"

在古代，皇帝的姓称"国姓"，最为尊贵，皇帝往往出于褒赏、恩惠、笼络而赐功臣以国姓。对被赐姓者来说，则是一种莫大的荣誉。不少皇帝热衷于此，只是要除了清朝，清代皇帝更喜欢赏个黄马褂或者赐旗籍。

唐朝皇帝赐姓之风，盛于各朝，自开国皇帝李渊开始，至末期的昭宗李晔，一直绵延不断。被赐为李姓的，既有开国治政的文臣武将，又有中、后期有功于唐的臣属。既有汉族人，也有不少内附的少数民族。唐朝几次内乱，如安史之乱、黄巢起义等，每次都有人建功立业；由于大唐的国力强盛，更有周边少数民族争相依附。

大规模赐姓，李姓人口急速膨胀

史书记载，唐代被赐为李姓的人有英国公李勣、夷国公李子和等。还有众多依附的少数民族，如靺鞨族酋长李突地稽，被李世民赐姓李；李思摩，突厥颉利（东突厥）族人，原名阿史那思摩，赐姓李氏；李思恭，本姓拓拔，党项族平夏部首领，以参与镇压黄巢起义之功，被唐僖宗赐姓李。

据不完全统计，唐朝赐姓涉及国内近 10 个民族、16 个异姓，其中包括汉族异姓和外国异姓，远至今天的越南、朝鲜等国。皇帝御赐国姓，被视为一种无上的荣耀。唐朝的赐姓对象中，很大一部分为少数民族。他们一旦被赐姓李，就意味着进入了皇室血统，不再受汉人之讥了。因此，内附的少数民族，往往因酋长获姓，整个部族均改从李姓。这种以姓李为荣的做法，大大扩展了李氏宗族，唐朝李姓人数由此得到空前的膨胀。

李姓之所以成为当今中国第一大姓，与唐代广泛赐姓密不可分。

"鲤"与"李"同音，唐朝禁食鲤鱼

唐朝皇帝姓李，而鲤鱼的"鲤"与"李"同音。因此，当时以鲤鱼为鱼中之贵，从皇帝、官吏、贵族到平民百姓，都崇尚鲤鱼，竞相喂养红鲤鱼，还繁育出许多新品种。

虽然养鲤成风，鲤鱼又是美味佳肴，但人们却不得烹食鲤鱼。这是为什么呢？因为"鲤"与皇帝的姓同音，食"鲤"就等于食"李"，自然在避讳之列；更因为，自古以来，鲤与龟、鹿、鹤、麟、龙、凤等动物一样，带有吉祥的"光环"，民间有关鲤鱼的传说很多，李唐王朝认为杀鲤不祥，便把鲤鱼奉上了圣坛，不让百姓随意亵渎。据《旧唐书·玄宗纪上》所载，唐玄宗曾两次以政府文件形式下诏，"禁断天下采捕鲤鱼"。

人间张姓天上来

如今的濮阳县城，保留着一个规矩：每到清明，濮阳县和周边的张姓人，都会到老城拜祭祖坟。过去当地张姓人不知始祖是谁，只认这块"发源地"；如今，人们为张氏得姓始祖挥公建起气派的陵园，每年回来祭拜的张家人也越来越多。

上古时代，挥公也许不曾想过，张姓一路发展至今，已成为全国第三大姓（约9000万人，占全国总人口的7.07%。主要集中于河南、江苏、山东三省，其中约十分之一居住在河南），子孙更是遍布天下。

一个家族对故土的坚守

2014年2月底，时任世界张氏总会理事的张兆战在准备资料，再过不久，他就要从濮阳出发，动身去台湾了。3月11日，世界张氏总会要在台湾南投县举办六届二次理事会。

聊起张姓，张兆战有"发言权"：从他家族谱上算，他已经是第26代张家人了。他的家族，世世代代居住在濮阳县海通乡前康庄村，村里绝大多数都是张姓，他们有个共同的祖先——德公。

德公是族谱上的第一人，明朝年间中过进士，家中兄弟4个，3个迁往外地，独留长子德公守在家乡，开枝散叶。几百年过去，还是在这块土地上，张家人早已人丁兴旺，子孙成荫。这些年，山东、山西等省共12个乡的张姓人，陆陆续续到村里找德公后代，寻根亲、续族谱。

生活在明代的德公并非"原点"。据张兆战说，德公之前，家中就曾有过老族谱，只可惜在明代时被烧毁。多亏德公，族谱才又续了下来。

"天上得来"的姓氏

关于张姓的起源，得到广泛认同的，就是"挥公说"。

从"张"字的构造不难猜出，这个姓氏，一定与"弓箭"有关。但你能想到吗？张姓与天文学也有点关联。《元和姓纂》记载，挥是黄帝的孙子，他发明了世上第一副弓箭。

他的灵感，来自于夜观天象时看到的弧矢星。弧矢星共9颗，在天狼星东南方向，形状如一副射向天狼星的弓箭。为纪念这一发明，如今，濮阳县挥公陵园大殿的天花板上，还画着一幅弧矢星图。

颛顼封挥为"弓正"，也称作"弓长"。按照《新唐书·宰相世系表》和《元和姓纂》等史书的说法，因为这个缘故，挥的子孙，就世世代代以"张"为姓。

张姓家族中，也有支脉是来源于赐姓或改姓。如《通志·氏族略》记载，春秋时，晋国有个大夫叫解张，骁勇善战，在晋齐战争中，被箭射中，血染战车，仍坚持在前线指挥，最终赢得了战争的胜利，被晋国君主封为张侯，他的子孙后来也就以张为姓。

濮阳与张姓的缘分

如今，在濮阳县东南，坐落着一座占地千亩的挥公陵园，陵园内松柏苍翠、石碑林立。

陵园正中是挥公大殿。大殿造型独特，不论从正面看还是从空中看，都是弓形。2005年，世界张氏第二届恳亲大会就在这大殿前举办，总人数1600余人，其中包括来自马来西亚、新加坡、美国及我国台湾、香港、澳门等19个国家和地区的来宾。寻根之情，纵使远隔千里，也无分别。

主殿内，立着挥公塑像，以及一众张姓名人塑像。偏殿中，有一弓箭馆，馆内珍藏着数十副弓箭，年代从古至今，俨然一部弓箭发展史。

"搜集这些弓箭，花了我们足足两年时间。"世界张氏总会副会长张宏江把每张弓都当成宝贝，"这是我祖先留下的东西。"

挥公留给后世的，当然不只有弓箭。

走出挥公陵园，就是繁华又现代的濮阳县城。张宏江说，挥公陵园周围方圆 10 公里内，就有 5 万张姓人；整个濮阳市范围内，张姓人超过 30 万。几千年来，万千"张家人"上山下海、开疆拓土，足迹遍布全球，名人能士辈出——也许，这才是挥公留下的最宝贵财富。

挥公、濮阳城与澶渊之盟

历史上赫赫有名的澶渊之盟，和张姓始祖、濮阳城都有千丝万缕的联系。

挥公发明弓箭后，经过历代战争的锤炼，人们逐渐在弓箭的基础上发明出了毒箭、鸣镝等威力更大的武器。

宋代《武经总要》中记载，当时出现了一种"三弓床弩"，即把 3 张大弓合并起来一起发射，射程远而威力大。这样的兵器，在宋代无异于大炮了。

1004 年，辽萧太后与辽圣宗亲率大军南下，深入宋境。"当时，辽宋大军在澶州附近交战，宋兵正是用这三弓床弩，射死了辽国大将萧挞览。辽兵失了主将，方寸大乱，与宋坐下来谈判，之后便有了'澶渊之盟'，宋辽之间百余年不再有大规模战事。"千年后，挥公大殿的弓箭馆里，张宏江对着仿制的"三弓床弩"感慨，"可以说，这一箭，直接影响了宋辽两国的边境局势"。

而当年的澶州，正是现今的濮阳。

浩浩张姓，远播四方

张姓人的播迁史，几乎就是一部华夏民族的迁移史。从祖地向四周播散，到向东南西北拓展至全国各地，其中既有民众自发躲避灾祸，又有朝廷强制性移民。从濮阳到三晋、清河，再到整个中国，纵观整个播迁史，次数最多、人口最众、持续时间最长的，还是南迁。

连年水患，避走西迁

一个家族在一片土地上繁衍几代后，人口的增多，会迫使他们走出故地，去开拓新的家园。

据张宏江介绍，张姓氏族最早活动在古清河流域，也就是如今的濮阳一带。他们第一次大搬家，应该是在大禹治水时期。

大禹的故事，大家想必都不会陌生。大禹的父亲鲧治水9年，没把水治好，被舜杀于羽山。大禹治水13年，终于平息了水患。

连年的水灾，迫使尧、舜把都城迁到今山西境内。而张姓始祖挥的后代，应该也随之因避灾而西迁离乡。

族群南迁，开疆拓土

濮阳张姓研究会、濮阳华夏张姓文化研究会编写的《中华张姓之根》一书中，多篇文章提到，西汉末年王莽建立新王朝时，张姓族人纷纷南下，过长江，到达今天的浙江、江西、福建，甚至越南。魏晋，因北方战乱、少数民族迁入中原，张姓继续往西北、南方、东南发展。高昌（今新疆吐鲁番市东南）、楼兰（今新疆罗布泊）的张氏，大多是魏晋南北朝时期迁过去的。

随着中国历史上一次次的人口南迁，张姓族人同其他姓氏居民一道，背井离乡，躲避战火。

出海谋生，远征南洋

明清时期，郑和七次下西洋，郑成功赶走荷兰侵略者，率人开发台湾……这一切，让包括张姓人在内的很多中国人，看到了南渡的生机。他们冒险出海，历经坎坷，终于在东南亚多个国家和地区站稳了脚跟。

远迁"南洋"的张姓人，并没有忘记最初的祖源地。

如今，大批张姓港澳台同胞以及东南亚国家的华人华侨，都常常回到祖地濮阳寻根问祖。

玉皇大帝系出张氏？

古代有纵横家张仪、外交家张骞、大将张飞、名臣张居正，近代有名人张之洞、张学良……纵使时代更迭，他们的故事也很难被时间淹没。同时，张氏家族中还有一些人，知名度也许不算太高，但他们对张氏家族的贡献却不容小视。

百忍治家——张公艺

"百忍歌，歌百忍；忍是大人之气量，忍是君子之根本；能忍夏不热，能忍冬不冷；能忍贫亦乐，能忍寿亦永；贵不忍则倾，富不忍则损……"这首《百忍歌》，常见题于扇面、扉页之上，教人忍让和气。它出自张氏家族一位前辈。

据《旧唐书》记载，寿张县（今河南台前县）张家庄村，有个人名叫张公艺。他家九代同居，子孙繁众，人财两旺。按理说人多是非多，但张公艺家却和和睦睦，相安无事。

这事儿把皇帝都惊动了。唐高宗慕名过访，问张家为何能九代同居，张公艺请人拿来纸笔，写下一百个"忍"给高宗。高宗非常感动，赐他缣帛以示表彰。

后来，"百忍堂"成为张姓中一个非常重要的堂号，分支众多。百忍堂遗址在台前县桥北张村，后人主要分布于山东、河南等地。

一代清官——张伯行

说到清官，很多人首先想到的是"包青天"包拯。其实，张家也有个大清官，还被皇帝肯定了。

他叫张伯行，《清史稿》记载，康熙二十四年（1685）考中进士，先后当过内阁中书舍人、山东济宁道、按察使、巡抚、礼部尚书等。他担任的官职，个个都是"肥差"，用现在的话说，少不了"灰色收入"。

然而，张伯行为官十分廉洁自律。康熙四十五年（1706），张伯行当上江苏按察使，属于巡抚的属下。作为一个"没眼色"的官场新人，张伯行显然没讨到领导欢心。康熙帝南巡到江苏，让总督和巡抚推荐贤能官员，张伯行没被推荐。

好在康熙为张伯行"打抱不平"，当场破格升他为福建巡抚。

张伯行一生为人耿直，却从没失去康熙帝的信任，反而多次受表彰，后来雍正帝赐予他"礼乐名臣"匾额。

老天爷和阎王爷都是张家人？

有种说法称，张姓人没当上皇帝，但老天爷和阎王爷都姓张，上天入地的事儿都归他们管。

关于老天爷和阎王爷的说法自然无从考究，不过，张家到底有没有人称王称帝呢？

张姓人虽然没有建立大一统的朝代，但如果我们仔细"打捞"历史，还是能看到不少"称王称帝"的张姓人。比如，曾建立在新疆吐鲁番盆地一代的高昌国，就有一任君主是张姓人。

高昌是西域的佛教国家，是古时西域的交通枢纽，也是古代新疆政治、经济、文化的中心地之一，在《新唐书》《周书》中对它都有所记载。历史上分别出现过阚氏高昌、张氏高昌、马氏高昌及麴氏高昌，其中张氏高昌的君主叫张孟明。

640年，唐朝灭麴氏高昌。这个美丽而神秘的西域古国，在历史上留下惊鸿一瞥，又匆匆消失于时间的长河，只留下断壁残垣，让人们凭吊与追忆。

姓弓的人也是挥公后代

弓玉虎，是弓氏联谊会的会长。"当年，挥公的后代有的以'弓长'为姓，就是张姓；有的就以'弓'为姓，这就是我们的祖先了。"

郑州有个弓寨村，位于惠济区。"我们弓寨村有6000多人，5000多都是弓姓。"弓玉虎说，他们家族的族谱，在明代初期的战乱中遗失，又在康熙年间重新开始编纂，"算到我这一辈，已经是第15代了。我算是辈分大的，我们村还有第 26 代的呢。"

而这个弓寨村，也很有"来头"。弓玉虎说，村子已有 600 多年的历史了，现在村中还保留有明朝时期建的"客屋"。"每年农历三月三，我们就在老'客屋'里举办祭祖仪式，为后代祈福祈愿。"而族中活动不止这一项，"新中国成立前，村里每到正月初七，还要搭台唱戏，祭拜火神爷。老人们说，过去我们村子的规模，比康百万庄园大得多。"

弓家定居郑州，也有个故事。弓玉虎说，他们有位祖先曾在元朝为官，生有三个儿子，因受奸人所害，老大改姓为龚，老二改姓为宫，老三逃到山西临汾，行不更名坐不改姓，仍旧保留弓姓。明朝时，老三的子嗣随着人口迁移的大潮，就来到了如今的弓寨村。"现在全国弓姓人口有 20 来万，别看人少，但分布很广，黑龙江、辽宁、河北……连台湾都有弓姓人。"

千百年来，弓家也出了很多名人。比如明代郑州十六进士里，就有弓家人。他名叫弓省矩，字从心，号梅峰，明熹宗天启五年（1625）中进士。初授内阁中书舍人，曾出使高丽（朝鲜），不辱使命，后任吏部职选员外郎。

陈氏八千万，祖地在淮阳

"陈胡公铁墓"成祭祖之地

陈胡公陵园位于周口市淮阳县城东南角。"农历二月二以后来这里祭拜的人更多。"淮阳县陈氏研究会秘书长陈卫东说。很多陈姓人都会聚集到这里，祭拜陈姓始祖陈胡公。

河南省陈氏文化研究会会长陈瑞松介绍，陈胡公死时是"墓而不坟"的年代，也就是埋葬死人后不作标志。但陈胡公作为侯爵，可以在陵墓上建拜殿。

陈卫东说，原本陈胡公墓在沼泽中央，后来新加坡著名企业家陈永和捐资，填平了沼泽，修建了现在的陈胡公陵园。现存的这座直径 20 米的墓，墙壁是用像铁一样的灰褐色砖砌成。后来，又有陈氏宗亲捐资，在陈胡公墓前修建了一座墙壁，上刻"根"字，象征天下陈姓皆源自陈胡公。

如今，这里成了世界各地陈姓人寻根问祖之地。

陈姓始祖，是舜帝的后裔

陈胡公是陈姓的得姓始祖，原本姓妫名满，是舜帝第 33 世孙。妫满的父亲阏父，因商纣王昏庸无道，制造了大量武器帮助周武王，为周朝建立立下汗马功劳。

公元前 1046 年，周武王追封先贤遗民时，将阏父的儿子满，封于陈地，国号为陈，建都于宛丘，并将自己的女儿嫁给了满。

因此，妫满也被称为陈胡公。当时陈国辖地在黄河以南，淮水之北，国力强盛，是西周至春秋最有影响的诸侯国之一。

不过，从陈姓的发展轨迹可以看出，陈姓与当时的陈国虽然关系密切，但陈国强盛时并没有人以"陈"为姓，陈姓得以发展则是在陈国灭亡之后。

望于固始，南开闽漳

福建、台湾等地的陈姓人，与河南固始县的陈姓人都供奉着共同的远祖——"开漳圣王"陈元光。位于固始县陈集乡的陈氏将军祠，与遍布台湾、漳州等地的陈元光庙，都是历经千年，香火不断。

如今，陈姓已成台湾第一大姓，大多是陈元光后裔。

开漳圣王：固始县与闽南供奉着共同的远祖

17 岁的陈志伟，是福建省漳州市檀林村人。该村有 1000 多人，都姓陈，据传是唐代名将陈元光的后裔。

至今，檀林村内设有颍川陈氏祠堂，供奉着"开漳圣王"陈元光。每年冬至的前一天，村民都会邀请台湾陈姓人，前去祭拜先祖。

陈志伟没事儿的时候，喜欢研究老祖宗的生平事迹，他发现陈元光是从河南固始去的闽南。有一天，他见到了村里的陈氏族谱，开篇写着"树本乎根，水本乎源，人本乎祖"。"固始县是祖宗的老家，应该回去看看。"陈志伟说。

事实上，已经有很多福建、台湾的陈姓人，前往固始县城东北 25 公里的陈集乡陈氏将军祠祭祖。

固始县根亲文化研究会会长陈学文，曾到闽南甚至台湾多地考察，发现当地供奉陈元光的庙宇、祠堂不计其数。

因为战争，陈姓大规模移民

陈姓迁徙时，固始县是一个重要的迁徙节点。光州固始人陈政、陈元光父子入闽，使陈姓人在南方大规模发展。

在陈政、陈元光之前，就已经有陈姓人为避战乱，从固始走水路，向福建等地迁徙。

311年,西晋南海郡守陈润由河南光州固始县南渡入闽,居福州乌石山麓。

唐总章二年(669),闽南发生叛乱,陈政成为岭南行军总管,率将领123人、府兵3600人入闽平叛。当时,只有13岁的陈元光跟随父亲出征。后来,陈政的哥哥陈敏和58姓军校,被派到前线支援。之后,陈政病死,陈元光代父领兵,最终平定了叛乱。

那次战争,让包括陈姓在内的100多个姓氏开始在闽南各地生根,成为各个姓氏的开闽始祖,繁衍生息。

平叛后,686年,陈元光经朝廷批准建立了漳州郡,他去世后被尊为"开漳圣王"。在以后的数百年内,他的后裔逐渐在福建形成了一个陈氏望族。

陈姓成为台湾的第一大姓

在漳州市诏安县,有一个约6000多人的村庄,名为白叶村。该村与檀林村一样,村民都姓陈。

相传,明朝末年,陈元光第22代孙陈元隆在诏安县隐居。他的几个儿子分散居住在附近几个村落里,其中一个儿子成为白叶村的开基始祖。

前几年,该村陈姓族长陈水滚接受媒体采访时说,200多年前,白叶村陈氏家族有个叫陈乌的人去了台湾。资料显示,陈水扁是陈乌的第9代孙,按照白叶陈氏辈分的排序,陈水扁为第20代。

之前也有专家考证,陈水扁确是陈乌后代,算下来也是固始陈姓人后裔。其迁徙路径是由固始迁往漳州,之后到了台湾。这也是台湾大多数陈姓人的迁徙路线。

如今,陈姓已成为台湾第一大姓。据到过台湾的陈氏宗亲介绍,台北市的"德星堂",是全台湾陈氏宗祠,大殿内有一副对联:"箕裘全子,袍笏文孙,颍川郡凤毛世胄;南国旌旄,东宫衣钵,李唐时虎拜龙庭。"说明了台湾陈氏与大陆陈氏一脉相承的关系。

其实,不只台湾的陈姓人是固始陈姓后裔,其他姓氏也大多来源于固始。据台湾地区1953年户籍统计,当时户数在500户以上的100个大姓中,有63个姓氏族谱上均记载其祖先来自固始。

血脉情深：固始县已经成为"中原第一侨乡"

固始县城南新区，有一处占地近百亩的根亲文化园。2014 年 10 月，这里举办了第六届根亲文化节。

根亲文化与根亲经济，已成为固始县的一张名片。固始一直都有"中原第一侨乡"之称，其中陈姓与王姓是侨胞最多的两个姓氏。之所以大家愿意在固始投资，正是因为有共同的先祖，血脉情深。

陈学文曾到福建考察闽南方言，他惊奇地发现，闽南多地仍在使用固始方言，沿袭固始的习俗，比如，都管父亲叫"大"，管母亲叫"大大"等。

陈学文曾多次陪同从台湾到固始寻根的陈姓人，一起去拜访陈氏将军祠。看着海峡对岸的陈元光后裔，对着祠堂跪地叩拜，陈学文更加意识到："两岸同根，一直可以追到这里。"

陈姓唐僧，西天取经

大部分人熟知唐僧，都是因为《西游记》。在这部古典小说里，唐僧是一个善良、迂腐的僧人。

唐僧在历史上确有其人，与小说中的法名一样，在他的故里洛阳偃师市缑氏镇陈河村的村民口中，他依然是玄奘法师。

在村民看来，他既是陈姓人的骄傲，又是佛学大师。玄奘究竟是什么样的一个人，他与陈姓有什么渊源？为何鲁迅称他为"中国的脊梁"？

唐僧故里在洛阳偃师陈河村

陈河村位于缑氏镇凤凰山脚下、凤凰谷东侧，距洛阳市区 40 公里。

目前该村的陈姓人，大都是玄奘的大哥陈霖的后裔，40 岁的陈志伟是第 48 代。

史料记载的玄奘出生年月多有矛盾，陈河村的人不理会这些，将每年的农历三月初九视为玄奘诞辰。这一天，村民除了给先人扫墓外，还举行大型的祭奠活动。

研究玄奘文化多年的董煜焜认为，在确无历史记载的情况下，陈氏后裔的传承可以作为依据。另外经过多年考证，他认为玄奘的出生日期应该是600年。

玄奘幼时便遁入空门

《大慈恩寺三藏法师传》记载，玄奘法师俗姓陈，名祎，祖居颍川郡。董煜焜说，玄奘的祖父陈康担任过北齐的国礼部侍郎，后来迁居偃师缑氏镇。传到玄奘父亲陈慧时，陈家家道中落，陈慧不满隋朝官场腐败，辞官在家读书。

陈慧是一位儒学大师，后人评其"英杰有雅操，早通经术"。在他的教育下，玄奘自幼习文，8岁能背诵《孝经》，11岁能诵《维摩诘经》和《法华经》。

董煜焜说，玄奘的母亲笃爱佛学，玄奘后来研究佛学，也是受了她的影响。

幼时的陈祎跟着二哥，到离陈河村4公里的灵岩寺听经讲佛，入了佛门，法号"玄奘"。

违背禁令，偷渡出国取经

《西游记》中，唐僧是唐太宗的结拜兄弟，西天取经时得到皇帝的倾力支持。而事实上，玄奘是违背禁令，偷渡出国取经的。

董煜焜的《玄奘大师与玄奘故里》描述，唐武德九年（626），玄奘上书朝廷，申请出国取经。

"当时唐朝的边境并不安定，登基不久的李世民下令以玉门关为界，禁止百姓外出。"董煜焜说，玄奘的出关申请被驳回。

627年，关东、河南等地遭遇霜灾，朝廷下令民众可以"随丰就食"，百姓大多逃荒。玄奘跟随逃荒者一路向西，出了长安，开始了求经的万里孤征。

没有徒弟保护，他一个人经历凶险

玄奘一路西行，经历了无数凶险。

行至凉州（今甘肃境内），凉州都督接到封锁边关的圣旨，命令玄奘立即回京。这时候，当地一个法号为慧威的和尚，派弟子护送他继续西行。

到了瓜州（今甘肃安西县东），玄奘买了一匹马，但苦于无人相引。此时胡人石磐陀请玄奘为他受戒，并自愿当玄奘的向导。

有学者认为，这个石磐陀是《西游记》中孙悟空的原型，"胡僧"与"猢狲"发音接近。然而，这个胡人没有像孙悟空一样坚持到底，而是中途离开了玄奘。

一路上，玄奘走过雪山、荒漠，也遇见过强盗，幸运的是，他在四年后最终到达了印度。

鲁迅称他为"中国的脊梁"

玄奘取经，一共用了 17 年时间，带回 657 部佛学经典，翻译了 1000 多部佛学经典。

"佛教在中国发扬光大，玄奘的贡献无人可比。"董煜焜说，玄奘的贡献，不仅仅是在佛学上。

西行路上，玄奘经过 110 个国家，后来写成《大唐西域记》，记载一路上的山川、地貌、风俗，给后人留下宝贵的文化遗产。如今，印度人研究本国历史，都会用玄奘的《大唐西域记》考证。

2004 年，中宣部、文化部联合向全世界推举中国的 6 位文化名人，玄奘与老子、孔子、屈原、孙子等处于同等地位。

"玄奘的精神，就是我们现在中华民族的精神。"董煜焜认为，玄奘"坚持真理、谦虚礼让、潜心学问"，堪称楷模。一向高傲的鲁迅先生，也因玄奘的舍身求法，赞其为"中国的脊梁"。

源于赢姓，根在潢川

每一个姓氏背后，都有一个故事。黄姓亦然。黄国故城就在今天的河南潢川县境内。黄姓公认的老祖宗是谁？为何姓黄？黄姓与黄国又有哪些历史渊源？

古城不复在，敬祖情更深

潢川，古称光州，黄国遗址就在其境内的隆古乡。

潢川中华黄姓研究会会长黄运庚手中的图纸为我们呈现出了古黄国遗址的轮廓。遗址呈长方形，东西长1500多米，南北长1800多米，周长共6720米，面积2.82平方公里，是河南省保存较为完整的一座春秋时期诸侯国都城。

黄运庚说，古黄国的城墙用黄土夯筑而成，城垣至今高处仍有10米，低处5米，基宽59米，上宽10米至25米，城外有护城壕沟。其建筑规模完全符合春秋时期"子爵，城三里"的等级制度。如今，后人为纪念黄国故城，在其遗址上建起了一座颇具规模的仿古建筑。黄运庚说，虽然黄国已不复存在，但每年仍有众多海内外黄姓人前来寻根敬祖。

望着眼前的古黄国遗址，不免想知道，古黄国从何而来，又因何覆灭？

对于这段历史，隆古乡的普通百姓均可道出一二。"古黄国为陆终或陆终之后人于夏朝时建立，公元前648年被楚国所灭。"村民王大爷说。

"老人所言不虚。"黄运庚说，关于黄国，中华姓氏文化典籍中有明确记载："黄氏赢姓，陆终之后，受封于黄，今光州定城西十二里有黄国故城，在楚与国也，僖公十二年为楚所灭，子孙以国为氏。"

黄国被楚灭，后人以国为氏

黄国故城的遗址上竖有 14 根石柱，据看护园子的大爷介绍，这 14 根石柱是后人为了纪念黄国 1400 年的建国史而建，每一根石柱代表 100 年历史。

黄国被夏朝征服后，又多次参加了商族灭夏的战争。到了公元前 1600 年，殷商部族在汤的领导下消灭了夏王朝，建立起殷商帝国。黄国因参与商灭夏的战争，且与商族同属原东夷集团，因此，商朝建立后，黄国成为商的小盟国。

周王朝时期，黄国与江、道等诸嬴姓国结成了同盟，并凭借实力成为东夷诸嬴姓小国的盟主。而后，南方的荆蛮楚国日益强大，对淮、汉流域诸小国的威胁日益严重。

据《春秋》记载，公元前 648 年，楚成王以黄国不向楚纳贡为借口，大举入侵黄国。黄国没设防，盟国又坐视不救，结果以惨败告终。历史上建国长达 1400 余年的古老黄国，至此被楚国消灭。黄国灭亡后，幸存的黄国族人分散各地，后人从此"以国为氏"。

黄姓出自嬴姓，祖根在黄国

"以国为氏"的黄氏后人是否就是黄姓的来源？

据黄姓文化研究会主任黄俊介绍，黄姓出自嬴姓，是古帝少昊的后代。少昊的后代皋陶，在虞舜时期担任大理的职务。皋陶的儿子伯益，因为帮助禹治水有功，被舜赐姓为嬴。伯益的儿子大廉，被禹封在黄，建立了黄国，他的后代也就世代居住在那里，并且把黄作为他们的姓氏。

潢川的古黄国被楚国灭了之后，黄姓族人中一部分逃亡至各诸侯国避难，相当多的人被迫迁至楚国腹地，分别定居今湖北黄冈、黄石等地。这些地方，据说也均以黄姓遗民迁居至此而得名。

有一支族人迁至今武汉江夏区一带，若干年后，其后裔与黄歇被害后逃亡至江夏的黄氏族人融合，发展成为汉代著名的江夏黄氏。还有一支则内迁至今湖北江陵、荆州一带，后来形成秦汉时期著名的江陵黄氏。

另有一批人迁到广大的江南地区，与当地少数民族交融，秦汉时期在湘、鄂、闽、粤、川等地繁衍开来，成为较早到达少数民族地区的黄姓族人，即南方蛮越地区的黄姓人。

还有说法称，还有一支黄国遗民，远逃至新罗（今韩国、朝鲜），形成了朝鲜民族中的黄姓。

申城得名，典出黄氏

黄国灭亡后，有一部分遗民仍留在潢川故地，坚守已残破不堪的家园。

战国后期，以黄歇为代表的黄氏家族首先崛起。出生于河南的黄歇驰骋楚国政坛数十年，被封为春申君，左右朝政、威慑天下，与齐国的孟尝君、魏国的信陵君、赵国的平原君，并称"战国四公子"。

临危受命，赴秦求和

如今，潢川县建有春申君陵园，陵园入口处，建有春申君黄歇的高大石像，以此纪念黄歇的功德。

黄歇年轻时曾四处拜师游学，见识广博，以辩才出众深得楚顷襄王的赏识，任为左徒（参与国事，接待宾客和外交活动）。

公元前298年，秦国大举出兵攻打楚国，前278年攻下楚国都城鄢郢（今湖北江陵），楚顷襄王被迫把都城向东迁往陈县（今河南淮阳）。这时楚顷襄王急于和秦国求和，于前273年派辩才出众的黄歇出使秦国。

就在黄歇出使秦国之前，秦已经决定派遣大军与韩、魏两国联合进攻楚国，形势千钧一发。黄歇赶在战争爆发前达到秦国，上书秦昭王晓以利害。黄歇"纵横舌上鼓风雷，摊销胸中换星斗"的潇洒气魄，言中了"联楚"和"攻楚"的利害关系。于是，秦王收回了进攻命令，转而与楚国签订友好盟约。

黄歇的努力避免了楚国遭遇亡国的危机。此后20年间，秦楚两国没有发生大规模军事冲突。

太子遇险，冒死营救

为了取信于秦，第二年，楚太子熊完（元）被送到秦国作人质，黄歇陪着他住在秦国。十年后，楚国来使者报告，楚顷襄王病重，太子需要回国继承王位。

黄歇知道秦国丞相范雎和熊完关系很好，于是试图说服范雎。黄歇说，楚顷襄王可能会一病不起，如果秦国能让熊完回去，熊完即位后必然会感激秦国，努力维护和秦国的关系。如果不放熊完回去，而是利用熊完要挟楚国，楚国必然会另立太子以对付秦国，秦和楚的关系就会破裂。

此时，黄歇一方面劝说秦王，一方面也准备好了帮太子逃离秦国的计谋。他让熊完换了衣服扮成楚国使臣的车夫出关，而自己却在住所留守。直到太子走远，黄歇才向秦昭王说出实情，秦昭王大怒，想让黄歇自尽。

危急时刻，范雎出言相劝："熊完即位后，必会重用黄歇，不如让黄歇回去，以示亲善。"秦昭王因而将黄歇送回了楚国。这一次营救太子熊完的行为，为黄歇日后的赫然崛起打下了坚实的政治基础。

拜相封侯，辅国持权

黄歇回到楚国后不久，楚顷襄王去世，熊完即位，称为楚考烈王。

公元前262年，黄歇被楚考烈王任命为楚国令尹，封为春申君，赐给他淮北十二县的封地。

15年后，由于与齐国相邻的淮北经常发生战事，黄歇向楚王进言道："淮北地区靠近齐国，那里情势紧急，请把这个地区划为郡治理更为方便。"并同时献出淮北十二县，请求封到江东去。考烈王答应了黄歇的请求。他就在吴国故都修建城堡，把它们作为自己的都邑。

公元前257年，秦国的军队包围了赵国的都城邯郸，赵国形势非常危急，赵国的丞相平原君赵胜前去楚国请求救援，楚考烈王弃秦楚两国的盟约于不顾，派遣春申君领兵救援赵国。与此同时，魏国也派出信陵君魏无忌救援赵国。在楚、魏、赵三国的联合下，一举击溃秦军，解除了邯郸之围。

轻信小人，命丧棘门

公元前238年,楚考烈王病重,国事被国舅李园操控。黄歇的门客朱英说:"世上有不期而至的福，又有不期而至的祸，和不期而至的人。"

"现在楚王病重，死在旦夕，您辅佐年幼的国君，因而代他掌握国政，如同伊尹、周公一样，等君王长大再把大权交给他，不就是您南面称王而据有楚国？这就是所说的不期而至的福。"

朱英说:"李园未将精力放在执掌国政上,不管兵事却豢养刺客为时已久,楚王一下世，李园必定抢先入宫夺权并要杀掉您灭口。这就是所说的不期而至的祸。""您安排我做郎中，楚王一下世，李园必定抢先入宫。我替您杀掉李园。这就是所说的不期而至的人。"

黄歇听了后说:"你要放弃这种打算。李园是个软弱的人，我对他很好，况且又怎么能到这种地步！"

此后17天，楚考烈王去世，李园果然抢先入宫，并在棘门埋伏下刺客。春申君进入棘门，李园豢养的刺客从两侧夹住刺杀了黄歇，斩下他的头，扔到棘门外边，同时派官吏把春申君家满门抄斩。

申城因纪念春申君而得名

公元前241年,楚国都城由陈郢（今河南淮阳）迁到寿春（今安徽寿县）。这时春申君的封地由淮北十二县改封吴地，其家族也随之离开黄国故城，迁至今上海、苏州一带。

黄歇受封之时，黄浦江还是一条无名之河，河中泥沙淤积，河床过高，常常泛滥。黄歇带领百姓疏通河道，筑起了堤坝，抑制水患，深得民心。

人们为了怀念他，不仅为他建了庙宇，还将这条河改名春申江，简称申江。后来人们便以"申"代称上海。在上海，黄浦江、申江、春申江、春申村、黄浦区、春申路等均为纪念这位开"申"之祖。

另外，旧上海首家大报《申报》，也源于春申君黄歇之名，这在上海《黄氏雪谷公支谱》中有详细记载。

黄歇是古黄国人后代

宋邓名世在《古今姓氏书辩证》中说:"楚灭黄,其族遂仕楚,春申君黄歇即其后。"

元学者黄潜在其《族谱图序》中说:黄国"为楚所灭,子孙之仕楚者有黄歇"。

由此可见,黄歇是古黄国人的后代。

还有一些学者认为,潢川不仅是春申君的封地,而且是他的家乡。

据清乾隆《光州志》记载:"光州内有黄歇宅。"又载:"州境(在潢川)即在所赐十二县中,今州治其遗宅也。"

近年,潢川出土了清乾隆七年(1742)九月"光州十景"石刻中有《春申遗宅》一首,并注:"周东三里河北有春申君丹炉,在光州治后有春申君漆井。"

从史料和出土的文物看,黄歇可谓是地地道道的咱河南老乡。

周姓姬姓，本是一家

说起周姓，难免会让人想起历史上的周朝。先秦时代的周朝，到底与周姓有着怎样的关联？周姓和黄帝又有什么关系？为什么民间会有说法称"周姓姬姓是一家"呢？

周姓源于姬姓，系黄帝后裔

3月底4月初的洛阳城，柳絮随风而飞，牡丹含苞待放。每年春天，来这里赏花、寻古的游客数不胜数。而每逢农历初一、十五，洛阳城里还有一个热闹的地方——周公庙。

洛阳周公庙博物馆馆长周海涛说，根据研究，洛阳本地有几十个姓都出自周公之后，很多姓氏的后人，都把周公当作先祖来祭拜，其中就包括周姓人和姬姓人，"民间说周、姬是一家"。

很多人把黄帝（姬姓）之裔后稷，当作周姓的一位始祖。后稷的后裔古公亶父，因受到西方戎、狄等游牧部落的侵扰，率领姬姓族人迁往"周原"（今陕西岐山县一带）。周朝，便从这里发展起来，其后世子孙以国为氏，也就有了大批的周姓人。

而今，周姓人远播到南方乃至海外，其中很多人，仍把中原当作是自己的根。

中华周氏宗亲联谊总会执行会长周时选说，2013年3月，他们在洛阳周公庙举行了大型的联谊、祭拜活动，有五六百人参加。

三支周姓，都起源于河南

史籍中出现的年代最久远的周姓人，比周朝还要早。《河图运录法》记载，黄帝时，就有个臣子叫周昌。《逸周书》记载，到了商王朝时，有一名叫周任的太史。而根据《中华姓氏河南寻根》一书以及周海涛的介绍，源于姬姓的周姓族人，主要有三支，均起源于河南。

1. 出自周赧王的后裔

平王东迁，定都洛邑后，霸权在诸侯之间来回辗转。公元前256年，周朝被秦所灭，末代君主周赧王被贬为平民，故国宫阙显然不能再作为容身之所，随后他们迁到了惮孤（今河南汝州市西北）。周赧王的子孙，后来就以"周"为姓。

2. 出自周公旦的后裔

周公姬旦的次子在周朝继续辅佐王室，世代继承了"周公"这一称号。周公旦的后代周公黑肩，不幸卷入王室内乱被杀。不过，他的子孙仍旧承袭爵位，在朝中做官，后来这一脉的后世便也改姓为周。

3. 出自周平王的后裔

周平王有个儿子被封到了汝坟（汝坟的地点，目前各家说法莫衷一是，有汝南汝阴说，还有汝州说、郾城说、上蔡说、叶县说等，但大致在今驻马店、平顶山汝河沿线一带），传到第18代姬邕时，周被秦灭，因仍旧被人称作"周家"，姬邕他们索性就改姓为周。汉初时，朝廷封周邕的孙子周仁为"汝坟侯"，赐号"正公"，延续周室香火。周仁后来迁往汝南郡安成县（今河南驻马店所辖汝南、平舆、确山、正阳诸县交界一带）。这支周姓在当地发展繁衍，汉唐时成为著名的汝南周氏，后不断播迁，构成了今天周姓的主要来源。

唐玄宗时，不少姬姓改为周姓

说起周姓与姬姓的渊源，有一个姓李的不能不提：唐玄宗李隆基。

中国古代有个说法，叫"避讳"。那时候，人们对皇帝、上司、尊长甚至圣人，都不能直呼或直书其名，否则就算是"犯讳"。得罪了皇帝，轻则坐牢，重则丢掉性命，都是有可能的。

唐玄宗李隆基执政的时候，不少姬姓族人，因为"姬"与"基"谐音，要避李隆基名字的音讳，而把姓改为了"周"。

后来，一部分改姓的族人，等到"风声"过去，又悄悄把"周"改回了"姬"。但另外一部分，就"将错就错"，沿用至今了。

古都洛阳，周公营建

"周公吐哺，天下归心"，曹操的这句诗，讲的是西周周公旦，儒家思想的奠基者、洛阳城的营造者。

儒家思想中的重要概念"礼"源于周公。在1500多年的时间里，孔子是周公的陪祭，周公塑像在中间，孔子塑像在旁边，文人先拜周公，再拜孔子。

然而，自唐玄宗起，周公被请出祠庙，自此以后，文人只尊孔，不再尊周。这是为什么？

辅佐武王，伐纣灭商

周公姓姬，名旦，又称周公旦，是周文王的儿子，武王的弟弟。因姬旦采邑在周（今陕西岐山县东北），爵为上公，故称周公。

周公辅佐武王制定灭商战略，经过几年的努力，武王带兵与商军在牧野对阵，商军节节败退。纣王见大势已去，逃回朝歌，自焚于鹿台。

至此，商朝灭亡，周武王姬发建立西周王朝。后来，周公受封于鲁地（初封在今河南鲁山县，是为西鲁；周公东征平定武庚之乱后，改封今山东曲阜市，是为东鲁），但他留在都城辅佐天子，由长子伯禽前往鲁国就任。

"周礼"成为当时的社会规范

周公不仅是政治家、思想家、军事家，还是我国传统文化的奠基人。

周公辅佐周成王共七年，国家渐渐走上正轨，需要一个统一的制度来规范国人。第六年，周公开始在洛阳制礼作乐，在总结夏礼、殷礼的基础上，制订了周朝典章制度，即周礼，成为当时的社会规范。

周礼非常复杂，几乎包括了衣食住行等生活的各个方面。周公"制礼作乐"

的内容主要是"礼义"、"礼仪"和"礼俗"。

周公制礼作乐，标志着周朝的统治彻底走向正轨，对巩固周王朝起到重要作用。

周公缘何被"赶下神坛"？

儒家思想中的重要概念"礼"，源于周公。

在1500多年的时间里，孔子是周公的陪祭，周公塑像在中间，孔子塑像在旁边，文人先拜周公，再拜孔子。周公去世后，后人尊称他为"元圣"，他在孔子之前就被称为圣人。

那么，为何周公被"赶下神坛"呢？原来，唐朝时，武则天称帝，她自称是周王朝后人，遂定国号为"周"，在朝廷尊武抑李。武则天之后，她的儿子李显、李旦，侄子李隆基相继即位，他们尊李抑武，准备把李姓重新抬高，把武姓压下去。

由于武则天自称是周王朝的后人，国号也是周，所以唐玄宗下诏书，命人将周公从祠庙请出来，要求文人以后只能尊孔，不再尊周。

"没有周公，就没有洛阳"

周公还是洛阳城的营建者。

周武王伐纣灭商后，归途中停留在如今的河南偃师市附近。武王与周公商量，周朝都城在西，虽然商被灭，但如果想稳定这块土地，必须要在东方建立新都。

最后，他们选定了洛水和伊水弯曲处的这片平原，但因当时政权还不稳定，所以没有来得及实施。周成王即位后，周公愈发意识到在东边建立新都的重要性，于是开始大规模营建新都，名为洛邑（又名成周，今洛阳市）。

"在周公和召公的统领下，他们在洛水旁修起了宗庙、宫殿和市肆，一座与镐京遥相呼应的巨大城市修建起来了。新都内城方1720丈，外城方71里。"姬传东说。

西周时期，洛邑成周与镐京宗周同为国都，洛邑也被称为东都。周公、召公曾分陕而制，周公主政陕县以东，理政洛邑。

洛阳在评选十大文化符号时，很多专家一致认为，周公应该排在第一位。在他们看来，没有周公，就没有洛阳。

《周公解梦书》并非周公所作

古人认知水平有限，梦境被视为人神或人鬼之间交流的产物。周时占梦已经比较受重视。"周公'制礼作乐'时，完全有可能主持收集、整理前代的占梦理论，从而形成了自己的占梦理论。也许已经失传的《致梦》《觭梦》《咸陟》等占梦古籍就与周公有关，这可能是中国古代社会一直流传的'周公解梦'的由来。"姬传东说。

从古至今，署名为周公的解梦书为数不少，有些并非周公所作。"尽管我们所能见到的《周公解梦书》之类的著作都不是周公所作，但不能说周公与占梦完全无关，周公完全可能在'制礼作乐'时亲自主持完善占梦理论。另外，即使历史上曾经有过周公所作的这类书籍，但因种种原因，后来也有可能失传。"姬传东说。

周公一脉繁衍出 200 多个姓氏

如今，每逢初一、十五，位于洛阳定鼎南路的周公庙都十分热闹，前来烧香的人络绎不绝。

姬传东在研究中发现，周公一脉逐渐繁衍出 200 多个姓氏，其中包括邢、庄、汪等，不过有些姓氏如今已不存在。

据史料记载，历朝相继修建周公庙、祠、礼殿 1500 余处。当今最出名的 3 座周公庙，莫过于河南洛阳周公庙、陕西岐山周公庙和山东曲阜周公庙。

洛阳周公庙处于洛阳的繁华地带，坐北朝南，依中轴线自前向后为定鼎堂、礼乐堂、先祖堂及东西两庑。

定鼎堂建于明嘉靖四年（1525），在周公庙现存古建筑中年代最为久远。按著名古建筑专家郑孝燮所言，定鼎堂保留有辽金建筑风格。殿内供奉周公、召公、毕公以及周公长子伯禽、次子君陈五尊塑像，墙壁上绘有大型周公史迹壁画。

周公庙经历多次重建、修缮。上世纪 90 年代，当地翻修大殿，在墙的夹层里发现了明代的大型伯禽塑像，"可能当时为了塑像免遭破坏，才藏到夹墙里"。

鲁迅、周恩来是叔侄？

说到《爱莲说》，很多人都不陌生。这篇百余字的文章，多次被选入中学教材，为一代代中国学生所熟记。

《爱莲说》的作者周敦颐，是北宋著名哲学家，理学的开山鼻祖。同时，在周姓的发展史上，他也有着特殊的地位。

两个文雅的堂号：细柳与爱莲

说起堂号，很多人脑海中都会浮现出一些"地名堂号"，比如王姓的太原堂、琅琊堂，张姓的清河堂，郑姓的荥阳堂等。

而周姓，有两个与众不同、典雅脱俗的堂号，分别是"细柳堂"与"爱莲堂"。这两个堂号，既不是姓氏发展过程中有纪念意义的地名，也不是先人的官职、名号，在它们背后，有两个值得周姓人铭记的典故。

"细柳堂"说的是汉代大将、丞相周亚夫的故事。当时匈奴屡屡进犯，汉文帝派周亚夫驻军细柳（今陕西咸阳市西南）。周亚夫治军颇严，即使汉文帝的马车到，因为没有将军号令，差点被拒之门外。汉文帝觉得他善于治军，给予重用。后人为纪念他，设立了"细柳堂"。

提到"爱莲"二字，大家都会想起中学课本里周敦颐的《爱莲说》。的确，"爱莲堂"典出北宋哲学家周敦颐。周敦颐被后世公认为宋明理学的开山鼻祖，程颢、程颐两兄弟尊他为师，"辈分"更低的朱熹，更是对他推崇备至。

不过，周敦颐在周姓几千年的发展史中"担任"的角色，并不只是先辈名人。他的出现，让周姓有了重要的发展脉络。

周恩来、鲁迅是周敦颐后代?

周敦颐,字茂叔,号濂溪,北宋营道楼田堡(今湖南道县)人。人称"濂溪先生",谥号"元公",足见人们对他理学"开山"地位的认可。

在湖南省永州市道县清塘镇楼田村,有一处濂溪故里,也就是周敦颐的故乡。在那里,有一副楹联:"周庭举世皆尊元公哲学鲁迅文章恩来开国总理,风景这边独好濂水湛蓝都庞苍翠道岩今古奇观。"从楹联的意思来看,鲁迅(原名周树人)和周恩来,都是周敦颐的后代。

周恩来曾经在鲁迅逝世两周年的纪念会上说:"在血缘上,我或许是鲁迅先生的本家,因为都生在绍兴城的周家。"

他们是"一家人"吗? 不少人根据当地族谱、宗谱考证认为,按世系表排列,鲁迅是周敦颐第 32 代孙,周恩来是周敦颐第 33 代孙。

周氏一族人才辈出。照此看来,他们也许都继承了相似的"优秀基因"。

卫辉比干庙，天下林氏根

作为南方第二大姓，起源于河南的林姓如今大多分布在福建、广东、台湾等地。

每年，都有很多海外林氏不远千里到卫辉比干庙祭祖。他们第一次组团来祭拜时，吸引了十里八乡的村民围观，一度逼停了京广铁路上的火车。

祭祖的人山人海，一度逼停了火车

作为一名归国的泰国华侨，河南省侨联原秘书长林坚对寻根再熟悉不过了。

早在上世纪 80 年代，一些华侨、华人就通过写信等方式，跳过福建、广东，直接来河南寻根。这些老华侨中，就包括林姓人。

1992 年，作为第一个来河南寻根的国外团体——泰国林氏宗亲总会的62 个人来到郑州。他们要到卫辉比干庙寻根祭祖。当时的比干庙，只是一个并不出名的景区。去往庙里的车辆，都要钻过一个涵洞，再走一段坑坑洼洼的小路。听闻"外国人"要来比干庙祭祖，附近十里八乡的村民都沸腾了。

林坚记得，祭祖那天，上万人涌向比干庙，占据了附近的京广铁路，一度逼停了过往的火车。比干庙四周的围墙上，包括墙外比干庙村的民房上，都站满了好奇的人——大家都没见过外国人长啥样，更没看过外国人咋祭祖。

比干忠义无双，林姓人多以他为始祖

为什么世界各地的林姓人，大都要来河南祭祖？这还得从林姓的起源说起。

和林坚家中族谱记载的一样，很多林姓人都认比干为始祖。

如风靡一时的电视剧《封神演义》中所说，商朝末年，商纣王荒淫无道，

比干一再劝阻，纣王执迷不悟，反而挖出了比干的心。比干被害的消息传到家中，他的夫人陈氏逃到朝歌牧野（今河南淇县、卫辉一带）的长林山中避难。后来，陈氏在当地生下一个儿子。

周武王灭商后，陈氏带儿子去见周武王。周武王有感于比干的儿子在山林中所生，其父坚贞不屈，便赐他姓林名坚。林坚就此成了林姓的得姓始祖。在唐代林宝所著的《元和姓纂》中，就记载了林姓"为比干之后，比干为纣所灭，其子坚逃难长林之山，遂姓林氏"。

事实上，林姓在比干之外，还有其他祖源。

据中国青年政治学院教授王大良说，周平王建都洛阳，其庶子林开在河南繁衍子孙，其后裔也以林为姓。又如，北魏孝文帝迁都洛阳，命鲜卑人的丘林氏改用汉姓林姓。

但因为比干忠义无双，古今林姓人大多尊比干为始祖。

皇帝拜比干，动机不单纯

随着"寻根热"愈演愈烈，来河南比干庙祭祖的林姓人也越来越多。

事实上，早在北魏、唐、宋、元、明、清时期，就有多位皇帝和著名官员、文人学士前来比干庙吊祭比干。

有人说，比干是亘古谏臣，又是林姓始祖，还是民间信奉的文曲星君、文财神。自上而下，他拥有最广泛的群众基础，很难不被后人敬仰。

祭拜比干，梅兰芳还来唱过戏

2014年2月，新乡卫辉，年轻的讲解员贾女士，正带着一群人参观比干庙。

这些人中，有为寻根从外地来的林姓人，也有敬仰比干的异姓人。作为卫辉当地人，贾女士说，卫辉当地的林姓人并不多，她学林姓文化主要是为了帮寻根者答疑解惑。

"比干祭典"前后，会有大批林姓人从世界各地来此拜祖。

随着来的人增多，比干庙景区里，随处可见林氏宗亲捐建的建筑。比如，从福建运来的比干雕像、妈祖像，泰国林氏宗亲总会永远会长、泰华文化教育基金会主席林炳南先生捐建的牌坊，中国台湾世林总会捐建的世界林氏文物纪念馆……

卫辉姓氏历史研究会秘书长耿玉儒曾听老人们讲，早在民国时期，时任国民政府主席林森，就曾派他的侄子前来比干庙祭祖。当时，著名京剧大师梅兰芳还受邀到场献唱，吸引了十里八乡的村民，祭拜一时成了盛会。

皇帝祭拜比干，动机不单纯

事实上，因为比干的谏臣形象，也因为历代忠臣文死谏、武死战的传统，历史上吊祭比干的人中还包括多位皇帝。

据记载，魏孝文帝南巡时，距离比干墓还有一里多时便下马步行。他带领文武官员隆重祭拜比干，写下了有名的《皇帝吊殷比干文》，并刻碑明志。

在比干研究会研究员霍德柱看来，孝文帝的祭拜动机并不单纯。他对比干的痛惜和吊亡，与其迁都洛阳之际的政治意图有关。

到了唐朝，征伐高丽、路过比干墓的唐太宗李世民，也和孝文帝一样为比干举行了隆重的祭礼，并下诏追赠比干为太师，刻碑明志。

守庙人后代虽不姓林，一样信奉比干

比干能不能帮人实现愿望，对于70岁的徐有志来说，并不重要。

作为比干庙最后一任道长梁程好的义子，他的生活已离不开比干庙。不管有事没事儿，他都会到庙里转转。

如今的庙，在经历过唐、宋、元等时期大规模的维修后，现存建筑多系明弘治七年（1494）明孝宗重建。只是四周的围墙和民房不见了，大了很多，从卫辉通往此庙的路也变成了宽阔的比干大道。

徐有志说，这还是跟来祭拜的人多了有关。1992年，泰国林氏宗亲总会来庙里祭拜时，围观的村民把民房都压塌了。眼看着人多庙小，比干庙于1993年开始扩建，占的地多是庙产。

比干庙有庙产，还得从唐朝说起。唐太宗下令让 5 户人家为比干守庙。所谓守庙，就是在庙周围划定的田地里种地，收成七成归庙里，三成归自己。到了明朝，守庙人增至 8 户，徐有志的祖上就是其中一户。这些人住的地方，后来就成了比干庙村。

徐有志就住在村里。他说，家中老人们讲，那时守庙的都是穷人。庙里的道长们，还能靠拓碑挣钱。

新中国成立后，碑刻被保护起来，不许再拓，比干庙也成了夜晚教村民识字的民校。再后来，比干庙成了小学，个别石碑上被孩子玩的弹珠砸出了小坑。

直到改革开放后，学校搬到了庙外由林姓人捐建的比干小学里。守庙人的后代也早已各奔东西，有人去逃荒，有人去了台湾。

如今，比干庙村成了比干庙新区，虽然村人都不姓林，却同样信奉比干，每逢初一、十五都要祭拜。作为河南省非物质文化遗产传承人，几乎每逢林氏宗亲来祭拜，徐有志都会前去主持——知道祭拜仪式和礼节的人已经不多了。

海神妈祖，出自林家

"你可知Macao，不是我真姓？我离开你太久了，母亲！但是他们掳去的，是我的肉体，你依然保管着，我内心的灵魂……"1999 年，澳门回归前夕，这首歌曲传唱大江南北。

也就是在这时候，不少北方人才知道，"Macao"原来是"妈祖"；在南方，她是拥有数亿信众的海神，香火延祀千年不绝，且深刻影响了中国古老的海洋文化。

妈祖，原名林默娘。林氏族谱记载，林默娘是九牧六房林蕴第八世孙女，追根溯源，远祖也是比干。

方便祭拜，比干庙内修建妈祖殿

上世纪90年代，众多林姓海内外华人来到卫辉比干庙，祭拜林姓始祖比干。当地人发现，许多台湾人前来祭拜时还抱着一尊妈祖像。

也就是这时，大家才知道妈祖和林姓的渊源。为方便祭拜，当地在比干庙内修建妈祖殿，并由当地企业家捐资，建成妈祖像。

2008年，在纪念比干诞辰3100年庆典上，卫辉当地还在比干庙举行了恭迎"妈祖归来"仪式，在香港、台湾等地相关团体的护送下，从福建湄洲请来的妈祖像落脚河南。

这尊木雕像，如今就安放在妈祖殿的正像旁边。

事实上，拥有众多信众的妈祖，最初只是位年轻女子。她成为女神，是从宋代开始的。

妈祖本姓林，出生于北宋初，是福建莆田望族九牧林氏后裔。相传，她自出生至满月，不啼不哭，父母因此给她取名"默"，人称"默娘"。

默娘从小习水性，识潮音，还会看星象。湄洲岛与大陆之间的海峡有不少礁石，航行风险很大。在这海域里的渔舟、商船，常得到她的救助，因而人们传说她能乘席渡海。她还会测吉凶，告知船户可否出航，所以又说她能"预知休咎事"，称她为"神女"。相传，她仙逝后仍魂系海天，化成红衣女子，指引商旅舟楫逢凶化吉。乡人感其恩惠，在湄洲岛上建庙祭祀，称她"妈祖"，也就是"奶奶""圣母娘娘"。

妈祖是"根"，也是祖国故乡

因为救苦救难、普度众生，关于妈祖的传说，历来不胜枚举，甚至多见诸史册。

据郑和与王景弘撰写的《天妃灵应之记》碑记载，在其七下西洋的历程里，妈祖是所有同下西洋人员的精神支柱。

至今，妈祖的慈航普度，依旧是海外华人心中最柔软的部分。

中华妈祖协会常务副会长林国良说，上世纪80年代，大陆和台湾两岸的交流还没有开放时，就有众多台湾信徒，偷偷坐船绕道香港前去福建湄洲岛妈祖故里祭拜。

这种率先打破"坚冰"的祭拜之举，在台湾、港澳民众和海外华侨、华人之中产生了巨大反响。1987年农历九月初九，海峡两岸近10万妈祖信众在湄洲妈祖庙举行纪念活动，拉开了海峡两岸文化交流的序幕。自2000年以来，每年都有10万以上台湾民众前往湄洲谒祖进香。2009年5月，台湾妈祖信众直航湄洲进香，从而开启了首届海峡论坛之幕……

这种深深的信仰的纽带，也得到了国家层面的支持。2011年，国务院正式批复同意了《海峡西岸经济区发展规划》。规划明确提出："要加强祖地文化、民间文化交流，进一步增强闽南文化、客家文化、潮汕文化、妈祖文化等连接两岸同胞感情的文化纽带作用。"

林国良说，最根本的是，人们从妈祖的信仰中，找到了自己的文化家园。对于海外华人来说，则是找到了自己的归属感。妈祖文化已融入中华文化传统体系，成为民族凝聚力和向心力。在台湾同胞看来，妈祖代表着"根"，也代表着祖国故乡。

自古何韩"一家"亲

中国普通话中,"韩"和"何"的读音相差大,很难混淆。但在1000多年前,陕西和山西的方言中,极易把"韩"读成"何"。后来,韩姓人为了省事,干脆改姓"何"。

何家男女多才俊。历史上,何家10代人里出过6位驸马、3位皇后、14名高级官员。如今,何家光奥运会冠军就出了4个。

今天,何氏人已达1300多万,为全国第18大姓,约占全国总人口的1.06%。其中,四川何姓人数量是第一。四川、湖南和广东三省约占全世界何姓人的44%。

韩氏转音成为何氏

何姓有很多源流。从"韩"转音为"何",是流传最广、最被认可的说法。

"现在云南还保留着'何韩一家'的传统,韩家婚丧嫁娶,何姓族人会来帮忙,反过来也一样。"河南何氏宗亲总会会长何春亮介绍。

何姓源于韩姓,后人音译发生了转化,将"韩"误读成了"何"。河南姓氏文化研究会副秘书长李乔对此解释得更为详细:谈"何",得先从韩姓的得姓始祖韩厥说起。

韩厥是韩武子的三世孙。韩武子,名韩万,是西周成王弟弟唐叔虞的后人,被封于韩原(今山西汾水以北),韩厥的后人以封地为氏,称韩氏。

这一说法,在司马迁的《史记·韩世家》中得到了印证。那么,韩姓怎么变成了何姓?据史书记载,"周成王弟叔虞封于韩,韩灭,子孙分散江淮间,转音为何"。

韩瑊"指河为姓"免于刀祸

除韩姓因误读、转音为何姓的说法之外，还有一个戏剧性的"指河为姓"的故事。河南何氏宗亲总会副秘书长何明亮提供的文字版《安徽省潜山县何氏族谱》有详细记载：韩厥的后代参与三家分晋，建立韩国。公元前230年，韩被秦灭掉，末代君主韩王安被俘。韩王安的叔叔韩瑊与妻子流寓庐江，靠摆渡维持生计。

秦始皇出游博浪沙，被刺客袭击。他怀疑是六国的残存势力干的，下令将六国后人斩草除根。

一天，一个兵吏登上了韩瑊的船，假装不经意询问他的姓氏。当时天气寒冷，不明就里的韩瑊指着河水，开玩笑说："这就是我的姓。"韩瑊的意思是，水寒喻韩。幸运的是，察访者误解成"指'河'为姓"。韩瑊安然无事，后来便依音改姓为何。

为升迁或逃难，不少人改姓为何

《汉书·五行志》中记载：西汉时有叫何苗的人，其本姓朱，但因为他同母异父的姐姐何皇后，深得汉灵帝宠爱，于是改朱为何。

《庐江郡何氏大同宗谱》明确列出，方孝孺后代为避难逃至庐江县，改方为何，他们"生姓何、死姓方"，墓碑上刻"方何氏"。

河南何氏，不少人祖籍在山西洪洞县

《世界何氏会歌》中有这样一句歌词："指河易姓来于韩，庐江远流长"，庐江被认为何姓发源地之一。

何春亮说，去年开了一次论证会，基本结论是在安徽潜山县。潜山有过去老何家的坟茔和很多文字实物。何仁义补充说，当时潜山归庐江郡管辖，"就像争论诸葛亮的故乡是南阳还是襄阳一样，古时襄阳可能归南阳管辖。"

对此，《安徽通志》《庐江县志》也记载："庐江何氏，相传系方孝孺先生之后。"

河南的何姓来源于哪里？洛阳、平顶山的何氏族人称，他们是从山西省洪洞县迁来的，"吾祖原籍山西洪洞县，明初洪武年间由大槐树迁豫洛马岭山中，躬耕田桑，封山育林，凿石建庄。"

郑成功收复台湾，何家人功不可没

司马迁的庙宇和坟冢，在陕西韩城县的芝川镇。距其约 1 公里处，就是韩厥的爷爷韩武子被"封于韩原"的地方，也是何氏先祖的故里。

就在这里，何氏先祖拉开了迁徙的大幕。清代，何斌帮助郑成功成功驱荷，何姓子孙开始留居台湾繁衍。

何氏先祖外逃，第一站是偃师

历史上，人口迁徙流动的原因多是官封公派、流放谪徙、官方移民、自然灾害、战火匪祸等。而何氏先祖的迁徙，却源于政治家难。

"韩国被灭后，为防止秦国斩草除根，何氏先祖从陕西境内外逃。"何春亮说。在陕西省韩城县有东、西少梁村，当地人称之为"古少梁地"，这就是韩厥的爷爷韩武子的封地"韩原"，也是何氏先祖的故里。

"何氏先祖逃亡的第一站是今河南偃师市。往东南方向一直跑，就到了当时的庐江郡。何姓的始祖地，基本认为是在当时庐江郡治下的潜山县。"何春亮说。

何氏迁徙频繁，何比干子孙众多

《庐江何氏大同宗谱》记载，何姓历史上至少有 2089 支次的外迁活动。按省排名，安徽以外迁 1074 支次的数量位居第一，涉及潜山、桐城、庐江等 15 个县。

从安徽境内迁往陕西的何姓族人，有 313 支次。其中，何比干关于传宗接代的故事，证明了从安徽乔迁定居陕西境内的何氏后人人丁兴旺。

何比干的爷爷何成，住在安徽阜阳市，因食邑在扶风平陵（今陕西咸阳市西北），因而全家人迁居陕西。

公元前89年的一天，何比干午睡时，梦见家门口停满了车骑。醒来后，一位老太太来到他的家中说：你有阴德，我赏赐给你一件符策，可保佑你子孙昌盛。说完，老太太从怀中抽出一支长9寸、由990枚竹简组成的符策，预言他将有子孙990人。

这则故事，被记载于《后汉书》中。事实上，何比干育有6男3女，何氏家族在陕西的确人丁兴旺。

何斌助郑成功驱荷，其子孙留居台湾

如今的台湾岛内，居住着至少5万何氏子孙，在宝岛百家大姓中位列第26位。在郑成功收复台湾的壮举中，何斌立下了不世之功。

何斌，祖籍福建泉州，善言辩、长交际，因为懂外语，以担任商务翻译的角色取得了荷兰官商的信任。

此时，正与清军对抗的郑成功，兵源粮饷难以为继。何斌冒着生命危险，从台湾潜回厦门，将他绘制的台湾地图献给郑成功。

清顺治十八年（1661）四月初一，何斌亲自引导郑成功的船队，趁涨潮在鹿耳门登岛成功，很快攻下了荷兰军队的据点赤嵌城，迫使荷兰侵略者签字投降。

何斌帮助郑成功收复台湾后，成了郑成功的重要幕僚，其后裔也因此在台湾留居下来，世代繁衍。

早在明朝中叶，何姓人开始走向海外。他们多先由广东、福建地区迁居港、澳、台，再由此向东南亚及欧美等地播迁。

《赵氏孤儿》"导演"：何姓始祖韩厥

陈凯歌执导的电影《赵氏孤儿》，演绎了一个悲喜交织的传奇故事。黄

晓明演绎的角色，正是何姓始祖韩厥，他是赵氏孤儿历史事件的直接参与者。

历史上，韩厥的雄起和辉煌，更与赵氏一族有着千丝万缕的联系。《赵氏孤儿》与韩厥有何关系？韩厥又是如何"导演"《赵氏孤儿》的？

初露锋芒：赵盾故意试探，韩厥怒斩御戎

韩氏本为晋国公族。在韩厥之前，韩氏位高权重，在晋武公、晋献公、晋惠公三朝都很受宠。

公元前 645 年，秦晋之间爆发韩原之战，晋惠公被俘。晋文公即位后，对拥护前朝的遗老韩氏一族不太待见。韩厥被父亲韩舆抛弃，善良的赵氏一家收养了他。

公元前 615 年，晋国的赵盾大权在握，率军抵抗秦国侵略。这时，刚刚参加工作不久的韩厥高调亮相。

韩厥成为三军司马，统管军纪。赵盾的御戎驾战车在军阵中乱跑，严重扰乱军队秩序。韩厥毫不客气，让刀斧手将赵盾的这个亲信的脑袋砍了。

诸将替他担心："韩厥这小子多半完了，赵盾早上才提拔他，他晚上就背叛了赵盾……"

不料，赵盾并没怪罪他："刚才是我故意让他扰乱军队秩序，看到你的反应，我放心了。小伙子，好好干吧，以后执政晋国的人，不是你还会是谁呢？"

大破齐兵：齐顷公被韩厥追捕，换了衣服才逃脱

《左传》记载，公元前 589 年，齐顷公向卫国、鲁国发动进攻，两国向晋景公求救，郤克受命率军与齐顷公战于鞌。

在出战前的那天，韩厥梦见父亲警告他不要站在战车两侧。鞌之战中，一夜急行军的齐军没吃早饭，就匆匆应战，被晋鲁卫联军击败，齐顷公落荒而逃。

韩厥站在战车的正中位置，紧追齐顷公战车。齐顷公连放几箭，射死了韩厥的左右，韩厥依旧紧追不舍。

眼看陷入绝境，这时齐顷公耍了个小聪明，与车右逢丑父交换"身份"，

两人换穿锦袍绣甲，以服饰和座位成功误导追上来的韩厥，齐顷公借机绕过山脚逃了。

第二年，大难不死的齐顷公来到晋国会见晋景公。换过全身行头的韩厥，竟然被齐顷公一眼认出。韩厥称，"臣拼死作战，就是为了两国君主今天的宴会。"

从此，韩厥升职加薪，仕途坦荡。

顾念旧情：诸卿围剿赵氏，韩厥按兵不动

赵盾死后，赵氏分成两派：宗主赵朔，积极向当权的栾氏、荀氏靠拢；赵盾的两个异母弟赵同、赵括，却主张钳制栾氏、荀氏，拉拢郤氏。

人就怕跟错领导、站错队。当赵朔英年早逝，而执政的郤氏被栾氏代替后，赵同、赵括被当权的栾书记恨，赵氏一家走入死胡同。

公元前 587 年，赵朔的遗孀赵庄姬与小叔子赵婴齐通奸东窗事发。赵同、赵括将赵婴齐流放到齐国，结果使赵庄姬与赵家翻脸，栾氏更加肆无忌惮。

公元前 583 年，赵庄姬向弟弟晋景公检举婆家人，说"赵同、赵括这两个家伙要谋反"。

半信半疑的晋景公向栾书咨询，早已憋了一肚子恨意的栾书，拉来郤锜为赵庄姬作伪证，下宫之难发生了：在下宫，赵氏宗族被诸卿屠杀殆尽。

而这其中，唯独按兵不动的就是韩厥。他念及赵盾的养育之恩，不惜与诸卿反目。

赵氏孤儿：韩厥强谏，赵氏最终没有绝后

赵氏没有绝后，赵朔襁褓中的儿子存活了下来。

14 年后，晋景公重病不起。巫祝公给他卜吉凶，说成就大事业的人，是不能有冤魂跟他作对的。

而此时，韩厥趁机向晋景公强谏。当听韩厥说赵朔的孤儿赵武尚在人间时，晋景公大发慈悲之心，将赵家原有的田邑房产归还给赵武，让他续了赵家的香火。

这段历史，在司马迁的《史记·赵世家》有不同的记载，后世更出现元杂剧版、纪君祥戏曲版和陈凯歌电影版等不同版本。不同版本里，事件起因不同、时间不同、行凶人物也不同，但有一点是相同的，韩厥在赵氏孤儿历史事件中起了很重要的积极作用。

　　公元前573年，韩厥被晋悼公提拔为执政大夫兼中军元帅，成为晋国一人之下万人之上的正卿，昔日赵盾的预言变成了现实："他日执晋政者，必此人也。"

黄帝后裔，以国为氏

很多居住在东南沿海地区的郑家人，都说自己出自"荥阳堂"。

"郑"作为一个姓氏，与荥阳、郑州以及古代郑国，究竟有什么样的渊源？郑姓的始祖又是谁？

远播四方的"荥阳堂"

如果你到江苏、浙江、福建、广东一带，问及郑姓，不少郑家人会自豪地答，他们出自"荥阳堂"。这个说法，在侨居海外的郑氏子孙中也能听到。

千百年来，虽然行政区划方式在不断变更，但"荥阳"这个地名，似乎早已烙印在一些郑姓家族的历史中。

三国时，魏创建"荥阳郡"，辖荥阳、京、密、卷、阳武、苑陵、开封、中牟 8 县。

生活在那里的"荥阳郑氏"逐渐发展成为当时的名门望族，与陇西李氏、清河崔氏、太原王氏等家族齐名。后来，不少郑家人就把出自"荥阳堂"当作一件骄傲的事情，即使远赴他乡，也不曾更改。

如今的荥阳，是郑州西边的一座县级市。荥阳世界郑氏联谊总会常务会长郑朝阳说，在现在的荥阳、新密一带，有一大支郑姓后裔，共有约 13 万人，而这其中，又有三个主要分支。

64 岁的郑朝礼，是崔庙这支的。生活在道光年间的郑万选，曾将这一支的族谱仔细修订传给后世，到郑朝礼手中，已经是第 5 代了。研究、考证、联系族人，为了族谱的事，郑朝礼没少忙活。

郑姓源于古代郑国

时间回溯到遥远的西周。郑姓出自姬姓，源自郑国，为黄帝后裔。

据《史记》等史书记载，公元前806年，周宣王姬静封异母兄弟姬友于棫林（今天陕西华县东），后迁移到拾（棫林附近），西周最后一个诸侯国郑国诞生，而姬友，就是历史上著名的"郑桓公"。如今很多郑家人，都会把桓公奉为自己的祖先。

周幽王时，郑桓公担任司徒，掌管教化。周幽王宠幸褒姒，昏庸无道，郑桓公预感到会发生变乱，把家眷和财产安置在"虢、郐之间"（今河南荥阳一带），史称"桓公寄孥"，而自己却留在周幽王身边。"犬戎之乱"中，周幽王葬身骊山，桓公战死。

桓公之子郑武公即位，灭掉虢国、郐国，将都城迁往溱洧（今河南新郑一带），建立新的郑国。与此同时，郑国疆域也不断扩大。武公之子郑庄公时，郑国势力达到"巅峰状态"，大致范围相当于今天的郑州及其周边一带。

公元前375年，韩国攻占郑国，杀掉郑康公，郑国灭亡。郑国后裔四散各地，为纪念故国，原郑国子民纷纷改姓为郑。

郑，一张来自远古的文化名片

现今，我们再提起"郑"，很多人都会想起河南的省会郑州，这个地处中原腹地的现代化城市。而在这里，古代郑国也留下了很多历史痕迹。

在荥阳市东南方向约10公里的地方，有座京襄城遗址生态园，据考证，这里应该是郑桓公曾经"寄孥"的地方。现在，城已经为农田所代替，留下一段1000多米长的土城墙，供后人凭吊。

新郑市周边现在还保存着一座郑韩故城。城垣周长20公里，城内面积16平方公里，布局体现了当时东周列国都城的典型模式，交通便利，商业发达。

郑庄公墓，在河南新密市曲梁乡王岗村东郑伯岭上，1987年被宣布为郑州市文物保护单位。

诸侯纷争、车马兵戎的影子早已不见，曾经存在了431年的郑国已消失在历史长河中。除却这些遗迹，"郑"这个字，也以地名、姓氏的方式保存了下来，像是一张文化名片，留在了这片土地上。

天下郑氏的人口数量

郑姓是中华民族中的大姓，按照袁义达、邱家儒所著的《中国姓氏大辞典》，全国郑姓有1100余万人，占全国人口的0.903%，为当代第21大姓。广东、浙江、福建、湖北、河南、四川六省多此姓，约占全国郑姓人口的53%。

其他源流

来自子姓：子姓是商代帝王家族姓氏。商王武丁封其子为奠侯，以主持祭奠用酒得名，为商朝诸侯国。古代"奠""郑"为同一字，奠国即郑国，灭亡后裔族以国名为氏。

来自姜姓：周武王封姜太公之子井叔于郑，史称西郑。灭亡后国人姓奠井氏，或为郑井氏，也就是郑氏。

来自女真：金时女真人石抹氏，汉姓为郑。

从古郑国走向世界

一个姓氏的迁徙史，倒映出一国之史。随着王朝更替，郑姓有过名门大族的兴盛，有过九世共居共食的辉煌，也品尝过被责令分迁的无奈。最后，郑姓随着逐渐扩大的中国版图，散布在中国各地和海外。

江南第一家

明代，郑姓在南方枝繁叶茂，其中一支在浦江郑宅镇共居300多年，是"江南第一家"浦江义门郑氏。

被后世熟知的"江南第一家"称号，出自明太祖朱元璋。郑朝阳说，当时，朱元璋本要赐义门郑氏为"天下第一家"时，他身旁有人提醒：义门郑氏是天下第一家，朱家呢？朱元璋一听，才将"天下第一家"改为"江南第一家"。

明天顺三年（1459），大火烧毁义门郑氏房舍、祖产。300多年族人共居共食的历史终止，族人各自外出谋生。

多年后，他们互不相识的后代相遇，发现辈分、口音、习俗相同，连喝酒时行的酒令也完全相同。拿出族谱，他们才发现同是"江南第一家"。

不断播迁的郑成功家族

南阳人小郑，如今在郑州做平面设计工作。他家里的族谱，记载着家中先祖曾是郑成功的部下，并随其一起收复台湾，而后又从台湾辗转迁至河南。

生活在明末清初的郑成功，被很多中国人称为"民族英雄"。1624年，荷兰殖民者侵占中国台湾；1661年，郑成功率将士自金门出发，向台湾进军，第二年便迫使荷兰侵略军签字投降。

郑成功是福建南安人，他的父亲曾到日本做生意，郑成功也出生在日本。有说法称，根据《漳浦营里郑氏族谱》记载，西晋永嘉年间（307—313），郑成功的祖先自河南固始县迁移到闽。

跟随郑成功的脚步，一些郑氏后人开始迁居台湾。同一时期，一部分郑氏后裔漂洋过海，来到东南亚、日本等地，足迹逐渐散布在世界各地。

一个远迁海南的郑姓家族

如今定居在海南三亚的郑灶雄说，根据族谱，他是郑桓公的第95世孙，宋时由荥阳迁入福建。如今，这一族主要聚居于广东汕头，人数有20多万。

后来，郑灶雄的爷爷带着子女，从广东到海南发展，这一脉如今主要在海南三亚生活。

作为郑氏子孙，郑灶雄一直想做点什么："到郑氏发源地看看，看看我们的老祖先，这是我多年的心愿。"

几年后，郑灶雄的心愿终于达成，来到河南参加郑氏拜祖典礼："典礼上，想到郑氏后人迁徙到千里之外，如今已经2000多年了，心里很激动。"

得知建设发源地郑氏文化建筑需要资金，郑灶雄毫不犹豫地捐款："发源地的郑氏文化仍然这么浓厚，我很感动。我是郑姓的一分子,有责任出一份力。"

郑姓后人，经商有道

郑姓人从郑桓公开始，与商业一直很有"缘分"。

西周末期，郑桓公就曾与商人盟誓，相约互不干涉，和平共处。商人在郑国的地位，也远高于其他诸侯国。如今，定居南方的郑氏后裔，经商的人也不在少数。

历史渊源：郑桓公曾与商人盟誓

郑州市位于全国铁路双十字的中心位置，经济发达，贸易往来繁多。而两千多年前，郑国的商业也相当发达。

这不仅仅是历史的巧合。那时的郑国地处中原腹地，是东西南北往来的必经之地，优越的地理位置，为其商业发展提供了便利条件。

此外，郑国商业的兴盛，也与郑氏祖先郑桓公有着直接关系。

"商人"一词，来源于善做生意的"商族人"。《左传·昭公十六年》记载，郑桓公曾经与商人订立盟约："尔无我叛，我无强贾，毋或丐夺。尔有利市宝贿，我勿与知。"意思是说，你们不要背叛我，我不会强买强卖，更不会抢夺你的财物。你出售宝物，我也不会过问。

国君发话了，商人的地位自然不会低。后来的郑国名相子产，也坚持了这一誓言，继续保护商人利益。

"在郑国商人的地位很高，这一点毋庸置疑。"郑州大学历史学院教师侯磊说，其他诸侯国也有关于商人的零星记载，但其影响力都比不上郑国商人。商人在郑国的社会地位，是其他诸侯国的商人无法比的。

南迁经商：经商之道代代相传

在宁波镇海，有一处著名的旅游景点，叫做"郑氏十七房"。这是一处建于明清时期的建筑群，重重庭院高低错落，既融合了北方院落的大气，又浸染了南方楼榭的玲珑。

据记载,南宋时,一支郑姓人迁到此处,传六世后"分居十七房"。

挣下这么大的家业,他们靠的不是封侯拜官,而是外出经商。据《宁波帮研究》介绍,康熙年间,十七房的郑世昌奉父命外出经商,在北京东四大街开设的"四恒银号"历时200余年,经久不衰,影响甚广。

十七房的经商之道代代相传。据媒体公开报道,他们中走出了"老凤祥银楼"创始人郑熙、"英雄墨水厂"创始人郑尊法等一大批商业巨子。

学者分析:家族的影响潜移默化

如今,郑氏十七房的辉煌仍在继续,而南渡后经商的郑氏后裔,却不止十七房一脉。这么多郑氏后人从商,是纯粹的偶然吗?

河南省委党校经济学教研部副主任张廷银认为,我国当今的商业文化,是对中国几千年姓氏文化的一种传承,同时也是创新。

"家族里,先人对后代的影响是潜移默化的,后辈长期受家族文化的熏陶,上一代从事什么,后代也会受到影响。"张廷银说,当今南方郑氏后人大多从商,也与从郑桓公起重商的风气离不开。

张廷银介绍,一些家族定期聚在一起,家族成员之间的交流,也会在无形中让彼此吸收一些新东西。所以,随着历史的发展,家族文化在传承的同时,也慢慢有了新变化,这对于当今的商业文化也有影响。

天下宋姓，源于商丘

在很多人看来，宋姓一定与赵匡胤建立的宋朝有关系。其实，赵匡胤只是受"宋"的影响较大，才将国号定为"宋"。

而宋姓的起源，则要追溯到公元前1039年的西周初期。当时，微子启受封于商丘，建立宋国。

宋国被灭后，国人以国为姓，绵延至今，宋已成为国内第23大姓，人口1100多万。

"无论走到哪里，宋姓人都血脉相连"

中国宋氏文化研究会商丘总会的很多老人，都记得这样一个场景：2000年10月，印尼纺织大亨宋良浩，带着家人来到商丘市西南12公里的微子墓，焚香祭拜。看着明朝归德府知府郑三俊为微子启立的墓碑，他情绪激动。

"现在知道了根在商丘，无论走到哪里，宋姓人都血脉相连。"宋良浩说，自己不会赚老家的钱，只投资做公益。

也就是从那年开始，宋良浩开始了对商丘的捐助。截至目前，一共捐助了170多所小学、12所初中、1所高中，还有多家医院，共计2亿多元。

追忆先祖：得姓始祖——微子启

史料中对微子启的记载很多，也基本一致：原是商朝殷纣王的庶兄，子姓。

纣王在位末年，荒淫无度。微子、箕子连同比干，作为商朝王室都力谏纣王。这三人也被孔子称为"殷之三仁"，微子被推崇到了"三仁之首"。

宋氏文化研究会商丘总会前任会长宋孝祥介绍，比干被纣王挖心，而箕子也被囚禁。微子觉得纣王迫害贤臣，商朝的气数已尽，为了远离"不仁"的纣王，就抱着祭祀祖宗的牌位，到了昭阳山（今微山）隐居。

之后，周武王姬发灭掉纣王，建立西周，将纣王后裔武庚封在商部落的祖居地商丘。武王死后，武庚叛乱。周公旦平息叛乱之后，想起了同为商王室后人的微子启。

"我认为是微子的仁义品德，被周公旦看重了。"宋孝祥说，于是在公元前1039年，封其于商丘，建立宋国，管理商朝与商部落的遗民。

故城寻迹：历经沧桑，故国遗迹难寻

宋国都城在今天商丘市睢阳区古宋乡，历经3000多年的风雨沧桑，已经没有任何遗迹，但散落着许多与"宋"相关的村庄。

距古宋乡不远的毛堌堆乡有常宋庄，聚集着众多的宋姓人。还有在梁园区三陵台附近，有宋小楼、宋小庄、宋大庄……古宋乡的小宋庄并没有宋姓人。

宋孝祥说，一直到民国之前，小宋庄周边都是宋家墓地。该村村民大都是守墓人或者宋家佃户的后人，后来演变成了村庄。

商丘市区东南方向的青岗寺村，206省道东侧有一座微子祠和微子墓。现在的祠堂是2002年宋良浩出资数百万元所建。

相传，赵匡胤在做归德府的太守时，敬重微子，多次前去祭拜。由于自己曾做过"宋地"的太守，发迹地也在"宋地"，建国之后也为了效仿微子的仁义品德，将国号定为"宋"。

到了明万历年间，归德府知府郑三俊为微子重新立了墓碑，上书"殷微子之墓"。

早在上世纪80年代，在修206省道时，发现了一个长约1里的墓道，直通到微子墓穴。考古专家在墓葬内挖掘出一把青铜剑，以及陶器。

如今，"天下宋姓源于商"的说法，已经得到了认可，微子墓也成了世界宋姓的拜祖之地。

2009年3月10日，台湾亲民党主席宋楚瑜到此祭拜微子启，并对陪同的人士说："以后我的人生资料就可以写：'祖籍商丘，生在湘潭，台湾打工。'"

宋国故都，一座仁义之城

在中国宋氏文化研究会商丘总会的大门上方，挂着"仁慧诚民"四个金色大字。这四个字，是康熙皇帝亲笔题给巡抚宋荦的，表扬其仁政爱民。宋孝祥说，"仁"一直都是宋姓人秉承的信念，世代相传。

仁义之城：孔子将宋国看成"梦回之地"

商丘宋氏文化研究会坐落在商丘市睢阳区的古归德城内，宋家老祠堂也在这里。不过，现在的古城是明清时期建的，宋国古城在此南侧的古宋乡，遗迹全无。

这个祠堂，除了供奉着宋姓始祖微子启，还供奉着古城宋姓人的先祖——明朝礼部尚书宋纁，以及清代康熙年间的巡抚宋荦。

宋孝祥说，其实"仁"是宋姓人与宋氏文化一直强调的内容，代代相传。

宋国从国君到国民，大都是商朝遗民，所以在保留商朝礼仪文化方面较为完整，连宋国国君宋襄公都以"亡国之馀"自称。

宋会斌是河南省商宋文化研究会秘书长，他的感触是，宋国作为春秋战国时期一个著名的诸侯大国，当时很多的礼仪都发源于此。

例如，孔子一直将宋国看成他的"祖先之国""梦回之地"，一生多次还乡，是为祭祖，也是为学殷礼。孔子的"仁爱"思想，很大一部分就是殷礼、周礼的一脉传承。正是这个原因，2011年商丘当地的媒体在宣传宋国古城时，称之为"仁义之城"。

仁义之师：筑台望母千古流传

据《睢州县志》记载，宋襄公的母亲是宋国西北的卫国人。公元前661年，北狄灭卫，宋襄公的母亲见国破君亡，心急如焚，意欲归卫抗敌救国，夫君宋桓公不允，并以废其正室之位相威胁。

宋襄公的母亲宁愿抛弃正室之位，也要执意助兄长复国，宋桓公一气之下，将她遣送归卫，并称不准再进入宋国地界。

宋襄公继位之后，想念母亲。可若允许母亲回国，就违背了父亲的诺言，是为不忠。若不让母亲回来，无法照顾，又是对母亲不孝。

他就在宋国与卫国的交界处，修筑了一个高台，想念母亲时就登上高台向卫国方向眺望。

后人在望母台的原址上修建了一座高台，上有宋襄公的雕像，面朝西北方向。

不过，与宋襄公相关的典故，最有名的还是他的"仁义之师"，曾被毛泽东作为反面教材进行批评。

相传，当年楚宋之间发生泓水之战，楚军还未渡过泓水，没有排好名布好阵时，宋襄公以"仁义"之名拒绝攻打对方，最终兵败，负伤后再也没能康复，死在了望母台上。

宋襄公死后，宋国地位下降。因此，很多人批评宋襄公不该对敌人讲"仁义道德"。不过在一些宋姓后人看来，"不重伤，不禽二毛""不鼓不成列"的道义精神符合仁道，堪称楷模。

宋，典型的北方姓氏

福建《莆田学院学报》常务副主编宋国强说，自己世代居住在莆田，远祖可以追溯到唐朝宰相宋璟。这一支宋姓由唐朝南迁，在当地形成名门望族。

这也符合大部分宋姓人的迁徙路线：宋国灭亡后，从商丘向周边迁徙；唐宋之后，开始南迁，如今已遍布世界。

不过从现在的分布情况来看，宋依旧是典型的北方姓氏。

先祖因做官，举家南迁至福建
2010年，宋国强第二次到商丘参加恳亲大会，叩拜宋姓始祖微子启。

他说，莆田分布着1万多名宋姓人，大都是唐代宰相宋璟之后，先祖因被派到福建做官而举家南迁。搜集了众多的谱牒、史料之后，宋国强大致列出了祖先的迁移路线。

最早进入福建的宋姓人是唐朝初年的宋用。当时，宋用跟着名将陈政、陈元光入闽平定叛乱，于是在漳州安家。

"不过这一支宋姓人数比较少，后来子孙散落各地。"宋国强说，真正在南方形成名门望族的是宋璟后人这一支。

人才辈出，成当地名门望族

根据记载，唐咸通六年（865），宋璟的六世孙宋骈，被任命为福泉观察巡官。他的父亲宋达、祖父宋易也跟着到了福建。

后来，宋易从固始将宋璟三代的主像带到了福建，在莆田英龙街定居。因此，宋易成了该支宋姓的开基始祖，宋璟被尊称为一世祖。

这一支宋姓绵延数百年，人才辈出，在当地形成名门望族。

值得一提的是，莆田还成了宋姓人向广东、海外等地迁徙的中转站。根据宋国强的研究成果，南宋时期，南逃时宋军带走了10万民众到了广东雷州。"这10万人里面有9万都是莆田人，包含了大量宋姓人。"也正是因为如此，雷州的宋姓人比莆田本地的还多。

如今，莆田的1万多名宋姓人除了供奉微子启为得姓始祖，还将宋璟作为此支系的一世祖，传到宋国强这一代，已经是第41代。

由宋国向周围迁徙，汉代之后形成郡望

宋国灭亡之前，势力范围是以商丘为中心的河南、山东等交界地域。

宋国灭亡后，宋姓族人开始由宋国向周边迁徙。"不过当时大部分人还都是在中原地带活动。"宋孝祥说。刘邦打败项羽建汉代之后，为了稳固刘姓江山，采纳了娄敬的建议，将中原一带豪强势力迁入关中，宋姓自然也不能例外，不过并未形成郡望。

一直到了东汉时期，原本在宋国故地的宋尚，在汉成帝时任少府之官，

也就是管理皇室的财务，带着家人迁居到了都城长安定居。

不过"京兆"宋氏成为显要门第，则是从宋尚的儿子宋弘开始的。相传，光武帝的姐姐湖阳公主新寡后，刘秀有意将她嫁给宋弘。宋弘以"不弃糟糠之妻"之由拒绝，而更加受到重视。

在宋弘之后，宋弘的弟弟、侄子等多人为官，形成了京兆郡的名门望族。

随着历史朝代的更迭，宋姓人又陆续形成了敦煌郡（今甘肃敦煌）、扶风郡（在今陕西）、广平郡（在今河北）、河南郡（在今河南洛阳）等重要郡望，为如今宋姓人遍布全世界打下了基础。

以堂号纪念先祖，不忘先人

"京兆堂则是宋姓人的总堂号。"宋孝祥说，"京兆"不仅仅是指京兆郡，在此之前，"京兆"二字对宋姓人还有着特殊的含义，因为这是宋国末代君主宋王堰的字。

宋王堰在一次占卜时被告知："其兆维京，不利远逃，居京兆吉，离京兆多难不离。"于是宋王堰就不愿意远离东京（商丘），并取字"京兆"。

宋璟写过一首《梅花赋》，他的后人迁徙到南方之后不忘先祖，就以"赋梅堂"为堂号。

另外，还有"玉德堂""善继堂""统宗堂""余庆堂"等堂号，证明在播迁的过程中，分支众多。

如今，这些宋姓人大都分布在山东、河南、河北、黑龙江等地。宋姓是典型的北方姓氏，起源于北方，也盛于北方。

"悲秋"始祖，美男宋玉

宋玉是中国古代最有名的男子之一。

"他才华超群，是屈原之后最杰出的楚辞作家。"河南省商宋文化研究会秘书长宋会斌说，因此很多宋姓人都以他为傲。

事实上，宋玉还因写过"悲哉！秋之为气也。萧瑟兮，草木摇落而变衰"的文字，而成为文艺青年"悲秋"的始祖。

就连"曲高和寡""阳春白雪"等典故，也都与这个"大帅哥"有关。

"曲高和寡"与"阳春白雪"

据《对楚王问》记载，有一次楚襄王问宋玉："你最近有什么行为失检吗？为什么有人对你有许多不好的议论呢？"

宋玉答：有一位客人来到郢都唱歌，他先是唱《下里巴人》这一类通俗民谣，人们很熟悉，有几千人都跟着唱起来。

后来，他唱起《阳阿》《薤露》等意境较深一些的曲子，只有几百人能跟着唱。再后来，他开始唱《阳春白雪》这类高深的曲子时，只剩下几十人跟着唱。最后他唱起用商调、羽调和徵调谱成的曲子时，人们大部分都走开了，剩下两三个人能听懂，勉强跟着唱。可见，曲子越深，跟着唱的人就越少。

宋玉的意思是，圣人思想和表现超出常人，一般人都理解不了。

如今，文中出现的"阳春白雪""下里巴人"也都成了不同层次文学艺术的代名词，脍炙人口。

最早"悲秋"的文艺青年

曲高和寡也是宋玉一生的真实写照。宋玉出身贫寒，因儒雅风流，长于辞赋，在友人的推荐下，才谋取了一个文学侍从的职位。

宋玉也与屈原一样，想通过自己的才华报效楚国，但不久就因谗言被放逐到云梦之田（今湖南临澧一带）。那时他才30岁左右。因漂泊异乡，宋玉生活异常艰辛，在看花山上写下了长篇抒情诗《九辩》，抒发自己"失职而志不平"和"无衣裘以御冬兮"的志向和身世。

因为《九辩》中有"悲哉！秋之为气也。萧瑟兮，草木摇落而变衰"的句子，他还成了文人"悲秋"的始祖。

谢氏一姓，源于南阳

"堂前宝树家声远，槛外乌衣世泽长。"

一句话，浓缩了谢姓曾经的鼎盛。这个起源于河南南阳的姓氏，如今在中国姓氏中排名第 23 位，总人口 1010 万。

谢姓后人多尊申伯为始祖。如今，在南阳唐河等地，还有很多历史的痕迹。

谢氏宗祠：谢城古物多，九岗十八国

2014 年 3 月 12 日上午 9 时，唐河县苍台镇谢家庄。

76 岁的谢怀俊打开祠堂大门。坐北朝南，红墙黛瓦，两座六棱塔，一座申公殿，碑匾回廊，勾栏环侍，现在的谢氏大宗祠，与古祠堂只有一箭之遥。

新祠堂于 2003 年建成，匾额由世界谢氏宗亲总会会长谢汉儒题写。谢怀俊说，村里的地下埋藏着很多文物，耕地、挖土、盖房，一不小心就能挖出古物，带着精美图案的古砖、锈迹斑斑的箭头、残缺不全的古镜……

他说，村里还流传着一句古语："谢城古物多，九岗十八国，路东没有路西多。""村里有条南北小路，连接后岗和仓台。所谓路东路西的'路'，就是指这条路。"现在的宗祠西边就是那条路。

地下古物：随便踢一脚，都能踢出古砖

虽然讲不太明白本地的历史，但这个种了一辈子地的农民，家里面可有不少"宝贝"。谢怀俊从家里拎出了两竹筐物件：瓷罐、铁器、铜镜、烛台、青砖、刀币……

谢怀俊说，曾经，有村民犁地时发现一个硬疙瘩，回家洗一洗，发现是

方印章。这就是有名的"军假司马印"。不过，留在村民手里的古物，都是残缺不全的。这些东西，很多村民都见过，甚至在自家宅基地下面都挖到过，走路随便踢两脚都可能被绊倒。他们不懂考古，不懂历史，只是觉得，这片土地有故事。

村里还有一个传说。在村西头，有一棵巷子树，两人合围才能抱住，树冠巨大，上面有一个老鹳窝。每年，它都会生一窝蛋，孵化成幼鸟。如果它把幼鸟都养活了，就预示着当年风调雨顺；如果它把鸟都推下树摔死，这年必定要遭灾遭难。

后来，一场大风将巷子树吹倒，树根翘起，带出了一个大坑。

"我们小时候，还经常到这个大坑里洗澡、摸鱼。"旁边一个村民说。

现在，大坑已被泥土淤平。但是，至今没人敢在此挖土、种菜栽花。这个大坑连同巷子树，成了村民心中的禁地和图腾。

古鼎留存：村里埋七鼎，五个被盗走

关于本村的历史，谢怀俊还记得幼时的一些事情，尤其是那个带着神秘色彩和历史印记的祖庙。"刚解放时，庙还在，里面还有一座玉碑，上面刻着字，记载着谢姓的由来。"村民们说，这座碑的神奇之处在于，夏天时碑身冰凉，温度过高时，还会"出汗"。

祖庙的存在，让村民的精神信仰有了依托。每逢婚丧嫁娶，都要去祖庙祭拜。

不过，1957年前后，祖碑被毁，这里成了村里养牛的牛棚。之后，房子也被扒掉。如今，只剩下一个土台，上面堆放着柴火。现在，谢家庄有700多人，都姓谢。而在整个唐河地区，谢姓人口3万多人，另一个集中居住地在小河谢。

在村民的传说中，谢家庄周围埋有7个古鼎，其中，有5个被盗墓贼偷走了，另外两个得以幸免。这是什么原因呢？

原来，有一个埋在村民的房子下面，盗墓贼眼看古鼎而无计可施。当时也没有疏挖管道、检修电路之说，不然就可以像美剧《越狱》那样，在屋外挖洞，光明正大盗宝了。另外一个是因为盗墓贼偷到一半，被发现了，只能弃宝逃跑。这两个古鼎，一个据说还埋在地下，另一个经过岁月沧桑，不知所终。

国运不济：申伯建国谢城，被楚国所灭

其实，对谢家庄的人来说，村里古物再多，只有一个是最珍贵的，因为它能解开一些历史谜团。这件古物叫"式是南邦碑首"，现收藏于唐河县博物馆。在《诗经·大雅·嵩高》中，有"于邑于谢，南国是式"的记载，是说申伯被封在南阳，在古谢城立国。《诗经》又说："因是谢人，以作尔庸。"意思是说，原来谢城的百姓因申伯改封于此，也就成了申伯治下的百姓。申伯因其品质高尚闻于四方，当地人对他很尊重，尊其为祖。

那么，申伯又是谁呢？申伯是周宣王姬静的大舅。

那时，南方地区，楚国崛起，攻占大片土地，并向北挺进，威胁到西周的安全。周宣王就让申伯镇守南阳，并在谢城建立申国，史称南申。

不过，申国太小，无法阻挡楚国的铁蹄，公元前688年前后，申国被楚所灭。

避乱南下，远播海外

谢氏多尊申伯为始祖，但谢姓真的是申伯之后吗？

在学界，有黄帝之后、炎帝后裔、少数民族改姓三说。只是，经过千百年的演化变迁，谢氏后人多认可炎帝后裔一说。

在历史上几次大迁徙中，谢姓也在其中，形成了现在遍布全国的局面。

黄帝后裔，任姓建有谢国

华夏姓氏源流研究中心副主任、华夏谢氏文化研究会执行会长谢纯灵表示，谢姓渊源三说之一是黄帝之后。黄帝的25个儿子中，得姓的有14人，其中有一任姓，任姓再分支，便有了谢姓。史书大都记载谢姓源于黄帝。

著名姓氏专家谢均祥在论述谢姓时称，在《世本·氏姓篇》中记载："谢，

任姓，黄帝之后。"《国语·晋语四》有"黄帝之子二十五宗，其得姓者十四人，为十二姓（即 12 个胞族）。"其中第七为任姓。

从这些记载中，我们可以看到，谢国为黄帝后裔建立的一个小国。

炎帝后裔，尊申伯为始祖

也有不少学者和谢氏后人倾向于将谢氏归于炎帝之后。唐代林宝在《元和姓纂》说："谢，姜姓，炎帝之胤。"宋代郑樵的《通志·氏族略》也说谢氏为姜姓，炎帝之后。申伯以周宣王大舅的身份受封于谢地。

需要说明的是，申伯并不姓申，而是一种爵位，因他受封于申国而被尊称为申伯，其本姓为姜，是炎帝四岳的后裔。

谢姓的起源，还有第三种说法，就是少数民族改汉姓。

谢纯灵说，现在，"承认谢姓是黄帝后裔、否认申伯是谢姓始祖"的学者和谢姓人越来越多。谢姓本是三元组成，不可能全是申伯后人。而且，谢国本为申国所灭，谢人沦为奴隶。申伯和谢人也只是君臣关系，并不是血缘关系。申国灭亡后，申伯及其后人仍姓申。但是，也应该承认，申伯改封谢邑并亡于楚后，申伯后人也有改姓谢的。

申国被灭，谢人流落各地

纵观历史可以发现，小国被大国灭掉后，后人以故地为姓的情况频繁出现。楚国在灭掉申国、间接促使谢姓发展的同时，也给谢氏带来了沉重的苦难。

《左传·昭公十三年》载："楚之灭蔡也，灵王迁许、胡、沈、道、房、申于荆焉。"申国的谢人，除了一部分老弱病残留在原地外，大部分人被当作战俘迁到了淮河中下游。另有一支到处逃难，阳夏（今河南太康）谢姓就是申国灭亡后从外地迁入。

唐河县谢氏宗亲会执行会长谢海亭说，还有一部分谢氏族人向北逃难，到了黄河下游。及至西晋年间"八王之乱"，谢人又被迫南下，扩散到了湖南、江西、福建、四川等地。

战国时，河南谢氏有一支溯长江三峡西上，迁至四川涪陵，后又分为三支,分迁各地。汉代,谢氏的聚居地又增加了会稽郡(今江苏苏州)、下邳(今江苏邳县)、江西九江、章陵(今湖北枣阳)、牂牁(今贵州境内)等处。

现在,全国谢姓总人口 1010 万,集中分布在广东、湖南、四川、江西四省,大约占谢姓总人口的 40.1%。

谢邑位于何地,至今仍有争议

申国被灭,谢氏外迁。那么,申国所处的谢邑到底位于何处,多地仍有争论,尤以南阳的唐河县与宛城区争论最激烈。

那么,谢邑到底在哪儿?它又诞生了哪些影响历史的郡望?

唐河之说:海外华人发现了古谢邑旧址

有一说,它位于唐河县苍台镇谢家庄附近。

谢海亭说,发现唐河县苍台镇是谢邑旧址,是泰国谢氏后人的功劳。1985 年,泰国华侨谢其昌跟团到国内考察,走到南阳下榻在南阳宾馆,查看地图时发现本地谢姓地名很多,联想到自家族谱中,有谢姓发源于唐河的记述,他很激动,就想实地考察一下。正好,接待他的一个司机也姓谢,正是唐河人。谢其昌脱团后,司机开车将他拉到了唐河县苍台镇。

第二年,唐河县组织人员到谢家庄附近考证。之后,形成了《古谢邑今址考》论文,并寄给了谢其昌。古物"式是南邦碑首"的出土,增加了当地的底气。因为在《诗经·大雅·崧高》中,有"于邑于谢,南国是式"的记载,说申伯被封在南阳,在古谢城立国。

宛城之说:申国铜器铭文印证谢姓祖地

在另一群谢氏后人看来,古谢邑的所在地,位于南阳市宛城区(旧为南阳县)金华乡东西谢营村。南阳谢氏文化研究会秘书长谢静说,关于宛城区与唐河县谁是古谢国旧址的争论,已经持续了 20 多年。经过专家考证,古谢国的方位大致在南阳市城区以南、新野县以北、唐河以西、邓州以东，整个古城方圆百十里。

众多史料也有记载。《后汉书·郡国志》记载："宛，本申伯国。"《荆州记》记载："东北百里有谢城。"宋代欧阳修在为谢绛写的墓志中说："谢国在南阳宛。"三国人韦昭在为《国语·郑语》作注时说："谢，宣王之舅，申伯之国，今在南阳。"

1975年，南阳市西关发现了"申公彭宇簠（fǔ）"。1981年又在南阳市北郊再次发现申国铜器，其中有一鼎二簋（guǐ），其铭文为"南申伯大宰仲爯（chēng）父"，出现了"南申"字样，传世铜器中也有"仲爯父鼎"。

有学者认为，从考古发现的申国铜器的铭文看，能印证东谢营就是谢姓祖根所在地。

会稽郡望：谢氏族人登上荣耀巅峰

会稽郡早在秦始皇二十五年（前222）就设立了，治所在吴江（今苏州），后有所扩大。

山阴会稽郡派的始祖是谢夷吾，他是后汉人。谢衡迁来后，逐渐出现了东山会稽郡派。二者并不是一支。

西晋灭亡后，317年，琅邪王司马睿在建康（今南京）建立东晋。熟悉中国地图的人可以发现，东晋的版图，就是原来三国东吴的江东地区。在司马睿的眼中，这里的人"不安心当顺民"，不能重用。

那么，司马氏要巩固政权，只能靠一同从中原过来的"老乡"了，其中，就有谢氏族人，而谢衡的儿子谢裒还是他的嫡系。

谢衡有两个儿子：谢鲲和谢裒。谢鲲当过东晋的豫章太守。谢裒当过吏部尚书，大权在握。

虽说如此，但因为谢家祖父的名位不高，在那个讲究名分的年代，谢氏家族的地位并不突出。直到谢裒的儿子谢安出山，谢氏家族才真正显赫起来，成为东晋支柱。东晋灭亡后，凭借着郡望名威，谢氏族人依然把持了南朝（宋、齐、梁、陈）政权近200年之久。

不想当官的千古名相

"东山再起"是用来形容"牛人"的,因为这个典故中的主人公就是一个"牛人":谢安!

谢安能文能武,生活过得"小资"、风流,但指挥起战争来,却能运筹帷幄,决胜千里之外。他"导演"的淝水之战,是中国历史上著名的以少胜多的战例。

"小资"谢安:大家求着谢安出来当官

与现在的"公务员热"相反,年轻时的谢安不想当官。

让人羡慕嫉妒恨的是,一群王公大臣求着他出来做官,并放出"安石不肯出,将如苍生何"的话,意思是说,你谢安不出来当官,让天下百姓怎么活呢?

谢安是谢裒的儿子、谢鲲的侄子。谢裒是东晋的吏部尚书,谢鲲是豫章太守,谢安是典型的"官二代"。但是,谢安对当官没什么兴趣。他喜欢待在会稽郡山阴县东山的别墅里,与王羲之、孙绰等人谈论诗歌,"出则渔弋山水,入则吟咏属文,挟妓乐优游山林"。

为什么大家这么想让他出来做官呢?这和那时的选士方式有关。

华夏谢氏文化研究会执行会长谢纯灵说,当时选士首先要看门第,"上品无寒门,下品无士族";其次,就是看声望(越是隐士,声望越高);再次,就是看人品。大家都想看看,谢安到底是徒有虚名,还是能在关键时刻匡扶社稷,为国争光?

东山再起:家道遭变,谢安出山为官

其实,谢安的名气真不是吹的。4岁时,谯郡的名士桓彝见到他大为赞赏,说:"此儿风神秀彻,后当不减王东海(即东晋初年名士王承)。"东晋朝廷多次征召他,都被他推辞了。

这惹恼了满朝文武官员。于是，他们联名上书谴责谢安，朝廷也感觉威严受到了触犯，就下了一道圣旨，对谢安永不叙用（后收回成命）。

然而，360年，谢安40岁，在东山隐居了20年后，他却出山当了征西大将军桓温帐下的司马。"东山再起"的典故就此诞生。

那么，谢安为什么又愿意从政了呢？

因为，谢家出了变故。彼时，谢安的哥哥谢奕因病去世，弟弟谢石因打了败仗而被贬为庶民，眼看着曾经显赫的谢氏家族将就此走上末路。此时，桓温专权。为了国家的稳定和家族的荣耀，谢安必须挑起这个担子。

匡扶王室：挫败桓温夺权，稳定朝野

其实，桓氏与谢氏是面和心不和。桓温家族掌握着军权，一心想取代司马氏，自己当皇帝。

372年，刚登基一年的晋简文帝司马昱去世，桓温很高兴，眼看江山就要到手了。但没想到，谢安联合王氏家族立即拥立小太子司马曜即位。第二年，桓温以给老皇帝吊孝为名，兵临建康城。谢安和王坦之出城迎接。桓温在军帐周围都埋伏着刀斧手，随时准备把他俩剁成肉泥。

但谢安很从容，对桓温说："安闻诸侯有道，守在四邻，明公何须壁后置人耶！"意思是说，有道的诸侯都镇守在四方，明公何必在幕后埋伏士卒呢？

一句话，让桓温愣住了。昔日手下的小司马，竟如此旷达、自若，这么忠义之人，怎能杀之？桓温随即笑道："老朽也是没办法啊。"命刀斧手撤下。

桓温死后，谢安并没有赶尽杀绝，而是重用了他的弟弟桓冲。桓冲知道自己德望不及谢安，便乖乖地镇守边关。一时，东晋出现了一个团结稳定的大好局面。

淝水之战：晋军以少胜多，大破前秦军队

383年，前秦君主苻坚带领百万大军，想一举吞并东晋。这一次，东晋的八万军队，又该如何应对百万敌军呢？

据《资治通鉴》记载，前秦军队挨淝水布阵，东晋的军队过不去。谢安

的侄子谢玄就派了说客，对苻坚的弟弟苻融说："你们孤军深入，应速战速决，能在一天之内消灭我们最好。你们现在的排兵布阵都是打持久战的节奏啊。不如这样，你们往后退一些，让我们过去，咱再好好打一架，那多过瘾啊。"

令人不可思议的是，苻坚同意了。他打算等晋军渡河到一半时，再出铁骑击杀，一举可胜。

结果，事与愿违，这一退，阵脚大乱。前秦军队来源复杂，有些还是晋朝的俘虏，人心不稳。有人趁机起哄：秦军失败了。后面的军队不知道前方信息，一看退下来了，好吧，为了活命，跑吧。

苻融死了，秦军越跑越害怕，越害怕越跑。夜晚露营，远处风吹草丛沙沙作响，鹤群还叫了两嗓子（风声鹤唳），秦军一看，晋军来了，兄弟们，继续跑吧。结果，又冷又饿，又困又乏，很多秦军在逃命中累死了。

幕后推手：推广梁祝故事

梁山伯与祝英台的爱情故事，可谓妇孺皆知，但你可能不知道，这个故事的"幕后推手"是谢安。

在东晋那个门阀制度森严的社会，梁山伯是不可能娶到祝英台的。于是，山伯郁郁而终。英台不忘初心，在山伯墓前哭拜撞树殉情。死后，双双化蝶。

梁祝的爱情故事传到东晋名相谢安的耳中，他深受感动，立即上书皇帝司马曜，请求加封祝英台为"义妇"，并亲自题写"义妇冢"仨字，使祝英台成为天下女子的楷模。

在谢安的大力推动下，梁祝故事家喻户晓，并远播到高丽（今朝鲜半岛）等国。

许昌桑树许，许氏祖根地

许昌市位于河南中部，中原腹地，历史上兵家必争之地。

公元前 8 世纪文叔被封于许，称许国。221 年，魏文帝曹丕废汉立魏以后，因"魏基昌于许"，改许县为许昌，沿用至今。

而文叔的那次分封，许多人以国为姓，许姓开始大规模发展，许昌也因此成为许姓人的祖居地。

城东八里，桑树许

沿许昌市建安大道往东走，约 4 公里便到许昌县邓庄乡的桑树许。西周许国的首任国君许文叔的墓冢，就坐落在村旁。

"去年还有安徽亳州那边的同姓人过来。"村民许丙申说，来的人拿着保存完好的族谱辗转找到这里，"谱序上写着'许昌城东八里桑树许村'，我见过好几拨来寻祖的人，他们带来的族谱序言中都有这句话。"就是凭着这段序言，不少外地人都在这里找到了自己的根。

村里许姓的"管事儿人"许都治（化字辈）说，现居住在许庄村的许姓人是许仲迁的后人，"他（许仲迁）原是南宋官员，在山西做官，忽必烈入主中原后他就归隐了，传说也是循着祖根，归隐到此"。

百亩陵园，仅余 30 多亩

陵园入口处，是一座水泥基座的石台，石台正中是"许公文叔之墓"几个大字，边缘处则写着"许昌县重点文物保护单位"以及立碑的单位和时间。

村里人口口相传的那座许文叔的墓冢，就坐落在墓园中央。许丙申说，原先墓前有一座老碑，都几千年了，风化得只剩半截，现存于村支部的门口。"现在墓前竖着的碑，是 1999 年后人在原碑底座上竖起来的"。每年清明节前一天，附近几个村的人都会在许姓族长带领下，来陵园祭奠先祖。

在文叔墓东南侧不远的坟冢前，有一座保存完好的石碑。"这是许仲迁的墓，碑上写的是立于大清康熙四十六年，也是后人立的，许仲迁是宋末元初人。"许丙申介绍。

他回忆，在他小时候，这座陵园里石碑林立，墓旁的参天大树遮天蔽日。"一直到上世纪 80 年代，这座陵园的占地面积都有 100 多亩，但现在，只剩下 30 多亩了。"他叹息道，沉思好久才又说了一句，"这都是形势。"

而陵园中林立的石碑，许丙申介绍，大多毁于上世纪 60 年代，"当时村边建了个石灰窑，墓地里的墓碑都是上好的青石，都被砸下来烧石灰了"。现在存留的那座许仲迁的墓碑，是当年村里人有意埋在地下，才逃脱被烧成石灰的命运。无意间，这竟成了外地人寻根问祖的最重要证据。

"上面刻着许仲迁后人的名字以及字派，很多同姓人拿着族谱去跟那座石碑对，一对就对上了。"

如今，这座陵园已经被作为文物保存起来，它依然是村里人去世后的归宿地。

家国破灭，以桑为迹

西周初年，武王分封的 27 个诸侯国中便有许国，而许国的首任国君，便是许文叔。受封后，许文叔在许地授官设吏，建都于现在许昌城东 20 公里的张潘古城，创 700 年诸侯国。

许国国君在西周历史上更是扮演着重要角色。史料记载，许国八世国君许文公曾拥立宜臼为王，曰平王，并竭力辅佐平王迁都洛阳建立东周；十二世国君之妻许穆夫人，是我国历史上第一位载入史册的爱国女词人；许国祭天的毓秀台（现存遗址）比北京的天坛早 1000 多年……

光阴飞逝，一晃 300 余年过去。自公元前 770 年平王迁都洛阳之后，王权衰落，盛世不再，强大起来的诸侯蠢蠢欲动，争当霸主。当时，许国北部的郑国日益强大。公元前 715 年，郑庄公以玉璧从鲁国手中换取"许田"，自此开始向南扩张。而位于中原的许国，则首先成为郑庄公觊觎之地。

公元前 712 年，郑庄公以许国不听号令为由，与齐、鲁两国结盟，兵锋直抵许国都城。许国十一世国君许庄公亲率将士迎敌，怎奈寡不敌众，许国自此沦落为郑国的附庸国。虽然在公元前 697 年，许国曾趁郑国内乱还都张潘古城，但因为土地尽失，处于大国夹缝之中的许国风雨飘摇，接连附庸于齐、宋、晋等国，从一个强国沦为岌岌可危的"逃亡国"。

公元前 576 年，在许国迁都叶县（今河南叶县）之际，时任国君许灵公命人在祖坟旁栽种桑树。"取谐音'丧'，也是为了以后复国时有个参照物。"许昌县许文化研究会成员许绍军说，还流传下来一首歌："柳叶黄、桑叶青，古树参天许氏功，东西南北中，许家莫忘宗。"

但最终这些桑树留下来了一棵，传说是在清朝末年八国联军侵华时被毁，许绍军说，他小时候在村子东边还能隐约看到一个大坑，"有七八亩地那么大，传说是那棵大桑树的树坑"。

自此，随着许国的颠沛流离，许姓开始从许地散布到全国各地。但不管走到哪里，他们的族谱序言里都会写着"许昌城东八里桑树许村"的字样。

天下许姓

根据姓氏专家袁义达所著的《中国姓氏——群体遗传和人口分布》，许姓人口占汉族总人口的 0.54%，目前主要集中于江苏（13%）、山东（9.6%）、云南（9.4%）、广东（6.8%）、河南（5.9%）、安徽（5%）、浙江（4.9%）、四川（4.3%）。这八省的许姓人口约占全国许姓人口的 59%。

全国已形成以华东和云南为中心的两个许姓聚集地。最大的许姓聚集区域是华东四省，约占全国许姓人口的三成，总人口达 200 多万。除此，还有广东、福建交界区域以及甘肃中西部聚集区。

许姓在当今中国姓氏排行榜名列第 35 位，在台湾和香港地区排名第 11 位，成为中国的大姓、显姓。

沧桑许国因战而迁

　　许姓首次大规模迁徙，是因为战争。春秋时期，在五霸纷争中，许国周旋于列强之间。最终因为郑国的威胁，公元前576年，时任国君许灵公迁都叶县。自此直至国灭，许国一直处于迁都的动荡之中。而这一次次迁徙，许姓人都在沿途留下了后裔。

因为战争，许姓外迁

　　2013年，叶县许庄村村民许永炉将新编成的《叶县许庄许氏宗谱》捐给叶县图书馆。这本宗谱中介绍，叶县许姓可追溯至西周许国，许文叔是其祖先。

　　不过，许姓由许昌迁往叶县，是一次被动的迁徙。据史料记载，许国在郑、楚等国压制下，逐渐衰落。据《左传》记载，公元前576年，许文叔的第15世孙许灵公向楚国请求，楚国答应许国将其都城由许昌迁至叶县。

　　2002年，在叶县澧河南岸悬崖边许灵公墓出土的300多件文物，可以证实许灵公迁到叶县后不久就去世了。

　　不过，郑国仍对许国穷追不舍，楚国要求许国迁都至夷（即城父，今安徽亳州）。部分许国子民留在叶县，以"许"为姓。

许国灭亡，子孙以国为姓

　　许国在亳州也没能安定下来。《左传》中讲到，在随后的几十年中，先后迁于荆（今湖北宜昌、当阳一带）、析（即白羽，今河南内乡县）和容城（今河南鲁山县东南）。

　　此时许国已是国穷财尽。但郑国仍然担心许国东山再起，公元前504年，灭掉许国。后虽然在楚国帮助下，许国后裔曾复国，但不久后又被魏国灭亡。自此，史书再无"许国"之说。

　　河南省姓氏文化研究会秘书长李立新说，之前许姓都是在河南省内迁徙。经过战争与迁都，不少许国人以国为姓，由河南向河北、湖北、安徽、山东等地迁徙。

据许氏宗亲会介绍，北上最初的目的地在冀州高阳（今河北高阳），或沿古汝河就近迁往汝南一带。到了汉代，一支许姓人迁往汝南。

自此，许氏形成了高阳郡、汝南郡堂号。

南方许姓人口逐渐多于北方

据一位到过厦门考察的许氏宗亲介绍，在厦门市同安区大同镇的许都祠堂里，挂着菲律宾前总统阿基诺夫人的照片。

"因为阿基诺夫人是许滢后代。"河南许由与许文化研究会会长王道生说，祖根就在今天的厦门，后分支迁徙到今天的漳州龙海市角美镇鸿渐村。

王道生与李立新合著的《许氏源流》一书中介绍，公元前134年，汉代将军许滢率军入闽平越，之后镇守厦门同安境内，世传此地称"营城"。这是最早一支入闽的许姓人。许滢有15个儿子，分别镇守闽南各地。福建等地的很多许姓人，都是许滢后裔。到了669年，从汝南迁往固始的许陶、许天正父子去闽平乱留在当地建立漳州。许天正袭父职，被奉为开闽漳始祖。

在江苏兴化西城外大街太平垛上，至今保存一处始建于清初的许氏"大夫第"建筑。该建筑由清康熙时诰封中宪大夫许承家建成。据介绍，这支许氏也是由汝南郡许氏外迁，是《说文解字》作者许慎的后裔。

唐代之后，许姓人真正遍布全国，并且南方许姓人口逐渐多于北方。

许姓入台集中于明清两代。在台湾，许姓已成为排名第11位的大姓。

许慎一书，汉字一统

很多许姓人自我介绍时常说："我是汝南郡许氏。"这里的"汝南郡"就是许姓的一个堂号。

"其实很多都是附会，并不是真正的汝南郡许氏。"王道生说，不过这也说明汝南郡许氏是许姓众多分支中较为重要的一支。汉代至隋唐期间，许姓同其他姓氏一样，以郡望为载体形成了很多分支。

"汝南郡"：曾是中原许氏的代表

与其他姓氏一样，许姓也有很多堂号，像"汝南郡""高阳郡"等。

姓氏文化研究专家李立新解释，郡望是指汉代至隋唐时期每郡较为显贵的姓氏，世代居住在某地，为当地所仰望，于是后人就将此郡望当作堂号。

汝南郡就是那个时期形成的。据介绍，汝南郡是汉高帝四年（前203）设置，治所在上蔡（今河南上蔡西南）。史料记载，这一支许姓的开基始祖是汉代人许德。汉代初年，许德到汝南郡做太守，因此许姓家族开始在汝南郡内平舆县定居下来，形成了望族。

"太岳家声远，高阳世泽长"——许姓另外一个重要的堂号是高阳郡。

《许氏源流》介绍，其实高阳郡许姓与汝南郡许姓有着十分密切的联系，开基始祖都可以追溯至许猗。许猗是许国人后裔，为躲避秦朝末年的战乱，自容城迁徙到冀州高阳北新城都乡乐善里隐居。前述汝南郡开基始祖许德，就是许猗后代。

更有意思的是，许德其中一个儿子许据，官至大司马之后，又迁回高阳郡，自此高阳许氏形成了令其他姓氏羡慕的望族。此支系许姓的祠堂常有一副"太岳家声远，高阳世泽长"的堂联，证明这支许氏亦是许由后裔。

除了高阳与汝南之外，比较重要的还有颍川郡望（今河南禹州）、安陆郡望（今湖北安陆县）、太原郡望、会稽郡望（今江苏苏州市姑苏区），说明许姓在这些地方都是名门望族。

许慎一部书统一了汉字

提起许姓，有一个绕不过去的人——《说文解字》的作者许慎，被后人奉为"字圣"。

曾有人这样评价许慎："秦始皇用武力统一了中国，而许慎则用一部书统一了中国的汉字。"可以说，许慎是中国文字学的开拓者。

许慎生于召陵，也就是今天的漯河市召陵区，是汝南郡许氏的一员。他在《说文解字》的自序中写道："曾曾小子，祖自炎神，自彼徂召，宅此汝濒。"意思就是说：我这个许家的曾孙小子，祖先是炎帝神农，后来许国灭亡，子孙分散，在河南境内者沿汝水居住。

关于《说文解字》，漯河还有一个传说：许慎在学术上是一个太过执着的人。相传，在其编纂《说文解字》时，没有避讳窦太后名讳，将"窦"字解释为洞，并进一步将"狗窦"解释为"狗洞"。窦太后大怒，将其贬官，及至后来，太后因受人挑拨要赐死许慎。

得知太后要赐死许慎的消息，他的夫人天赐公主假称许慎病故，建了一个墓，当着乡邻众人的面，将许慎殡于墓地；暗地里，墓里修了主室侧室。每到夜晚，天赐公主便白衣素身，飘然而至，一是为许慎送饭，二则陪伴许慎。就是在这样的环境下，许慎完成了泽及千秋万代的《说文解字》。

如今，在召陵区仍旧有一座许慎墓。这座汉代墓葬被国家认定为全国重点文物保护单位。当地围绕许慎墓，还建成了许慎文化园。

邓姓始祖，缘何姓曼

商王武丁册封其叔父曼于邓，邓国由此开启了一段 600 多年的历史。

而由邓国发展而来的邓姓，在历经 3200 多年发展之后，成为全国第 34 大姓，遍及各地。

每年的清明节和农历十月初一前后，距离南阳邓州城区东南 3 公里的吾离陵，都会有大批邓氏后人前来祭祖。

吾离陵，邓州第一冢

坐落在松柏间的吾离陵显得异常安静，曼公、吾离、邓禹三位邓氏祖先的巨型雕塑屹立在吾离陵前，接受后人祭拜。

吾离陵前，规划超百亩、投资 2 亿元的邓国春秋园正在紧张建设中，园中的主体大殿建筑已经初具规模。

据史料记载，吾离是邓国第 19 位邓国侯，也是第一位见于正史的邓国国君。吾离在任期间，励精图治，发展农桑，鼓励冶铁铸造（"邓师铸剑"曾闻名天下），又广泛与列国建交，邓国一度崛起，吾离因此也是邓国历史上一位有作为的国君。

吾离死后，葬于今邓州东南吾离冢村。吾离陵为"邓州第一冢"，又被称为"邓氏第一陵"。

天下邓姓，始于曼公

实际上，古邓国的开山鼻祖是商王武丁最小的叔叔曼公。

据邓州市邓姓研究会秘书长王春玲介绍，邓国受封于殷商时期，曼公是邓国立国之君。

王春玲主编的《邓国邓姓邓人》一书中说，由于邓国是曼公建立的，因此史称曼公建立的邓国为曼姓邓国。故众多研究姓氏的文献及各地的邓氏族谱中，在论及邓姓之源时，均称之为"以国为氏"。

王春玲认为，由于曼公是商王武丁的叔叔，所以曼公应与商同姓，而商人的先祖名契，契为子姓。"因此可以说，曼公建立的邓国以及由邓国而产生的邓姓均出自子姓，而子姓的远祖可追溯到中华民族共同的人文始祖——黄帝。"

最早记述黄帝至春秋时期列国诸侯大夫姓氏、世系的著作《世本》说："邓为曼姓。"东汉许慎《说文解字》说："邓，曼姓之国，今属南阳。"此后的典籍也多持此说。

楚灭邓国，以国为姓

在曼公建立曼姓邓国之后，经过晁公、徽公等，经西周、春秋，一直延续了600多年。西周时，邓国是南方较为重要的诸侯国之一。

公元前688年，曼姓邓国终于走到了终点。而结束邓国历史的不是别人，正是当时邓国皇帝的亲外甥——楚文王。

这中间有一个"噬脐莫及"的故事。

史书记载，公元前678年，当楚文王率军借道邓国北上攻打申、吕二国时，作为文王舅舅的邓祁侯设宴招待了这个实力强大的外甥。

这时，邓国以骓甥、聃甥和养甥（均为邓祁侯的外甥）为代表的一批大夫，极力主张乘机杀掉楚文王。邓祁侯却表示反对，"我要是连自己的外甥都杀，这事传出去，必定遭人鄙视"。

没想到外甥却不认这个舅舅。在楚文王攻打完申国班师途中，顺手攻打了邓国，后来还把邓国灭了。

至此，这个传承600多年，在江汉、南阳一带颇有影响力的国家，退出了历史舞台。亡国之后，邓国百姓为了纪念邓国，便纷纷改姓为邓。

对此，唐代的《元和姓纂》有记载："邓，曼姓，殷时侯国也。后为楚文王所灭，子孙以国为氏。"

除改姓外，少数民族也有邓姓

实际上，在邓氏大家庭内，除了出自曼姓邓氏的邓姓之外，还有其他姓氏改为邓姓的情况发生。

据王春玲介绍，邓氏在繁衍发展的过程中，也吸收过外族外姓的成员。据《安化邓氏谱序》载，南唐后主李煜，曾封其第八子李从镒为邓王。南唐亡国后，为躲避宋太祖的斩杀，李从镒以其父封号为姓氏，改为邓姓保住了性命。

此外，《邓国邓姓邓人》一书记载：邓姓不仅是汉族的姓氏，一部分少数民族内也存在邓姓。比如蒙古族、壮族、苗族等少数民族。不同少数民族的邓姓产生原因不尽相同，但绝大部分是受汉族姓氏文化的影响而产生。而有的少数民族本就有邓姓，比如满族。

为避战乱，邓姓人曾大举南迁

天下邓姓，源于曼公，这几乎成为邓姓族人的共同认知。

但是，目前学界对邓国是不是现在的邓州，仍然存有争议。

此外，楚灭邓国之后，邓姓又是怎样一步一步走向全世界的？

故城之争：邓国都城到底在哪儿

上世纪80年代，湖北的考古工作者对襄阳西北十多里的邓城村古遗址进行发掘，出土了一些带铭文的青铜器。因此，有湖北学者认定，这里就是邓国都城。

王春玲认为，襄阳的考古发掘并没有搞清楚古邓城遗址的始建年代，只判断出："至少从春秋遗址沿用到南北朝时期。"而从邓城遗址周边发掘的情况来看，遗址的上限则是春秋早期。

"学术界公认的一点是，邓国最迟在西周初年已经存在于南阳盆地南部，而襄阳的邓城遗址，上限只到春秋。"王春玲说，"因此可能存在的一个情况是，邓国晚期的都城，或许是楚灭邓国之后，安置邓国贵族的地方。"

虽然双方的争论仍在继续，但双方对于邓国的疆域有比较接近的认识。邓州方面认为，邓国的南境曾到达过汉水北岸；而襄阳方面则认为，邓国的北疆"可能已到达今河南新野及邓县一带"，其参照依据则是隋初曾在穰县（今河南邓州）设立邓州。

迁徙：中原邓姓曾大举南迁

邓国被楚国灭了之后，大多数邓姓人仍安居故土，这些邓国遗民被史书称为"楚人"，对他们来说，不过是拔邓帜，易楚帜，换了一个国君而已。然而，从另一个层面来看，这也是邓姓从邓国走向全世界的起源。

邓国所在的南阳、汉水地区，自古以来都是兵家必争之地。据王春玲介绍，在汉代由于战乱、出仕等原因，邓姓族人由邓国移居今四川、陕西、广东、江苏等地。

而到了魏晋南北朝时期，由于五胡乱华、永嘉之乱等战争不断，百姓迁徙更是成为常态，在这种情况下，中原士家大族及流离失所的百姓被迫播迁，寻找安身立命之地，大部分人到了江南。在这些南迁的人中就有邓姓，这些邓姓人并非来自一地。

王春玲表示，在经过西晋末年的大迁徙之后，中原邓氏几乎遍及全国各地。而从分布上来讲，尤以南方居多。

入台及散播海外

随着邓氏族人的不断外迁，在明代以后，台湾以及更南部的南洋地区开始有了邓氏族人的记载。

据《邓国邓姓邓人》介绍，台湾《邓氏族谱》里说："台湾邓氏始祖邓显祖，明代末年由江西宜黄县经福建移居台湾。邓显祖的先祖由邓州迁徙新野，后由新野经江西、福建而迁入广东、香港，再由福建、广东等迁入台湾繁衍发展。"这也是邓氏入台的较早记录,距今已有 300 多年的历史。纵观迁台邓姓,其籍贯多为广东、江西、福建等地。

经过 3200 多年的发展,邓氏后裔如今已遍布海内外。据统计,在中国常用的 3000 多个姓氏中,邓姓位居第 34 位,总人数达 650 万,集中分布在四川、广东、湖南、湖北、河南、江西、云南、广西、福建、海南、陕西等省份。在香港、台湾两地,邓姓亦是名门望族。

还有不少邓姓人步出国门,走向世界,例如美国、英国、加拿大、新加坡、马来西亚、泰国等 20 多个国家。

教育后代,学学东汉名将邓禹

我们常用"一门 X 杰"一词来形容某个家族名人辈出。

若用这个词来形容东汉时期邓禹家族的话,那么这个"X"可能会是两位数。可以说,在东汉前期,邓禹家族几乎就是"皇室专业户"。

"学霸"邓禹,能文善武

"久从游学识英雄,杖策南来见略同。首建雄谋恢汉业,云台端合议元功。"北宋诗人徐均的这首诗,赞颂的正是"文能提笔安天下,武能上马定乾坤"的邓禹。

如今,生活在河南邓州吾离陵周边村子里的老人,也许有的并不知道邓姓始祖曼公,但对这位邓禹却是推崇备至。

在史书上,邓禹一登场的身份就是"学霸"。据记载,他 13 岁时就能吟诗作对,背诵诗篇什么的都是小菜一碟,不在话下。而在民间演义中,邓禹的出身更具传奇色彩。在评书《东汉演义》中,邓禹是汉朝著名大隐士严子陵的徒弟,不仅文采飞扬,而且武艺高强。在当时,可是众多少女心中的"男神"呢!

结识刘秀，改变一生

邓禹年轻时曾在长安学习，在这里，邓禹结识了影响他一生的人——刘秀。据《后汉书·邓禹传》记载，邓禹一见刘秀，就知道他"非凡人"，当即认刘秀为"带头大哥"。

而趁王莽之乱起兵的刘秀也认为邓禹非一般人，"简直就是朕的萧何"。对邓禹提出的建议，刘秀经常言听计从。

在邓禹等一帮大将的鼎力支持下，刘秀称帝，随后邓禹被封为大司徒、鄷侯。后改封高密侯，进位太傅。

刘秀驾崩之后，皇上刘庄将跟随刘秀平定天下的28位大将画像悬挂于南宫云台阁，这被后世称为"云台二十八将"，而邓禹位列其首。

邓禹建立的"皇室专业户"

有人说，如果要给素质教育和职业技术教育的先祖提名的话，这个提名里一定有邓禹。

史书记载，邓禹有13个儿子，他在教育孩子方面，可谓独辟蹊径。邓禹除了让他们学习书本知识，还要求各自掌握一门养家糊口的技术，并且高薪聘请能人对他们因材施教。

"在崇文重武的大背景下，重视素质教育，这是难能可贵的。"王春玲说。

以这种模式教育出来的孩子，果然没让邓禹失望，他的孩子都学有所成，出将入相。

宋代姓氏学家邓名世、邓椿哀父子所撰《古今姓氏书辩证》中记载："自邓氏中兴后累世宠贵，凡侯29人，公2人，大将军以下13人，中二千担14人，列校22人，州牧郡守48人，其余侍中、将、氏官名大夫、郎、谒者不可胜数。"

天下冯氏，源自荥阳

弘扬祖德，叶落归根。为探究溯源冯姓，多名冯姓后人，查典稽谱，寻冯姓祖先。冯文孙，冯简子，冯长卿，谁是"始祖"，众说纷纭。而冯姓故地冯城，依旧有争议。但对冯姓的探索，总会让冯姓后人津津乐道。

寻根溯源：87 岁的老冯已跑了 26 年

随着"文革"的结束，改革开放到来，中华冯氏多个支系掀起了修建宗祠、恢复祭祖、重修族谱的热潮。济源冯氏后人冯邦，看到冯氏家谱多已失传，少有的家谱字体难辨，有祖无族、无路归宗，他便呼吁冯氏宗亲抢救冯氏历史文化，抢救宗谱。从 1988 年在新乡离休到今天，87 岁的冯邦已探索冯氏文化 26 年。

提及冯姓始祖，河南省姓氏文化研究会冯姓委员会会长冯海军连声说道："研究冯姓，你就问我们冯老，他可是我们老冯家的活宝。"

1997 年、1998 年两年间，冯邦骑自行车往返于荥阳与新乡之间，寻祖问根。为纠集更多冯姓宗亲抢救冯姓文化、收集资料，他先后成立"河南省抢救冯氏历史文化联谊会"和"中华冯氏联谊会"。

在冯邦看来，传承文化，弘扬家风，对冯姓人很重要。而根据 2007 年公安部公布的姓氏人口数量排名，冯姓人口位列第 28 位，人口约 832 万，占全国人口总数的 0.64%，已算大姓。但冯姓从哪里来，起源地在哪里呢？

冯姓起源：郑国简子，以地为姓

根据 2002 年袁义达、张诚著的《中国姓氏：群体遗传和人口分布》，汉族冯姓,第一支源自归姓。

4000 多年前的尧舜时期,东夷中一支以白头翁为氏族图腾的归夷,原居住在今天河南商丘一带。归夷的一个旁支东迁到今天山东菏泽地区,形成以"菏"为图腾的河伯族。

进入夏朝帝芒时代,河伯族出了一位杰出的首领冯夷,在河洛地区称霸一时,后为夏有穷氏所迫,向北过黄河,其后人在今陕西大荔县一带建立了冯夷国,历经夏、商、周三代。

周初,冯夷国分裂为冯等三个国家,后来三个国家被周武王所灭,其后裔以国名为氏。而春秋时郑国大夫冯简子为归姓冯氏第一名人,归姓冯氏的历史至少有 2700 年。

冯邦认为,简子是归姓,但并不一定是冯夷之后。冯夷之后,冯姓几乎灭绝,周宣王时也只有道家仙人冯长等极少数人。而简子为归姓的说法,《元和姓纂》中这样记载:"《世本》又云:'姬姓。郑大夫冯简子后。'"

据河南省荥阳市高村乡冯城村冯氏宗祠重建碑记记载,冯氏渊源系出姬姓,周文王第 15 子周初四圣之一毕公高之子简子为郑国大夫,被封于荥阳冯城,以地取姓,所以为冯。

冯姓始祖:毕公后裔,冯氏长卿

冯简子是姬姓还是归姓,历史上和当下均有争论。

南宋王应麟著《姓氏急就篇》称:"冯氏,其先归氏。又,毕公高后,食于冯,因氏。"

据《史记》《后汉书》《元和姓纂》《姓解》及南宋程元凤《冯氏宗谱序》等记载,周文王第 15 子姬高被周武王封于毕,号称毕公高。毕公高的后裔毕万被封于魏,支孙食采于冯,遂以地为氏。

冯邦称,他多方查询资料得知,毕万受封于魏的时候,是晋国大夫。当时晋献公攻灭许多小国家,其中就包括冯简子遗留下来的冯城。毕万后人魏氏支孙魏启长卿被封到了冯城,魏长卿就以邑为姓,称冯长卿。

多家史料、家谱、书籍认为,冯长卿就是冯姓开族之祖。但广西冯姓文化研究者冯君南查到的家谱显示，得姓始祖是冯文孙，简子是冯文孙之后，而冯文孙并非冯长卿。

不过，广东、海南、河南、安徽等地许多族谱，多认冯长卿为始祖。

冯城遗址：古冯城城址在河南荥阳

作为宋朝丞相冯京后人，荥阳市高村乡荆寨村委会冯城村冯氏宗祠中，不仅供奉有冯京，还有冯简子和冯长卿。

当年，郑国大夫冯简子在此练兵，因打了胜仗，被封于冯城。多年后，冯长卿所在的晋国，打跑了冯简子后人，其子孙以地为姓。而两人涉及的冯城均为现在的冯城村。如今，该村以冯简子为始祖。

2000 年 6 月因该村位于古冯城遗址，更名冯城。冯城村民曾经在挖掘中发现战国时期的陶器，遗憾的是，两件陶器上没有铭文。至于古冯城是不是当下冯城，目前没有充分的资料来佐证。但多名学者认为，冯城就在荥阳。

荥阳姓氏文化研究会会长程远荃称，无论是春秋时期的冯简子，还是战国时期的冯长卿，都源于冯城。

冯姓中影响力较大的网站"中华冯氏网"首页写有："天下冯氏，源出于一，皇为轩辕，帝为帝喾，王为周文，霸为毕高，冯氏世系，支脉旺盛，繁衍天下，泽被五洲，众派竞秀，天下首推，河南荥阳。"

冯姓郡望，大树余荫

在历史的长河中，每个姓氏家族的郡望堂号，都是当时的耀眼星辰。

战国冯亭之后是上党郡，东汉冯异之后为颍川郡……冯氏在秦汉魏唐时期就形成了多个郡望堂号，成为当时的"高门大姓"。

在人口的迁徙中，冯氏播迁全国，留下"大树将军""两娶宰相女，三魁天下元"的千古佳话。

拒秦归赵，开基上党

春秋战国时期，冯氏主要分布在今天陕西、河南等地，到了秦汉，又迁徙到河北、山东、四川等地。战国时期上党郡以冯亭为祖，支脉旺盛。

根据《战国策》及《史记》记载，战国时期，秦国打韩国，韩桓惠王就派人向秦国求和，把上党割让给秦国。但时任上党郡守誓死抗秦。韩王不敢违约，让冯亭去当郡守，而冯亭到任后，依旧抗秦。

冯亭说："我不能处于三不义的境地：为君主守卫国土，不能拼死固守，这是一不义；韩王把上党给秦国，我不听君主的命令，拒不割让，这是二不义；出卖君主的土地而得到封赏，这是三不义。"

上党归赵国后，秦军来袭，赵军几乎全军覆没。这场持续时间最久、规模最大、最惨烈的战争，奠定了秦国统一六国的基础。

秦灭六国，上党冯氏宗族遭遇了一次重大打击，冯氏后人或隐藏民间，或迁徙他乡。但冯亭后裔迁往秦国的冯姓一脉尤盛，有秦丞相冯去疾、御史大夫冯劫等。

大树将军，美名远扬

汉代，冯氏宗族再次走向繁盛。此时最显著的标志，就是冯姓郡望的逐步形成。两汉时期冯姓的分布已基本上覆盖了当时华夏大地的所有重要区域，并且在一些地区，由于冯姓豪杰名士的大量涌现，形成了以冯姓为主体的聚族性居地。

颍川郡冯氏，因东汉"大树将军"冯异而兴盛。颍川郡，包括今天的河南宝丰、禹州、平顶山以北等地，冯异后裔迁徙频繁，因为郡望是地名，而堂号则偏重于血缘关系，其后人自称"大树堂"。

冯异园修缮筹备组负责人冯金岗说，当年冯异跟随刘秀打仗，军队每到一个地方，将领们喜欢坐在一起论功请赏，而冯异独在树下，不争功，后人就称他为"大树将军"。冯氏后人为纪念他，以"大树"为堂号。

在今天的宝丰县李庄乡尚王村，冯异墓的修缮基本完成，还要举行大树堂拜异公大典。

岭南开基，冯兴粤琼

南北朝时期，冯跋还当上了北燕开国皇帝。史料记载，他勤于政事，轻徭薄赋，慎择守宰，北燕百姓都很拥护他。其弟冯弘继位之后，北燕被北魏灭掉，冯弘逃到了高丽。

在高丽期间，冯弘因与高丽王结怨被杀，他的后人有的留在高丽，有的化名逃回东北，有的渡海南迁。现在朝鲜、韩国也有冯氏子孙。冯弘的第五子冯业乘船从高丽南下来到广东，投奔南朝刘宋，被封为新会太守，这就是岭南冯氏开基始祖冯业公。

魏晋南北朝时期，冯姓子孙，北至辽宁，南至江西、广东、广西、海南寻求发展，成为地跨南北，纵横东西的大姓。冯业的曾孙冯宝，娶南越首领冼英为妻，汉俚联姻，成为海南冯姓开基始祖。

连中三元，千古佳话

唐宋时期,冯氏宗族形成"兄弟两尚书,祖孙九进士"的名门望族。宋代，冯姓人口大约有55万，约占当时全国人口的0.72%。当时冯姓主要集中在四川和河南，占冯姓总人口的43%。

宋代的冯京，曾在乡试、会试、殿试中连中解元、会元、状元，名气很大。时任宰相见冯京才华横溢，先后将两位千金嫁给他，留下了"两娶宰相女，三魁天下元"的千古佳话。

作为冯京的后人，湖北省大冶市冯氏宗亲会秘书长冯加树多次来河南寻找冯京墓，最终在新密市曲梁镇五虎庙村找到了。2010年，在冯京诞辰990年之际，他筹资建成京公陵园。

冯玉祥：黄沙上建碧沙岗

"碧海丹心，血股黄沙"

郑州市碧沙岗公园北门，"碧沙岗"三个金黄大字悬于大门之上，落款正是冯玉祥。

冯玉祥，字焕章，安徽人，中华民国高级将领、西北军首领。在北京政变、溥仪被逐、五卅运动、北伐战争等重大历史事件中，冯玉祥和国民军无疑是主角之一。

继 1922 年督军河南之后，1926 年冯玉祥再次主政河南，任河南省政府主席。北伐战争给部队带来了很大的牺牲，为安抚在北伐战争中死难的战士，他想在河南找一块地方，为烈士们立碑。那时，碧沙岗被称为"白沙岗"，到处都是黄沙。冯玉祥觉得这里不占农田，就购地 400 亩，修建了烈士陵园。

1928 年 8 月竣工后，冯玉祥取"碧海丹心，血殷黄沙"之意，将陵园命名为"碧沙岗"。

曾把庙李村改名中山村

碧沙岗烈士陵园建成后，冯玉祥在郑州期间，每逢星期日必亲赴碧沙岗的烈士祠行祭礼，并到墓园亲自填坟。

这块老郑州人口中的"老冯义地"，经过几十年的建设，而今公园绿化覆盖率九成以上，树种繁多，已经成为集文化、休闲、园林观赏为一体的市民憩息之地。

民权亭内，立高两米的汉白玉石碑，正面刻冯玉祥书的"碧血丹心"，其他三面刻冯玉祥撰的《祭北伐阵亡将士文》："……抑军阀虽灭，而帝国主义者尚高睨阔步，横掠我领土，惨戮我人民。凡我中华民族，靡不引为大耻。此耻一日不雪，恐先烈之灵一日不安。是又我军后死者之责，亟宜踏先烈之迹，振迅奋发，而不可斯须或忘者也。"

1924 年成立国民军之始，冯玉祥情意恳切电邀孙中山北上主持"国事"，并在信中写道："先生党国伟人，革命先进，务希即日北上，指导一切。"这个信奉基督教的将军，深受孙中山三民主义的影响，以至曾把郑州的庙李村改为中山村，大孟寨村改为三民村，五龙口村改为五权村。

历史上有名的"倒戈将军"

在民国将领中，冯玉祥"绰号"最多，有"基督将军""布衣将军""倒戈将军""植树将军"等，个性十分鲜明。

但因其倒戈背主的次数较多，有人把其描述为一个"墙头草、随风倒"的投机主义者，将其字"焕章"改为"换章"（换章即打麻将中换牌之意），以讽刺其经常倒戈的行为。

有人总结，他的倒戈共有八次：滦州起义倒清廷；护国运动倒袁世凯；武穴停兵倒段祺瑞；北京政变倒吴佩孚；拉郭松龄倒张作霖；五原誓师倒北洋；国共分裂倒共；中原大战倒蒋介石。

徐永昌曾批评冯玉祥"论变不论常"，有点"时髦肤浅"。而力挺冯玉祥的人则认为，这正是他思想进步的表现，"顺应潮流"。

冯玉祥受的正规教育不多，但读书颇多，美国学者薛立敦曾说他"比同时代其他军阀更易受西方思想"。

在河南省姓氏文化研究会冯姓委员会会长冯海军看来，冯玉祥"倒戈将军"的称号，正是他审时度势、不断探求救国救民道路的一种尝试。

好吃萝卜勤散步，凌晨 4 点起床

在生活上，冯玉祥并不讲究，但注重锻炼身体和保养。他好吃萝卜，常说"萝卜上市，医生关门"，认为萝卜营养丰富，是不可多得的好菜。

冯玉祥的下属吴茂林在回忆文章中说："冯先生每天早上必须散步一个小时，风雨无阻。"

著名历史学家翦伯赞回忆称："和冯玉祥一起生活，实在有些不习惯。第一，我不能起得太早，而冯将军的起床时间是凌晨 4 点。他的理由是，一个人应该在没有看见太阳以前，把洗脸、铺床等琐碎的事情做完，等太阳从地平线上射出光芒，人就应该为大众服务。"

关于早起，冯玉祥曾专门写过一首《朝起看日》："朝起看日真正乐，红润如盘光闪烁。懒人此时睡正浓，不见日出见日落。吁嗟乎！举国尽将朝气提，国家何至见衰弱。"

天下潘姓，根在荥阳

潘姓，起源于商周时期。周武王灭商，吞并其属国潘，派姬荀（号季孙）管理，并封他为"荥阳侯"。"天下潘姓出荥阳"便由此而来。

自古潘姓多才俊。汉代以来，仅收入《中国名人大辞典》者就有200多人。

姓氏起源

"潘姓的起源主要有三支。"河南省姓氏文化研究会潘姓委员会常务副会长潘建民说。

第一支源自姚姓。舜生于姚墟，便以姚为姓。到了商代，他的后裔在潘地建立"潘子国"，这个国家后来被周武王消灭，其子孙便以国为氏。姚姓潘氏的历史有近4000年，但因为势弱国小，后来淹没于姬姓潘氏人之中。

第二支源自姬姓。周武王灭"潘子国"后，把潘地封给毕公高的幼子姬荀，这就是姬姓潘国。后来，潘国人经过几次迁移，首先东迁至河南洛阳东（今荥阳）的潘城，然后又东迁至河南商丘西北的潘侯集，最后南迁到当时楚国的潘乡（即今天河南固始）。姬姓潘国势弱国小，春秋时被楚国吞并。姬姓潘氏的历史已有3000多年。

第三支源自芈（mǐ）姓。潘国被楚国消灭，成为楚国一邑，楚成王时的潘崇，是芈姓潘氏的始祖。芈姓潘氏的历史也有2600多年。

"从各地潘氏宗谱来看，潘姓始祖均为'文王第15子毕公高之幼子季孙'，但没有查到以舜或潘崇为始祖的宗谱。"研究潘姓起源多年的潘成忠说。

根在荥阳

"季孙是潘家一世祖",这点已被潘姓后人公认。季孙名叫姬荀,是周文王第 15 子毕公高的幼子。

"康王命毕公,以成周之众保厘东郊。毕公幼子季孙受封于荥阳潘水流域,守卫成周东门户。季孙公殁,葬荥阳金堤山。"宋代江西《潘氏宗谱》、清代湖南《潘氏族谱》等潘氏家谱中均有这样的记载。

潘姓始祖季孙的墓,就在荥阳金堤山南岭潘窑村。金堤山分为东岭、西岭、南岭,自西周季孙葬于此地,潘氏子孙供奉香火不断。晋代潘尼后裔落籍潘窑,遂为荥阳潘姓一支。

"各种家谱和史书记载,潘姓始祖季孙被封在荥阳,去世后也葬在荥阳。"潘建民说,由此也可推定"天下潘姓出荥阳"。

始祖之墓

荥阳(县级市)往西 25 公里,有一个潘窑村,潘姓始祖季孙的墓就在村南。绿油油的麦田中,有一座高约 3.6 米、直径 15 米的坟茔,坐南朝北,墓前竖着一块青石墓碑。石碑是螭龙碑额、长方碑身、龟形碑趺,上面写着"潘姓始祖季孙公之墓"几个大字。该墓于 2011 年由潘姓族人修建。

周平王迁都洛阳之后,潘国渐衰。新兴皇族郑国兴起,潘国不得不沿古汴河向东南迁移。潘国大部分臣民南迁,而留下的一小部分在原地守护南岭潘氏祖茔。

潘窑村 91 岁的潘先生说,新中国成立初期,潘窑村南边有一座占地 20 亩的潘氏祖墓,墓碑无数、巨柏成林,可惜在上世纪五六十年代被平整为耕地。

2007 年 9 月,世界潘氏文化研究会第一次代表大会在荥阳召开,来自海内外的潘氏宗亲代表 300 余人齐聚荥阳,祭拜始祖。

"2008 年,河南潘氏文化研究会提出修建始祖墓的计划。次年,这一计划得到全国潘氏宗亲及组织的支持,筹集资金 20 多万元,并于 2011 年 8 月完成了第一阶段的修建。"潘建民说,根据设计图,竣工后的季孙墓旁设有围栏,将潘姓族人中的名人书画刻碑在此供奉,供后人瞻仰学习。

如今，潘姓在中国百家姓中排名第 36 位，总人口约 720 万，约占全国总人口的 0.55%。

潘姓人分布广泛，尤以广东、江苏、安徽、内蒙古、河南、四川、湖北、浙江等省份多。上述八省的潘姓人数，约占全国汉族潘姓人口的 69%。

潘基文祖籍：河南荥阳

2006 年 10 月，潘基文接替科菲·安南任联合国秘书长时，海内外就迅速流传其祖籍为中国河南之说。因当时史料不全，未予印证。如今，经潘氏后人几年来考究和挖掘，已确认潘基文所在的韩国潘姓与中原潘姓系同宗同祖。潘基文的祖先，来自河南荥阳。

潘基文祖籍何处曾有争议

"潘基文的弟弟可能马上来荥阳拜祖。" 2014 年 3 月初，刚刚从韩国归来的湖南潘氏文化研究会会长潘传平带回的消息，让荥阳潘姓后人闻之欣喜。

作为某公司的法律顾问，潘传平曾去韩国考察，顺便拜访了韩国的潘氏宗亲会。"我见到了潘基文的弟弟潘基祥，他对同族人非常热情。"潘传平说，潘基祥还表示，今年 5 月份到长沙考察，如果时间来得及，他会到荥阳拜祖。

"潘基文的堂兄来过荥阳，那次是我接待的。"河南省姓氏文化研究会潘姓委员会常务副会长潘建民说。2007 年 4 月 18 日，潘基文任联合国秘书长半年后，其堂兄潘基秀代表韩国潘氏宗亲前往荥阳潘窑季孙公墓前拜谒。

此前，潘基文的先人是不是来自河南荥阳，尚有争议。2006 年 10 月，潘基文当选联合国秘书长后，韩国曾有报道称，潘基文在韩国的故乡成了旅游景点，潘基文的祖先是从中国荥阳来到韩国的。

国内的福建潘姓后人却称，潘基文的祖籍是泉州潘山。宋元之际，泉州商人频繁到朝鲜半岛经商，不少人留在当地居住。韩国潘氏家族正是在那一时期迁过去的。泉州潘氏宗亲会还曾联合全国潘氏宗亲总会给潘基文发去一封贺信，潘基文亦复函致谢。

"说归说，没看到宗谱之前，不能确定潘基文祖籍在哪儿。"潘建民说，尽管都知道"天下潘姓出荥阳"，但不排除有其他姓半道改姓潘。

潘基文与荥阳潘氏同根同源

潘基文的堂兄潘基秀的到访，彻底打消了豫籍潘姓人的疑虑。

"潘基秀带来了一套韩国潘氏宗谱，上面记载，他们是周文王之孙季孙公的后代，来自河南荥阳，以潘国为姓。"潘建民说，看到宗谱，这才确认他们和韩国的潘基文乃同宗同祖，大家的手握得更紧了。

韩国潘氏宗谱记载了韩国各地潘氏的起源和分支。关于潘氏始祖季孙公的记述，与荥阳、与全世界各地潘氏宗谱完全一致。

"只要宗谱上有'一始祖是季孙公'字样，那就证明他们来自河南。这一点，全国的潘姓人都认同。"潘建民说，为了给后人留作印证和纪念，征得对方同意后，他将韩国潘氏宗谱复印了一份留在荥阳。这本韩国潘氏宗谱，大多为韩文记载，只有少量中文，能明显看出"周文王""季孙公""中原"等字样。

同时，韩国潘姓后人也认定，河南荥阳是他们祖先的居住地。

潘基文的祖先南宋时迁居朝鲜半岛

"资料显示，南宋时期，一名叫潘阜的官员迁居朝鲜半岛，潘基文便是他的 27 世孙。"潘建民说。

据史载，潘阜，又名谞，字君秀，南宋绍定三年（1230）生。潘谞容貌威严，天性刚直，博学善文，南宋王朝时官至翰林学士。南宋咸淳年间，蒙古侵占北京，潘谞被俘，宁死不降。元世祖爱惜他的才华，把他留在了自己身边。

当时的高丽国已经臣服元朝，高丽国忠烈王（世子谌）曾向忽必烈提议和亲，并居住在当时的大都，其间结识潘谞。宋元之交，时局不稳，世子谌谋略深沉，借机广纳人才。

高丽元宗七年（1267），高丽枢密副使金方庆出使元朝，世子谌乘机让金方庆将潘谞秘密带到高丽国。潘谞后改名潘阜，时年 37 岁。潘阜才能卓越，先后在高丽国任都知兵马使、左谏议大夫、文衡（科举主管）等职，曾带兵东征日本。高丽国王封他为岐城府院君，逝后赐谥"文节"。

韩国潘氏分布于巨济、岐城、南平、光州、结城等地，人口超过 10 万。

古代谁最帅，中牟人潘安

古人云："才比子建，貌若潘安。"子建是曹操的儿子曹植，以文才流芳千古，潘安是谁呢？

"大帅哥"潘安，是咱中牟老乡

潘岳，字安仁，中牟县大潘庄人。生于曹魏正始八年（247），被害于西晋永康元年，活了 54 岁。既名潘岳，为何又称潘安？

"民间称他为潘安，原因是地方风俗习惯。中原人起名，不少人单名后往往用一个'安'字或'顺'字，念的时候念作'安儿''顺儿'，加个儿话音，显得格外亲切。被这么一喊，立刻成了大家的宝贝。"河南省姓氏文化研究会潘姓委员会会长潘书林解释。

潘安及其父亲潘芘的坟墓，均在巩县（今河南巩义）西南 35 里的洛水流经处，分别在郑洛公路两侧。北侧是潘芘墓，高 35 米；南侧是潘安墓，高6 米，现在只留下来两座荒冢。潘安在诗文中曾写过，巩县是他的"旧乡"。后人推测，潘安父子的墓均在巩义，家人很有可能在这里居住过。

编修于清代同治八年（1882）的《荥阳潘氏宗谱》和编修于清代嘉庆六年（1801）的《洛阳潘氏宗谱》均记载：潘安是季孙公的第 40 代孙。

出门带弹弓，常被美女"抢抱"

潘芘在朝为官，家境殷实。潘安既是"官二代"，又是美男子，是中国古代"十大美男子之首"。他文采出众，还玩得一手好弹弓，很受女孩子追捧。

潘安少年貌美，才貌俱佳，经常带着弹弓，驾马车到洛阳郊外打鸟玩。

城里很多少女都对他芳心暗许，早早在路边等待。看到潘安来了，纷纷上前围堵，抢着挽他的手，甚至扑上去抱他。挤不动、够不着的，就往他的马车上扔果子表示爱意。于是，潘安每次返程，马车上总会满载桃李瓜果，一时传为美谈。

潘安31岁时，被派往河阳县（今河南孟州市）当县令。当地县志记载，潘安是最好的一任县令，并留下了不少美丽的传说，是"河阳一县花"。

河阳县南临黄河、北靠邙山，中间是一片沃野，但老百姓都很穷困。潘安当县令后，根据当地土质，让老百姓广种桃李，绿化荒山。道路两旁、田间地头、农家小院等，都栽上了桃李、花卉，春天绿满山川花满园，秋天硕果累累，老百姓的腰包也鼓了。因此，潘安也被当地百姓戏称为"花县令"。

天妒英才，一生坎坷

也许是天妒英才，潘安一生命运并不好。他热衷官场，少年高傲，惹人忌恨，一生官运不济，最后也因此得祸。

潘安22岁时因《藉田赋》而声名大噪，却遭人嫉妒，滞官不迁达10年之久。他50岁时写下的《闲居赋》，总结了自己不如意的前半生经历：八次调换岗位、一次提升官阶、两次被撤职、一次被除名、一次没就任、三次被外放等。

史载，西晋咸宁四年（278），贾充召潘安为太尉掾、河阳令，4年后迁怀县令，后调补尚书度支郎，不久被免职。12年后，杨骏辅政，召潘安为太傅府主簿。杨骏被诛，潘安被免职，不久又选为长安令。晋惠帝元康六年（296）前后，潘安回到洛阳，历任著作郎、给事黄门侍郎等职。

永康元年（300），赵王伦擅政，其亲信孙秀被任命为中书令。孙秀曾经服侍过潘安，潘安看不惯他的为人，曾多次挞辱他。不久，孙秀诬告潘安、石崇及欧阳建等阴谋作乱，潘安因此被杀，并夷三族。

中牟建了一座潘安主题公园

在中国文学史上，潘安也有一定的地位。钟嵘的《诗品》将他的诗列为上品，对他有"陆才如海，潘才如江"的赞誉。刘勰在《文心雕龙》中也说：

"安仁轻敏，故释发而韵流。潘岳敏给，辞自和畅。"

1996年，中牟潘安故里整修一新，内有潘安墓、潘安碑、潘安亭等文物，古迹保护得完好无损。并建起潘安故里游乐园，总投资600多万元，占地百余亩。

如今，潘安祖籍的中牟县大潘村，全部为别墅式建筑，已成全国农村民居的示范试点村。

潘书林说，中牟县正在修建潘安主题公园，让后人记住这位才貌双全的中牟人，以更好地弘扬潘安文化。

祖字为姓，袁出太康

听说有人要来老祖宗袁涛涂的墓地祭拜，袁传修立马赶到村口迎接。对于他来说，守护祖先的墓已成了职责。而他们的村子，袁氏的祖居地，名叫袁庄。

天下袁氏出太康，已经是姓氏文化专家们公认的说法。

袁庄由来：食国之地，世守不失

说起袁氏，袁庄村民袁传修满脸兴奋，但学历不高的他表达不清，只能抱出一大摞家谱。从家谱里发现，这位古稀老人是袁氏的第 73 世孙。他家所在的袁庄，位于太康县城正西 20 公里处，也是袁氏族人世代守候的地方。

村边田垄上有一座墓地，袁传修说，老祖宗就埋在这，有 2600 多年了。因为要接受四海归来的袁氏后裔祭拜，2012 年，袁传修带着乡亲们修了这座新墓。"老人们都说这里埋的就是老祖宗，专家考证后也是这么说的。"袁传修长期参与袁氏文化研究，如今是太康县袁氏文化研究会副会长。

唐韩愈所作的《袁氏先庙碑文》称："陈公子有为大夫食国之地辕乡者，其子孙世守不失，因自别为袁氏。"陈是古时的陈国，袁氏祖先做官的地方。文中的辕乡是他们的食邑之地，也就是现在的袁庄。

天下袁氏出太康已被公认。而袁氏之祖则是春秋时期的陈国大夫袁涛涂。

袁氏始祖：强国间求生存

周口市姓氏研究会理事周祖祥同姓氏文化专家杨静琦合著的《天下袁氏出太康》，是公认关于袁姓起源研究比较权威的书籍。书中称，袁涛涂为春秋中期陈国大夫，彼时春秋纷争，作为陈国大夫的袁涛涂不得不在强国间不停游走。

齐国为遏制楚国的北进势头，齐桓公以中原盟主身份，联合鲁、宋、陈等八国，向楚国发动了一次军事远征。袁涛涂此时随齐伐楚，他向齐桓公请命前往楚营议和，之后促成了双方在召陵订立盟约，即著名的"召陵之盟"。

等到齐军班师回朝，袁涛涂担心齐军过境扰乱陈国，心生一计，说陈国瘟疫遍生，请齐军绕道东行。但齐桓公探察后识破了他的计谋，就把袁涛涂押回齐国关了起来，接着派大军进攻陈国。

众人纷纷向齐桓公求情免袁涛涂一死，考虑到袁涛涂议和有功，齐桓公便没有杀他。与此同时，陈国难挡齐国攻势，派人请和，答应割地赔款，齐国这才息兵止战，放回了袁涛涂。

这也是历史上关于袁涛涂最后的记载。此后他无心政事，便告老还乡，在祖地辕乡过完了余生。

袁氏起源：出自妫满，祖字为姓

要说袁氏起源，还得追溯到虞舜的后裔妫（guī）满。商朝末年，舜帝的第32代孙虞阏父投附周国，担任陶正一职。公元前1046年，周武王灭商建周，追封先贤遗民时，把虞阏父的儿子虞满封于陈地（大致在今河南开封以东、安徽亳州以北。都城宛丘，即今河南淮阳），国号为陈。妫满死后，周赐谥号胡公，史称陈胡公。

妫满11世孙名诸，字伯爰。《新唐书·宰相世系表》记载："袁氏出自妫姓。陈胡公满生申公犀侯，犀侯生靖伯庚，靖伯庚生季子惛，季子惛生仲牛甫，甫七代孙庄伯。庄伯生诸，字伯爰，孙宣仲涛涂，赐邑阳夏，以王父字为氏。"也就是说，妫满13世孙涛涂以祖父字"爰"为姓，名爰涛涂。

唐人林宝在《元和姓纂》中称："涛涂以王父字为氏，代为上卿。字或作爰、辕、袁、溒、榬、援，其实一也。"河南姓氏文化研究会常务理事徐玉清对此解释道，这六个字在古时同音通用，后来因为传号不同，所以一姓又分为五族六家，"实际上都是一家"。而新编的陈氏家谱中称，涛涂先以祖字为姓，在陈国做大夫后，又以住地辕乡的"辕"为姓，遂称"辕涛涂"。

2012 年，海内外的袁氏后人 200 余人来到袁庄认祖归宗，并为墓立碑"袁氏始祖"。

袁氏家谱：认祖归宗，袁氏联谱

"认了袁涛涂这个老祖先，我们就该把所有家谱连起来。"中华袁氏文史研究会秘书长袁荣程说，世居江西的他 1995 年就着手进行袁氏研究，如今 20 年过去了，天下袁氏的联谱工作还没有完成。

这注定是个冗杂繁琐的过程，除了几大传统聚集地的世系较好整理外，很多已经散落在世界各个角落的袁氏后人并不知道自己先祖的出处。"只能辗转各地，查证资料，有家谱的最好，没有的只能从当地地方志里寻找蛛丝马迹。"

如今，袁氏文史研究会已经搜集到袁氏家谱 1000 多套，袁荣程略感骄傲，因为他们的研究成果即将集结成书。"我们叫它《中华袁氏族谱》，也就是通谱，袁氏传承的血脉比较纯正，目前已经完成了 6 笺，完整的我们打算出 12 笺。"

袁传修则一直做祖墓的守护者，时常会收到来自世界各地袁氏宗亲的问候，也包括袁荣程。如今，袁庄的家谱已经修到了第 78 世。他说，真想看看整个家族联谱出来是啥样子。

陈郡袁氏，一脉相承

天下袁氏出太康，袁氏最早以省内的陈郡、汝南两支为著，之后走向全国。

袁姓的迁徙过程，与其家族的政治地位紧密相关，迁徙脉络清晰，也见证了其家族的荣辱。

陈郡袁氏：优良门风世代不衰

秦汉以前，袁氏主要在河南境内迁徙繁衍，陈郡和汝南是其发展中心。

陈郡相当于今淮阳、太康、鹿邑等地，也就是袁氏始祖袁涛涂后裔的直系望地，以阳夏（太康）为世居，之后的袁氏支脉多出自这里。陈郡袁氏世代为陈国所用，在楚灭陈后，袁氏家族在战乱中迁徙避世，直到西汉初年，袁生重振家门，回到祖籍地太康。

同后来兴起的汝南袁氏不同，陈郡袁氏虽家世显赫，但克己奉公，并无野心，在那长期动荡的年代里，几乎没有见到陈郡袁氏有刀光剑影的记载。像东汉司徒袁滂，其做人原则"纯素寡欲，终不言人之短。当权宠之盛，或以同异致祸，滂独中立于朝，故爱憎不及焉"。他的儿子袁涣继承了父风。

陈郡袁氏崇尚清虚，在政治利害上与其他大族鲜有冲突，在经济上也不聚敛财富。因此，自袁滂任司徒开始，直到唐代，子孙连续13代都有人担任重要职务，活跃在政坛将近600年。

唐人林宝《元和姓纂》云："袁氏自后汉、魏、晋至梁、陈，正传世二十八人，三公、令仆十七人。"这其中主要是指陈郡袁氏。

汝南袁氏：门生故吏，遍布天下

到了东汉，汝南袁氏崛起，他们是陈郡（即太康）袁氏的分支，始祖为袁生的11世孙东汉司徒袁安。祖留地在汝南郡汝阳县，即今商水县袁老乡袁老村。如今来这里祭拜的人仍络绎不绝。

《三国志·魏志·袁绍传》记载：汉代袁安在汉章帝刘炟时为司徒，儿子袁敞为司空，孙子袁汤为太尉，曾孙袁逢为司空、袁隗为太傅，四世居三公位，人称"四世三公"，门生故吏遍布天下。

历史上，汝南袁氏中最出名的当属袁绍、袁术兄弟，不过由于老大袁绍是庶出，两兄弟关系向来不和。在东汉末年群雄割据的年代，两人各带领自己的一脉争霸一方。不过好景不长，随着两人先后兵败，汝南袁氏近乎覆灭。

袁老村村民袁明臣说，袁老村周围的袁小庄、杨寨、刘楼、秦楼、袁庄等"九里十三村"的3万多口男性村民，几乎全部姓袁。"听前辈说，袁绍忧愤而死后，早年跟随他南征北战的族人，趁着夜间天黑，把袁绍尸体运回家乡袁老村，埋葬在曹河岸边。袁世凯登基前还回来祭拜过。"

迁徙：西晋覆灭，举家南迁

东汉末年，战乱频繁，一些袁姓人或追随名主，或避难他乡，出现较大规模的迁徙浪潮。西晋灭亡后，东晋建都于建康（今江苏南京），随晋室南渡的有许多中原士族，其中就有陈郡袁姓。

因为长期在东晋、宋、齐、梁、陈等朝中做官，特别是在西晋末年南迁之后，因为累世追随有功，袁姓与王姓、谢姓、萧姓并称为天下四大盛门。《新唐书》载：过江则为"侨姓"王、谢、袁、萧为大。可见当时袁氏家族在江南一代的势力。

也是从那时起，南方开始成为袁氏望族繁衍生息的重心。中原袁姓依然世代相守，但随着政治中心和经济中心逐渐南移，居于中原及北方的许多袁姓大族迁往南方，特别是今江苏、浙江、江西一带，使长江中下游地区成为袁姓人口比较密集的地区之一。

袁氏何时迁入台湾，史籍和谱书中都没有详细记载。从清朝嘉庆二十年（1815）台湾人所立的《彰化八卦山义冢示禁碑》中袁启发的姓名世系看，清代嘉庆以前，袁姓人已经来到了台湾，最早的迁居者多来自海峡对岸的福建、广东等地。另据广东饶平县《袁氏族谱》记载，饶平袁氏15世祖到18世祖先后在清代康熙、乾隆年间迁居台湾，子孙主要聚居在台北的桃源县。1949年，又有一部分袁氏人迁居台湾。

据有关调查，袁姓在台湾700多姓氏中排第94位，其中以基隆市和嘉义县最多。

袁姓人口：南方多于北方

如今全国袁姓人口约有700万，占全国总人口的0.54%。袁氏族人在全国分布广泛，主要集中于河南、四川、湖南、湖北四省，约占袁姓总人口的37%，其次分布于江苏、江西、贵州、广东、安徽这五省，聚集了30%的袁姓人口。

总体而言，南方袁氏人口超过北方。在国外，袁氏族人侨居地多集中在东南亚各国及欧美一些国家，如袁世凯的后代侨居美国、英国、德国、法国、日本、加拿大、新加坡、马来西亚等国。据可考证的史料记载，闽、粤地区的袁氏族人于清朝开始陆续有人移居，有的移居新加坡、印度尼西亚及其他国家。

只想考个秀才，却成一代枭雄

河南项城市东南约 13 公里处的袁寨，因年久失修早已不复宏大，唯一生活于此的袁氏后人袁启姝也于 2009 年去世。

而百余年之前，项城袁氏十分兴旺，一代枭雄袁世凯便出生于此。

项城袁氏：从"外来户"到一方望族

《百家姓书库·袁姓》记载："元末明初，中原地区战争频仍，人口锐减。明洪武年间开始，进行了长时期的移民运动。袁姓集中的江西，有几支于此时北还祖居地。"此时，河南项城袁氏家族便是"北还祖居"中的一支。

项城袁氏并非富豪，到了袁世凯的叔祖袁甲三一辈，因战功屡受朝廷嘉奖，官至漕运总督。之后，袁甲三的兄弟们也先后做了官。

袁甲三这杆"大旗"，使得袁家声威大震、官运亨通。清咸丰年间，袁家食一品俸禄 6 人、二品俸禄 3 人、四品俸禄 1 人、七品俸禄 3 人，成为一方望族。

文人情节：不能博一秀才，死不瞑目

袁寨具有明显的明清建筑风格，宽 400 米、长 500 米，有 2 座吊桥和 3 道护城河。一代枭雄袁世凯，幼年便生活在这里。

袁世凯 6 岁时，随养父离开项城，到济南、扬州、南京等地"宦游"。14 岁时养父病逝，他赶赴北京"读书上进"。为了获取功名，他读书常累到吐血，但最终没能考中，成为他"最大的遗憾"。1876 年和 1879 年，袁世凯

两次参加乡试，但都名落孙山。郁郁不平的他，说出了"大丈夫当效命疆场，安内攘外"的豪言壮语。

袁世凯弃笔从戎，投在淮军首领吴长庆麾下。在军中，他仍没有丢下书本，并曾在给三哥袁世廉的信中说："弟不能博一秀才，死不瞑目。"

小站练兵：一步步走向权力巅峰

通过堂叔袁保龄举荐，袁世凯攀附了李鸿章。李鸿章奏举他出任驻汉城清军总理营务，主管朝鲜防务。1882年，清军进入汉城，以煽动兵变罪拘捕乱臣，袁世凯立下大功。

1884年中法交战，日本鼓动朝鲜开化党人发动"甲申政变"，占领朝鲜王宫，组织新内阁。不久，袁世凯率兵平息政变，再立大功。次年，年仅26岁的袁世凯被李鸿章保荐，出任驻朝鲜总理交涉通商大臣。

因表现突出，回国后的袁世凯被派到天津小站练兵，建立起中国近代第一支陆军——北洋新军，袁世凯也借此一步步走向权力的巅峰。

复辟帝制：袁世凯称帝，遭到各地军阀反对

李大钊曾评价袁世凯："以附和民意而再起者，卒以伪造民意而亡。"

袁世凯掌握清朝的军政大权，顺应潮流，赞成共和，迫使清帝退位，与孙中山实现"南北议和"，当选中华民国临时大总统。

然而在1914年12月，他公布《修正大总统选举法》，违背民意，规定总统任期十年并可以连选连任，变相确定了"总统终身制"。1915年12月，经过精心策划，袁世凯称帝，建立"中华帝国"，改公元1916年为"洪宪元年"。

好景不长，他的称帝举动招致全国声讨，蔡锷和唐继尧发动护国战争，各地纷纷响应。1916年3月22日，袁世凯被迫宣布取消帝制。不久，他因尿毒症不治而亡，时年57岁。

葬于袁林：觉得安阳是块"风水宝地"

袁世凯死后，北洋政府依照他遗愿"扶柩回籍，葬我洹上（安阳）"，在

安阳北郊洹上村购地 138 亩，建造了一座帝陵式大型茔宅，名为"袁林"。

袁世凯的遗愿为什么是葬在"异乡"？ 1908 年，宣统帝初立，载沣摄政，他一心要除掉北洋军阀首领袁世凯，下诏称勒令他"开缺回籍"。袁世凯不愿回到交通不便的项城，迁居到彰德（今安阳）洹上村。他觉得安阳是块"风水宝地"，所以才希望死后葬在这里。

袁世凯称帝，给袁氏家族带来了厄运。后来，他的直系亲属财产被没收，其后代三世不准入仕。这样一来，庞大的袁氏家族瞬间变成"穷光蛋"，个别子孙甚至乞讨为生。

袁姓从此不再荣耀，在此后长达半个世纪的时间里，袁氏后代都受排挤。因此，袁氏子孙有的逃往国外，有的改名换姓隐居，互相之间也不再往来。

姬发之子，于姓始祖

西周初年，周武王姬发的一个儿子被封在邘国，称作邘叔，其子孙于是以国为氏，是为于姓。邘国的位置，大致就在今天河南沁阳市北部一带。人口分布上，山东、东北三省、陕西、山西六省的于姓人口占了全国于姓人口的近七成。于姓属于典型的北方姓氏。

于姓始祖是周武王之子

对于于姓的起源，河南省炎黄文化研究会于氏文化研究会主要负责人于敏欣认为，目前各方比较认可的是三支。

第一支由姬姓而来，是周武王姬发的后代。周武王灭商之后，大举分封诸侯。西周初年，周武王把他的一个儿子封在了邘国，这个儿子被称为邘叔。后来邘国被灭，邘叔的子孙、臣民就用国名当姓氏来纪念祖国，有的姓了邘，有的则姓于。历史上，这一支也被视为于姓的正宗，这一支于氏至少已有3000年历史。

第二支是出自古时的复姓"淳于"，唐代为避讳皇帝李纯的"纯"字改成了单姓"于"。到了宋朝，一部分于姓恢复了淳于姓，但也有一部分人没有改回去，就形成了这一支于氏。

第三支则是出自北魏时的万忸于氏。鲜卑族的万忸于氏原本是山东的于姓人，后来随着鲜卑改了姓，到北魏孝文帝时施行汉化改革，他们又恢复了于姓。这一支于氏一向也被当作外来的姓氏看待，但在实际上，他们仍然是汉族于姓的后代。

除这三支外还有一支，是少数民族人归化到汉地后，被皇帝赐姓"于"。

这部分人的来源就复杂一些了。

于姓发源地在今天河南沁阳

于姓产生在历史上的邘国，而对邘国的位置，我国姓氏研究专家谢钧祥认为，各种辞书记载是非常明确的，包括《水经注》《辞海》等，均印证邘国在今天河南沁阳邘邰一带。

而与文献记载相吻合的是，在今天沁阳市西万镇有个邘邰村，该村现在仍然保存有邘国故城，城址分为东城与西城，现存夯土城墙长 800 多米，宽20 到 25 米，残高 2 到 7 米。据调查显示，该城夯层结构及包含物可以早到商代。

对于姓颇有研究的沁阳市文物局邓宏礼称，直到今天，邘邰村的村名历经 3000 多年没有改变，在邘邰只设坛祭社稷而没有于氏宗祠的祭习也仍然没有改变。

在邘国故城有一个大土堆，据介绍，这个大土堆被称为"钓鱼台"，高有八九米。曾有专家前来观看，推断应是邘国宫殿建筑的基址。

较大规模的祖茔在开封通许县附近

于敏欣说，于氏较大规模的祖茔位于开封市通许县城东 4 公里的六营村东岗地上。

据通许县档案馆资料记载，有一支于姓人从陇西（今甘肃东部）迁到河南中牟。元末为躲避战乱，又从中牟迁到通许县六营岗落户。通许于姓始祖于聚看到这块地方有山有水有树林，就定居在了开阔地带，并把村东大岗定为茔地。

据史料记载，于氏祖茔始建于元末，明万历十二年（1584）开始建造于家祠。据介绍，于氏祖茔分布有大大小小的古墓 300 多个，长眠着明、清以来上百位于姓仕宦，一般官员和平民的墓则更多。

于右任曾为通许县于氏宗祠题写对联："春至和庶物，风来想故人"，"依德念前人，仰东海高门西平望族；馨香昭祀事，为嵩山壮色洛水增辉"。

于氏祖茔、于氏宗祠建筑和大量的古碑、古树、家谱等毁灭于"大跃进"

和"文革"中，而有关名臣于谦的古碑、历史文献也随之毁灭。茔地现余2棵古柏、1棵黄腊树，树围都在2.6米以上。

另外，于氏之于林位于山东平阴县洪范池北1.5公里处。林中植有万历皇帝所赐白皮松59棵，现尚存44棵，属国家稀有珍贵树木。这些树木历400余年仍然生机盎然，规模为国内所罕见，居国内集中储量首位。

于姓是典型的北方姓氏

于姓是大姓，2002年全国人口普查中，人口1141万人，占全国人口的0.92%，姓氏排名为第28位。

据统计，历代于姓多分布在今天山东、黑龙江、河南、山西、陕西、内蒙古等地区。如今，于姓分布以山东为多，约占全国于姓人口的四分之一。黑龙江、辽宁、吉林、陕西等省人数也不少，这些地方的于姓人口约占全国于姓人口的近七成。

而在于姓的祖根地邘邰，这个村子里现在已经没有一户姓于的人家了，历史上于姓的后裔历经迁徙，已散布在全国各地。

源于河南，旺于山东

秦汉以前，于姓的繁衍主要在河南境内。秦汉时期，才开始向周边播迁。

如今，山东、东北三省于姓人口最多，而在河南省内，于姓人口较为集中的是开封通许。于姓的起源地沁阳，如今于姓族人已经很少了。

于姓先在河南，秦汉时开始外迁

于姓最早期的繁衍播迁，是在今焦作沁阳北部一带。这里是古邘国所在地，也是于姓的发祥地。

秦汉时期，于姓人开始向周边播迁，往北迁的去了山西、河北；往东迁的到了安徽、山东；往西迁的则去了陕西、甘肃。在此期间，于姓主要是以中原地区为繁衍播迁的中心，并形成三大郡望，即河南、东海、河内。其中，东迁进入山东的于姓最为兴旺。

但于姓真正走向全国，是在魏晋南北朝时期。那时军阀长期纷争割据，很多于姓族人跟随着逃难大军，南迁到东南广大地区。

著名的"五胡乱华"促进了民族间的交流与融合，也让中原地区成为兵家必争之地。为躲避战乱，处于河南南部的于姓就近南下湖北，后辗转于四川、湖南。因此，南方一些地区目前也有于姓后人聚居地。

清代开始，山东的于姓人最多

但在当代，于姓人以山东省最多，约占于姓人口的25%。于敏欣认为，其原因除了秦汉时期于姓人东迁外，还与明代山西人口大举外迁也有关系。

元末，农民起义军四起，社会动荡不安，多省人口锐减。山西位置优越，所受影响不大，人丁繁盛。明王朝建立后，朝廷施行了人口迁移政策，而山西于姓也是明朝洪洞大槐树迁民姓氏之一，族人分别迁到山东、河南、河北、陕西、江苏等地。清代，除了河南、河北，山东的于姓人就尤其多了。

北宋末年，金兵攻陷东京汴梁（今河南开封），并掳走徽、钦二帝，有于姓人随之迁往黑龙江。

于姓的子孙，几千年中一直活跃在黄河中下游地区。而古时外族改为于姓的情况也不少，比如鲜卑族人恢复于姓，汉朝匈奴人的于氏，北魏西域于阗国人的于氏，清朝满洲八旗姓尼玛哈氏部落等。这些外族与汉族长期混居后也逐渐同化成汉族。

明朝以后，于姓发展稳定，尤其在山东和东北繁衍最盛，最终成为今天典型的北方姓氏。

通许六营于氏，人丁兴旺

于姓是个典型的北方姓氏。居住在祖根地河南的于姓族人，分布在沁阳、济源、通许、尉氏、杞县、西峡、方城等27个市、县，通许县较多。而于姓发祥地沁阳，于姓族人已经不多。

在通许县的档案馆内，有一册《于氏族谱》，上面记载，六营于氏的始祖是从陇西（今甘肃东部）几番辗转之后迁过来的。明、清以来，六营于氏人丁比较兴旺，但不断向全国各地播迁。

于敏欣介绍，比如北京于家胡同、扶沟县于庄、山东东明县于庄、河北于家村等，这些村庄的于姓最早都是从通许县六营村迁去的。

清朝名臣，于氏成龙

于氏家训以清代于成龙的《治家规范》最为著名，主张把孝道当作行为的根本，进而提出了"居家勤俭，不可奢靡，待人宜谦，不可骄傲"、"立身贵高，不可同流合污"、"心存正直，天知神敬；心存欺诈，鬼祸灾生"等处世之道。

于姓历史上多出能臣，清代的于成龙是其中的杰出代表。他并非进士出身，却凭为官清廉和能力超强的优点，从知县一路做到了两江总督。他深得百姓爱戴，以"天下廉吏第一"蜚声朝野。

县令离任，百姓追送数十里

史书记载，于成龙自幼过着耕读生活，受过较正规的儒家教育。顺治十八年（1661），44 岁的他第一次做官，怀着"誓勿昧天理良心"的抱负，接受朝廷委任，到边荒之地广西罗城当县令。

当时，罗城县前两任县令，一个死了，另一个逃了。县城只有 6 户居民，他成了一个"光杆县令"。

于成龙深谙"先稳定、再生产"的道理，大张声势地"严禁盗贼"，在全县搞"联防"。三年后，罗城就成了一座欣欣向荣的县城。

康熙六年（1667），于成龙被举荐为广西唯一的"卓异"，升官调任。他离开罗城时，身上没有盘缠，出现了百姓"追送数十里，哭而还"的感人场面。

避免冤假错案，讲究人道主义精神

康熙十八年（1679），于成龙到福建任职时，福建的监狱里关满了违反"迁海令"的百姓。"迁海令"规定，商民船只不得私自入海，否则不论官民俱行正法，货物充公。这在当时闹得人人自危。

于成龙首先要解决的大案，就是数千名"通海罪犯"的处决问题。只要他大笔一挥，几千名"罪犯"就会人头落地。而他仔细查阅案卷发现，其中绝大多数犯人都是被冤枉的。

他要求释放这批人，最终获得批准。之后按照"少杀多放"的原则，让无辜百姓陆续回家了。

于成龙对服刑人员的生活也很关心。由于经费不足，监狱时常饿死人，他便多方募集资金，让犯人们能吃上饭、看上病。他倡导的人道主义精神，对后世影响深远。

于成龙在福建任职时，曾正式发布《简讼省刑檄》，要求各府州县农忙时节一律不受理民间诉讼。他强调法院审判案件时要清楚、合理，百姓无冤可诉，法律更有威信，就没人敢轻易犯法了。

于成龙还提出，农忙时，官府不准拘审人犯、骚扰百姓、妨害农业，不准擅自拟定罪行、赎金，不准借官司向群众勒索财物。

官居一品，靠的是清廉和能力

康熙二十一年（1682），于成龙升任两江总督。

周劭在《中国明清的官》一书中记载，于成龙是明末贡生，并非清朝进士，这样的人能成为封疆大吏，绝无仅有。于成龙由知县升任总督，全凭"清廉"二字。

清朝的两江总督，正式官衔为总督两江等处地方提督军务、粮饷等重要事务，是清朝九位级别最高的封疆大吏之一，总管江南（今安徽和江苏）、江西的政务。

康熙亲撰碑文表彰廉吏

于成龙为官20余年间，从来不带家眷，连结发妻子也是阔别20年后才相见，其清操苦节享誉当时。他始终保持着异于常人的艰苦作风，灾荒岁月以糠代粮，把省下来的粮食和工资用来救济灾民。离开湖北时，他只有一捆行囊，沿途以萝卜为干粮。

康熙二十三年（1684），于成龙在两江总督任上去世，当地"士民男女无少长，皆巷哭罢市，持香楮至者日数万人，下至莱庸负贩，色目、番僧也伏地哭"，可见中下层人民对他的死十分悲痛、惋惜。康熙皇帝也破例亲自为他撰写碑文，表彰他廉洁清苦的一生。

温县盛产美女，三千年前也一样

焦作温县设县始于公元前 650 年，距今已有 2000 多年历史。而 3000 多年前，当地就已经建立了苏国。苏国的建立者，就是苏姓的得姓始祖苏忿生。

苏氏先祖是黄帝后裔

在《离骚》中，屈原以"帝高阳之苗裔兮"的开篇语，介绍了自己祖上的来源。苏氏与屈原有着共同的祖先，他们都是黄帝的后裔。

周武王灭商建周，苏忿生立有大功，是西周开国功臣之一，被周武王授官司寇（负责刑法牢狱），并赐他家乡十二邑建立苏国，都城在今天的温县。

《通志·氏族略》记载，颛顼后裔古苏国国君苏忿生，曾任周武王司寇。《尚书》则记载："大司寇苏公，效法谨慎。"苏忿生，是史料中明确记载的苏姓第一人。

《苏洵族谱》也记载了苏姓的由来："苏氏之先，出于高阳……至周有忿生为司寇，能平刑以教百姓，周公称之。司寇苏公与檀伯达皆封于河，世世仕周，家于其封，故河南河内皆有苏氏。"

因此，苏忿生被称为苏氏的得姓始祖。据《元和姓纂》记载，春秋时，苏忿生建立的苏国被狄人所灭，其国人便以国名为氏，称苏氏。

温县有苏忿生的陵墓

在温县县城西南，有一个村庄名为苏庄，附近有苏忿生、苏全孝等墓冢，是苏氏故里所在地。

苏庄、北夏庄一带有一片树林，林中立有一块石碑，碑上介绍了苏氏墓地的情况："苏氏墓地为西周司寇苏姓始祖苏忿生及其后裔之墓地，苏氏部落始于夏，为昆吾氏一支己姓，该部落以苏草为图腾，也称为有苏氏族。有苏氏族商代时官至冀州侯，冀州辖温地，冀州城在温北，有苏氏便以温为故里。"

当地一位苏姓村民称，苏忿生的墓地上世纪70年代因建砖瓦窑被毁，曾出土铜鼎一座。后来，苏姓后人又将墓冢重新修葺，供苏氏子孙凭吊瞻仰。

墓地附近的苏庄，原本住有守墓的苏氏后人，但如今，苏庄里的苏氏后人已不多。一位村民说，清代中期，不少苏姓人迁至黄河滩区居住了。

苏姓始祖是苏妲己的父亲？

在小说《封神演义》中，商朝最后一位君主纣王的王后苏妲己是个绝世美女，其父是商朝大将苏护。

至今，温县当地仍流传着苏护、苏忿生和苏妲己的传说。传说中，苏忿生是苏护的小儿子，其父兄在伐商过程中牺牲。也就是说，苏忿生和苏妲己是兄妹。

不过，当地还有一种说法，称《封神演义》中的苏护"性如烈火"，历史原型可能就是苏忿生。

温县县城中心有座苏苑，苏苑中有座长满杂草的土丘，名为"联珠冢"，冢高约7米，南北长约30米。据说，这就是苏护、苏全忠父子的墓地。相传他们战死后被葬在这里，附近还有其部下"哼哈二将"的墓。《温县县志》记载，父子两人的冢相距甚近，后连为一体，故称"联珠冢"。

据称，清道光年间，北夏庄附近发掘出一块墓碑，上面有"商大将军苏全孝之墓"字样，现已无处找寻。

在温县原文联主席杨连仲看来，这里是不是苏护父子的墓值得怀疑，因为苏护是《封神演义》中的人物，历史上是否真有其人，他跟苏忿生到底是什么关系，都有待考证。

苏国灭亡后，苏姓族人出了十八位宰相

苏忿生是史料中明确记载的"苏姓第一人"，但直到过了400多年，苏国被灭，其子孙才以国名为氏，称苏氏。国祚近400年的苏国因何被灭？

周苏联姻，苏君受周王室器重

据《春秋左氏传》记载，在推翻殷纣王的战争中，苏氏作出了重大牺牲和贡献。周王朝建立后，周武王把温地封给了苏忿生，让他建立苏国，并授予他司寇之职。

司寇是周王朝举足轻重的官职，苏忿生在朝中威望很高，甚至与周公、召公齐名，被称为"苏公"。据史料记载，苏氏族人还善于冶金，长期负责为周王朝军队打造兵器，功不可没。

苏国在周王朝前期的地位，在出土的苏国铜器"苏公簋"的铭文上有所体现。这段铭文虽短，但记述了周、苏联姻的史实，足见苏国与周王朝关系密切。

诸侯作乱，苏国被外族攻灭

公元前770年，周平王姬宜臼把都城从镐京迁往洛邑。东迁后的周王朝，史称东周。洛邑在今河南洛阳一带，与苏国隔黄河相望，苏国成了"王畿之地"。

这个时期，周王室的中央地位受到挑战，诸侯国之间的矛盾也爆发了。逐渐强大的郑国，不断挑战周王室的权威。

《春秋左氏传》记载，郑国大将率军向苏国借粮，遭到拒绝后强行收割苏国成熟的小麦，随后又到王城附近抢收稻禾。周天子命卫、陈、蔡等国组成联军讨伐郑国，但被击退。

后来，周桓王将属于苏国的12邑部分田地与郑国部分田地做了交换。从此，苏国与周王室的良好关系宣告结束。

周惠王时,苏国国君为了报复周王室,指挥了"五大夫之乱",赶走周惠王,并立子颓为周王。然而一年后周惠王恢复了王位,苏国国君害怕遭到报复,投奔了狄人,后来与狄人不睦,被狄人所灭。

苏国被灭,族人四处流散

苏国灭亡,苏子流亡卫国;其子孙也都四处流散。

春秋战国时期,苏氏族人主要集中在中原地区。其中,洛阳出现了著名的苏秦家族。

秦汉时期,陕西关中之地苏氏族人较多,著名的有苏建、苏武家族。这支苏氏衍生出扶风苏氏、武功苏氏、蓝田苏氏。

魏晋南北朝时期,北方连年战乱,一部分苏氏族人随中原士族大举南迁至江南各地。

隋代,苏威被隋炀帝授予光州刺史,光州固始始有苏氏。唐朝初期,陈元光开基漳州,一些苏氏族人也随之入闽。

唐代,苏味道被贬授四川眉州刺史,其子孙留在当地繁衍,形成眉派苏氏。眉派苏氏在宋代发扬光大,代表人物是苏洵、苏辙、苏轼三父子。

河南郏县苏洵后人苏铎娃提供的郏县《苏氏族谱》记载,苏洵是苏氏家族史上第一个修族谱的人。

宋代以后,一部分苏氏族人迁到台湾及海外。自此,全国各地和海外多个国家皆有苏氏族人分布。

18 位苏姓宰相光耀族史

在苏氏族史上,一共有 18 位族人位至宰相,其中有兄弟同为宰相或父子同为宰相的。

战国时期的苏秦,以合纵策说服了燕昭王,联合赵、韩、齐、楚、魏共同抗衡秦国,身佩六国相印,主掌六国军政。

南北朝时期,苏绰家族出现一门三宰相,他与兄长苏亮、弟弟苏威分别辅佐西魏文帝、隋文帝改革朝纲。

唐代，苏世长与房玄龄、杜如晦等同列"十八谋士"，他与儿子苏良嗣位列右仆射等职。其后，苏瑰、苏颋父子也均位列左仆射、平章事之职。

18位苏氏宰相，多是为国为民的良臣。

苏妲己到底是什么样的人？

在中国历史上，因国君宠幸美貌女子乱国、亡国的王朝不在少数。如果论资排辈，苏妲己堪称自古红颜祸国第一人，但历史上的苏妲己，真是这样的吗？

《封神演义》中的"蛇蝎美人"

人们所了解的苏妲己，大多是源于明代许仲琳所写的神魔小说《封神演义》。

小说中的苏妲己，是个美貌妖娆、心狠手辣、罪行累累、人神共愤的"蛇蝎美人"。如今，有人将这部小说拍成了电视剧，苏妲己这一形象始终没变。

小说中说，苏妲己进宫之后，终日与纣王淫乱，让纣王不思朝政，还怂恿他通过各种残酷刑罚陷害忠良。

苏氏后人眼中的大家闺秀

关于苏妲己，在苏氏后人中流传着另一个版本的故事。相传，苏妲己是冀州侯苏护之女，居住在温县的"苏胡同"。当地人苏国全说，苏妲己儿时聪明伶俐，很讨人喜欢。有一年，当地发生瘟疫，她将家中的药材施舍出去，救活了不少百姓。

苏护生性耿直，做人坦荡，遭到奸臣嫉恨。苏妲己16岁时，纣王诏令在全国选妃，奸臣费仲为泄私愤，怂恿纣王命令苏护将女儿送进朝歌。

苏护的儿子提出造反，但苏护担心兵少势弱，不敢妄自起事，只好将女儿送入宫中。

妲己进宫之后，唯恐惹怒纣王给家人带来杀身之祸，便强颜欢笑，暗地里却常常以泪洗面。为讨妲己欢心，纣王不惜残害忠良、杀人取乐，民怨沸腾，最终国亡身死。

在小说家笔下，她被"狐仙"附了身

《封神演义》之前，关于苏妲己的传说，一直靠世代口传和少量文字记载而流传。

《国语》记载："妲己有宠，于是乎与胶鬲比而亡殷。"这是史料中关于苏妲己的最早记载。

《吕氏春秋》和《史记》中，关于她的记载也比较简单，说她被纣王宠爱，但没说她残害忠良。

元代，苏妲己的形象变得具体而妖魔化。元人根据《史记》所述和相关传说，将商亡周兴那段历史演义成了一部《武王伐纣平话》。该作品第一次说苏妲己是狐仙附身，并最终导致商朝灭亡。

明代万历年间，许仲琳多次科举不中，遂闭门著书，以商亡周兴的故事创作神魔小说。相传，他曾沿武王伐纣的行军路线收集素材，在恩州（今焦作市恩村）收集了众多狐仙传说。他以此为基础，将苏妲己的狐仙形象刻画得更加生动。

历史中的苏妲己，真是红颜祸水吗？

《竹书纪年》记载："（帝辛）九年，王师伐有苏，获妲己以归。"《国语》中也载："殷辛伐有苏，有苏氏以妲己女焉。"

其大意是，纣王攻打有苏氏，有苏氏首领被迫将女儿妲己进献给他。除此之外，正史中并无关于苏妲己身世的记载。

查遍正史，几乎找不出"妲己祸国"的确切记载。《尚书》和《史记》中，也只是强调纣王"惟妇言是用"，但这并非是苏妲己的过错。

温县徐堡乡苏王村村民说，该村北部原本有一座"奶奶庙"，里面供着的"碧霞原君"就是苏妲己。在当地百姓心中，她是个颇为灵验的神仙。

《史记·殷本纪》记载:"(帝纣)以酒为池,县肉为林,使男女裸相逐其间,为长夜之饮。"

可见,商朝灭亡并不能算在苏妲己的头上。

河南三苏祠，大文豪的归宿地

苏洵、苏轼、苏辙在散文创作上成就极高,均位列"唐宋八大家",千百年来,他们的文学作品一直为后人所传诵。苏东坡老家在四川眉山,但最后客死常州。然而,他并没有归葬四川老家,也没有安葬在常州,而是选中河南郏县作为"归宿"。这是为什么?

距河南郏县县城约23公里,茨笆乡苏坟村东南隅有座三苏园,三苏坟便在园内。这里背靠嵩山奇峰,面临汝水旷川,风景秀丽。

三苏园景区由三苏坟、三苏祠和广庆寺三部分组成。三苏坟坐北面南,门楼里矗立着一座石牌坊,上面刻着苏轼"是处青山可埋骨,他年夜雨独伤神"的诗句。三座墓冢由东北向西南"一"字排列,东北第一座墓为苏轼墓,中间为苏洵衣冠冢,西南为苏辙墓。

苏轼为何葬郏县?

据记载,苏轼老家在四川眉山。1101年,他客死江苏常州。古人讲求忠孝两全,人死后大都会归葬故里,苏辙《卜居赋》里也说:"念我先君,昔有遗言;父子相从,归安老泉。"

而苏轼、苏辙兄弟俩,却最终将离老家几千里的郏县作为归宿,令人不解。

查询苏轼的生平发现,苏轼似乎跟郏县没有过交集,而二者能够联系在一起的,应该是苏轼生前曾被贬谪到汝州当团练副使。

1084年,苏轼在赴任途中,向皇帝上一封《乞常州居住表》称,他赴任途中,全家都得了重病,一个儿子夭亡了,路费也用完了,此时离汝州还有很远,希望能让他在常州居住。后来,皇帝批准了他的请求,苏轼没有到汝州就任。

史料记载，苏轼葬于郏县，是苏辙一手操办的。苏辙写的《亡兄子瞻端明墓志铭》中说："公始病，以书属辙曰：'即死，葬我嵩山下，子为我铭。'"

从地理位置上看，郏县小峨眉山位于许（昌）洛（阳）古道上，是苏轼进京办事的必经之地。因此有人认为，苏轼是看中了这片山水之地。

苏轼在《别子由三首兼别迟》中写道："先君昔爱洛城居，我今亦过嵩山麓。水南卜筑吾岂敢，试向伊川买修竹。又闻缑山好泉眼，傍市穿林泻冰玉。遥想茅轩照水开，两翁相对清如鹄。"表达了对这块土地的向往之情。

也有学者认为，苏轼遗嘱"葬我嵩山下"的主要原因，是当时苏氏子孙多散居在郏城、汝南、颍昌、斜川等地，离现在的郏县较近。中国苏轼研究学会理事刘继增认为，苏轼葬郏的根本原因，是他认为嵩山南麓小峨眉山"土厚水深"，是理想的安葬地。

郏县世代居住的有三苏后人

据史料记载，苏轼、苏辙葬于郏县之后，其后人也在许昌附近定居了下来。

河南有不少以"苏"命名的地方，如许昌的苏桥，荥阳的苏砦、苏坡，新密的苏岭、苏湾，禹州的苏岗等。在郏县当地，有东苏庄、西苏庄两个自然村。

在郏县县城西南几公里的西苏庄，76岁的苏铎娃说，西苏庄村民大部分姓苏，都是苏洵的后人。在苏铎娃家，留存着三本家谱。根据家谱记载，郏县苏姓始祖是苏辙的九世孙苏勇，而苏铎娃是苏勇的16世孙。

家谱记载，苏勇世居郏县，守三苏墓，下传21代，其后裔主要分布在郏县、鲁山、宝丰、襄城等地。苏轼、苏辙兄弟过世后，其子孙多在许昌居住，靖康之乱后四处流离。元末明初，一部分苏氏后裔又迁回许昌附近定居。

叶姓先祖，是"好龙"的叶公

说起叶姓，很多人会首先想到叶公。

有人不知道的是，叶公的确是叶姓的得姓始祖。而河南叶县，则是叶姓的发源地。

如今，每年清明节前后，都有很多来自海内外的叶氏宗亲，到叶公墓所在的叶公陵园寻根祭祖。

叶姓先祖叶公，姓沈不姓叶

这几年，世界叶氏联谊总会秘书长叶天才，一直在负责《叶氏总谱》的编纂工作。为此，他经常和世界各地的叶姓家族往来，对于叶姓的起源和历史也甚为了解。

叶天才说，叶公是叶姓的得姓始祖，河南叶县为叶姓发源地，是世界各地绝大多数叶姓族人的共识。

不过，叶公本人并不姓叶，而是姓沈，名诸梁，字子高。因为他姓沈，叶姓和沈姓一直保持着比较亲密的关系。在一些叶姓家谱中，有沈、叶同宗一说。甚至在一些地方，有沈姓和叶姓不能通婚的规矩。

关于叶公沈姓的祖源，历来有两种不同的说法。一种说法认为，他是楚庄王的后裔，属于芈姓之沈。还有一种说法则认为，他是周文王的后裔，属于姬姓之沈。

第一种说法认为，叶氏源出芈姓。楚庄王的孙子左司马沈尹戌在跟吴国的战争中战死，沈尹戌的儿子沈诸梁被封为叶邑（今叶县叶邑镇）尹。因为在楚国凡邑尹都称公，所以沈诸梁被称为"叶公"。他的子孙遂以邑为氏。

至今为止，叶姓的历史至少已有 2900 年。

在这 2900 多年中，作为姓氏，"叶"的读音也曾发生过变化。

叶天才说，最早的时候，叶姓的叶字读作 shè，后来才改读为 yè。《通志·氏族略》中就有记载称，"叶氏，旧音摄，后世与木叶之叶同音"。

叶公葬于叶县，墓地成文物保护单位

叶公在叶县生活了数十年，和他相关的遗迹，也成为了叶县当地的宝贵遗产。

从叶县县城向南约 15 公里，就是叶邑镇（旧县乡），也就是叶邑故城和叶公陵园的所在地。如今，叶邑故城的西南和西北墙体依然较好地保存着。

叶公陵园，是叶公沈诸梁的墓冢。叶县文化旅游局副局长董建立说，叶公墓是在上世纪 80 年代发现的。

上世纪 80 年代初，叶县文化部门开始寻找叶公墓。据《水经注》《汉书》以及叶县的明清县志等书记载，叶公墓就在"去城西北 3 里"处。

在叶县西北的澧河岸边，就有一个墓冢群。当时还在叶县文史委工作的符春禄等人，在这些墓冢群里查找叶公墓时发现，不少坟旁有过节烧纸的痕迹，就到附近逐个询问后再从中排除。

最终，他们发现只有一座坟没有人指认，也没有烧纸的痕迹，坟头还被卵石围得严严实实。附近村里的老人都说，这个坟头，他们小的时候就在了。

董建立说，当时寻找叶公墓的人，还发现了一个有趣的现象：站在这座不大的坟的坟头上，拍拍手能听到回声，跺跺脚还能感觉到颤动。离开这个坟头，这种现象就消失了。这说明坟下应该有比较开阔的墓道，而墓主人的社会地位应该比较高。

最终，因为这座墓的位置与史料记载相符，在经过专家们多次考证后，被认定为叶公墓。

如今，当初几乎被夷为平地的叶公墓，早已被前来认祖的世界各地叶氏后裔和叶县政府"添"成了高约 4 米、直径 20 多米的大坟冢。叶公墓也已成为省级文物重点保护单位，周围种满了苍松翠柏。墓前伏着一只赑屃，背上驮着一块高大的青石碑，上面写着"叶姓始祖叶公沈讳诸梁冢"。

叶姓后裔祭祖，绕不开叶县

如今，作为排名靠前的大姓之一，叶姓的分布极其广泛，不仅遍布全国各地，还散居于海外许多国家和地区。在新加坡、马来西亚、泰国、加拿大、日本、美国等地，均有叶姓人居住，还成立了很多叶氏宗亲组织以及叶公文化建设基金等。

他们不管居住在哪儿，都从来没有忘记过自己的先祖。他们中的很多人，都说自己是来自河南的"南阳堂"叶氏。

据叶天才了解，从上世纪 80 年代开始，海外叶姓人中就不断有人前来叶县寻根祭祖。这除了和叶姓人的宗族观念有关，也要得益于叶县政府和个人的宣传。董建立说，当时叶县叶邑镇有一个叫胡倩松的人，因为认为叶公在叶县是一种荣耀，而跑到全国各地去宣传叶姓祖地在叶县。他到过广东、福建等地，还给台湾、香港等地的叶氏宗亲组织写信，邀请他们来叶县寻根祭祖。

在很多人的共同努力下，2000 年，第一届世界叶氏联谊会在叶县举办。来自马来西亚、印尼、菲律宾、新加坡等国及香港、台湾、广东、福建等地的数百名叶公后裔代表聚在一起，共叙兄弟姊妹之情。

之后，在 2004 年和 2009 年，叶县又成功举办了两届世界叶氏联谊会，吸引了一大批来自海内外的叶氏宗亲前来寻根祭祖。

正面叶、反面李，是李自成后人

和很多姓氏一样，叶姓也有来自外族的改姓。

东汉时，日南郡（今越南境内）的边界外有一个叶调国，叶调国有人来中国后，遂改姓叶。此外，北宋西夏党项族的叶姓；清朝时期满族八旗姓喇叭氏、叶赫氏、叶赫勒氏族均集体改姓叶，如今多数已经被同化成汉族。

除了这些改姓叶的少数民族，叶天才说，在叶姓历史上，还有其他姓氏改姓为叶。

945 年，五代十国时的闽国灭亡后，皇室王姓后裔为避难，有一部分人改姓了叶，取意枝叶飘零之意。

在陕西榆林叶家砭，有一支叶姓人，其实是李自成的后人。李自成起义失败后，他的后人中有一支娶了叶家姑娘的，逃到了叶家，改姓为叶。

叶天才说，如今，当地供奉的牌位还是正面写着"叶"，背面写着"李"。

叶氏家训以南宋叶梦得的《石林家训》最为著名

叶梦得学问广博，深谙历史掌故及目录版本之学，是南宋著名学者和文学家。他一生喜欢读书，为人审慎，故训子之法也以此为纲要。

他要求子女把读书放在首位，认为不读书则无学问，无学问则流于庸俗，与呆子没有区别。又认为人言多不能尽实，非喜即怒，"喜而溢美，有失近厚；怒而溢恶，则为人之害多矣"，故主张慎言。他主张"孝亲""和睦"，认为孝亲"非特为天下孝子，矣当为天下忠臣"；而和睦"最是门户长久之道"。

叶公好龙，是个冤案

"叶公好龙"这一成语，在中国可以说是家喻户晓。而世人对叶公的了解，也多数都是从这个成语中得到的。

在这个成语中，叶公被描绘成了一个表里不一的"伪君子"。如果说这个成语是后人凭空杜撰的一个"段子"，"叶公好龙"是一段 2000 多年的冤案，你信吗？

历史上的叶公

史实证明，叶公并不是成语中所说的那种人。

真正的叶公沈诸梁，不管是在史书中，还是在叶县人的心目中，都是一位勤政廉政、不居功骄傲、体恤民生、兴修水利的好官员，也是一位著名的政治家、军事家。

叶县文化旅游局副局长董建立说，《叶县志》中记载，叶公主持叶政49年，大兴富国强兵之策，筑城固边、开疆拓土，叶民深受其利，世代感恩戴德。

作为叶邑的最高军事行政长官，叶公提倡农桑，兴修水利，曾率民众在叶县修建了东西二陂。所谓"陂"，就是在农田集中的村庄，修筑半圆形的深沟，既可用作防洪，也能蓄水。

据《水经注》记载，西陂面积约1平方公里，东陂面积约20平方公里，可灌溉农田数十万亩。这比著名的蜀守李冰修的都江堰早200多年，比郑国渠早300多年。至今，在叶邑镇澧河南北两侧，叶公修筑的东陂、西陂遗址仍保存尚好。

除了治水，叶公最著名的功劳应该是平叛、让贤。楚惠王十年，王族白公胜发动政变，杀了令尹（宰相）子西、司马子期，劫持了惠王。在国难当头之时，叶公带领"方城之外"的边防将士赶往楚都平叛。最终，叛军土崩瓦解，首领白公胜自缢，楚国转危为安。叶公因功被擢为楚令尹兼司马，在平定叛乱后的一段时间里，集军政大权于一身。但他以大局为重，不谋私利，选贤让能，将令尹之职让给子西之子公孙宁，将司马之职让给子期之子公孙宽，自己回到叶县，并在叶县终老。

叶公以一生的行动，表达了对百姓的爱及对国家的忠，赢得了世人的敬慕。根据《周礼》规制，在叶公去世后，即被立祠享祭。

谁杜撰了"叶公好龙"？

既然历史上的叶公颇受人爱戴，那后世怎么会有了"叶公好龙"一说呢？

董建立说，中原楚地确实有深厚的龙文化积淀，楚国好龙，在青铜器、建筑等生活的方方面面都受着龙文化的深刻影响。但具体到"叶公好龙"的故事，还要从孔子和叶公的"论政"说起。

孔子周游列国时，曾来到叶县。在后来和叶公论政的时候，两人有了关于"直躬"问题的历史碰撞。

叶公说："吾党有直躬者，其父攘羊而子证之。"孔子说："吾党直躬者异于是，父为子隐，子为父隐，直在其中矣。"

从中可以看出，叶公认为，如果父亲偷了羊，儿子应该作为证人举报父亲；而孔子却觉得出于亲情，倘若发生了这样的事，该是父亲帮儿子隐瞒，儿子帮父亲打掩护，此为忠孝也。

寥寥数语，道出叶、孔二人治国理念上的根本分歧：叶公是尚法的，是提倡大义灭亲的；孔子注重亲情伦理，是反对大义灭亲的。道不同不相为谋，最终，孔子也没能得到叶公的重用。

孔子在叶县的经历并不愉快。董建立说，在叶县流传的传说中，连叶县的农夫都讥讽他"四体不勤、五谷不分"。

据说，由于孔子这段不愉快的经历，再加上汉代"罢黜百家，独尊儒术"的社会背景，有尊崇孔子的儒士杜撰了"叶公好龙"的故事。后来，这则故事被西汉名儒刘向收录在《新序·杂事》内，一直流传至今。叶公，也被"引导"成了一个言行不一的伪君子。

吕姓出南阳，故国位置成谜

天下吕姓，源出南阳。这句话见载于众多《吕氏族谱》，多种史料和出土文物也证明，吕姓起源于今天的河南南阳境内的吕国。吕国是怎么形成的？吕姓起源时，又有着怎样的传说故事？

吕氏正宗：伯夷之后出现两支吕氏

不少《吕氏族谱》虽然标明"源出南阳"，但其世系却上溯至明朝，再往前并无记载，只是比较模糊地写着一段话，大意是吕姓起源在今南阳一带的吕国。

吕氏皆奉伯夷为得姓始祖。不过，历史上有两位伯夷，一位是周初孤竹国国君，另一位是尧舜时期的大臣。吕姓人的始祖，便是尧舜时期这位伯夷。

《潜夫论》记载，伯夷是姜姓吕氏，帮助舜领导部落联盟。禹代行天子时，伯夷依然尽心辅佐，被封为吕侯。周宣王时，吕国迁于宛地（今河南南阳一带）。公元前679年，楚文王挥师北上，弱小的吕国被迫东迁，史称"东吕国"。

不过，这个东吕国也没有维持太久。吕国灭亡后，其子孙均以国名为氏，形成吕氏的主脉。春秋末期，伯夷后裔吕尚所建的齐国被田氏家族灭亡后，其裔孙也有人以吕为氏，史称"吕氏正宗"。

而《左传》记载："谢、章、薛、舒、吕、祝、终、泉、毕、过，言此十国皆任姓也。"这表明，这支任姓吕氏最晚出现于西周初年，至少存在了3000年。《左传》另有记载称，诸侯均"不敢与诸任齿"。当时的诸侯大多不敢与"诸任"拌嘴，可见这些家族地位之显赫。

吕国探秘：吕国都城位置，学界说法不一

《左传》《史记》等多种史籍中，均有吕国的相关记载，吕国位于今南阳境内也无争议。但吕国到底位于南阳哪个位置，史学家们对此有不同的说法。

唐朝地理学著作《括地志》记载："古吕城在邓州南阳县西三十里，吕尚先祖封。"文中描述的位置，经确认是在今南阳市卧龙区王村乡董营村一带。因此，南阳古吕国姜子牙文化研究筹委会2005年召开的一次文化研讨会认定，这里就是古吕国国都所在地，也是姜子牙（即吕尚）的故里。

后世的《元一统志》《明一统志》等由官方编修的地理著作均沿袭了这一说法。在之后的数百年里，"吕国王村说"似乎已经成为定论。

不过，当代学者肜良翰认为，《括地志》创作于唐朝时期，当时南阳县的治所在今南阳市区西南的潦河镇，而"南阳县西三十里"的商周吕城，应位于今天的镇平县境内。考证其具体位置，应以隋朝之前的地理学著作为印证。

而北魏郦道元的《水经注》记载："梅溪经宛西吕城东。"梅溪即如今的潦河，它是卧龙区和镇平县的界河，潦河以东为卧龙，潦河以西为镇平。潦河在"吕城东"，吕城就应该在潦河以西的镇平县境内。

曾任镇平县县志办主任的胡会云认定，古吕城的具体位置，是今镇平县侯集镇马圈王、宋小庄一带。而这一说法，有出土文物为印证。泥质灰陶绳纹大口樽、绳纹灰陶澄滤器、短柄灰陶豆、高细柄或矮细柄浅盘豆、双耳云雷纹铜鼎等先秦文物的出土，说明这里在当时是南阳地区的政治、经济、文化中心。而镇平县安国城遗址出土的汉代以前铁范范腔一侧，铸有一个阴文"吕"字铭文，或许是该处古地名的印证。

故里之争：多地争夺"吕尚故里"

南阳姜子牙研究会多名学者会员介绍，吕国的具体位置尚无法确定，但其位于南阳境内是肯定的。而吕国遗民吕尚，其故里自然也在位于南阳境内的吕国故地，如今当地仍有吕林、子牙溪等地名。

而《史记·齐太公世家》则记载，吕尚是"东海上人"；《孟子》等记载，

吕尚的居住地在"东海之滨";《吕氏春秋》也说,吕尚是"东夷之士"。

因此,国防大学教授姜国柱曾考证认为,吕尚的出生地在今山东省日照市。如今的日照市,也建起了一些与吕尚有关的主题公园。

另据《水经注》引"太公庙碑文"记载,吕尚是"河内汲人";《吕氏春秋》也有记载称,吕尚是"河内汲人";西晋时期出土的先秦典籍《竹书纪年》记载,他是"魏之汲邑人"。

其中提到的"汲",便是如今的河南省卫辉市,这里的太公镇吕村,被当地人称为吕尚的出生地。《汲县志》中有相关记载,当地有姜太公墓、姜太公祠等遗迹存留。

此外,安徽省临泉县在1958年整挖涎河时,在姜寨镇附近挖出一块巨型石碑,上面刻着"姜尚故里"四个大字,后经鉴定为汉代碑刻。

当地学者认为,这证明在汉朝时,姜寨就被确定为姜尚(吕尚)的故里。如今,当地也建有"姜尚故里"等相关景点。

吕姓始祖:伯夷曾婉拒尧帝禅让

由于镇平县侯集镇马圈王、宋小庄一带尚未发掘,吕国都城的具体位置尚待商榷。吕国的建立者伯夷是个什么样的人呢?

不少《吕氏族谱》记载,伯夷是炎帝的第15世孙。《史记·五帝本纪》则记载:"舜得举用事二十年,而尧使摄政。摄政八年而尧崩。三年丧毕,让丹朱,天下归舜。而禹、皋陶、契、后稷、伯夷、夔、龙、倕、益、彭祖自尧时而皆举用,未有分职。"

据此记载可以断定,伯夷与禹、皋陶、契、后稷一样,都是尧帝时期的重臣。舜帝即位后,他们被召回重新分配官职。伯夷被任命为"秩宗",负责掌管三礼,舜帝称赞他"伯夷主礼,上下咸让"。

据记载,伯夷曾帮助尧帝治理部落联盟,政绩突出。尧帝曾想过将帝位禅让给他,而被伯夷拒绝,并推荐舜继承帝位。

伯夷的封地为什么被命名为吕?这在《姓氏·急就篇》里有答案:"昔者太岳为禹心吕之臣,故封吕侯,以譬身有脊吕骨也。"古文中"吕"、"膂"相通,意为脊梁骨。伯夷辅佐尧帝，又帮助禹治水有功，被视为"心吕之臣"，所以封地名称为"吕"。

与吕同源：吕、齐、尚、望四姓同源

《通志·氏族略》记载："太公望封于齐，子孙以国为氏。"吕尚辅佐周武王灭商后，他本人被封于齐地建立齐国。

公元前386年，齐国田氏家族的田和废掉齐康公自立，同年被周安王册命为君，史称"田氏代齐"。公元前379年，齐康公去世，原本的姜姓吕氏王族成为平民，他们为了纪念曾经的显赫，便以先祖所立国号"齐"为氏，这便是姜姓齐氏。这支齐姓人，多尊吕尚为得姓始祖。

《元和姓纂》记载，吕尚字子牙，在周朝为官太师，故又称"太师尚父"，他的后裔中有人以他的名字为氏，称"尚氏"，史称"尚氏正宗"，他们也尊吕尚为得姓始祖。

吕尚又称"太公望"，其后人中也有人以其称号为氏，称"望氏"，世代沿用至今，属于以先祖名号为氏。如今，望姓在河南省主要分布在郑州市、商丘市、洛阳市等地，在湖北、四川、山东、安徽等地也均有分布。

北播南迁，遍布四海

北方播迁：秦汉时，吕氏主要在北方迁徙

据记载，春秋初年，吕国的邻居申国被楚文王攻灭。吕国公族害怕强楚也来攻打他们，遂举国东迁，在新蔡一带重新建立吕国，史称"东吕国"。

然而没过多久，当时较为强大的宋国举兵攻打东吕。东吕很快被消灭，吕氏家族四散逃亡，来到郑、晋、齐、鲁、卫等国居住，从此不再显赫。

史籍记载中，"吕氏"的称号直到战国晚期才重新出现，这就是卫国人吕不韦。吕氏家族潦倒到什么地步？看看吕不韦的商人出身就知道了。所谓"士农工商"，商人在当时是"下等人"，比一般平民的身份还差两级。

秦汉时期，吕氏主要分布于今河南、山东、山西等地，并主要向北、向西播迁，在山西西南部一带形成望族。这时的吕氏以吕公家族为代表，他的女儿便是汉朝第一位皇后吕雉，这支吕氏家族在汉初盛极一时。

西汉末年，吕尚的一支后裔迁居琅琊郡（今山东日照一带）。东汉末期，社会动荡不安，一支吕氏迁居五原郡九原县（今内蒙古包头一带），当时著名的猛将吕布，便是这支吕氏家族的后裔。

吕氏南下：曾因战乱，大规模南迁

吕氏文化研究者吕明强介绍，吕氏南迁始于汉代，长江中下游地区开始有吕氏族人聚居，但人数尚少。魏晋南北朝时期，吕氏开始大量南迁，尤其是永嘉之乱以后，迁徙规模就更大了。这一时期，南方北方都出现了不少十分有名的吕氏族人。

《三国志》等史书记载，吕蒙在孙权当政时受到重用，"士别三日"、"刮目相待"、"吴下阿蒙"等成语都与他有关。而同时期的吕岱、吕范两人，也同是孙权帐下的重臣、大将。三吕同在一朝，可见当时吕氏在南方已经发展兴盛。

而北方吕氏则以南北朝时期的吕光为代表。他建立的后凉王朝，是中国历史上唯一一个由吕姓人建立的割据政权。后凉在历史上存在48年，开发了当时的西部地区。

两宋时期："三世四人"的吕氏家族

两宋时期是吕姓发展的鼎盛时期，在此期间，涌现出许多吕姓政治家、思想家，而其中最著名的，莫过于"三世四人"的吕蒙正家族。

《宋史》记载，后晋年间，吕蒙正出生于洛阳一个官宦家庭，但幼时和生母被赶出家门，寄居在洛阳郊区的寺庙里。他在一座山洞里苦读十年，并于宋太宗太平兴国二年考中状元。

11年后，他被宋太宗任命为相。不过，他多次直言上谏触怒皇帝，并因此三次遭贬，三次复任宰相。吕蒙正有7个儿子，均在朝为官，宋真宗有心提拔他们，而吕蒙正却称"诸子皆不可用"，只有侄子吕夷简是"宰相才"。他"荐侄不荐子"的做法，在当时被推为公正无私的典范。

吕公著是吕夷简的长子，在宋哲宗年间官居宰相，辅政期间四海承平。

吕公弼是吕夷简的次子，与长兄吕公著同朝为官，官至枢密使。此外，吕公弼的书法也著称于世，《子安帖》等流传至今。

此外，在宋一朝有名的吕氏家族还有以吕大忠、吕大防、吕大钧、吕大临为代表的蓝田吕氏，以宰相吕惠卿为代表的泉州吕氏，以及以名相吕颐浩为代表的齐州吕氏等，可见吕氏家族在宋朝人才辈出，并且多出名相。

移民台湾：曾被迫改姓

据统计，如今的吕姓人约有 700 万，约占全国总人口的 0.44%，在我国姓氏排行榜中位列第 43。而在台湾地区，吕姓则是排名第 26 位的大姓。吕姓是何时迁到台湾的？其始祖是谁？

据多种《吕氏族谱》和相关史料记载，吕公著有子名叫吕希哲，与张载、程颢、程颐、王安石是好友，是著名的教育家，时人称之为"荥阳先生"。

吕希哲之子名叫吕好问，因金灭南宋从安徽迁居婺州金华（今浙江金华），建炎年间官居兵部尚书。吕好问在道学上造诣很深，是当时的学界权威。他的长子名叫吕本中，是"江西诗派"的代表人物，在道学上继承父亲衣钵，名重当时；吕本中的弟弟名叫吕弸中，吕弸中的孙子，便是被台湾吕姓人尊为共祖的吕祖谦。

吕祖谦的一支后裔，先由浙江金华移居贵州，又由贵州迁居福建漳州，后又从漳州分迁至泉州，并有一部分移居广东。后来，吕阿四、吕阿南兄弟俩迁居台湾台北县莺歌镇，后来又从这里迁居到台湾各地。

1895 年日本占据中国台湾，曾强迫吕姓人改姓宫本，直到 1945 年日本投降后，台湾吕姓才恢复祖姓。如今，台湾吕姓人主要分布在台北县、嘉义县等地。

清康熙年间，东南沿海地区一部分吕姓人为生计所迫，远徙海外，分布于今天的东南亚、北美等地区，著名人物有出生于越南的影星吕良伟等。

吕尚：镇宅之神

在民间传说中，姜子牙，人称姜太公，天上的诸神都是他封的。

豫北地区农家人建瓦房，多在顶梁贴上写有"姜太公在此，诸神退位"的红字条，或者让泥瓦匠在自家新房屋顶上加盖一座小庙，里边供奉着姜太公的神位。河南民俗专家李志清介绍，这中间有一个有趣的传说。

相传，西周时期，有个人名叫宋异人，他翻建自家房屋时总是失败。后来才知道，给房屋上顶梁时，总有鬼神来抢香火、贡品，争抢中不免踢断房梁、推倒砖墙。姜太公决定帮帮宋异人。宋异人家上顶梁那天，他站在梁下，表情威严，手执"打神鞭"，众鬼神纷纷逃窜，房屋顺利建成。

这件事传开后，人们盖房子时都想请姜太公去帮忙，但姜太公只有一个，不少人家就在梁上贴一张写有"姜太公在此，诸神退位"的红字条，也顺利建成了房屋。

屋顶的"姜太公"又是怎么来的呢？李志清介绍，当年姜太公封神结束，却发现位置都满了，自己只好跑到民家屋顶上，成为一位"镇宅神"。于是，不少人纷纷在屋顶加盖一座庙宇，供姜太公居住。

南阳姜子牙研究会一名学者介绍，民间传说难免"天马行空"，但也从侧面反映了吕尚当时在人们心目中威望极高。现实中的姜太公，是个什么样的人？

《史记·齐太公世家》记载，吕尚是姜姓吕氏，名望，字子牙，号飞熊，是"一手托起三位圣人"的兵家鼻祖，并辅佐周武王伐纣灭商，是周朝的开国元勋。

史载吕尚80多岁时被周文王重用，90多岁还上战场帮周成王平乱，100多岁才寿终正寝。

吕尚出身极其低微。不少历史文献中都记载，他曾做过屠夫和小贩。《战国策》说他是"齐之逐夫、朝歌废屠"，可见他当时有多落魄。

《史记》记载，吕尚其实是商纣旧臣，因不满纣王荒淫无道而弃官出走，后来听说西伯侯姬昌施行仁政，便来到周地渭水边钓鱼，直到后来被姬昌发现。"姜太公垂钓，愿者上钩"的故事，至今仍被人津津乐道。

天下无二蒋，祖根在淮滨

在中华姓氏中，蒋姓来源比较纯正，有"天下无二蒋"的说法。

据《元和姓纂》记载："周公第三子伯龄封蒋，子孙氏焉，国在汝南期思县。"

周公姬旦的第三子伯龄被封于蒋地，建立蒋国，成为蒋姓的得姓始祖，而蒋国的故都便在今天信阳市淮滨县期思镇。

千年古镇成了祖根地

期思镇位于信阳市淮滨县城南 15 公里处，每年 4 月，春光正好时，这里都会举行中华蒋氏拜祖大典。而这，也是这个小镇一年中最热闹的时候。

数百名来自海内外的蒋氏后裔聚在一起，让这个原本安静的小镇变得异常热闹。

期思是西周蒋国故址，历史文献上也有明确记载，据《左传》杜预注指出"蒋在弋阳期思县"，《水经注·淮水篇》载"(淮水)，又东北过期思县北，县故蒋国，周公之后"。

公元前 617 年，蒋国被楚国所灭，蒋国子民为表达对故国的怀念之情，遂以蒋为姓。

故城轮廓仍清晰可见

进入期思镇，入口处的两堵古城墙很是显眼。站在城墙上远眺，整个古城的遗址进入眼帘。

蒋国古城墙横跨谷王路，立在期思镇入口处。但这是仿古城墙建设，总长 23 米，寓意古蒋国在此存续 23 代。

这个古城址坐落在三面环水的冈地上，呈长方形，古城墙东西长 1700 米，南北宽约 500 米，墙基宽 32 米。东南有烽火台一座，残高七八米，其他墙段残高一到三米不等。

如今蒋国故城南部护城河尚存，北面台地与城内地面一样高，已无城墙痕迹。

小小期思镇曾是大都会

与古代蒋国都城相比，如今的期思小镇，只占据了古城的西北一隅，面积要小得多。

根据历史文献，蒋国，位于白露河、淮河之间，地势相对低洼。

历史记载，孙叔敖"决期思之水，而灌雩娄之野"，不是决白露河、淮河之水，去灌溉南面上部的"雩娄之野"，而是在期思县境上部高处决开河岸，引水灌溉雩娄山区下面的平原。

由此可以看出，春秋时期的期思南至大别山北，可谓淮西南部的一大都会。

1982 年，淮滨县人民政府在期思镇专门立碑"西周蒋国故城"；1986 年，河南省人民政府与淮滨县人民政府联合立碑"蒋国故城遗址"，作为河南省文物保护单位。

2013 年 4 月，河南省姓氏祖地与名人里籍研究认定中心认定，淮滨为中华蒋姓祖根地。

王室后裔，以国为姓

最大的那座冢子便是蒋氏始祖的墓地

期思镇村民蒋卫东家在蒋国故城遗址的护城河南 1.5 公里处，在这个镇，他家是唯一一户蒋姓人家。对于自己祖上的来源，蒋卫东也说不清楚，他家几代都是独门独户。

不知道从何时起，这里遗留下 12 个巨大的坟堆，当地人管这种坟堆叫"冢子"，其中最大的冢子比 3 间屋的面积还大。

如今，冢子上面杂草丛生。据当地村民称，冢子的下面全是古墓，以前下雨的时候，村民在这里还捡到过古钱币。"几年前，有人宣布这里最大的那座冢子，便是蒋氏始祖蒋伯龄的墓地。"蒋卫东说。

事实上，新中国成立前，就有外地的蒋姓人来此祭拜。而近几年，每年清明节前后，来此探访、祭拜的蒋氏族人更是络绎不绝，这里变得越来越热闹。

姬姓伯龄缘何成为蒋姓始祖？

蒋伯龄，这是蒋姓后人的叫法。事实上，伯龄不姓"蒋"，而姓"姬"，是周朝王室。

公元前 1046 年，周武王在姜子牙辅佐下，与弟周公旦联手，攻进朝歌，迫使纣王自焚于鹿台，周朝建立。

周武王害怕自己的统治不稳固，于是便把自己的几个弟弟和功臣封为诸侯，让他们建立一些小国家，来拱卫中央政权。

这就是历史上有名的周初大分封，也是姜子牙的"封神"。周公旦父子因跟随武王伐纣有功，均受到了封赏。

周武王灭商之后，过了 4 年便去世了，武王长子姬诵继承王位，即周成王。历史记载，成王年幼，由周公旦摄政。

周公旦三子姬伯龄被封于蒋（今河南淮滨县期思镇一带），建立了蒋国。

蒋国的始封地在豫北？

"蒋姓出自古期思蒋国伯龄之后"，这是当今蒋姓族人比较认可的一种说法。

但也有学者认为，蒋国的始封地并非期思，而在今河南获嘉县的张巨乡蒋村，在周昭王、周穆王时南迁到今河南尉氏县的蒋城，至周宣王时再次南迁，到今河南淮滨境内。

作为西周时期封国之一的蒋国，《左传》上曾记载："凡、蒋、邢、茅、胙、祭，周公之胤也。"

有学者考证认为，凡、邢、茅、胙等国皆在今河南的北部，因此蒋国被封在豫北也存在可能性。

不过，无论是在获嘉还是在尉氏，学者都未发现相关的文物来佐证这一论点。

蒋姓还存在其他来源

虽然有"天下无二蒋"的说法，但事实上，蒋姓来源也存在其他说法。

一是源于古越族的蒋姓。西汉初年，赵佗在岭南创立南越国后，非常重视在岭南地区传播汉文化，在他强化岭南地区文化教育发展的过程中，严令当地各民族"以中原姓氏称之"，"违者灭迁为奴"。

也就是说，他在古越民族中强行赐予汉姓，而其中的古越俚族，不管原来有无姓氏、姓氏是什么，都被强行改为汉姓蒋氏。

二是源于其他少数民族的蒋姓。今满族、蒙古族、土家族、苗族等皆有蒋氏，例如史籍《清朝通志》记载，满族蒋佳氏，世居盖州（今辽宁盖州），后多冠汉姓为蒋氏。

源于河南，盛于江南

在《百家姓》里，蒋姓列第 13 位，但是蒋姓在得姓后的一段时间内，其族人并不是很多。随着历史的发展，尤其是在"九侯五牧"时期之后，蒋姓迅速兴盛于南方，成为一个典型的南方姓氏。据统计，如今河南境内的蒋姓人口已经不多，蒋姓人口在全国的分布以四川和江浙为最多。

被楚所灭，蒋姓外迁

蒋姓起源于今信阳市淮滨县，但是兴盛主要是在南方，是一个比较典型的南方姓氏。

蒋国被楚国所灭后，蒋姓族人除部分留居河南外，大部分外迁。淮滨中华蒋氏祖根文化研究会秘书长尤新峰认为，这也是如今淮滨县蒋姓族人很少的原因。

"那时候主要往两个方向外迁，一支西迁至陕西，一支东迁入山东。"尤新峰说。

根据蒋姓族谱记载，山东一支繁衍较盛，以博兴、寿光蒋姓为代表，其族人以"乐安"为堂号。

天下无二蒋，尽是九侯家

到了东汉初年，蒋姓族人开始南迁，这一次南迁主要跟蒋姓历史上的一个事件有关。

东汉初年，逡道侯蒋横蒙冤被杀，其九子避难四方，其中多数散居于江苏、浙江、江西等南方地区，并且成为当地的开基始祖。汉代以后南方的蒋姓，大都出自蒋横的子孙，因此便有了"天下无二蒋，尽是九侯家"的说法。

据史料记载，唐朝初年，有蒋姓将领落籍岭南为官，蒋姓随之入闽。

唐朝末年，王潮、王审知入闽，随迁的也有中原蒋姓族人。五代时蒋翊的后人蒋显，在今宁波出任四明监盐官，其后代文人蔚起，成为甬上望族。

宋代蒋姓比较出名的便是刑部尚书蒋岘，他以清廉著称，归家后定居于奉化，为奉化蒋姓始祖。

元末居士蒋仁杰因避乱迁居浙江奉化武岭禽教乡（今溪口镇），以耕读传家，他便是蒋介石的血缘先祖。

明代，蒋姓族人蒋毅庵随郑成功入居台湾，并担任副总之职，应为最早迁台的蒋姓宗亲。

清代以来，很多蒋姓族人自闽粤等地迁居国外，尤以新加坡、印尼居多。

两郡三堂，世家大族

东莱郡：始建于西汉高祖时，治所在今山东掖县，东汉时期移至今山东黄县，晋朝时改为东莱国，南北朝时又分为东莱和长广两郡。

乐安郡：东汉质帝时除乐安国为郡，治所在今山东邹平，南北朝时移至今山东广饶，隋朝时废郡。

乐安堂：周公旦三子伯龄在受封蒋地建立蒋国，蒋国被灭后，其子孙以国名为姓，后人一支迁到乐安（今山东邹平），发展成了望族。

九侯堂：东汉初期，蒋横蒙冤被杀，光武帝刘秀为其平反后对他的九个儿子就地封侯，蒋姓因此有"九侯"堂号。

钟山堂：东汉时期蒋子文因剿匪战死。三国时期，吴国孙权在钟山上为其建庙立祠，专门派人奉祀他。蒋姓因以"钟山"为号。

得姓之初，人口不多

在《百家姓》中，蒋姓列第 13 位。但是蒋姓在得姓后很长一段时间内，人口并不是很多。

尤新峰认为，蒋姓得姓初期之所以人口没有快速增长，主要与当时的社会状况有关。

"秦朝时期，战乱纷纷。为避战乱，蒋姓族人四处流散，这是蒋姓人口一开始并未增长的根本原因。"尤新峰说。

至两汉，社会较为安定，蒋姓族人辗转迁徙到山东、江浙、两湖等地，人口开始迅速增长。据一些蒋氏宗谱记载，当时全国的蒋姓族人有 5 万多。

到了隋唐时期，社会安定，生存条件较好，蒋姓人口有了大幅度增长，这时期已达 16 万人。

蒋姓繁衍，江浙为盛

宋元时期，全国蒋姓族人主要分布在江苏、浙江、湖南一带。随着蒋姓族人入闽为官，福建、广东、广西也分布着大量的蒋姓族人。全国蒋姓族人分布基本形成了江浙和湘桂两大板块。

明清两代，江浙、广西、湖南仍为全国蒋姓族人较集中的地区，不过北方的陕、甘等地的蒋姓人口也逐渐多了起来。

尤新峰说，根据相关资料统计，如今蒋姓是在中国姓氏人口中排第 43 位的大姓，人口达 600 多万，占全国人口的 0.47%。

根据统计，蒋姓族人在全国分布范围很广，但不均衡，主要集中于四川、湖南和江苏。这三个省的蒋姓族人大约占蒋姓总人口的 42%，而四川的蒋姓人口独占 17%，为蒋姓人口第一大省。全国形成了以川渝湘、江浙为中心的蒋姓聚集区。

九侯世家，一门五牧

在蒋姓得姓后的很长一个时期，蒋姓族人一直默默无闻。从西汉末期开始，渐渐有蒋姓族人"崭露头角"。至东汉时期，蒋姓迎来了鼎盛时期，其中最为后人津津乐道的便是"九侯五牧"的故事。

蒋横跟随光武帝刘秀征讨赤眉，南征北战，因功勋卓著被封为"逡遒侯"，官拜大将军。

然而好景不长，朝中司隶羌路上报蒋横谋反，刘秀闻讯大怒，将蒋横诛杀。

为了免遭灭族的厄运，除了老七蒋稔为父守灵，其余八个儿子全部逃往江南。

蒋横蒙冤遭到诛杀后，朝野不平，一时间京城民谣四起："君用谗慝，忠烈是殛；鬼怨神怒，妖氛充塞。"

光武帝刘秀闻听之后，下旨清查蒋横冤案，最终冤案大白天下，蒋横平反昭雪，羌路则被处斩。

为了安抚人心，刘秀以王侯之礼迁葬蒋横，赐墓号为"显忠"，并将蒋横的九个儿子全部就地封侯。

长子蒋颖被封为"金华侯"，次子蒋郑"会稽侯"（绍兴），三子蒋川"临川侯"（润州，今镇江），四子蒋耀"镇湖侯"（湖州），五子蒋渐"临苏侯"（姑苏），六子蒋巡"卜亭侯"（杭州），七子蒋稔"平河侯"（九江），八子蒋默居宜兴和桥、被封为"云阳侯"，九子蒋澄居宜兴、被封为"亭侯"。

因为父亲蒋横的冤案，成就了蒋家九子"一门九侯"，蒋氏因此成为中国历史上极为罕见的"九侯世家"。

对于蒋横来说，蒙冤受戮，终究是一场悲剧；他的儿子们因祸得福，这场坎坷遭遇也成就了宜兴蒋氏。

在蒋横的九个儿子中，蒋默、蒋澄崛起江南，后来成为宜兴蒋姓的始祖。

蒋默、蒋澄在宜兴辟荒种田，耕织渔猎，过着隐逸一方的生活。之后，蒋默将新宅让与弟弟，自己则迁至南新柯山桥云阳村定居。

这样，宜兴蒋氏便以滆湖为界，形成了以蒋默为始迁祖的"湖东系"和以蒋澄为始迁祖的"湖西系"。

蒋澄为官清正，爱民如子。他所任地有一年发生了严重饥荒。来不及请示上级，蒋澄不顾丢乌纱的危险，开官仓放粮赈济灾民。

蒋澄与妻子马氏一共生了五个儿子：长子蒋孟，官至冀州刺史；次子蒋通，官至南阳刺史；三子蒋休，官至丹阳刺史；四子蒋政，官至荆南刺史；五子蒋玄，官至兖州刺史。

五个儿子均有所作为，被民间誉为"蒋氏五龙"，也称"番阳五牧"。

汉高祖刘邦，与范姓共祖

　　在当代中国百家姓的排行榜上，范姓排名第 59。这个姓氏的来源，相传与上古时期三皇五帝之一帝尧有关。

　　士会（范武子）作为天下范姓公认的始祖，是春秋时晋国中军元帅，辅佐过多位国君。他的子孙以其封邑为姓，从此有了范氏。此外，士会还是刘姓的先祖之一，汉高祖刘邦就是他的后人。

姓氏渊源

　　作为世界范氏宗亲联谊会秘书长、范仲淹 35 世孙，范祥科每年都去老范庄，接待来自世界各地、寻根问祖的范姓人。这儿，有范姓公认始祖士会的陵墓。

　　士会，出生于今天的山西省临汾市一带，他的先祖在晋国担任士师一职。

　　重耳在任晋国国君之前，曾在外流亡多年，他能返回晋国，也有士会的一份功劳。晋文公重耳继承帝位四年后，为巩固政权，与南方强国楚国展开了一场大规模的战争，史称城濮之战。

　　最终，城濮之战以晋国的胜利告终，士会在城濮之战中立下军功，声名鹊起。

　　此后，楚庄王挥兵北上攻打晋国的盟国郑国时，弱小的郑国向晋国求援，士会奉命前往解围，一举瓦解了楚军的凌厉攻势，楚庄王黯然退出中原。颍北之役，让士会成为春秋时期重要的军事领导人之一。

　　公元前 593 年，因晋国要平定北方，士会带领的军队消除了北方赤狄的骚扰，他被任命为中军元帅并加太傅之号，获封地范邑。

士会的子孙以其封邑为姓，范姓就此产生。公元前 593 年，也被公认为范姓的立姓之年。

刘范共祖

对范姓深有研究的范祥科说，士会不仅是范姓的得姓始祖，也是刘姓的先祖之一。

晋襄公去世后，上卿赵盾派士会与先蔑出使秦国，迎公子雍继位。但第二年，赵盾又立公子夷皋为君（晋灵公），出兵在令狐打败了秦国护送公子雍回国继位的卫队。如此一来，士会逃亡到了秦国。

后来，晋国因为担心秦国任用士会，派人将"为人低调、做事圆滑、才智突出"的他接回了晋国。

士会在返回晋国时，由于怕受到迫害，将其中一个儿子留在了秦国。这个儿子后来取"留"之意，改姓为刘。

战国末年，这支刘姓后裔中有一家人移民到开封，不久又迁移到沛县。再后来，老刘家的儿子当了皇帝，就是汉高祖刘邦。

至今，士会作为刘姓重要一支的先祖，还受到世界刘姓人的祭拜。范祥科说，他在位于平顶山鲁山县的世界刘氏宗亲博物馆里，还见到了士会的像。

范氏祖茔

士会的去世时间，史书并无确切记载。范祥科说，范武子去世后，自范邑东南、东北、西南、西北四个城门同时出殡。如今的高码头乡老范庄，即是他的四处墓葬地之一。

老范庄是范姓后人的聚居地之一，周围十几个村庄聚居了数万的范姓宗亲。附近就算有其他姓，也多是范姓人的亲戚或者上门的女婿。

老范庄村支部书记范继林认为，从范姓得姓起，老范庄的人就在此居住，只不过那时候村名叫范老庄。因为黄河发水的缘故，村里的范姓人搬走过几次，最终又搬了回来，因为祖先的墓在这里。

"文革"时期，各地都要平坟，范氏族人想办法留下了祖坟的一个坟头。

这个坟头是不是范武子的陵墓，并没有明确的历史记载，只是口耳相传而已。但由于老范庄周围区域聚居着大批范姓族人，此处的古墓冢长期以来得到很好的保护。很多研究范姓的学者及世界范氏宗亲联谊会首任会长、香港文化名人范止安先生，就把这里认定为范武子陵墓。

当初留下的坟头经过重修、扩建，成了如今的范武子陵园。陵园坐落在村头一片麦田中，一尊汉白玉的范武子公塑像高高屹立于墓冢前。在陵园东南，有4块明朝御赐的奉天诰命碑，仅有雕琢精细的碑首露出地面，显现着当年范氏墓园的荣耀与辉煌。

豪门争权，范氏播迁

天下的范姓人，除源自士会外，还有几支由少数民族改姓而来。比如，晋时南蛮有林邑王（今越南中南部）范文，是越南支系范姓人的祖先。这几年，有不少越南范姓人来范县祭拜。

每年清明节前后，全国各地的范姓人都会到范县寻根问祖。他们的祖上是怎么从范县迁徙至全国各地的？这得从豪门恩怨说起。

宗族迁徙

士会去世后，范氏家族世袭上卿，占据了多个军政要职，成为晋国的六大豪门之一。

晋定公时期，六大豪门争权夺利发生内战。范氏被韩、赵、魏、智四大家族联军打败，家族首领范吉射等被迫退到朝歌（今河南淇县）。几年后，范氏家族再次被打败后，退到了齐国。

世界范姓宗亲联谊会常务理事范道德认为，在这次家族剧变的过程中，范氏族人开始散落到各地，北至今天的河北、内蒙古，东至山东，南及楚越。

到了秦汉时期，范姓已经迁徙到如今的安徽、四川、浙江、江西等地。但直到魏晋时期，范氏才再度成为显贵巨族。这其中，南阳顺阳范氏是最显赫的一支,有多达29人名载史籍,包括国子监祭酒范泰、《后汉书》作者范晔、著名思想家范缜等。

范道德说,西晋末年,因为永嘉之乱,京师王公大族纷纷南迁。顺阳范氏第一代、西晋左将军范晷的儿子范广、范坚等人也带着子孙族人渡江南迁,后来还跟王、谢等世家联姻。也是从那时开始,范姓踏上了最具规模的南迁之路。

到了唐朝末年,历时十年的农民战争再度促成大规模的迁徙,如今的福建、广东等地成为逃难者的乐土。散布于大江南北的中原范氏,也加入了南下的大军。在族中政治地位最高的河内人范坤,也就此成为福建、广东的范姓始祖。如今,范姓族人遍布全国各地,主要集中在河南、山东、河北、江苏等地。

范氏后人

今年63岁的范祥科,是河北省南宫市宋都水村人,范仲淹的35世孙。他这一支的范姓支脉,是范仲淹长子范纯佑嫡传。

宋朝将要灭亡时,范仲淹的第9世孙范国兴任平江府团练副使,武艺高强,还当过文天祥的警卫员。

后来,文天祥代表宋朝出使元大都时被杀,范国兴护送文天祥的遗体往宋朝国都杭州走。走到南宫宋都水村村头时,范国兴突患重病,护卫队留下300两银子给地方官员,为范国兴治病。最终,地方官员用了10两银子就把范国兴的病治好了。

病好后,范国兴悄悄将剩下的钱埋在村里,只身上路。他到了杭州时,宋朝已经不复存在,改为元朝了。

回到苏州老家,范国兴惦记着埋在宋都水村的银子,就带着妻儿来到了宋都水村定居,至今已有700多年。从范祥科记事时起,父亲就告诉他,他们是范仲淹的子孙,范家也跟别的人家不一样,都是好人,几乎没有违法犯罪的人。

寻根谒祖

如今，范祥科每年都会去范县几次。除了自己祭祖，更多的是接待来自世界各地的范姓族人。

他称，上世纪 90 年代末，就有范姓人到老范庄范武子墓祭拜。很多人是从台湾来的，还有些人并不姓范，而是受范姓人的委托而来，走时带回一抔土。

2005 年，世界首次范氏宗亲大会在范县召开。之后，不断有泰国、越南的范氏宗亲慕名前来。范姓在越南是个大家族，但因为某些历史缘故，越南的范姓人都是悄悄前来祭拜。

郡望堂号

范姓的郡望有南阳和高平，堂号有"后乐""鸡黍"等。

后乐堂号典出范仲淹。范仲淹年轻时就把"治天下"当作自己的责任，留下了"先天下之忧而忧，后天下之乐而乐"的千古名句。

鸡黍堂号典出东汉的范式。范式在太学读书时，和张劭是好朋友。张劭提出，两年后去看望他的母亲。那天，范母认为张劭不会来，范式说张劭最讲信义。说着，张劭就到了。范母立刻杀鸡，煮小米粥招待张劭。

古代慈善楷模：范氏义庄

在中国，几乎人人都知道范仲淹。就算不知道范仲淹，也一定听说过他的千古名句"先天下之忧而忧，后天下之乐而乐"。

范仲淹虽不是河南人，也不在河南去世，但他的墓地却在河南伊川，由后人世代看守。也因此，全国各地的范姓后裔，几乎每年都会来此祭拜。

墓地之谜

从伊川县城往东十几公里，有个徐营村。村北不远，背靠万安山、前临曲河水的一处园子，就是范仲淹的墓地所在地范园。

让人不解的是，范仲淹是苏州人，在徐州去世，跟伊川并没有太多交集，为什么将最后"归宿"选在了这儿？

中国范仲淹研究会理事、洛阳范仲淹研究会副会长、范仲淹第 28 世孙范章称，这还得从范仲淹的身世说起。

范仲淹是苏州吴县范家的后人，父亲范墉先娶了陈氏，后来又娶了 26 岁的大户人家姑娘谢氏。谢氏在徐州生下范仲淹后不久，范墉就去世了。孤苦无依的谢氏带着他，改嫁到了山东长山县的富户朱文翰家，范仲淹也改名叫朱说，这一叫就是 20 多年。

范仲淹考中进士后，最终得以恢复范姓，改名仲淹。

范仲淹的母亲去世后，被暂时葬在了她的老家。丁忧期间，范仲淹从商丘去登封嵩阳书院讲学，路过伊川时去唐代名相姚崇及其母亲的墓地拜谒——姚崇的母亲也曾改嫁，去世后葬在万安山下。

就是因为这次拜谒，范仲淹决定学姚崇，把母亲埋在伊川。

设立义庄

在范仲淹第 35 世孙范祥科看来，范仲淹的母亲当初改嫁，在一定程度上，也跟苏州范氏家族中无人庇护、接济他们母子有关。

或许跟幼年时的这一经历有关，范仲淹晚年在苏州首创了义庄，使大批贫穷的范氏族人避免了流离失所、迁徙他乡的命运。

范氏义庄的规矩详尽，得到了官方的大力支持。从钱物的发放，到对仓房、田地的管理，对管理者的监督等，都有具体可操作的规定。

也正是因为这些非常现代的管理方式，范氏义庄开启了古代慈善的一个新时代，成为各地官绅效仿的对象。

范仲淹去世后，他的子孙投入了大量的钱财和精力，维护义田的规模，弘扬义庄的声誉，完善义庄的规矩，使范氏义庄成为中国慈善史上存续时间最长的民间组织，经历 800 余年的风雨而绵延不绝。直到现在，范氏义庄虽已不再，却仍值得民间慈善机构借鉴。

家族遗风

范仲淹在朝中做官时，多次给苏州的家人写信，让他们告诫族中子弟要正直友善、做官清廉。范家子孙也没忘记他当初的教诲。

范章记得很清楚，从他四五岁记事儿的时候起，每年在祠堂祭祀时，族长都会向本族子弟训话：作为范先生的子孙，只能做好人，不能做坏人。做了坏事，就不能参加祭祀，分祭品也没他的份儿。

对于那时候的孩子来说，不能去祭祀、分祭品，是一件天大的事儿。祭品中有猪肉、羊肉，还有红枣、麻叶等，都是平日里难得吃到的食物。

如今，范氏的子孙每年清明前后都会聚在一起，去范园里祭拜。负责祭祀的族长照例会训话，只是训话的内容仅保留了关于范仲淹的一些小故事。

就是这些小故事，所起的教育意义也不可小觑。说起来，80多岁的范章很是骄傲，"你看看，我们姓范的后人有多少干坏事儿的？"

以国为姓，根在正阳

江姓起源于春秋时的江国，而江国则得名于当时的大江——淮河。

以黄帝后裔元仲为始祖

河南驻马店正阳县大林镇涂楼村北，有处约8米高的圆锥形缓丘。这是河南省重点文物保护单位——江国故城遗址"江亭"，当地人称"冢子园"。

若不是从1995年起，新加坡、马来西亚、中国香港、中国台湾的江姓族人陆续来此寻根祭祖，你很难想象，面前这个覆满青苗的"大土堆"，就是海内外江姓人魂牵梦绕的故国。

河南省社会科学院历史与考古研究所副研究员张玉霞介绍，江氏族人以黄帝后裔元仲（名恩成，字元仲）为始祖。传说元仲的父亲伯益辅助大禹治水，受封嬴姓，曾被指定为禹的帝位继承人。但帝禹死后，他却将帝位辞让给禹的儿子启，开启了后世帝王世袭的传统。

楚灭江国，国人以江为姓

史料记载，元仲第31代孙济助周伐纣有功，西周初年被周王封在淮水之滨。古时称淮水为江，又因沿淮各地常被洪水淹没成泽国，周王封其国号为"江"，为子爵小国。

公元前624年，楚穆王出兵伐江，晋国出兵为江国解围；次年，楚再次出兵，江国势孤力弱，援军不继，终被楚灭。江国国君贞带领族人外逃，为纪念故国，国人以江为姓。从江济受封，到江贞国灭改姓，江国共存17君近500年。

国都位于今河南正阳县

据《中华姓氏河南寻根》记载，江国在古代兖州与豫州之间，东连息国，南滨淮水，西连道国，北临蔡国。息国在今河南息县，道国在今河南确山县，蔡国在今河南上蔡县，所以，江国的地理范围应该在今河南正阳县境内。

正阳县江氏文化研究会原会长江正琦称，文物部门挖掘考察认定，当年的江国所辖区域跨正阳、确山、息县，面积约有900平方公里。

江国国都在今正阳县东南大林乡涂店附近，距淮河1公里，都城城池约有2平方公里，是一片地势险拔的高地，古称"凤凰台"。古城遗址曾出土西周、汉代的陶器、铜印等。而现存的"江亭"遗迹，就在江国都城西北方向，曾是江国国君游乐、纳凉的地方，至汉代仍有此地名。

今天的江湾村，一多半人姓江

如今，淮河北岸的江国故地上，仍有江氏后裔繁衍生息。

史料记载，清朝初期，有江文、江榜二兄弟自湖北麻城返回今河南正阳县淮河湾定居，后称其居地为江家埠（今名江湾）。今天的江湾村1280口人中，有900多口都姓江。

村支书江正关称，因为临河，江湾村土质多沙，存不住水，只能种小麦、玉米。而雨水多了，淮河又泛滥，1968年和1975年的两次大水，还冲走了祠堂和族谱。常言道：靠水吃水，摆渡过淮曾是江湾村人祖辈相传的生意。

自清朝起，江湾村西侧就有个古渡口，南来北往的客商，都要从此渡过淮河。至1997年淮河大桥落成前，摆渡都是江湾村人的一项主要收入。

当今人口数据

1996年10月出版的《中华姓氏大辞典》将江姓列为中国第79大姓，2006年1月11日《人民日报》报道的新的百家姓顺序中，江姓列居第52位。

人口主要分布在长江流域及其以南地区，主要集中在广西、浙江、安徽三地，以广西最多，约占全国江姓总人口的12.4%。

为避战乱，数次南迁

广东省一位江姓后人根据族谱制作的迁徙图显示，他们祖先从河南正阳发祥，到当时的淮阳、济阳（今兰考、民权），再到山东、安徽、浙江、江西、福建，到明代迁居广东。

源于河南，数次南迁

归湖村位于广东省普宁市区东 4 公里处大南山北坡，这里居住着济阳江氏的一脉后人。

"江姓源于河南、兴于河南，但和其他中原姓氏一样，有向南、向西的迁徙历史。"河南省社会科学院副研究员张玉霞说。

公元前 623 年，江国被楚国灭后，其国人以国名"江"为姓，先是向北到淮阳（今河南淮阳），又北迁至济阳考城（今河南兰考县与民权县境内），还有的迁到了山东。魏晋南北朝时期，江氏发展为名门望族，以"济阳""淮阳"为郡号。

西晋时因北方战乱，江姓族人大规模南迁进入江浙地区，江姓的发展重心开始由北方向江南转移。因此，南方江姓后裔多认定自己的祖根在济阳郡（今河南兰考县东北），并把"济阳"作为自己的专用堂号，沿用至今。

在唐代，南迁的目的地已扩展至闽江流域。唐朝初年，河南固始人陈政、陈元光父子奉命入闽，开辟漳州郡，随行军校就有河南江姓。

宋、元时，为逃避金兵以及元军，江姓又跟随着移民的潮流大规模南迁。他们的后代繁衍于吴越地区，形成大族，后来有迁至安徽的，也有迁往福建、广东各地的，已散布江南、江北各省。

至明、清两代，由于政府多次组织大规模移民，以及派军队戍守边疆等原因，江氏族人散布到全国各地。还有江氏族人跟随郑成功入台，在台湾定居，而后有的族人又向东南亚一带移民。

江姓在台湾排名第25位。追根溯源，台湾的江姓人，其先民大多出自河南，后经多次迁徙到达台湾。此外，在日本侵占台湾期间，台湾江姓曾被迫改用江本、江川、江上、江岛、江原、江南、江崎等日本姓，台湾土著曾使用日本姓荒木。1945年台湾光复后，江姓仍恢复原来的姓。土著也奉命废除日本姓，有选用汉姓江。

分支

除了古江国族人的繁衍、迁徙，至少还有两支江氏族人是由外姓改姓而来。

据史籍《元和姓纂》《六桂堂业刊》记载，周初，周昭王姬瑕支庶子受封于翁地（今浙江定海），其后裔子孙遂以邑名"翁"为姓氏，称翁氏。

五代十国末期，福建泉州人翁乾度在闽越国朝中做官。闽越国灭亡之际，为避战乱，他携眷归隐，并对六个儿子分别赐姓为洪、翁、江、方、龚、汪。

后来，兄弟六人先后中进士，被誉为"六桂联芳"。"六桂堂"从此时开始流传，而"六桂"则成为这六个姓合脉分流的共称堂号。

但是江西婺源萧江氏的祖先，是唐朝末期宰相萧遘。

光启元年（885），京城长安被藩镇军队攻破，唐僖宗李儇逃亡。节度使朱玫欲拥立襄王李煴为傀儡皇帝，萧遘反对，拒绝为其草拟文告，称病不出。但最终朱玫兵败被杀，僖宗还都，萧遘受诬被杀。为避株连之祸，其子萧祯改姓为"江"。

相传，有一天，萧祯为躲避官军追捕，乘船南渡长江，可半路上官军船只赶来，萧祯船上的船公中箭落水。

眼看要被追上，就在此时，一股龙卷风袭来。几分钟后，风平浪静，江面上不见了官军船只，只剩萧祯一人一船。

为纪念江中脱险，也为了避开追捕，他便将"萧"姓易为"江"姓，隐居在徽州歙县皇墩，其后世又迁往婺源、江湾。

为不忘先祖萧姓，其后人便冠之以"萧江"。江祯即为"萧江"氏第一世祖。

越洋而来，游子寻根

从 1995 年新加坡南洋江氏宗亲会会长江启逢率众寻根祭祖后，到正阳县江国遗址焚一炷香，到江湾村摸一摸始祖石碑、掬一抔故土，成为不少海内外江姓族人寻根祭祖的"必修科目"。

村口的石碑

在正阳县江湾新村口的一块空地上，横着一块石碑，表面坑坑洼洼，棱角处有因磕碰形成的缺口，但拂去落尘，仍能辨认出"江氏始祖纪念碑"七个字。

村支书江正关称，这块石碑是 2009 年 7 月江湾村搬迁改造时挖出的，村里老人也说不清它的来历。

年已八旬的正阳县江氏文化研究会原副会长江正琦说，在他小时候，村里老人常念叨，清代村里建有江氏宗祠，这块碑就立在祠堂门前，"老人们说，这儿就是江姓人的根。"

后来民国成立，祠堂改成学校，石碑被推进村口水塘。1968 年淮河发大水，把祠堂连同江氏族谱、牌位都冲走了，石碑更是无从寻找，直至 2009 年石碑才被发现。

越洋来祭祖

江正关称，最早来正阳祭拜江氏祖先的海外华人，应该是新加坡南洋江氏宗亲会会长江启逢。

他记得，1995 年 10 月 27 日下午，身披红绶带的江启逢一行 33 人来到江国遗址大林镇。当地江氏族人在路边摆上桌案香炉，竖起江氏祖先牌位，供上鸡鸭鱼肉，还开了一瓶白酒，与来宾举行了盛大的公祭，并赠送他们一本江湾村族谱留念。

次年 3 月，江正琦一行三人应邀访问新加坡，参加南洋江氏宗亲会成立

31 周年庆典，并和新加坡、马来西亚、印尼等国江氏华人一同祭拜江氏始祖元仲公。江正琦称，海外华人很重视宗族、根亲文化，各聚居地都有祠堂，每年都举行隆重的祭拜活动。

寻根之故事

越来越多的江氏族人找到大林镇，想亲眼看一看江氏故国。

江正关记得，2008 年 3 月 30 日，联合国文娱理事会摄影家协会主席江融来到正阳县大林镇，当看到江国遗址时，不禁潸然泪下。

之后，江融又在江湾新村住了两夜，在老江湾村周围还翻出了数块古老的瓦砾，仔细收起包好，又带了一抔泥土。

"江郎才尽"是假的？

"江郎才尽"之说，众人皆知。所谓"江郎"，指的正是作出《恨赋》《别赋》的南朝著名文学家江淹。

"江郎才尽"意指少时才华超人，老时文思渐退。但还有一种说法是，江淹并未"才尽"，所谓"才尽"，只是避开政治旋涡、明哲保身之举。

梁代钟嵘的《诗品》中，记载了这样一个小故事：有一天，江淹正在园中凉亭午睡，梦见一个叫郭璞的人对他说："我有一支笔放在你这里很久了，是不是应该还给我了。"他一摸怀中，果然有一支笔，拿出来一看，发现竟是支五彩笔，他就把这支笔还给了郭璞。谁知一觉醒来，这位曾写出过不少磅礴诗文的大才子，竟然文思全无，再也写不出好文章了。

而在唐人修撰的《南史·江淹传》里记载，江淹乘船停在禅灵寺附近的河边小憩，梦见一个自称张景阳的人，向他讨还一匹绸缎，他摸摸怀中，还真有数尺绸缎，就递给了张景阳。之后，江淹的文章就不那么精彩了。

清朝大儒金圣叹在《必读才子书》中曾用"以文邀幸"来评价江淹。

纵观其一生，年少时，一篇奇文让他逃脱囹圄；《恨赋》《别赋》为他在六朝文坛赢得一席之地；文赋显名、官运亨通，他历仕南朝宋、齐、梁三代，直至封侯而终。

江淹是南朝济阳考城（今河南民权）人，少时孤贫好学，6 岁能诗，13 岁亡父，18 岁就已熟背"五经"，20 多岁时成为建平王刘景素的幕僚。

后来，广陵县令郭彦文因文获罪，江淹受到牵连，莫名其妙入狱。狱中，他将哀叹诉诸笔端，一篇《诣建平王书》辞采激扬。刘景素看后，为其文采感动，下令无罪开释，并荐为南徐州秀才。由此，江淹声名远播。

萧道成灭刘宋建立齐后，江淹为其撰写了大量军书表记，成为其最得意的文笔侍从，官拜中书侍郎，其文学才能得到当时士人的充分肯定。

梁武帝萧衍代齐后，江淹官至金紫光禄大夫，封醴陵侯。梁天监四年（505），江淹去世，时年 62 岁，梁武帝为他素服举哀，谥曰"宪伯"。

江淹一生诗词文赋著述百余篇，辞赋以清丽幽怨见长，与南朝辞赋大家鲍照并称"江鲍"。其《恨赋》《别赋》与鲍照的《芜城赋》《舞鹤赋》并列为南朝辞赋的佳作名篇。

清代姚鼐在《惜抱轩笔记》里说，江淹以诗赋扬名是在萧道成篡位之际，彼时其仕宦之途未盛。后来萧氏建立齐朝，江淹官运亨通，缺乏创作冲动和灵感，且公务繁忙，无暇顾及创作。

也有近代学者认为，新的工作岗位使得江淹的兴趣集中在史书的撰写与诏册的制作上，写不出过去文赋的味道，创作风格也与当时文坛讲究声律、竞写艳情的"永明体"格格不入，干脆搁笔不写。

上海师范大学教授曹旭在《诗品集注》中推测，江淹晚年侍奉梁武帝，不敢以文才凌驾于帝王之上，便借一个梦宣布自己"才尽"，避开政治旋涡，保全自身。

另一方面，江淹任御史中丞时，以为官清正、不避权贵著称。罢笔，也有明哲保身之考量。

始祖傅説，比孔子更早的圣人

2014年12月21日，荥阳市高山镇石洞沟村举办了一场祭祀仪式。

这个小小的山村，当天吸引了来自全省各地的傅姓人，他们来祭拜村里始建于清代的商相祠。

商相祠里，供奉的就是傅姓始祖——商相傅説（yuè）。

荥阳村落里的商相祠

荥阳市高山镇石洞沟村，距郑州约50公里，三面环山，中为一盆地，古属汜水县。汜水县古时唯有西南一深壑幽谷通往洛阳，有"一夫当关，万夫莫开"之势，成为九朝古都的门户，历来为兵家必争之地，遗迹众多。

石洞沟村已有600多年历史，如今村里约75%是傅姓人。家谱记载，他们是明朝从山西洪洞大槐树迁来的。

如今的石洞沟村，尚有大量保存完好的明清建筑。63岁的村民傅海明说，这里是个"风水宝地"，因为地形是个小盆地，与周边相比，冬暖夏凉，"汶川大地震时，周围晃得厉害，但我们这个村子人毫不知情。后来经专家勘测，发现地下1100米处有岩石层"。

在石洞沟村，村民最为敬畏的地方，就是位于村北的商相祠，距今已有268年。

从二十四级台阶上去便是祠堂，祠堂后面是焕文阁。傅海明称，二十四级台阶寓意"二十四孝"，大门上"良弼家风"四字为御赐。门外原来是古时候唯一的大路，在祠堂外经过的官员，文官下轿，武官下马。每逢清明、寒食、春节，傅氏族人及播迁外地族人数千之众均来祠堂，肃立拜祖。

从奴隶提拔起来的宰相

受到如此隆重对待的商相祠，是用来祭祀殷商时期的名相傅说。

《史记》载，商王武丁即位后，致力于复兴殷商，希望找到一位能辅佐他的得力大臣。一天晚上，武丁在梦中见到一个圣人名叫"说"，醒后找遍群臣也没有，于是寻访民间，终于在傅岩（今山西平陆）筑土墙的奴隶中找到了他。武丁与之交谈后，认为他是位圣人，于是任用他为相，赐姓"傅"。

后人认为，所谓梦见圣人，可能只是武丁无奈的一个手段而已。他了解傅说的才干，相信傅说能辅助其成就大业，但在那个贵贱等级分明的政权环境中，起用一个奴隶就是越"雷池"，必然会遭到王公权贵们的坚决反对。怎么办？商代的人十分相信鬼神，武丁就巧妙地利用了这一点。

傅说没有让武丁失望。在他的辅佐下，殷商王朝成为当时世界上最文明、最先进、国力最强盛的大国之一，武丁也因此被誉为"中兴明主"。

后世傅姓人，均尊傅说为得姓始祖。虽说傅说祖地为山西平陆，但其得姓于殷商（今河南安阳），故安阳被尊为傅姓得姓地。

比孔子早 700 多年的圣人

世界傅氏宗亲联谊总会副会长傅幻石长期致力于傅说文化研究。他说，因为崇高的威望，傅说在世时便已被尊为圣人。自《春秋》以来的文献记载，均称傅说为圣人，比孔子要早 700 多年。他的思想精华记载在《说命》三篇中。

所谓的《说命》三篇，是傅说和武丁之间的对话，分上、中、下三部分，记录在我国最早的历史文献——儒家经典之一的《尚书·说命》里，集中反映了傅说的政治理想和远大抱负，其中有传颂千古的"非知之难，行之惟难"的哲理名言。后人认为，他留下的《说命》三篇，为孔子思想的形成奠定了基础。

正因如此，傅说也有了更高的地位，哪怕在一个偏远山村，他的祠堂也能令"文官下轿、武官下马"。以前因为祭拜人多，祠堂里石碑众多，但"文革"时损毁不少。

泽及后世数千年的"版筑"术

对于老百姓来说，也许傅说留给他们最实在的，就是发明了"版筑"之术。

所谓"版筑"，俗称"打墙"。古人建房造墙，在很长一段时期不是用砖，而是用土。

《孟子·告子下》里有一句"傅说举于版筑之间"，说的就是傅说打墙的故事。

在傅说生活的地方，也就是如今的山西平陆，有着细腻的黄土层，为"版筑"的发明提供了得天独厚的条件。奇怪的是，和山西平陆千里之隔的荥阳石洞沟村，也有着细腻的黄土。去过的人都说，两地风貌极为类似。当地也和平陆一样，有众多窑洞。

石洞沟村至今有保存完好的众多明清故居，故居老墙用的就是"版筑"的办法。

几千年前，老祖宗发明的技术，荫庇着后人，让他们享受福泽。所以生活在这片土地上的傅姓子孙，唯有虔诚祭祀，以敬先人了。

"傅"成了"付"，咋回事？

因为新中国成立后推行过又被废止的一批简化字，许多傅姓人成了"付"姓。

莫名其妙被改了姓，让现在很多傅姓人很无奈，许多人不愿意就这么把老祖宗留下的姓氏给丢了，虽然身份证上名字是"付"，但他们在参加宗亲会活动时，一律都写成了"傅"，并致力于恢复原有姓氏。

傅姓尴尬：兄弟子女不同姓

几百万的傅姓人，如今面临着其他姓氏少有的一种尴尬：姓被改了。

在荥阳市石洞沟村，全村人的"傅"都写成了"付"。不过他们都知道，自己本来是姓傅，上一辈用的都还是"傅"字。

河南傅氏宗亲联谊会秘书长傅万山称，自己本来一直用的是"傅"字，在办二代身份证时，派出所给写成了"付"，结果自己只得将错就错。因为涉及诸多证件，就在户口本上弄了个曾用名。

河北华夏傅圣文化促进会副秘书长傅春生也曾被"改姓"。他的第一代身份证被工作人员写成"付"了，而毕业证是自己填写的，就成了"傅"，2005 年曾因户口本和身份证不统一，没办成出国护照，直到换第二代身份证，才改为统一的"傅"。到现在，他们兄弟三个还是两个姓"傅"一个姓"付"。这种事别的姓很少见。

虽然在历史传承中多有改姓的情况，如避祸、赐姓等，但"傅"改为"付"，却是因为建国后推行了一批不规范的简化字造成的。

历史错误，"傅"成了"付"

新中国成立后，有过两次汉字简化方案。1956 年 1 月，经国务院批准，公布了《汉字简化方案》，从而确定了简化字的合法地位。1977 年，《第二次汉字简化方案（草案）》（以下简称"二简字"）发布，第一表收简化字 248 个，第二表收简化字 605 个。由于这个方案并未实行大规模的研究分析，仓促地制定和发布的。它把一些不应该简化的字简化了，并且字被简化得过于简单。

在其中，如戴姓简化为代姓，萧姓改为肖姓，傅姓改为付姓，阎姓改为闫姓，辨姓、辩姓改为弁姓或卞姓等。历史上两个各有其源、完全不同的姓氏因为简化成为了一个姓。

因为诸多不合理，"二简字"在 1986 年被国务院宣布停止使用。

2001 年 1 月 1 日，《中华人民共和国通用语言文字法》正式实施，这是我国历史上关于语言文字的第一部专门法律。它用法律的形式确定了普通话和规范汉字的国家通用语言文字地位，其中明确规定了"二简字"不属于规范用字。

被废止的应该重新恢复

傅春生说，可能有些人觉得换个字没什么，反正现在大家都这么用，"不碍吃不碍喝的，管它做什么？"在这种心理状态下，很多人也就将错就错了。

当然，改姓不是一件小事，各类身份证件、社会医疗保险、学历证书、档案材料，还有找什么部门，走什么环节，如何向亲戚朋友解释，可以说，不改，日子太平；改了，千头万绪，麻烦重重，那为什么还要倡导大家改呢？

在傅春生看来，姓氏，是标志血缘关系、表明宗族系统的符号，也就是人的根。古代小说中的壮士常拍着胸脯说"行不更名，坐不改姓"。对于中国人来说，改名换姓是一种极大的不得已，甚至是辱没了老祖宗。姓氏不但是称谓的符号，还涉及血统、祖籍甚至继承权等复杂的社会问题，它不是任意选用的，是传承的。只有现在纠正过来，才能不让子孙后代无所适从，不然，一旦成了习惯和事实，就更不好改了。

如今，河北华夏傅圣文化促进会也在想办法提倡大家改回傅姓，"有钱出钱，有力出力"。

改姓参照改名字标准

盛世修史，家谱就是家族史。如今，许多地方在重修宗祠、续写家谱，被简化改姓的人们也开始关注自己的姓氏变革。据媒体报道，之前福建有2000多名肖姓人申请改回萧姓；石家庄市西三庄500多户付姓村民改回傅姓……

就此曾咨询国家语言文字工作委员会信息管理司，该司工作人员称，关于这样的咨询非常多，按照法律规定，"二简字"废止了，涉及的字都不能再简化使用，但"肖""付"等，本身也是规范字，涉及姓氏，还需要公安部门办理。

此前，有不少人提出，能否由公安部牵头，在换发新身份证时统一改回？

就此问题咨询公安部，工作人员回复说，因为涉及问题复杂，如果要改回，还需要到当地派出所办理。郑州市一名户籍民警表示，如果想恢复自己姓氏，办理起来和改名字的程序一样，需要在户籍所在地派出所提出申请，提供户口簿、单位或者社区的相关证明等。他提醒，改名后要更改所有证件，最好是在户口本里加上"曾用名"。

中国历史上第一位女状元是谁？

以诗书传家的傅姓人，历来不缺名人，也不缺状元。比如著名的清朝首位状元、一代"帝师"傅以渐。

在傅姓宗祠内，有一对七言通用联是"学士科举列榜首，巾帼鼎甲第一名"。"学士"指的便是武英殿大学士傅以渐，"巾帼鼎甲第一名"则是指女状元傅善祥。在男尊女卑的社会，女子压根就没有科考的机会，傅善祥在怎样的因缘际会中成为状元，进而又和傅以渐并称呢？

扑朔迷离的女状元

傅善祥，南京女子，太平天国时期女状元，也被称为中国历史上唯一的女状元。

太平天国灭亡后，资料档案焚毁殆尽，给后人的研究带来了很大困难，带有传奇色彩的女状元，也成了扑朔迷离的事。

中国太平天国史研究会理事、北京师范大学历史系教授梁义群考证，太平天国确有"女状元"其人其事。也有学者研究，"女状元"可能仅仅是个选拔出来的"女秘书"，"状元"只是人们的习惯称呼。而太平天国到底开没开过女子科考，也成了一个谜。甚至也有人怀疑，到底有没有傅善祥这个人？

南京大学历史系教授茅家琦认为，关于是否开过女科和傅善祥其人，目前说法很多，相传的不能说都是真的，也不能说没有，很难讲清楚，还需要进一步考证。

参与太平天国政事

根据学者考证和民间说法，傅善祥的经历大致如此：

傅善祥，金陵（今南京）人，其父傅槐，为清代生员。善祥幼年娴熟文史，后双亲去世，由兄嫂抚养成人。

1853年春，太平军攻克南京后，推行男营女营制度，称男馆女馆。不久，洪秀全颁布诏书，开甲取士，同时打破常规，增加女科，要求女馆中凡识字女人都去应试，这在中国历史上是破天荒的。

当时，男科的主考官是东王杨秀清，女科主考官是洪秀全的妹妹洪宣娇。经过层层选拔，傅善祥考中鼎甲第一名，成为中国历史上第一个女状元，也是唯一的女状元。其后，由于连续战争，太平天国再没开过女科。

考试结束后，杨秀清把傅善祥招进东王府，加以重用，任命傅善祥为"女侍史"，负责东王诏命的起草以及文献的整理。因为精明能干，傅善祥后来又升任"簿书"，帮助东王批阅来往的文件、书札。

当时，太平军推行的男馆女馆制度，要求"男女授受不亲"，即便是夫妻也要分居，如果来往便要处以重刑。这项规定由于不近人情，总有人冒着杀头危险来往，渐渐成了一个很大的不安定因素。

傅善祥由于在女馆中生活过，深知妇女别夫离子的痛苦，她要求废除女馆，恢复家庭，允许青年女子婚嫁。在她的努力下，男馆女馆制度终于取消。

农民起义军大多目不识丁，到了六朝古都南京，遇到金石书画，基本上都是摔碎或者一烧了之。傅善祥说服东王下令严禁破坏文物，还亲自搜求文物，在东王府紫霞坞建起一座规模宏大的博物馆。

由于这些举动，傅善祥受到了军民的一致赞扬，当时曾有"武有洪宣娇，文有傅善祥"之说。

终成斗争牺牲品

可是，太平天国定都南京后，农民领袖们便迷失了方向。

前方，太平军将士们在各地浴血奋战之时，这些领袖却在加速地腐化堕落。天王洪秀全生活极其奢华，马桶都用黄金打造，出行时前呼后拥，侍从成百上千，并不断选拔有姿色的女子送往后宫，洪秀全有封号的"王娘"就有88人。东王杨秀清也不甘示弱。

在这种情况下，才貌双全的傅善祥也概莫能外。通过权势，杨秀清把傅善祥纳为己有。此后，傅善祥的工作与国事政事便无多大关系。

与此同时，杨秀清的个人野心也在迅速膨胀，逼迫洪秀全封他为"万岁"。

而在对待以前的战友和部下方面，杨也日益骄横，处处树敌。

终于在 1856 年，太平天国内部大伤元气的内讧"天京事变"爆发了。在洪秀全的密令下，北王韦昌辉连夜率三千亲兵赶回天京，在燕王秦日纲的配合下，把东王府男女老幼杀了个鸡犬不留，两万多人身首异处。

乱军中，身在东王府的傅善祥也被杀死，抛尸秦淮河。据说，傅善祥此前已多次提醒过杨秀清收敛，还趁他出巡之机，在东王轿中投入一首诗："风倒东园柳，花飞片片红；莫言橙梨好，秋志满林空。"但杨秀清无动于衷，终酿惨剧。

戴公之后，以谥为姓

戴姓，最早起源于商丘。现在是全国前 100 个大姓中排名第 57 位（一说为第 54 位）的姓氏。

名门之后

被多数戴姓人接受的一个说法是，戴姓的发源地，就在如今的商丘。河南省姓氏文化研究会秘书长李立新认为，戴姓起源于商丘的主流说法，不存在争议。

戴姓的起源，要追溯到周代的宋国。

宋国的第一任国君是微子启，他可是殷商不折不扣的贵族，史载微子启是商纣王的庶兄。殷商末年，纣王无道，国势日衰。微子启数次向纣王进谏，但对方却听不进去。其实，当时还有其他贵族像微子启一样向纣王进谏，可后果却是"微子去之，箕子为之奴，比干谏而死"。孔子曰，"殷有三仁焉"，就是说他们三个。

微子启惧祸出走，周武王灭商后，他"自缚衔璧乞降"，武王将他释放，并恢复他的爵位。到周公平定管、蔡、武庚叛乱后，周成王又封微子启于殷商发祥地商丘，表示不会断绝殷商的祭祀，国号为宋。微子启去世后，他的弟弟微仲衍当了国君，以后便世代相传。

到公元前 799 年，宋戴公子撝（huī）成为第 11 任国君，他被戴姓人尊称为始祖。

戴公在位 34 年，公元前 766 年去世。他勤政爱民，深受拥戴，被周天子赐谥号"戴"。为戴公举行国葬时，全民恸哭，不少人从四面八方涌向都城，为他吊丧。陵墓周围到处是长跪不起的人。

戴公的后人，有的便以谥号"戴"为姓。《元和姓纂》也记载，"宋戴公之后，以谥为氏"。

除了以宋戴公的谥号为姓之外，戴姓的起源还有另外两种说法。

其一，以国名为姓。春秋时有姬姓诸侯国戴国，故城在今民权县东（一说在今兰考）。《左传》载，公元前713年被灭。戴国子孙为表示对故国的思念，便以故国名字作为自己的姓氏。

其二，殷氏改姓。殷商亡国后，一些商朝遗民为了表达不忘故国的心愿，便以国名为氏，称为殷氏。后来由于某种原因，有殷氏后人不得不改为他姓时，他们从殷氏与戴氏系出一源，均为阏伯之后的因素考虑，便选择戴姓作了自己的姓氏。

此外，还有少数民族改姓等情况。

故城不再

公元前286年，宋国被灭，宋国都城也随着时间的推移逐渐湮没。商丘古城，位于商丘市城区西南部。资料显示，这是明清时期的归德府城。

行走在古城中间的主干道上，看着街道两旁的仿古商铺和行走在街上的熙熙攘攘的人群，不禁让人有种古今交融的感觉。

归德府城西南隅，宋国都城的遗址就位于这里。1994年春至1997年秋，中美联合考古队对宋国都城遗址进行了钻探和发掘，确定了城墙的方位、大小和基本结构。

有资料显示，目前，宋国故城西墙的大部分以及南墙和北墙的西段保存较好，城墙顶部距地表最浅处一米左右。古城总面积10.2平方公里。2006年，宋国故城被列为全国重点文物保护单位。

数千年后，戴姓族人逐渐在全国各地扎根。现在，戴姓人口约500万，约占全国人口的0.39%。《人民日报》2006年1月11日报道的姓氏排序中，在全国一百大姓中，戴姓排名第57位。

戴氏寻根地，商丘三陵台

古柏掩三陵

商丘市区西行约 7 公里，商丘市梁园区王楼乡境内，有一片郁郁葱葱的柏树林，这就是三陵台。三座如驼峰状的土丘呈东西向铺开，高出地面数米。

1996 年版的《商丘地区志》记载，三陵台有古柏树 442 棵，汉代砖瓦遍布，地表 50 厘米下为夯土层，并发现西汉时期陶片。台上三峰对峙，传说为古宋国三座王陵。

世界戴氏宗亲总会第六届理事会秘书长戴明说，这三座陵墓内安葬的是宋戴公、宋武公、宋宣公，三陵台也因此得名。

三陵台上的柏树，不少显得有些反常：地面上的主干最短者仅有一两米。戴明称，这是因为，这里曾被黄河泛滥的泥沙层层覆盖。不过，即便如此，现存的三陵台，最高处仍高出地面 10 多米。

多姓寻根处

2008 年，有媒体报道称，考古工作者探明宋国都城遗址后，也给三陵台定了性。周代诸侯国国君死后往往葬在都城内或城北附近公墓区，三陵台距宋国都城遗址仅 9 公里，方位正处在都城西北侧的乾位，和周代王公墓葬特点相符。可以证实，地方志上记载三陵台为宋国国君之陵墓不误。曾潜心研究戴氏文化的戴峰云在其著作中称："浙南戴氏宗谱记载，三陵台居中者为始祖宋戴公陵。"

现在，三陵台已经成了戴姓寻根圣地。2013 年 10 月 13 日，世界戴氏宗亲会海内外宗亲 700 余人，聚首三陵台，共祭三公。

这并不是戴氏宗亲第一次在三陵台寻根祭祖，也不仅是戴姓在三陵台寻根祭祖，近年来，宋氏、戴氏、牛氏等海内外宗亲纷纷到三陵台寻根祭祖。2002 年 10 月，著名生物学家牛满江教授带家人和牛氏宗亲到三陵台祭祖，并题词"牛氏家族，根在商丘"。

根亲文化有较强的感染力

三座陵墓前约百米处，立着一座气势颇为恢宏的大殿。此殿名为三公殿，建成于 2008 年，近千万元的建设资金全部来源于世界各地戴氏宗亲的捐助。

捐建三公殿，或许是为了表达戴氏宗亲心中对于祖地的感情，而王楼乡的三和希望小学等几所学校的落成，可认为是他们对"老家"的一颗赤诚之心。

林士军 1996—2008 年间在王楼乡工作，曾任王楼乡乡长和党委书记。他认为寻根祭祖，在满足外乡同姓人对"根"的心理需求的同时，还给当地发展注入了活力，提供了可让本乡人借鉴的一些东西。他举例说，最大的变化是在教育方面，"2007 年，王楼乡有 70 多名农家子弟考上大学，超过之前任何一年，成为名副其实的文教之乡"。

神行太保：虚构的好汉？

让不少人津津乐道的，除了历史上的大家外，还不乏一些文学形象。

例如，《水浒传》中的戴宗，历史上究竟有没有这个人？

在小说《水浒传》中，在梁山一百零八将中坐第二十八交椅的天速星戴宗，绰号为"神行太保"。他作起"神行法"，把一双甲马拴于腿上，口中念叨神行法咒语，一天就能跑五百里。要是军情紧急，再拴上两个，四个甲马火力全开，便能日行八百里。

戴宗原来是江州知府蔡九手下的两院节级，人称戴院长。上了梁山后，他担任"总探声息头领"，大致相当于情报局局长，手下有孙二娘夫妇、时迁等人。

当然，小说毕竟是艺术性描写，戴宗，在现实中有无此人？

《宋史·侯蒙传》中称：宋江寇京东，蒙上书言："江以三十六人横行齐、魏，官军数万无敢抗者。"南宋龚开所作的《宋江三十六人赞》和成书于元代的笔记小说《大宋宣和遗事》，都提到了戴宗。不过，这些不能算作是正史记载。

在日本东洋史学家宫崎市定所著的《宫崎市定说水浒：虚构的好汉与掩藏的历史》一书中称，戴宗是作者为顺应民意创造出来的英雄形象。

廖姓一族，"根基"在哪？

在唐河县湖阳镇蓼山，右手捋须、左手拂袖的叔安公雕塑风度翩翩，双眼雕刻得炯炯有神，似在为山脚下的人们祈福祷告。

叔安是廖姓人公认的得姓始祖。为了纪念叔安当年的丰功伟绩，每年农历二月二十八，湖阳人都在蓼山召开蓼王庙会，千百年来从未间断。

廖姓起源：以国为氏和以人名为氏

廖姓起源有多支，河南省中原姓氏文化研究所原所长谢钧祥认为，廖姓主要有以国为氏和以人名为氏两支。

第一支为以国为氏。东汉应劭《风俗通义·姓氏篇》说："古有廖叔安，《左传》作飂，盖其后也。"

据《史记》记载，黄帝共有 25 个儿子，其中一个是昌意，昌意娶蜀山氏之女为妻，生下一子颛顼。廖姓就出自颛顼后裔叔安。《风俗通义》说，颛顼之后裔叔安，夏时，因追随大禹治水有功，分封蓼国为侯，始称蓼王。国人以国为姓为蓼（亦作飂）氏。

信阳市固始根亲文化研究会研究人员马世洲认为，廖氏还有一支出自皋陶后裔，同样以国为氏。尧、舜的贤臣皋陶后裔在夏时受封于蓼，春秋时建立了一些小国家，后被楚国灭，子孙有以国为氏，即为廖氏。

第二支为以人名为氏。周文王儿子伯廖的后人，以他的名字为氏，衍生出另外一支廖氏。宋代的《广韵》说："周文王子伯廖之后。"如今，廖氏根源地古蓼国遗址有两处，一处在今南阳唐河蓼山，另一处在今信阳固始蓼城岗。

公认的得姓始祖是蓼王叔安

河南省唐河县廖氏宗亲会会长廖义培认为,蓼王封地即为古蓼国,在今南阳唐河县湖阳镇。

"天下廖姓是一家。"廖义培说,廖氏虽源流多支,但公认的得姓始祖是蓼王叔安。如今,在唐河县湖阳镇蓼山,建有古蓼国国王廖氏始祖叔安公纪念馆,馆前竖立着叔安公的雕塑。

廖义培称,夏时,叔安被封蓼国后,为了疏治洪水,他在蓼山脚下开挖了两条人工河蓼阳河和蓼阴河,并在蓼山上建了两道石砌寨墙,在蓼国多年征战中如钢铁长城般守护着蓼国的安全。在抵抗楚国侵袭的战争中,牺牲的蓼国将士和达官显贵大多安葬在蓼山南麓,并立塔纪念形成塔林。

可惜的是,这些历史文物在"文化大革命"中被毁坏。

古蓼国被灭,有人改姓董

公元前 639 年,古蓼国被楚襄王灭,蓼国臣民举族外迁,不愿迁徙的蓼国人散落在湖阳周边地区。

为了纪念叔安当年的丰功伟绩,每年农历二月二十八,湖阳人都在蓼山召开蓼王庙会,千百年来从未间断。

如今,整个唐河县 120 多万人,姓廖的只有不到 5000 人,分布在 4 个乡镇的 4 个村庄。

不过,廖义培认为,当年古蓼国被楚灭后,还有一批没有逃走的国人为了自保,改姓董。至今,当地还保留着一个规矩:董廖不通婚。

但当地有多少董姓人是廖氏后人,已无从考究。

廖氏"纷争":唐河、固始,究竟谁是"祖"

在廖义培看来,蓼国被灭后,大部分人向南逃,途经信阳固始县时,南逃之路被山阻隔,山中有瘴气无法前往,因此,蓼国人便定居在固始,又在此地建立了东蓼国。

在固始县东，有一处地名叫蓼城岗，据马世洲说，该地曾是古蓼国遗址。《括地志》中说："光州固始县，本春秋时蓼国。"此蓼国故址在今河南省固始县，县东门外称古蓼湾，固始东部平原称蓼东平原，其名称由来，都与蓼国有关。

由此说来，廖姓起源就有唐河和固始两个说法。

固始根亲文化研究会另一名研究员张立认为，根据明朝嘉庆年间的固始县县志定位，古蓼国国都就在现在固始县谢集附近。

在固始县，仍有许多以"蓼"或"廖"命名的酒店、饭店，甚至还有"蓼城宾馆"每日客人盈门。每一年，张立介绍，也有许多海外人士回固始祭祖，认祖归宗。

唐河、固始，究竟谁是廖姓的发源"根基"，两地一直存有异议。不过不管如何，廖姓的"根"，是在河南。

为避战乱，廖人南迁

受战火影响，几千年来，蓼国及廖氏族人经过多次迁徙，如今廖姓人已遍布全国各地，并繁衍到东南亚和欧美诸国。廖氏家规严格，民风淳朴，名人辈出，这些人在政治、经济、文化等领域多有建树，受世人尊崇。

1996年10月出版的《中华姓氏大辞典》中，廖姓被列为中国第66大姓。10年后，《人民日报》报道的新百家姓中，廖姓位列第61位。

廖姓远播：廖姓在宋朝已完成主体南下

历史上，中原任何一次大的战争，都会导致一次姓氏大迁徙，廖姓也在其中。

河南省社会科学院副研究员李乔认为，廖姓之所以能远播四方，跟历史上皇帝赐姓、躲避战乱有关。

先秦时期，廖姓主要活动在河南、四川。到了秦汉时期，已扩散到河北、湖北。魏晋南北朝时，廖姓已越过长江进入湖南、广东、江苏、浙江、江西、福建。唐朝时期，中原廖姓南下移民福建。

《崇正同人系谱·氏族》载："西晋时有廖子璋，官左衙镇国大将军，其子从宪自洛阳迁浙江松阳县。"

北宋靖康之难后，直至南宋灭亡，宋金对峙，战乱不断，大批北方人民不断向南迁徙，持续近一个半世纪，其中不乏中原廖姓族人。

当时，廖姓大约20万人，约占全国人口的0.26%，主要集中于湖南、湖北、福建、四川，这四省的廖姓人大约占廖姓总人口的69%。

由此可见，廖姓在宋朝时已完成了主体的南下。

首位入闽的廖氏人

当今，在南方廖姓大家族中，不少廖氏人供奉的先祖并非叔安公，而是崇德公。在他们眼里，他们都是崇德公的后代。

而实际上，崇德公还是叔安公的第79世孙。不过，当过江西虔化（宁都）县令的他，在中华廖氏发展史中是一个里程碑式的人物。其后裔在全世界廖氏总人数中占50%以上，约有400万人。

毋庸置疑，廖崇德是现在江西、福建、广东、广西、湖南、四川以及台湾等地大多数廖氏宗族的先祖。

这段历史，还要从崇德公入闽说起。梅县《廖氏族谱》记载：廖崇德在唐贞观年间，当上江西虔化县令，之后，他便把家眷全部迁往宁都，他是第一个入闽的廖氏人（当时江西是划入闽界的）。

作为首位入闽的廖姓人，崇德公自然成了江西、福建等南方诸多省份以及台湾和海外廖人认同的祖先。但他们也许尚不知，崇德公其实也是叔安公的后代，说到底，根也是河南的。

开基台湾

明永历三十六年（1682），郑成功长子郑经去世不久，继位的郑克塽年幼不能服众，台湾北部的竹堑、新港等几个番社起了叛乱。剿平这次番社之乱，功劳最大的当属廖进，这位最早出现在台湾文献上的人物，是追随郑经来台的。

清廷收复台湾之后，来台开基立业的廖姓便络绎不绝了，仅《台湾通志·人民志·氏族篇》收录的有文献记载的就有 20 余起。

除了开基台湾，廖氏族人也向香港迁徙，新界上水乡廖姓族人就是自福建迁徙而来的，其开基祖为廖仲杰。

廖仲杰原籍福建汀州，相传在元朝末年，由于逃避海盗而南迁。一家人走到上水乡时，发现四面环山，有河流，土地肥沃，便在此定居下来。上水一带的廖姓人，几乎都是廖仲杰后裔。后来，廖氏族人不断繁衍，不得不向外扩展生存空间。

明清时期，福建、广东一带的廖姓人开始向海外迁徙，足迹遍布五大洲，而尤以新加坡、马来西亚、泰国、老挝、印度尼西亚、菲律宾为最多。

唐河蓼山，祭祖圣地

10 年前，南阳唐河县最为出名的是湖阳公主墓、白马堰等历史名胜，每年都有游人慕名前来，而与之相邻的蓼山矗立在县南湖阳镇内，却无人问津，显得冷清许多。2004 年 11 月，因一个外地陌生人的探访，蓼山一夜之间成了名山，它的真面目终得以公布于世，蓼山竟是廖氏族人的发源地之一。

如今，蓼山上建了蓼王叔安公纪念馆，还栽了一棵许愿树，等待世界各地更多廖氏族人认祖归宗。

始祖纪念馆建在唐河

唐河县历史悠久，夏、商时代为《禹贡》豫州之域，周为申、谢、唐、蓼国地，秦置湖阳县，属南阳郡。

来到蓼山脚下，沿着上山的路走不多远，就看到一座高大的石头牌坊，上面"古蓼国遗址"五个金黄色的大字熠熠生辉。爬上山顶，古蓼国国王廖氏始祖叔安公纪念馆的建筑蔚为壮观，而它前面，矗立着一座高 9 米、重十几吨的叔安公雕塑，身体微微前倾，俯视着国土臣民。

有专门的人负责看守纪念馆，打开纪念馆的红色铁门，叔安公端坐在龙椅上，他的面前，香烟缭绕。每年回来祭祖的廖氏人，都要跪拜在他的脚下，点香叩头。

纪念馆前是一个水泥广场，广场上还有一棵钢筋水泥浇筑的许愿树。"修路、建广场、建纪念馆，花了600多万元，全是世界廖氏宗亲会捐的钱。"唐河县湖阳镇廖氏文化研究会秘书长曲振营说。

港人寻根，找到蓼山

从蓼山顶向下俯视，视野极为开阔，一块块麦田错落有致。湖阳公主墓、白马堰、狮子山、紫玉山尽收眼底，两条著名的人工河蓼阳河和蓼阴河，顺着古老的河道潺潺流淌。

这些，在2004年以前已经存在，可没有人意识到它的价值，蓼山更是一片荒芜，直到香港人廖太全独自前来认祖归宗。

曲振营曾听老人讲，蓼山上有座蓼王庙，里面供奉着一位神人，"那时候不知道是谁，现在知道了，就是叔安公"。

而"文革""破四旧、毁庙宇"时，蓼王庙被破坏。2004年11月，一位头发花白的老人来到湖阳镇，询问村里的老人有关蓼山和蓼王庙的历史，并登上蓼山，寻找一丝丝与廖姓有关的踪迹。

这位老人就是香港上水115代廖姓后人廖太全。唐河县廖氏宗亲会会长廖义培对此感念至深。他说，廖太全当年寻根时，通过警察，找到了蓼山的位置。之后，唐河县开始重视此事，也专门成立了廖氏宗亲会和姓氏文化研究会。

笑着来祭祖，流着泪离去

在有生之年，终于找到了千百年前，自己祖先生活过的地方，廖太全异常激动。他捐建了蓼阳河石碑，碑高3.5米，碑文详细记载了从始祖叔安至115代太全先生的迁徙过程，追述了蓼王叔安治水理国的丰功伟绩。2005年

5月，加拿大、英国、荷兰、美国等廖氏宗亲一行人首次登上蓼山，瞻仰始祖的故土。

自2004年起，每年都会有世界各地的廖氏人前来拜谒先祖，蓼山上的人多了起来。而让曲振营记忆深刻的，是一位花甲老人。也许是常年漂泊，找到自己的祖根之地后，老人情绪激动，他不用别人搀扶，自己一步一跪地上了20多个台阶。

"回来祭祖的大多都是老年人，爬起山来都是气喘吁吁。"曲振营说，即使这样，身体的劳累并没有减轻内心的激动和兴奋，他们都是笑着来，流着泪离去。

蜀中三员老将，廖化黄忠齐名

你可能只知"蜀中无大将，廖化作先锋"，却不知蜀中三员老将，廖化占据一席。

在《三国演义》中，廖化首次出场是在第27回，当时廖化还不是正规军，他"流落江湖，聚众五百余人，劫掠为生"。关羽千里走单骑，他的两个嫂子曾被廖化同伴杜远劫掠上山。杜远想与廖化各分一人为妻，廖化却要将她们送归，杜远不从，被廖化杀了。尽管廖化想跟随关羽，无奈关羽虑其黄巾出身没有答应。等到刘备入益州时，廖化再引军投靠，刘备命其助关羽守荆州。

而在《三国志》里，廖化的身份就高贵多了。他本名淳，襄阳人，最初担任关羽的主簿，掌管文书。

舜生姚墟，以地为氏

舜作为天下姚姓公认的始祖，是上古五帝之一，后裔繁衍至今，已传至130余世。作为黄帝的七世孙，舜因生于姚墟，以地为氏，称姚氏，又名姚重华。

当代中国百家姓的排行榜上，虽然姚姓排名第62位，但由姚姓衍生出的姓氏则多达60多个。据考证，陈、胡、田、姚四姓同根同源，其血缘祖先均为舜。

姓氏起源：生于姚墟，以地为氏

河南省濮阳市濮阳县五星乡瑕丘村有一座舜帝庙。五星乡人大主席翟浩称，每年都有众多姚姓后人来这里给老祖先上香，祭拜。

舜帝庙高数丈，庙门前的石碑上面记载着舜帝的生平事迹："帝舜有虞氏，母曰握登，见大虹意感而生舜于姚虚（墟），故姓姚氏……耕历山、渔雷泽、陶河滨，就时于负夏。"

翟浩介绍，舜因出生地在姚墟，所以姓姚，名重华。但姚墟到底在何处，至今有多种说法，河南濮阳县南是比较流行的一种说法。相传，少年时期的舜长期活动在濮阳附近，舜生在姚墟，后迁于负夏（现在的濮阳县五星乡瑕丘村）。经专家多方考证，2000年底，瑕丘村被确认为舜帝故里。

相传，正月十八是舜帝的生日。如今，每年这一天，舜帝后裔云集在此，祭拜祖先。"上完香，人们聚在舜帝庙旁边的大院里'万人同吃一锅饭'。"瑕丘村村民朱大爷说。祭祀活动始于清代嘉庆年间，"文革"时期曾中断过，到上世纪80年代末再次兴起，延续至今。

四姓同祖：血缘祖先，同为舜帝

翟浩认为，姚、陈、田、胡等姓氏都奉舜帝为血缘祖先。

华夏姓氏源流研究中心主任袁义达曾撰文指出，舜生在姚墟而姓姚，其部落因为居住在山西永济的妫水旁而姓妫，所以有姚、妫同姓一说。

文中指出，周灭商之后，周武王封舜的后裔妫满于陈，其子孙后代多以国名陈为姓，又因为妫满号胡公，故其后代有的以胡为姓。公元前672年，陈厉公之子陈完，因陈国发生叛乱来到齐国，改姓田。到了西汉末年，田丰之子田恢为躲避王莽之乱，渡过长江定居吴郡，改姓妫。

东汉，妫恢的五世孙南迁吴兴武康，改回姚姓，其他姓各自独立发展。发展最快的是陈姓，成为全国五大姓氏之一。据统计，由姚姓衍生出的姓氏达60多个，遍布世界40多个国家和地区。

同宗联谊：多个姓氏，同一个家谱

对于陈、胡、田、姚四姓同祖的情况，河南省姚姓姚崇文化研究会常务副会长姚学谋指出，正因为姚姓衍生出多个姓氏，所以姚姓舜裔家谱有一个特点，即舜裔多个姓氏同时出现在一个家谱上。

姚学谋珍藏的姚姓光绪三十年时修的家谱，其中不仅记载了什么时候得姚姓，还记载了什么时候改姓陈、改姓王、改姓田，而且按照世系排列。

姚学谋认为，这一特殊的家谱排列形式可追溯至王莽时期。当时王莽把姚、妫、陈、田、王五姓同宗同册，后人称王莽可能由此成立了我国历史上第一个多姓氏同宗联谊组织。

原鹤壁市地方志办公室主任姚仲杰指出，台湾在上世纪70年代也曾组建了姚、虞、陈、田、王、袁、胡、孙、鲁、车十姓联宗组织。而旅居世界各地的舜裔，组织了世界舜裔宗亲联谊会，总部设在香港，联系人口超千万。

濮阳县委宣传部毕海滨介绍，2006年，世界舜裔宗亲联谊会第19届国际大会在濮阳县舜帝宫举办，14个国家和地区的舜裔代表1500多人前来寻根拜祖，畅叙亲情。

舜与孝道

姚姓始祖舜重视孝道的故事流传千古。《二十四孝》中第一孝就是舜的故事。

相传舜的母亲握登早年去世，父亲娶了后母。后母生了弟弟象之后，一家人都不喜欢舜，合谋屡次迫害舜，轻则打骂，重则杖责。舜总是大杖躲避，小杖忍受，毫无怨言。

尽管受到父母和弟弟的多次迫害，舜始终对父亲恭顺，恪守孝道，友爱弟弟。尧帝听说舜非常孝顺，有处理政事的才干，还把两个女儿嫁给了他，经过多年观察和考验，选定舜为继承人。

舜做了天子之后，在父母面前仍是毕恭毕敬，孝顺有加，最后终于感化了全家。他的弟弟象也从此学好，成为一方诸侯。

虞舜后裔，播迁四方

姚姓自舜之后，因封国、避战乱等多种原因，衍生出陈、胡、田等60多个姓氏，其中仍以姚为姓氏的后裔约有500万人，主要分布在四川、安徽、江浙地区。

姚学谋认为，姚姓主要有吴兴、南安两大郡望。当今河南的大多数姚姓人都来自"吴兴姚"，其中又有不少人的姓氏跟姚恭、姚宽、姚信、姚敏、姚惠这五个人息息相关。

迁徙分布

历史上，姚姓衍生出的姓氏多达60多个，但仍以姚为姓氏的后人并不多。袁义达指出，宋朝时期，姚姓大约有32万人，当时的河北是姚姓第一大省，约占全国总人口的25%。当时的河北、江浙、陕西是姚姓的三大聚集中心。

到了明朝时期，姚姓大约有55万人，是当时的第33大姓，浙江成了姚姓第一大省。

宋元明期间的 600 余年里，姚姓人口主要向东南迁移，姚姓人口的中心也由北向东南漂移，浙赣皖是姚姓的密集地区。

据 2014 年统计，姚姓人口在当代约有 500 万，成为百家姓第 62 大姓，大约占全国人口的 0.33%。目前，姚姓主要集中在安徽、广东、江苏三省，其次分布于河南、浙江、四川、湖南等地。安徽是当代姚姓第一大省，这里居住了姚姓总人口的 8.6%。

两大分支

历史上，姚姓有两大分支，一支称为"吴兴姚"，一支称为"南安姚"。

姚学谋认为，三门峡是"吴兴姚"在河南的重要集聚地之一。

在姚学谋看来，天下姚姓大多称吴兴姚氏，也有称南安姚氏的，但不多。为何"吴兴姚"多、"南安姚"少呢？这得从王莽之乱说起。

西汉末年，王莽代汉。由于王姓也是从姚姓里面分化出来的，所以王莽自称舜帝之后，他开始搜寻舜裔姚氏，以续虞舜姚姓一支的香火。他找到姚丰，封他为代睦侯。

好景不长，王莽推行的"复古改制"遭到了刘氏集团和地主豪强的阻挠破坏，最终失败。王莽败亡后，姚丰的孩子姚恢为了避免被灭门的厄运，化装成平民逃跑，日夜兼程，渡江逃到吴兴。

此后，姚姓在吴兴代代相传，繁衍生息，逐渐形成望族，后裔向四方播迁。历史上有名的姚崇、姚思廉均出自吴兴姚氏。

另一支"南安姚"主要聚集在今天的甘肃陇西渭水东岸。羌族人也自称是舜帝后裔，姓姚。隋朝初期，部分"南安姚"逐渐融入"吴兴姚"。

河南姚姓

后人多以"吴兴姚"自居，而"吴兴姚"又分出"陕州姚"与"京兆姚"两支。

根据姚学谋的研究，河南的姚姓多数是"陕州姚"的后裔。他认为，舜帝 85 世孙姚刚祖居浙江吴兴，名门望族。他的儿子宣业，南北朝时任北魏征东大将军，因为做官来到了陕州（今河南陕县），在此定居，另立祖谱，称一世宣业。

22 世孙姚才，世居山西洪洞县柳沟村。到了明朝初年，明王朝急需人才，于是当地百姓便推举仗义疏财的姚才入朝为官，为民造福。

姚才为此忧心忡忡。一忧，其父是前朝（元朝）大将军，怕受牵连，灭九族。二忧，怕寒了众乡亲的心。思量再三，他决定一走了之。

姚才带着五个儿子和一个年幼的弟弟一路向南奔走。不知走了多少日夜，来到一个有山有水的地方安顿了下来。但姚才还是不放心：这么大一家人住在一起，万一被朝廷得知，还是会有危险。

为了避免姚姓断根，他决定把五个儿子姚恭、姚宽、姚信、姚敏、姚惠，及幼弟姚钦分散开来。

恭是长子，留在父亲身边，居洛阳。宽去往三门峡，信去往孟州，老四敏去往巩义、偃师、登封一带定居，老五惠去往郏县、泌阳等地发展。

姚学谋曾经做过统计，河南姚姓大约 20 万人，"陕州姚"约占 10 万，多数分布在豫西、豫北，另外 10 万人则分布在豫东、豫南。

姚氏祠堂

姚才将五个儿子分散各地，其中老四姚敏到达巩义后，在鲁庄村安居。

如今的鲁庄村位于巩义市西南方向，村内现在还留有一处保存较为完好的姚氏祠堂。大门前有两尊狮子像，门头上方挂着"忠烈世家"的牌匾，牌匾上方挂有大将军家祠的牌匾。

当地村民说，牌匾上写的大将军是唐代宰相姚崇的后裔，姚氏迁鲁庄的始迁祖姚敏的九世孙。

这个姚氏祠堂建于乾隆年间，距今有 200 多年。

唐相姚崇三起三落

唐代有一位宰相叫姚崇，他历经高宗、武则天、中宗、睿宗、玄宗五个皇帝，在其中三朝当过宰相，可谓权倾一时。

然而他的仕途并不顺利，他当宰相时，三次被免，又三次复职，经历传奇。

他究竟是一位怎样的人物？为何能"三起三落"？

崭露头角

姚学谋对姚崇颇有研究，著有《大唐贤相姚崇》《姚崇研究辑存》等书。他认为，姚崇是吴兴姚氏的第 21 世孙，他出生在陕州一个武将之家。

姚崇本来就是将门出身，加上经常认真研究军事知识，精明强干，过目不忘。每逢领导问起，无论是何处的边防要务，他都能一清二楚地娓娓道来，被同事们称为"活地图"。

面对契丹造反，武则天虽多次调动大军讨伐，但均以失败告终。契丹人攻破幽州（今北京市西南）后，各地告急的文书像雪片一样飞向朝廷。

姚崇所在的兵部，是战时信息中心，姚崇则善于处理复杂事务。武则天历来爱惜人才，破格提拔他为夏官侍郎，相当于今天的国防部副部长。

在姚崇的帮助下，朝廷制定了周密的作战计划，在与契丹决战时九战九胜，使持续一年多的叛乱得以平定。

取得信任

如果说帮助朝廷打败契丹让武则天认识了姚崇，胆大的姚崇"百口保百官"，则取得了武则天的信任。

《大唐贤相姚崇》一书中介绍：武则天在走向皇位过程中，实施酷吏政治。随着政权的稳定，武则天打算安抚人心。武则天召见朝臣，询问以前被杀的人有没有被冤枉的。

对于这一敏感话题，朝臣们一言不发。姚崇观察到了武则天失望的表情，以全家百十口人的性命，担保朝廷官员中没有谋反之人："以后您再收到告发状，请收存起来，不必追究。如若以后确有证据，谋反是实，臣请承担知而不告之罪。"

姚崇一席话，说得群臣又兴奋又为他担忧。但武则天听后不但没有动怒，反而奖了姚崇。

在姚崇努力下，武则天下决心废除酷吏政治。不久，因遭诬陷而被贬的狄仁杰、魏元忠等一批大臣重返朝堂。

通过这件事，武则天更加信任姚崇。过了一年，在狄仁杰的建议下，武则天将姚崇列入宰相行列。

三起三落

第一次被贬，《资治通鉴》中有记载。

长安四年（704），武则天患病卧床不起，她一刻也离不开张易之、张昌宗两个男宠。

一次，术士告诉张昌宗"有天子之相"，但须让人到偏远的定州建造寺庙才行。于是，"二张"让十名高僧去定州造寺庙。

此举遭到身为宰相的姚崇的果断反对，"二张"便在武则天那里吹"枕边风"，诽谤姚崇。武则天经不起"二张"的软磨硬泡，只好撤了姚崇的宰相职务，改到偏远地方任职。

《新唐书·姚崇传》记载，第二次，81岁的武则天久卧病榻，"二张"把持朝政，有恃无恐，大臣们想方设法要除掉"二张"。此时，姚崇回朝复职，参与了政变。

政变成功后，大臣们都为大唐复国而高兴，姚崇却在见到年老的武则天时哭了。这传到唐中宗的耳中，唐中宗罢免了他的宰相职务，贬为亳州刺史。

唐睿宗时，姚崇又被任命为宰相。正当大臣们想改革弊政时，唐睿宗之妹太平公主反对改革，并企图废掉支持改革的太子李隆基。姚崇再次挺身而出，却被加上离间皇室关系的罪名，又一次被贬出京城。

在姚学谋看来，虽然姚崇三次被贬，但后来又都得以复职，由此可见姚崇在朝廷中的地位。

奠基盛世

开元元年（713），唐玄宗李隆基继位，太平公主的党羽被消灭。李隆基即招姚崇回京，拜姚崇为宰相。

面对皇帝的邀请，姚崇没有轻易答应，而是给皇帝提了 10 个条件，主要包括"精简刑法，行仁恕之政；疏远佞臣，不听诬陷之词；限制女宠，禁止宦官贵戚干预朝政；减轻苛税，以利民生；待臣以礼，不得任意屠戮无辜"等。

听了姚崇的 10 个条件，皇帝很爽快地全盘采纳，并全力支持姚崇逐条落实。

这次，姚崇任宰相三年，实行了选贤任能、奖励清廉、惩治贪官、爱护百姓的清明政治，为"开元盛世"奠定了基础。

始祖方雷氏，是个"花样美男"

方雷氏乃方姓始祖得到普遍认可，而方姓故地"方山"，依旧存争议。不过，对于禹州的方氏一族来说，他们是幸运的，因为禹州的方山、方岗镇较完整地保留了方氏远祖故冢、方氏祖坟等，吸引了众多海内外方氏子孙前来祭奠。

上古时期的方雷氏是"高富帅"

据《风俗通义》《世本》等所载，上古时期，部落之间兼并战争不断，炎黄二人携手对抗蚩尤。在涿鹿之战中，炎帝后裔榆罔之子雷因辅佐黄帝伐蚩尤有功，被封于方山，改称"方雷氏"，其后世子孙分为方姓和雷姓。

但也有学者认为，在西周时因功受封的方叔才是"方氏正宗"。可是方雷氏为方姓始祖的说法，更得到普遍认可。

方姓始祖方雷氏，被尊称为"雷公"。据史料记载，方雷氏是个标准的"高富帅"。从事方姓文化研究的方俊称，方雷氏是"花样美男"。

古方山的位置如今仍存在争议

一般认为，天下方姓源自河南古方山。可是，仅河南境内就有四五处"方山"，到底哪里才是方雷氏因功受封的"方山"呢？

嵩山文化研究会副会长常松木认为，古方山应指今登封，因为方雷氏受黄帝重用，其必居于黄帝都城附近，"由此推测，古方山应该在今登封嵩山附近"。

洛阳姓氏研究会会长徐金星推测，古方山大概在今登封、巩义、偃师三地的交界处，登封嵩山最有可能。但也有学者指出，古方山应该是指今禹州。

古方山到底指如今何地，众说纷纭，不过，近年来，来自海内外的方氏子孙都频频前往禹州祭祖。

早在 1986 年，就有来自新加坡、韩国的方氏族人，专程到禹州方氏祠堂寻根拜祖。2014 年 3 月，来自国内外的 600 多名方氏族人齐聚禹州方岗镇祭拜祖先。

禹州方山上有块方雷氏石碑

在禹州市西部 25 公里处的方山，山门前的北面山腰上有块"古方雷氏封邑"的石碑，但是碑文上并未记载它由谁兴建、建于何年。

方山脚下的方山村，由于历史变迁，如今姓氏杂居，已难寻方氏一族的踪迹，对于石碑的来源，更是没人说得清。一位刘姓老人称，在古时，方山称为"上方山"，在方山之尾的方岗镇被称为"下方山"，如今的"下方山"聚集着 6000 多方氏后裔。

位于方岗镇的"方氏祠堂"的祠堂内，供有方雷氏、方琛公、方国公、方孝孺等人的遗像，存有 15 块碑及炎黄二帝活动范围平面图，一年四季香火不断。

据当地老者介绍，在方氏祠堂附近还有方氏祖坟，只是新中国成立前被毁严重。"方山村、方岗镇都较完整地保留了方氏一族的遗迹，或许这就是全球方氏后裔愿意来禹州祭祖的原因吧。"当地一位方姓老人说。

方氏先祖居住的晚衍沟，如今已被蝙蝠霸占

方氏远祖故冢、方氏祖坟、封邑石碑……这些遗迹让禹州的方氏后裔感到自豪，不过，他们心中也有隐痛。

禹州方氏研究会会长方留栓称，在方岗镇方南村西 200 米处，有个晚衍沟，相传是方氏先人由原始渔猎生活过渡到农耕生活时，从"上方山"迁到"下方山"的穴居处。

还有传言称，方叔之玄孙园公就因晚衍沟竹茂林密、清幽秀丽，带领族人从"上方山"迁到此处定居，繁衍后代。

随着晚衍沟人口突增，两侧沟壁布满了密密麻麻的窑洞，当地后人习惯叫它"挖窑沟"。

不过，不知从何时起，晚衍沟逐渐破败，如今，大多数洞穴已难寻原貌，不少洞穴入口已塌，周围杂草丛生。白天，晚衍沟十分寂静，只有夜幕降临，它才"活过来"，不过，深沟里回荡的全是蝙蝠的叫声。

即使有尚存的洞穴，如今也被蝙蝠"鸠占鹊巢"。当地的老人说，如今大家都只把目光盯在兴建阔气的祠堂、庙宇上，却甚少有人去关注珍贵的人文景观。

宋朝的"学霸"，老方家最多

宋代，福建莆田的方氏家族出了132个进士，成为各姓之冠。其中的28对"父子进士"，更是成为文坛佳话。方家的"学霸"是怎样炼成的？

方姓源于北方盛于南方

方姓文化研究会的方为民称，方姓源于北方，盛于南方。先秦时期，方姓人活动在河南一带。西汉末，方姓族人东迁至安徽，逐渐形成望族。唐朝时，方姓人分布于中原、华东和江南各地。宋朝时期，方姓人则主要集中在福建一带，同时，安徽、浙江、湖南、江西等地，也是方姓人的聚居地。

宋元之际，有方姓人为避乱迁至海南。方为民认为，到明朝时，方姓的人口形成以浙江为中心，向四周发散的格局。

据相关数据，方姓人大约占了当代人口的0.36%，有400多万。目前，在全国的分布主要集中于安徽、河南两省，大约占方姓总人口的34%。其中，安徽为当代方姓第一大省，占方姓总人口的18.5%。

韩国方氏的根也在河南

方留栓称，早在669年，应新罗国王邀请，大唐皇帝就派翰林学士、文化使者方智携带"六礼"和"九经"东渡朝鲜半岛。

"韩国方氏根在河南",复旦大学教授钱文忠曾在《百家讲坛》中表示认同。他称,韩国著名的温阳方氏,就是从河南迁过去的。

到韩国后,方智成了"香饽饽"。因受到韩国多位学者的劝导,方智选择定居韩国。相传,他后来娶了张氏为妻,后裔约有10万人。

1986年,来自韩国等地的方氏族人,专程赶到禹州方氏祠堂寻根拜祖。在2009年清明节前夕,韩国方氏代表团就曾出席"方氏总祠堂第二期扩建工程奠基典礼"。2012年7月,韩国温阳方氏宗亲会秘书长方丙健带领11人,专程到河南方岗镇祭祖。

莆田方氏家族出了132名进士

《中国人名大辞典》收录方姓名人242人,据统计,按名人比例,方姓名人率居第11位。

在宋代,福建莆田虽偏居东南沿海一隅,但科甲鼎盛、名扬天下。有文献记载,最早迁入莆田的方姓人,在莆田科举史上创造了一个又一个"神话"。

据统计,两宋319年间共举行了118次进士考试,录取进士约3.9万人,其中福建籍进士7000多人,名列全国第一。而只有三个县的莆田,却有970多人考中进士。

令人更意外的是,莆田方氏家族考中进士的有132人,为诸姓之冠。"28对父子进士、26对兄弟进士,让莆田的方氏成为文坛佳话。"钱文忠赞叹不已。宋朝莆田的方氏,个个是"学霸"。

看"学霸"是怎样炼成的

莆田的方氏盛产"学霸"的秘诀是什么?如果能一览宋朝时方略的万卷楼、方万的一经堂、方渐的富文阁等,或许就能找到答案。

万卷楼是在宋天圣八年(1030),由著名藏书家方峻在祖传藏书的基础上发展起来的。到方峻曾孙方略时,藏书已扩充到1200箱,达5万卷以上。

后来,方略的弟弟方翥辞官回家,闭门18年读尽藏书,颇负盛名。

据史料记载，南宋史学家郑樵著书立说时，曾多次到万卷楼借书，最终完成历史巨著《通史》，并与方翥成为好友。

方孝孺为啥会被灭十族？

历史上，被"灭九族"并不鲜见，可是被"灭十族"的，恐怕只有方孝孺一人。惨遭灭门之后，方孝孺是否留下直系后裔，一直是个历史谜案。在今河南禹州市有座"还桥"，当地人称，这是方孝孺侄辈逃回方岗后修建的，寓意"回归"。

在河南禹州至今仍有方孝孺后裔

河南禹州市方岗镇的方东村与方南村之间，有一处以方氏祖庙为中心的古建筑群，俗称"大庙"。庙门前有一座青石桥，据当地人称，这座桥名叫"还桥"，是方南村通往西部山区的咽喉要道。

据说，还桥建于明代，是方孝孺罹难后，他幸存的侄辈敬祖、敬先逃回方岗后修建的。取名"还桥"，表示回归之意。

之所以说"逃回"，是因为方姓祖根在禹州。该村多位方姓人家中的家谱记载，该村这支方姓人，是方孝孺的后裔。

方孝孺6岁时写的诗被传诵至今

谈起方孝孺，很多人会想到"灭十族"。这个一生坎坷的思想家、文学家，幼时却是顺风顺水，年仅6岁的他凭借一首诗，名噪一时。

现存的《逊志斋集》中，有一首《题山水隐者》，这便是方孝孺6岁时创作的诗。其中"等闲识得东风面，卧看白云初起时"的名句，至今仍被广为传诵。乡里称他为"小韩子"，将他比作唐代的名家韩愈。

方孝孺15岁时，父亲方克勤出任济宁知府，他随父赴任。有史料记载，每当有穷人经过其住处，方克勤都会倾囊相助，对"送礼"的恶习均严词拒绝。

被灭十族，873 人被凌迟处死

方孝孺的才华被明建文帝朱允炆赏识，于是，他开始一路升迁。不过，现实往往"骨感"，故事在燕王朱棣即位后发生逆转，方孝孺成为有史以来被灭十族的唯一一人。

相传，明太祖死后，燕王朱棣谋反攻入南京。文武百官都投降了，唯独方孝孺不降。朱棣命他写榜文诏告天下："燕王为保护明朝江山而攻入南京城。"而方孝孺却写了"燕贼篡位"四个字。朱棣大怒，问他："你不怕灭九族吗？"方孝孺则答："灭十族又如何？"燕王听罢说："好！我就灭你十族。"

嵩山文化研究会副会长常松木说，有史料记载，气急败坏的朱棣将方孝孺的老师、学生当作"第十族"，一并诛杀。

据记载，在这起案件中，共有 873 人被凌迟处死，入狱及充军流放的达数千人。自感不能活命的方孝孺的妻女，也先后自杀。

方孝孺一支后裔，生时姓何、死后姓方

方孝孺是否留下直系后裔，一直是个历史谜案。在安徽庐江县黄屯，有一部分何姓人活着时姓何，死后墓碑上都改姓为方。

相传当年，方孝孺后人逃难时，被官兵追查。当被询问姓氏时，为了免遭杀戮，其慌乱逃跑不慎跌入河中。当时，这位后人灵机一动，改姓为"河"。想到家族损伤惨重，为了祈祷家族人丁兴旺，又将"河"改为"何"。

随着时间的推移，习以成俗，黄屯的方孝孺后人，都是生时姓何，死后恢复姓方。

在流传至今的《方何宗谱》里规定，这一支方姓人，生姓何，死姓方；在地上姓何，在地下姓方。

除此之外，生活在湖北省郧西县景阳乡吴家扁村的祝姓村民祭祀先祖的祠堂上，也刻着"方氏祠堂"的匾牌。当地的祝姓村民称，他们也是方孝孺的后裔，"生姓祝，死姓方"。

登封祖家庄，传说是大禹出生地

作为中国最古老的姓氏之一，夏姓的始祖是大禹，如今已经得到了普遍认可。而夏姓祖地、大禹故里在哪儿，则依旧存在争议。

不过，对于登封当地的大禹后人来说，他们是幸运的。因为登封是全国大禹文化遗迹、神话故事数量最多和最为集中的地方，也是经过中国民间文艺家协会命名的"中国大禹文化之乡"，吸引了众多海内外大禹后裔前来祭奠。

夏姓始祖大禹

对于夏姓的起源，全国夏氏族谱文化研究会筹备组组长、河南省夏氏文化研究会筹委会负责人夏惠元，已经和全国各地的夏姓族人一起，潜心研究了十多年。

他说，相传帝尧时，鲧的妻子女志因为吃了薏苡而怀孕生下了禹。后来，大禹成功地治理了水患，指导百姓兴修沟渠，发展农业，使人民得以安居乐业。由于大禹的一系列丰功伟绩，舜将帝位禅让给了他。大禹死后，他的儿子启继承了帝位，建立了中国历史上第一个王朝——夏。从此，中国历史开始了家天下的局面。

夏王朝统治了约500年，共传13代、16王。最终因夏帝桀暴虐无道，而被商汤推翻，建立了商王朝。

夏灭亡后，夏王族便以国号为氏，称夏姓。

到了周朝初年分封诸侯的时候，大禹的后裔东楼公受封于杞（今河南杞县）。到简公时，杞被楚国所灭。简公的弟弟佗出奔到鲁国，因为他是大禹的后裔，鲁悼公封他为夏侯。他的后人中，有人以夏侯为姓，后来也简称为夏姓。

除此之外，在历史上，还有一支夏姓人出于妫姓，为陈国后裔夏征舒的后人。

夏惠元说，在如今现存的夏氏家谱中，对于得姓始祖的记载不一。有些族谱以夏的开国君主夏启为始祖，也有些以后来为大禹守灵的无余为始祖，还有些以后来的夏阳侯为始祖。但如今，绝大多数的海内外夏氏族人，早已认可大禹为夏氏始祖。

夏氏祖地存争议

作为夏姓的始祖，因为治水的缘故，大禹的足迹可谓遍布全国。几乎凡上古有洪水泛滥的地方，都会留下关于他的传说和遗迹。

也因此，"大禹故里"之争历代都在上演，在大禹精神备受重视的今天尤为激烈。直到如今，河南登封、禹州，四川北川，浙江绍兴，山西夏县，安徽涂山，山东禹城等地仍在参与争夺的行列中。

这么多地方，究竟哪儿才是大禹故里？在学术界，登封一说较为流行。中国大禹文化研究中心秘书长常松木也认为，登封一说最具说服力。

他说，之所以说登封说最有说服力，不仅是因为王城岗遗址和阳城遗址的考古成果，以及登封当地的60多处大禹文化遗迹，还因为大禹文化早已深入到登封人生活的各个方面："三过家门而不入""一言九鼎"等词语仍是登封人们的口头禅；筷子据说是大禹为避免烫手而发明的；大禹治水时流传下来的小米绿豆汤至今仍然是登封百姓早餐的必备美食；中岳庙道士做道场时，民间巫师作法事时，还都走"禹步"；以前人们建宅时，大门上的砖雕、廊柱下的石础上还刻有"禹王锁蛟"的图像……

在不久前召开的"登封与大禹故里学术座谈会"上，河南省社科院历史与考古研究所所长张新斌也认为，登封作为大禹故里与故都，作为夏王朝的活动中心，应该是可以得到学术界确认的。因为关于"禹居阳城"与"禹都阳城"的记载，可见于《史记》《竹书纪年》《淮南子》等，夏之活动于豫西，不仅有《国语》的明示，尤其有战国阳城遗址的考古发现所印证。并且考古界在登封王城岗发现了大小相套的龙山城址，反映了禹都阳城在登封的观点，获得了实证。

对于大禹故里，夏惠元也颇为关注。在所有参与争夺的城市中，他也认为登封一说较为可信。他说，2015 年农历六月初六，将会组织世界各地的夏姓人来登封拜祭大禹。

禹生石纽

在如今的登封市，名字带有"夏"字的村庄虽有不少，却几乎找不到夏姓人了。

常松木说，夏灭亡后，亡国的夏王族后裔在当地已经生活不下去了，不得不到处逃亡，迁往全国各地。此外，古时登封连年战乱，每次战乱又都有人外迁，人口原本就不多。所以，登封夏姓人少也就不足为奇了。

不过，在登封，夏姓人虽少，和大禹、夏启相关的遗迹却随处可见。

史料记载，"禹生石纽"。在登封市祖家庄，就有这么一块叫"石纽石"的石头，附近的村庄也因此在古时候被称之为"一溜石纽屯儿"。

这块在祖家庄百姓心中无比神圣和神奇的石纽石，高 1 米左右，高处和正面光滑如玉石，侧面和下方却因不方便人触摸而凸凹不平。

如今，经常会有来自各地的夏姓人，到石纽石前祭拜大禹。这些前来祭拜的人，有时候还会到离村子不远的擂鼓石和大禹庙遗址去看看。遗憾的是，大禹庙早已在明末清初时毁于战火。如今能看到的，仅有附近百姓犁地时挖出来的砖块、铜钟壁、唐三彩以及绘于砖块上的不甚清晰的壁画。

孙悟空原型，和大禹、夏启有关？

在离全国第一批重点保护文物启母阙不远处，有一块躺在荒山野草间的巨型石头，自北边一裂而开，分为二石。

常松木称，这就是启母石，传说中夏启出生的地方。孙悟空的原型，也跟夏启和大禹有关。

《淮南子》中说，大禹的妻子涂山氏在嵩山下化为石头，石破北方而启生。而孙悟空，也正是从石头里生出来的。

至于大家都知道的如意金箍棒，原型正是大禹治水时找太上老君借的探江海深浅的定子。

此外，在关于大禹的传说中记载，大禹在治淮时，无支祁作恶，被大禹击败。

据《山海经》等书籍记载，无支祁是尧舜禹时期的奇妖，也是我国有史以来最有神通也是最有影响的奇妖之一。

鲁迅也认为小说中的孙悟空与无支祁在多处地方惊人相似：无支祁最后被大禹锁在龟山下，孙悟空被如来佛压在五行山下；无支祁形若猿猴，孙悟空本来就是猴像，其"搏击腾踔疾奔，轻利倏忽"之状亦无异。

"大义灭亲"源于真实的故事

提到大义灭亲,你是不是想到"包拯斩侄"的故事?其实,说起"大义灭亲"这个典故,还得从石姓的祖宗说起。

春秋时卫国大夫公孙碏,设计除掉了卫庄公之子州吁,以及和州吁一起作乱的自己的亲儿子石厚。"大义灭亲"的典故,也是由此而来。公孙碏的孙子以其字为姓,称石氏,被公认为石姓正宗。

庶子好兵,乱自此起

西周初年,武王姬发封自己的弟弟卫康叔姬封建立卫国,故事从卫国第12任国君卫庄公说起。

《左传》记载,卫庄公娶庄姜为妻,庄姜未育。后来,他又娶了陈国女子厉妫,厉妫随嫁的妹妹戴妫给卫庄公生子名完。

公子州吁是庄公宠妾的儿子,受到庄公宠爱,骄奢放纵。卫国大夫公孙碏看不惯,便向卫庄公进言,称庄公对州吁的宠爱和俸禄都过了头。有说法称,公孙碏是卫康叔六世孙靖伯的孙子,公孙碏字石,人们称他为石碏。卫庄公并没有听从石碏的劝告。不仅如此,石碏的儿子石厚也与州吁交往甚密。庄公死后,太子完继位称卫桓公。第二年,桓公撤了弟弟州吁将军的职位,州吁逃往其他诸侯国。

桓公十六年,州吁率领部属溜回卫国,与石厚密谋,在一次宴会上刺杀了卫桓公,州吁自立为君,并拜石厚为大夫。

石姓先祖,大义灭亲

继位后,州吁无法安定民心,且开始对其他诸侯国用兵。虽然打了胜仗,但卫国上下却不拥护他，州吁便派石厚问计其父石碏。这时，石碏已经"退休"。

河南省姓氏文化研究会副会长石小生介绍，石碏一直认为州吁和石厚的行为是不义的，"石碏也想除掉他俩，但势单力薄，只能借助其他力量"。

后来，石碏假意为他们出主意，称要稳固地位，必须得到周王的接见，而陈国的君主与周王关系甚好，同卫国关系也不错，可让州吁亲自去趟陈国，加深关系，再让陈国牵线，周王接见一事定能成功。

由于卫桓公的养母是陈国人，陈国对桓公被害一直耿耿于怀。州吁认为石碏的话有理，便和石厚去了陈国。殊不知石碏已派人给陈国送信，望陈国抓住杀害桓公的凶手。

由于石厚是石碏的儿子，有人主张饶恕石厚，但被石碏拒绝，他亲自派人到陈国杀了石厚。

石小生称，石姓的起源最主要的一种说法就是源自石碏，石碏的后人以石碏的字为姓，称石氏，史称石氏正宗。石碏后人以石为姓后，石姓也被加上了"忠义"的标签。

迁徙之路，远播海外

石小生介绍，秦汉以前，石姓主要在我国河南、山东一带繁衍发展。

魏晋以来，石姓人逐渐在河南（今河南洛阳）、武威（今甘肃武威县）、渤海（今河北沧县）、平原（今属山东）、上党（今属山西）等地形成名门望族。

和许多姓氏一样，石姓人在历史上也经历了战火洗礼，不得不逃往外地。魏晋南北朝时期，中原战乱频繁，世居北方的石氏纷纷南迁，流落到江南各地，成为江南石姓各支的开基祖。此外，在唐朝时，中原子弟多次随军南下，其中不乏石姓人，其后代也成为闽、粤、台石姓的重要来源。

石姓人移居海外，始于明清之际。明朝洪武年间，石玉全在福建南靖永丰里开基，之后子孙繁衍茂盛，至明末清初，该地石姓有多人移居台湾，进而远播海外，到达东南亚各地。

石姓还有其他一些起源，多从少数民族转化而来。

如北魏孝文帝迁都洛阳后，将鲜卑族的乌石兰氏改为石姓。此外，唐代万州石氏出自波斯；唐代幽州石氏出自胡人；西北回鹘人中也有石姓；唐末太原人石敬瑭为沙陀部族人，后来改姓石；北宋时定居开封的犹太人，后裔也有石姓。

满族、回族、朝鲜族等多个少数民族中都有石姓。

石姓分布较广，以四川、河北、山东、陕西、辽宁、河南较多，这六省石姓约占全国汉族石姓人口的 63%。

杯酒释守信兵权

在北宋开国皇帝赵匡胤背后，一直有几个人默默支持着他，石守信便是其中一位。史书记载，赵匡胤黄袍加身，石守信是六位"翊戴功臣"之首。这位年轻的开国元勋，接下来的政治生涯会怎样呢？

开国元勋，被赵匡胤一杯酒收了兵权

石守信是北宋开国将领，浚仪（今河南开封）人。河南大学历史文化学院副教授全相卿说，《宋史》记载，石守信和赵匡胤在后周时便关系密切，同为"义社十兄弟"的成员。

赵匡胤黄袍加身、返回京城时，守备京城的石守信、王审琦等人开城接应，使得这次夺权斗争得以顺利进行。全相卿说，宋朝建立后，"守信、审琦皆素归心太祖者也"。可见石守信、王审琦等人，实际上是赵匡胤的强力支柱。因在陈桥兵变中表现出色，石守信被列为六位主要开国元勋之首。

赵匡胤顺利改朝换代，建立北宋。当时，中原数十年战乱不休，最重要的原因是藩镇割据。赵匡胤明白，要想长治久安，必须将天下兵权收归己有。

于是，赵匡胤上演了一出"杯酒释兵权"。全相卿说，根据史料记载，当时石守信等人并没有想到赵匡胤会解除他们的兵权。"所谓的杯酒释兵权，是赵匡胤自编自导的一出'戏'。石守信等将领，是在他的引导之下解除兵权的。"他说。

交出兵权后，石守信到郓州（今山东东平）任天平军节度使，时年 34 岁。

一次经历，让他从此远离政治

后来发生的一件事，让石守信认识到：皇帝对他的猜忌，并不那么容易消除。

石守信有位朋友姓梁，其子梁周翰文采出众，很受石守信待见。梁周翰也很有本事，赵匡胤想让他留在自己身边当"秘书"。

在一次酒宴上，赵匡胤对石守信说了这个想法。石守信回家后，将这一好消息告诉了梁周翰。梁周翰急忙上书一封，对皇帝表示感谢。不料，收到"感谢信"的赵匡胤龙颜大怒，不仅撤销了这项任命，还把梁周翰赶出京城。

石守信明白，赵匡胤明着是贬谪梁周翰，暗地里是责怪他插手政治，干预人事任免。认识到这一点，石守信从此不问政治，在天平军节度使的岗位上"埋头苦干"，"专事聚敛，积财巨万"，践行"享乐主义价值观"。

一代名将，成了黑心抠门的财迷

宋太宗赵光义继位后，各州直属中央，节度使成为虚职，石守信被调到洛阳担任西京留守。

石守信在洛阳大建崇德寺，对民夫却十分苛刻吝啬，民夫纷纷抱怨石守信黑心抠门。消息传至京城，赵光义不怒反笑，觉得不用担心这位开国元勋会造反了。石守信也明白，虽然皇帝换了，自己的处境仍然没有变。

979 年，赵光义御驾亲征，想收回此前被契丹控制的燕云十六州。他重新起用石守信，命他为前军都督。后来，宋军惨败，赵光义怪罪石守信，将他贬职，但不久又封他为卫国公，以示安抚。

不管是贬还是安抚，石守信都一一接受，没有进行任何辩解，体现了他完全服从、明哲保身的态度，也保住了荣华富贵。

造成石守信敛财的原因是什么？全相卿说，这种现象的出现，应该是石守信主动选择的结果，是其为了防止功高盖主，所展现出来的一种政治态度。

984 年，石守信"圆满"地走完了自己的一生。

两个雷公，谁是始祖

为探究雷姓起源，众多雷氏后人东奔西走，查遍典籍，希望借此传播雷氏文化，完善雷氏宗谱。但是，左监雷公和医官雷公，谁为"始祖"，众说纷纭。

不过，雷氏源自方山（今河南嵩山）已被雷氏后人普遍认可。如今，雷氏子孙遍布全球，对于雷姓研究他们依旧执着、痴迷。

退休教师寻根 20 年

今年 74 岁的退休教师雷长明作为寻根大军中的一员，从 1994 年开始奔走，呼吁雷氏宗亲重视雷氏文化，修订宗谱，这一跑就是 20 年。

东奔西走中，与他朝夕相伴的二八自行车寿终正寝，而他为数不多的退休金也几乎全部用来支付寻根的花销。

在雷长明看来，传承文化，弘扬家风，对雷氏子孙至关重要。然而，雷姓作为一个大姓，人口众多、分布广泛，它到底源于何时、何地、何人，疑惑重重。

"雷姓或起源登封，但具体位置不详。"于是，雷长明不断奔走于登封的"雷家沟""雷村"，希望能寻得先人的蛛丝马迹。

雷村里无一人姓雷

雷家沟，全村几乎都姓雷，临近嵩山少林寺，地处半山腰，村民以耕种梯田为生。"旧时交通闭塞、文化落后，这会不会是雷姓的起源地？"雷长明反复琢磨、不断打听。

不过，根据雷家沟人尚存的家谱考证，他们是明朝时期从陕西回迁才安家于此的。

而雷村的现状，更让雷长明意外，因为全村竟无一人姓雷。这是为何？从登封市地名办公室查找发现，清乾隆年间，雷郑两家因边界问题发生械斗，雷家人员伤亡严重，后经人说合，两个家族结成亲家，雷家迁出雷村，搬到登封大金店东街安家落户。

遗憾的是，资料中没有关于雷村在清乾隆年间以前的记载。失望之余，雷长明有了新发现，在距离雷村北 1000 米处，有一大片雷氏坟茔。但因损毁严重，加之年代久远，墓碑上的文字大都无法辨识。

古老大姓源于嵩山

走访雷家沟、雷村无果，雷长明钻进古书堆，希望能有新发现。

在《古今姓氏书辩证》中有记载，炎帝神农氏的八代孙榆罔政务废弛，部落大都归附黄帝。蚩尤之乱，榆罔不能平定，只有依靠黄帝。而榆罔的长子雷帮助黄帝杀敌有功，黄帝便把他封于方山，即左监雷公，其族称方雷氏，后又分为两支，一支以国为氏单姓雷，一支以地为氏单姓方。

另据《姓氏考略》记载，黄帝有一位大臣名叫雷公，精通医术，黄帝对其极为器重，全国上下无人不知，他的后代以此为傲，便以雷为氏。

那左监雷公和医官雷公是否为同一人？在《黄帝内经·素问·疏五过论篇》中，雷公曾自称"臣年幼小"，专家推测医官雷公约 20 岁，而榆罔的长子雷公应与黄帝年龄相仿或年长，"俩雷公"或为不同人。但这也只是一种猜测。

不过，很多雷氏后人认为，不论雷姓始祖是哪位雷公，起源嵩山已十分清晰。

雷姓有一支，盛产"高富帅"

雷姓人口曾因战乱出现负增长

雷姓是一个古老的姓氏，在 2013 年的全国姓氏排行榜上，雷姓名列第 78 位，人口 300 余万，属于大姓。

据史料记载，从明朝至今600多年中，雷姓人口由15万增至300余万，增长速度高于全国人口的增长速度。在宋、元、明600年中，全国人口纯增长率是20%，雷姓人口却出现负增长，形成了雷氏人口增长的"V形态势"。

嵩山文化研究会副会长常松木认为，造成这一结果的直接原因，就是雷姓人一直主要活动于北方地区，而那时，北方战乱不断。

为此，雷姓人口大量由北向东南部、由西北向南迁移，全国重新形成了东南赣湘闽、西北晋陕川两大块雷姓聚集地。

东部雷氏盛产"高富帅"

先秦时期，雷姓活动限于河南，并不活跃，史书少有记载。直到秦汉时期，雷姓东迁安徽、江西，开始在东部发达起来，形成著名的豫章雷姓大族。

"雷方邝溯源堂"河南联络站的雷卿介绍，西晋豫章（今江西南昌）人雷焕的后裔有一支迁至冯翊（今陕西大荔），也发展成名门望族。

相传，明洪武初，豫章雷氏后人雷思颜从福建泉州西隅迁到南安十六都城山石门坑（今坑内村）。到成化年间，雷思颜的曾孙雷徽成长为顶梁柱，家境渐好。

其间，雷思颜亲弟弟的孙子雷魁偕侄儿雷庆搬来与雷徽一家同住。后来，雷徽生了五个儿子，雷庆育有二子，眼看兄弟七人要成家立业，分家时，雷徽去世，由雷徽的妻子黄氏主持分家，黄氏让七兄弟各自抓阄均分。于是形成了七个房派，繁衍日炽，成为当地一大族姓，扎堆成了"高富帅"。

到如今，七个房派人口已逾万人。现居国内人口有7000多人，侨居有四五千人，定居港澳台地区的近千人。

雷氏南迁后频现武林高手

唐宋时期，雷姓除继续在西北发展外，向南方和东南地区移民也成为主流。到明朝时，雷姓的重心向南和东南移动，南方各地基本都有雷姓，尤盛于赣闽地区。广西、广东、湖南等地，名门望族层出不穷，雷氏一族不断兴旺。除了在经济上逐步发达，南迁后的雷氏后人，频频出现武林高手。

在渡头村雷氏家谱中，就记载着上世纪 40 年代末横门保卫战发生时，"二雷"的英勇事迹。

当年横门保卫战爆发，雷三胜、雷禄撤退回村时，遇到日寇正骚扰村民，为了给战友赢得宝贵的撤退时间，二人分成两路引开敌人。

雷三胜与敌人智慧周旋，后来在大鼓石山中被擒，宁死不屈。相传，当时日军拖出了雷三胜半边心脏和几截肠子，但他仍然怒视对方。

而雷禄在和日军周旋一天后，也不幸被捕。雷氏后人讲述，雷禄被抓后，日军动用多种酷刑，雷禄面不改色，最终被日寇在背后连刺几刀，壮烈牺牲。

外出务工，星散世界各国

雷姓是汉族大姓之一。常松木介绍，并非只在汉族中有雷姓，许多少数民族中也有。"居住在青海、甘肃一带的雷姓人，就有许多是羌族人，苗、瑶、彝、侗、壮等族也均有雷姓。"

另据雷氏家谱记载，明末清初，雷氏第 13 世有雷复露、雷伯辰等一批族人迁居台湾。清末，族人纷纷远涉重洋前往东南亚国家谋生。

之后，由于亲亲相引，出国者日益增多，在越南、柬埔寨、缅甸、泰国、新加坡、马来西亚、印尼、菲律宾等都有雷姓华侨分布。然而，在 20 世纪 70 年代，原来聚居越南西贡的大批雷姓华人成为难民，星散世界各国。现如今，美、英、法、德、瑞典、荷兰等国都有雷姓族人的足迹。

望闻问切，雷公是鼻祖？

雷氏一族东移南迁之后，逐渐兴盛。在医学界，不少雷姓人才情显露。

黄帝时的医官雷公因在草药及针灸方面有突出贡献，被尊为"针灸之祖"。有雷氏后人认为，雷公对人体息脉也有研究，应为"望闻问切"之术的"鼻祖"。深受雷公医术影响的雷敩也是一代名医，著有《雷公炮炙论》，其中有的制药法，至今仍被沿用。

师从黄帝并受其宠爱

上古时代，疾病带给人们的威胁不亚于饥饿，部落中常常瘟疫肆虐，死伤不计其数。

对雷氏文化有着十多年研究的雷春峰介绍，当时，为了驱赶瘟疫，黄帝常命医官歧伯、雷公等与其探讨医药之学，以治疾病。于是，闻名于世的《黄帝内经》就此诞生。书中，对针刺的记载和论述特别详细。这也是我国现存医书中最早的典籍之一。

《黄帝内经》中的"著至教论""示从容论""疏五过论""征四失论"等多篇，都是以黄帝与雷公讨论医药问题的形式写成的，一问一答颇自然，丝毫没有"君臣有别"的约束。

在《黄帝内经·素问·疏五过论篇》中有记载，黄帝向雷公发问，雷公却不会作答，自称"臣年幼小"。黄帝并没有因此怪罪雷公，而且还耐心讲解。

"种种迹象表明，雷公尚且稚嫩，可是黄帝却对他宠爱有加。"雷春峰说。

研究人体息脉，雷公早于扁鹊

即使黄帝对雷公很是宠爱，可他却非恃宠而骄之人。

雷春峰说，据史料记载，雷公研究医学，自知身负重担，"压力山大"的他常常失眠。

在张人元所著的《中华姓氏故事》中有讲述，一日，雷公又睡不着觉了，突然，一只小羊从羊圈蹿出，跑到他身边，吓得他出了一身冷汗。

无意中他的手触到胸口，发现心脏跳动剧烈。当时，他猛然一惊，想到：为何人的心跳时快时慢，时急时缓？随即，他又思索死人心脏为何不会跳动。

这时，他恍然醒悟：心跳的轻重缓急可能与人的生命有关。当夜，他就开始了对人体息脉的研究。因此，后世有人认为，雷公先于扁鹊研究"望而知之"的问题，他才是"望闻问切"之术的"鼻祖"。

在《黄帝内经》中有记载，雷公在关于针灸论述上与黄帝讨论了"凡刺之理"，以及望面色而诊断疾病的理论。并且，"藏象经络"的研究也是《黄帝内经》的主要内容。

由此，不少雷氏后人认为，雷公是脉学的"鼻祖"之说并非空穴来风。

雷公或为中成药的开拓者

被黄帝赏识器重，在针灸之术上有所成就，雷公的事业可谓一帆风顺。不过，雷氏家谱中记载，雷公真正的事业巅峰是在草药研究上取得突破。

相传，一日，雷公正在采集草药，被一条毒蛇所伤，他的手背变得又肿又黑。不知如何医治，雷公就将附近的野草嚼烂涂在伤口上，但试了多种仍不见效。最后，雷公扯起了莲花形状的野草将其揉烂敷在伤口上，没想到，伤口慢慢消肿，紫黑的血水缓缓流出。

受此启发，雷公踏遍名山大川，尝遍百草。经多年潜心研究，他悉知什么草药治什么病，并尝试将草药混合使用，对族人贡献巨大，被尊称为"医圣"。

"在《雷公炮炙论》中有提到，雷公是散、膏、丹的创始人。"雷春峰说，如今中药店里用的舂药工具，如雷碗、雷锤等，都是纪念"医圣"雷公的佐证。由此可揣测，雷公应为中成药的开拓者。

郑国叔段，开创段氏

在金庸先生的武侠小说中，大理国的王爷段正淳和段誉，可谓个性鲜明、别具一格。有研究者称，段正淳的得姓始祖正是当年逃到河南"共"地的共叔段。段姓的得姓始祖是谁？段姓中又有哪些名门望族、哪些家训良风？

郑国王子，叔段逃"共"

提及段姓的得姓始祖，正在编撰《中华段姓统谱》的段建甫说，他走访了 15 个省的 80 多个县市，根据前期收集的资料，全中国 90% 的段姓人是共叔段的后裔。

郑国郑武公的妻子武姜生了两个儿子，次子叔段仪表堂堂，武姜很偏爱他。

等长子当了郑国国君（即庄公）后，武姜请求把军事位置险要的制地，作为叔段的封地，庄公没有答应，而是把都城的一块封地给了叔段。但叔段不断扩张自己的势力，并准备袭击庄公。而武姜准备与叔段里应外合。庄公获悉后派兵讨伐，叔段大败，逃到共地（今河南卫辉），后人称其为共叔段。

共叔段死后，家人子孙四处逃散。郑庄公的儿子郑厉公继位，态度有所改变，他曾对臣下说："不可使共叔段无后于郑。"共叔段的子孙始称"公孙段氏"。

在政治斗争中，共叔段背上"多行不义必自毙"的骂名。但在《诗经》中，共叔段却被认为是仪容美丽、品德高尚的人。

段姓来源，众说纷纭

在段姓宗亲网站上以及民间段姓文化研究中，段姓起源说法不一。

在众多的姓氏书中，谈到段干氏的得姓，都有"干邑"和"段邑"的记载。

史料记载，有一段姓，为老子之子宗。春秋时为魏国将领，受封于段干，人称段干木，段干木的后代以地名为姓氏，后代有以段为姓氏的。

云南大理白族中，先祖在甘肃武威郡的段思平，宋朝时在云南大理建立了大理王朝，是为大理段氏。

宋太宗时段文阊《京兆段氏族谱序》记载，周宣王时期，段氏家族的段珂就以其德行为世人所称道。段珂的后世子孙繁衍生息，遂成为渭河流域的望族，这就是《百家姓》中所称的"京兆段氏"。

"不知宋代段文阊如何考证上述说法。"郑州74岁的民间段姓文化研究者段溟新称，上述"京兆段氏"在《江西鄱阳段氏族谱》中有记载，但仍有许多尚待考证之处。

在罗振玉主要著录的《三代吉金文存》中，段姓与段国有关，段姓应来源于殷商时期的段国。

主推叔段，迁徙南北

通过查询段氏史料发现，大理开国皇帝段思平及武侠小说中的段正淳，先祖地在甘肃武威郡。大理段氏后裔段洪杰及民间段姓研究者段民安都认为，大理段氏、鲜卑辽西段氏、段干木都在共叔段之后，而古代迁徙频繁，也应为共叔段后裔。

段姓来源还有争议。但连续6年收集族谱的段建甫称，共叔段为段姓得姓始祖，目前被普遍认可。

如果以共叔段为得姓始祖，那段姓就属姬姓，为周文王之后。根据2007年公安部公布的全国户口统计数据，段姓排在第78位，人口较多，约占全国汉族人口的0.27%，如此计算，段姓人口约为324万。

至于历史上段姓的迁徙，按照《中国姓氏——群体遗传和人口分布》等书的说法，先秦时期，发源于河南的段姓，随后向北方的河北，以及山东、辽宁扩散。

秦汉时期，段姓主要向西北的陕西、甘肃移民，随后南下入四川、云南。南北朝时，段姓移民湖北、江西，随后扩散到安徽、江苏、浙江。唐朝时期，段姓已经出现在长江以南的湖南。宋朝时，段姓进入了福建。明朝时，段姓已经分布到大江南北。

遵法戒讼，力业操勤

历史上，名门望族大多在高大宽敞的厅堂上，悬挂着书写"堂号"的匾额。逢年过节，还会在门前挂起书写"堂号"的灯笼。"堂号"是一个姓氏家族的标志和代表，是家族门户的代称。

段氏在古代就有以郡望为堂号的"武威堂""京兆堂"，以先人的德望、操行、功业以及嘉言懿行等为堂号的"君轼堂""西阳堂""读书堂"等，以先祖祥瑞吉兆传说为堂号的"集凤堂"等，以传统伦理道德、劝诚训勉后代词语为堂号的"孝义堂""崇本堂"等。

拥有堂号的家族，一般会有家规祖训。1993年，河南郸城段姓联谱续修时立《家训》称，"词不必精深，惟求人人易知而易行。凡我族众，各宜致意安常，力业操勤，谨于当躬，正己修身，树仪型于后裔，庶子弟之景行，维贤于焉，光辉族党矣"。

所立九条家训分别为：敦孝悌、睦宗族、力业本、慎交友、调子弟、尚勤俭、遵法律、戒争讼、禁非为。

族规家训乃一族祖宗训诫子孙的言论，正所谓"谱列家箴、家礼、庭训，立宗法实伸国法也"。作为民间段姓文化研究者，段浈新称，研究族谱、研究族规家训有特殊意义，子孙知道祖先，会自我约束自己，不给祖先丢脸，而且族规家训在家庭教育中能惠及子孙。

千锤百炼，坚忍不拔

东汉许慎《说文解字》称："段，椎物也。"史学家朱芳圃《殷周文字释丛》称："金文段，象手持椎于厂中捶石之形。"

图腾文化学者王大有说："段是以司职为图腾的族称。右边是手拿利器砍山崖的石壁，左边表示被砍的山崖已经开裂。"

他称，在春秋时期，宋国有公子段，字子石；郑国有公孙段，字子石。

凡以段为名者,字均为子石,也说明了段字与"石"的关系很密切。古代以"段"为名的人很多,大概是取其"千锤百炼,坚忍不拔"之意。

多情段誉,一代明君

在段姓发展的历史中,大理段氏一派在政治上颇有成就,是地处云南的大理皇室。

在金庸的武侠小说《天龙八部》中,段正淳是一个用情不专的人,段誉不是他的儿子,而是段延庆的儿子。历史真的是这样吗?

段誉他爸不是段延庆

在大理国历史中,大理开国皇帝段思平联合 37 个部落发动起义,夺取王权。但这个联合政权,在段氏家族内斗和外姓家族的兴盛中出现危机,王权旁落高氏。

在金庸的《天龙八部》中,段延庆就是大理段氏内斗中失势的"皇太子"。而段誉的身世,在一起争斗中水落石出。

《天龙八部》中,当段延庆提起钢杖,向段誉胸口戳下去时,忽听一个女子说道:"天龙寺外,菩提树下,化子邂逅,观音长发!"

这女子,正是段正淳的王妃刀白凤。当段延庆与刀白凤四目相对,他似乎回到了 20 多年前的一个月圆之夜。那一夜,刀白凤一言不发,慢慢解去身上的罗衫,走到段延庆面前,投入他的怀抱,伸出像白山茶花花瓣般的手臂,搂住他的脖子……

王妃给段正淳戴了绿帽子?据史料记载,段正淳确有一子,其名正是段誉。段正淳避位为僧后,把王位传给了他,并未提及有人给段正淳戴绿帽子。

段王爷确实怕老婆

段思平以武开国。《天龙八部》中,大理段氏的最高武学"六脉神剑",

正是大理开国皇帝段思平所创。

段氏内讧、避位为僧,这些大理历史中的细节,在金庸武侠小说中也有所体现。与小说不同,据史料记载,段正明并未将王位传给段誉,而是传给了权臣高升泰。高升泰在位两年,在病死前对儿子说:"段氏不振,国人推我,我不得已从之。今其子已长,可还其故物,尔后人勿效尤也。"

于是,高升泰还政段氏,让给段正明之弟段正淳。段正淳继位后,将国号改为"后理国",并非像小说所言只是一个镇南王。其在位时,以"中兴之举"被称为"中兴之主"。

段正淳怕老婆,或许并非金庸笔下戏言。他的王妃是高升泰的妹妹、大理国才女。夫妻俩喜欢辩论,段正淳辩不过妻子,作诗解嘲:"妻叫东走莫朝西,朝东甜言蜜语,朝西比武赛诗。丈夫天生不才,难与红妆娇妻比高低。"

"多情段誉"还是个外交家

小说中的段誉,在历史上确有其人,又名段正严,字和誉,在位39年,任内声望颇高,勤于政事,是颇有作为的一代明君。

据说段誉幼喜刀戈,七岁入学,拜六铉大师为师——此人为高僧,文武双修,与中原周侗(林冲、岳飞的老师)齐名。六铉大师教段誉六门妙法,皆异术奇门,这大概就是金庸笔下"六脉神剑"的出处。

在《天龙八部》中,段正明将帝位传给侄儿段誉,诫以爱民、纳谏二事,叮嘱于国事不可妄作更张,不可擅动刀兵。而真实的历史是,1108年,段正淳为僧,将皇位传给其子段誉。四川大学教授段玉明在《大理国史》一书中称,段誉应算是大理国后期的一个最贤明的君主了。

史料记载,段誉在位时,"勤于政事""爱民用贤,思揽政权","故远方慕之,悉来贡献"。在外交方面,段誉在位颇有成就,当时大理与宋朝的关系很好。史料记载,段誉派使者入汴京朝贡,宋徽宗龙颜大悦,下诏封段誉诸般称号。

段誉在位时,政局动荡,高氏内讧,灾异频繁出现,崇佛已经成为整个社会的风尚。段誉在位39年,和他的父亲段正淳一样,禅位为僧,在无为寺出家,法号广弘。他终年94岁,是大理国最长寿的国君。

孔氏先祖，不爱当官

孔父嘉是孔子的六世祖，孔姓的得姓始祖。他被人所记得的，就是那令人扼腕的悲惨命运。而这一场宫廷政变引起的"蝴蝶效应"，改变了中国历史的走向。

得姓始祖

孔父嘉的先祖名叫弗父何，是宋缗公的长子。宋缗公去世时，把皇位传给了弟弟宋炀公。按说，作为嫡长子，弗父何应该是"第一继承人"。

然而，弗父何偏偏视国君宝座如"粪土"。他的弟弟鲋（fù）祀不干了：你不要，还有我啊。鲋祀想了个办法：一刀结果了叔叔宋炀公。

鲋祀把国君宝座让给弗父何，受到对方坚决拒绝，他便自立为国君，是为宋厉公，封弗父何于栗（今河南夏邑县），任宋国国卿。

弗父何的儿子名叫宋父周，宋父周生了世子胜，世子胜生正考父，正考父生孔父嘉。

孔父嘉官拜大司马，掌管宋国三军，颇有儒将风度。

在宋殇公统治的十年间，宋国一共与他国发生 11 场战争，基本上没打胜过。连年战争，搞得农田荒芜、民怨沸腾。

宋国的太宰（相当于宰相）华督，一直以来就与孔父嘉貌合神离，他将战争的原因都嫁祸给孔父嘉，煽动士兵发动政变。

公元前 710 年，《史记》记载："十年，华督攻杀孔父，取其妻。"华督杀害了孔父嘉，抢了其妻魏氏。宋殇公也被杀。

迁居鲁国

对于孔氏族人来说，孔父嘉遇害是其家族命运的转折点。从此，孔氏由公卿沦为士族，家道中落。

然而，也是从孔父嘉开始，孔氏正式出现，别为一宗，自成体系，孔父嘉也成了孔氏后人的得姓始祖。

《广韵》记载，孔父嘉被杀后，他年幼的儿子木金父被家奴抱着逃到鲁国。

而夏邑县历史文化研究会的王书生说，当时，木金父并未逃难，而是继续留在了宋国。《史记·孔子世家》记载，木金父的孙子名叫防叔，宋庄公时期华督专权，防叔为避华氏之难，才举家搬到了鲁国。

河南省姓氏文化研究会孔氏委员会副会长孔富生说，按照"五世亲尽，别立为宗"的规定，孔父嘉的后人需要另立宗支。于是，他们选择以"孔"为氏号。

迁居到鲁国的孔氏，早已失去了公卿荣耀，成为一般士族。关于木金父和他的儿孙，存世文献极少。直到其后裔防叔成为鲁国贵族臧孙氏的家臣，孔氏才算逐渐恢复"元气"。

河南夏邑，孔子老家

"少居鲁，长居宋"，知道自己祖籍在古栗城（今河南夏邑县）后，孔子多次还乡祭祖。为了纪念他，当地修建了孔子还乡祠，至今仍在。

孔子还乡祠西1公里处是孔氏祖林旧址，岁月已经抹去了它的容颜，如今踪迹无存。不过，它却留下了一个神奇的传说。

祖地夏邑，孔子多次回老家

河南省姓氏文化研究会孔氏委员会副秘书长孔建国说，据《礼记》和《孔子家语》记载，孔子"少居鲁，长居宋"。他小时候在鲁国生活，长大后多次回故里宋国考察殷礼，这个举动，为他后来思想和学说的形成奠定了坚实的基础。

孔子曾说，丘者，殷人也。每次回到故土，孔子都不忘到祖坟上祭拜，忆古思今，感慨良多。在这里，埋着从弗父何到孔父嘉五位先人。

从夏邑县当地老人口中传下来的说法，孔氏几位先祖的埋藏地叫孔林，规模宏大，主道两侧，石人、石狮、石马等石像林立，从大门到墓地绵延2里多地。

然而，随着时光的流逝，黄河浪沙的冲淹沉积，加上兵荒马乱的破坏，当年的孔林，如今早已不复存在。

孔林虽已不复存在，但为纪念孔子还乡祭祖的孔子还乡祠却保留了下来。

夏邑县城北7公里王公楼村，南北主路的尽头，就是孔子还乡祠。和文庙规制一样，孔子还乡祠坐北朝南，大门朱漆剥落，门锁锈迹斑斑。

大门内，一条甬道直通大殿，青石铺路，路中间一尊孔子站像。这座像于1988年由香港孔教学院汤恩佳先生捐赠，高3米，铜像双手合一，笑容可掬。

再向前行，进入大殿，里面供奉着孔氏先祖，从微子启到弗父何到叔梁纥，共11人。桌摆香案，前有蒲团，供人祭拜。

还乡祠多次重建，模样已变

夏邑县历史文化研究会的王书生记得，1999年，接待了200多人来祭祖，这些人来自山东曲阜，来祭拜孔氏先祖。

"在曲阜孔庙中有一座碑，上面记载着孔氏祖籍在夏邑。这一点，是没有争议的。"王书生说，于是，在还乡祠堂前也立了一块"孔子祖籍夏邑"碑。

其实，还乡祠早在唐初就建立了，之后遭遇战火，多次被毁。它曾有一壁、四门、一坛、两庑、两殿、一厅和碑林。宋真宗时，孔子45代孙孔良铺、孔彦辅由曲阜来此定居，对还乡祠修复扩建。金代，又立杏坛碑于大成殿之前。清道光元年，增建四代祠（崇圣祠）。而且，只有还乡祠可以像孔庙那样，使用像皇宫一样的黄色琉璃瓦顶。

然而，岁月改变了它的模样。65岁的老许，就是王公楼村人，他还记得，小时候，还乡祠还有前后大殿、东西厢房。新中国成立后，这里被当成了小学，当时他也在里面读书，后来，因为还乡祠墙砖风化严重，成为危房，被扒掉后改建。没过多久，如今人们看到的祠堂建成了。

彭姓多出大官，与孔林有关?

从还乡祠向西大约 1 公里处，是孔林的旧址。孔林北侧有一座彭林，在当地，彭林与孔林有一个"官（棺）上官（棺）"的传说。

民国时期出版的《夏邑县志》记载：明代，夏邑彭氏始祖一担挑两儿，自江西迁来，居住在县北的司道口。当时的司道口是豫东重镇，有水旱码头，他便在这儿做生意，慢慢发展起来。

夏邑县前文联主席陈进称，彭家是外来户，没有一寸土地，家人死后只能埋在西南古黄河河道那片荒地里。

这位彭氏始祖去世要埋葬时下着大雪，他的两个儿子无法抬棺，只好套个牛车拉着棺木往古黄河方向走。由于积雪太深，他们走到一处高地，便再也走不动了，兄弟俩决定就地掩埋父亲。没挖多深，发现下面有一口大棺材，兄弟两人已筋疲力尽，就将父亲的棺材埋在了上面，便有了"官（棺）上官（棺）"的传说。

后来，彭家生意越做越大，后代出了不少大官，当地人都笑称这是命好。

韩国孔氏，也是孔子后裔

"孔末乱孔"，孔氏嫡嗣险遭灭门，这也是孔氏最黑暗的时期。

国家兴，则孔氏兴；国家乱，则孔氏衰。随着朝代更迭，孔氏避乱外迁，清代以后，不少孔氏移居海外。

宋元时期，孔姓人口大量增加

王书生认为，从西汉时起，孔氏后裔就开始受到历代封建王朝的眷顾，但孔氏人口增长却很缓慢。唐朝末年，居住在曲阜的孔氏后裔不到 10 户。当时，孔氏的社会地位衰落到谷底。

宋元时期，"尊孔崇儒"再次成为帝王的共识，孔氏人口也开始大量增加。清朝末年，居住在曲阜的孔姓人达到数万。随着社会、政治、经济的发展，曲阜孔姓人开始大量外迁，不过，孔子这一系基本还是以曲阜为主要根据地。

公开数据显示，在最新的百家姓排名中，孔姓排名第98位，人口约230万。

孔建国称，河南所有地市均有孔姓人分布，主要集中在郏县、宁陵、杞县、罗山、上蔡等地，但具体人口数量没统计过。

唐代，孔子嫡嗣险遭灭门

孔建国称，盛唐时期，孔府招了大批仆人、杂役。按照当时的规矩，外姓人进府当差必须改为孔姓，其中一个洒扫工原姓刘，叫刘景，后随主姓改为孔景。孔景的后裔名叫孔末。从文献记载来看，孔末"生性奸邪、负气好斗"，他看到天下大乱、时局动荡，便纠集一伙暴徒，将生活在曲阜的孔氏全部杀害，后来又杀害孔光嗣，夺了他的官印、令箭、家产，并取代他主孔子祀，俨然以孔子嫡裔自居。

此时，居住在曲阜的孔子后裔几乎被杀尽。不过，事发前一天，孔光嗣的儿子孔仁玉恰巧被乳娘张妈带到了张家，躲过一劫。

孔末带人追到张家，要斩草除根。为了保护孔仁玉，张妈像程婴一样，将自己儿子的衣服与孔仁玉的衣服互换。孔末不知情，将张妈的儿子杀害。

从此，孔仁玉改名换姓，孔末则以圣裔身份承袭爵位。躲过杀身之祸的孔仁玉发愤图强，9岁即善六艺、通《春秋》。后来，孔仁玉向后唐明宗皇帝揭露了"孔末灭孔"的真相。经过调查核实，皇帝下令诛杀了孔末，孔家冤案得以昭雪，孔仁玉也被孔氏尊为"中兴祖"。

孔氏随朝廷南迁，分为南北两宗

北宋靖康元年（1126），金兵大举南犯，后来掳走宋徽宗、宋钦宗两个皇帝。宋高宗赵构仓皇南下，逃到了今商丘一带，建立南宋王朝，不久又南下扬州。

1128年，宋高宗在扬州举行郊祀，征召孔子后裔参加，以表明自己的正统身份。此时，孔子第48世孙孔端友奉诏带族人南下扬州。

后来，宋高宗又辗转来到临安，将这里当作行在。宋高宗下令赐孔氏定居衢州，并在那里兴建家庙，供奉孔子夫妇楷木像，一切礼仪和曲阜一样，孔氏南宗就此形成。

夏邑县前文联主席陈进说，孔端友南渡后，金国扶持刘豫建立伪齐政权，刘豫封孔端友胞弟孔端操次子孔璠为"衍圣公"，主奉曲阜孔林孔庙祭祀。后来，金国和蒙古贵族都曾在曲阜册封过"衍圣公"。

如此一来，"衍圣公"出现了南、北两宗并立的情况，而且一直持续到元朝。

孔氏南宗让出"衍圣公"，北宗成为正宗

元朝统一后，有大臣上疏称，孔氏有南宗、北宗，但只应有一个"衍圣公"，应由孔子的嫡传后裔，即衢州孔端友的后人袭封。元世祖觉得很有道理，便钦定南宗为"衍圣公"，且下令他们从浙江衢州搬回山东曲阜奉祀。

孔氏南宗的第六代"衍圣公"孔洙奉诏入京，他对元世祖说，愿将"衍圣公"爵位让给孔氏北宗。从此，曲阜的北宗成为孔氏正宗。

元代之后，不少孔姓人移居韩国

南北朝时，孔氏开始大规模南迁，进入今浙江、安徽等地。盛唐时期，渐渐分布于今江苏、浙江、江西等地。元明时期，北方的山西、辽宁和南方的江苏、云南、贵州、四川等地都有孔氏。清代后，孔氏不仅遍布全国各地，而且不少人移居海外。

复旦大学教授钱文忠说，元代以后，孔氏开始向海外迁徙。元至正九年（1349），承懿公主远嫁高丽忠肃王之子，孔子第54世孙孔昭侍从，并留在高丽。孔昭的后代在高丽累世为官，三代出了两个宰相，成为高丽王朝的名门望族。如今韩国的孔氏，都是孔子的后裔。高丽王朝也崇扬儒学，孔氏在那里很受优待。

后来，高丽国王认真研究了孔氏家谱，认为高丽孔氏的籍贯应该是曲阜，而不是昌原。此后，韩国这支孔姓人便都说自己是山东人，老家在曲阜。

孔子周游列国，足迹多在河南

孔子带着弟子周游列国14年，讲述他的治国之道。

河南省姓氏文化研究会孔姓委员会的孔德秋说，《史记·孔子世家》记载，孔子去陈国路过匡城时，被当地百姓当作坏人，团团围住。

一行人都被吓坏了，但孔子很淡定，先弹了一段琴，说："文王既没，文不在兹乎？天之将丧斯文也，后死者不得与于斯文也；天之未丧斯文也，匡人其如予何？"

意思是：周文王死后，周代的礼乐文化体现在我身上。上天想要消灭这种文化，那我就不可能掌握这种文化；上天如果不消灭这种文化，匡人又能把我怎么样呢？

那么，匡城到底在河南哪个地方？史学界一说是新乡长垣县城西南的张寨乡孔庄村一带，一说是商丘睢县匡城乡匡城村。而且这两个说法都能拿出证据。

孔子在河南发生的另一件事，就是"厄于陈蔡之间"。司马迁在《报任安书》中说，西伯拘而演《周易》，仲尼厄而作《春秋》。

孔德秋介绍，当时，孔子受楚昭王邀请要去楚国，陈、蔡两国合谋，将孔子等人扣留了。陈国都城在今周口淮阳县一带，蔡国都城在今驻马店上蔡县一带。

《荀子·宥坐篇》记载，"孔子南适楚，厄于陈蔡之间，七日不火食，藜羹不糁，弟子皆有饥色"。

淮阳县当地传说，孔子受困后无粮充饥，只能到湖边找吃的。湖里长着一种蒲，根茎可以吃。孔子师徒便连吃了7天蒲根，虽然饿得面黄肌瘦，但最终活了下来。有当地人称，孔子吃的这种蒲根，现在叫"圣人菜"，凉拌或红烧，味道都不错，曾是县城各餐馆的一道特色菜。

位于淮阳县城西南隅龙湖中的弦歌台景区，据说就是孔子受困之处。不过，孔德秋说，也有人考证称，孔子受困之处应该在上蔡县蔡沟乡的厄台。

孔德秋说，孔子周游列国，足迹大多在今河南省境内。

河南省孔子学会副会长程子良说，经众位学者、专家的努力，目前在河南境内已经发现89处孔圣遗迹，河南17个地市都有孔子的遗迹。

邵姓一脉相承，家谱辈分可通用

洛阳邵氏宗亲会会长邵学强说，由于邵姓一脉相承，姓氏传播中几乎没有外姓迁入、改姓等情况，全国各地的邵姓基本都能连起来，家谱上的辈分，也可以通用。

也因为此，邵姓人更能体会到"天下一家亲"的感觉。洛阳邵氏宗亲会副会长邵明奇说，早在上世纪90年代，他去西安，路上遇到一个姓邵的人，两人说起族谱上的辈分，还能说到一起。

按照河南省姓氏文化研究会的研究，邵氏的始祖，是著名的召公。

召公姓姬名奭（shì），周文王的儿子，武王的弟弟。曾辅助周武王灭商，被封于燕，是后来燕国的始祖，因最初采邑在召（今陕西岐山），故称召公或召伯。他的后代，世袭召公，一直是周朝执掌国家政事的官，至春秋时期，以采邑为氏，称为召氏；到了战国时期，住在今河南汝南和安阳的召氏，因避事，在召字旁加邑，形成邵氏。因召、邵本是一姓，二字在早期区分并不十分严格，古人有时互用。古籍中出现于汉代及其以前的人物大都为召氏，从三国开始则为邵氏，而召氏已基本上不见了。

召公奭是周初活跃时间最长的政治家，历经文武成康四世，治下"自侯伯至庶人各得其所，无失职者"。

召公去世后，人们非常怀念他。《诗经》里有首《甘棠》专门记载："蔽芾甘棠，勿剪勿伐！召伯所茇。"意思是说："茂盛的棠梨树啊，不要剪不要砍，曾是召伯居住的地方。"

召公的德行，连司马迁也大为敬佩，在《史记·燕召公世家》中，太史公说：燕国最为弱小，有许多次几乎被灭掉，然而国家延续了八九百年之久，在姬姓封国中只有它最后灭亡，这难道不是召公的功业吗？

世间长存"安乐窝"

洛阳市洛龙区关林附近，有个安乐镇，这个名字，得于北宋理学家邵雍的故居"安乐窝"。"安乐窝中三月期，老来才会惜芳菲"，邵雍在安乐窝中一住就是三十多年。千年之后，安乐窝仍在，邵雍的思想，也依然深深吸引着后人。

安乐故居

洛阳市龙门大道和洛阳桥交叉口南侧，有一处小小的院落，上书三个字"安乐窝"。

安乐窝前，竖着一个8米多高的邵雍铜像。铜像是近年新铸就的，后面的院落也是整修没多久，在周围熙熙攘攘的车流中，这处略显破落的故居，并不怎么起眼。

这一派景象，似乎难以配得上安乐窝主人的名声和成就，但是仔细想想，这岂不正是他的心愿？他一生安贫乐道，拒绝做官，耕读为生，最喜欢和老百姓在一起，也许在他心里，正是这么远离名利、随心自在、有烟火气地活着，才叫"安乐"。

安乐窝的主人，是宋代理学的开山鼻祖邵雍，与张载、周敦颐、程颢、程颐，同称"北宋五子"。富弼、司马光、吕公著等达官贵人十分敬仰他，常与之饮酒作诗，不忍看他住小茅屋，资助他买了这栋宅子。虽然大家多次举荐他，但他拒绝做官，过着耕种自给的生活，名其居曰"安乐窝"，自号"安乐先生"。

当年数十亩的大宅院，几经战乱、大水、搬迁，如今缩得只剩下几亩地，最里边的一处小楼修建于吴佩孚主政洛阳时期，其余的都是近几年邵氏后人捐资重修的。

大家邵雍

邵雍其人,相当"高深莫测",甚至有人说他是"900年前的霍金"。他对《易经》的研究造诣极高,有"易圣"之称。

当时,理学分为两派,一派为义理,一派为象数。邵雍是先天象数学的开创者,他建立的象数学体系,试图用一个完整的图式来说明宇宙演化和社会、人生的全部运动程式。

如果说这些显得过于深奥,那么只说一件事你就可以理解了:目前学界公认,邵雍的《先天图》四图的卦序都遵循着一种逻辑法则,即是今天严格意义上的"二进制"的记数方法。

研究"易学",可能算卦是其中最微不足道的一部分,但却最被老百姓津津乐道。至今,洛阳还流传着许多邵雍算卦的轶事。说他一有空,就在天津桥头摆起卦摊儿,不收卦银,只图为人排忧解难。

邵雍故居主管、洛阳邵氏宗亲会秘书长邵雷勤说,邵雍除了学术上高深的造诣,更让他美名远播的还是他的德行,他深深地影响了当时洛阳一带的士风。

当时,洛阳城里不少人家仿照"安乐窝"的样子,在自己家给邵雍准备一处房子,以备他出门时临时居住,城中居民,更是以能和邵雍交往为荣。邵雍喜欢在春秋时节乘坐小车出游城中,喜欢到哪儿就到哪儿,行无定所,无拘无束。每当他乘坐的小车出现时,百姓们都高兴地说:"我家先生来了。"

也许正因此,哪怕是后来邵雍离世,邵氏族人迁居,此处仍叫"安乐"。邵雍有首诗:"一去二三里,烟村四五家,亭台六七座,八九十枝花。"当地以此还有个村子曾叫"烟村"。

邵氏回归

道光年间,洛河水暴涨,将原来真正的安乐窝冲毁,当地政府拨款修建,邵氏族长与族人商议后,决定把这笔钱用来修复河堤,在西北约100米的地方,重新择地建"安乐窝",也就是现在的位置,邵氏祠堂的大殿,就是用原来故居的砖瓦材料构筑的。

1077 年，邵雍去世。在他去世后 50 年，"靖康之变"发生，宋室南迁，北宋灭亡。金兵踏处，劫掠焚烧，巨家鸿儒齐聚洛阳的景象一去不返。他们那个繁华的时代，到此结束。之前，邵雍子孙已举家迁离洛阳，避往蜀地。有人说，是邵雍预见到了国家的变数。安乐窝人去楼空，自此荒废，被撒在荒郊野外，沦为瓦砾。

但邵氏后人一直没忘安乐窝。明代时，邵氏家族从江浙一带回迁洛阳，在先祖故居"安乐窝"一带安家落户，现在当地约 1800 位邵姓村民，尽是邵雍后裔。

千年之后，仍有人在这片土地上繁衍生息，仍有人毕生研究邵雍思想，全国各地的邵姓后人，仍到安乐窝前凭吊。

邵逸夫的"洛阳情结"

2014 年 1 月 7 日，107 岁的香港知名人士邵逸夫去世。

听闻这个消息，洛阳邵氏宗亲会的人伤心不已。他们在数千里外的洛阳邵雍故居内，为他举办了一场悼念活动。

传承千年，根还是在这里。邵逸夫祖籍浙江宁波，但是作为邵雍后人，他的祖地还是在河洛。正因为此，他对先祖所在地，也有不一样的感情。

邵逸夫是邵雍后人

宋代以前，邵姓多居于北方。南宋末年，随着金兵南下，邵姓为避祸已广布于江南各地。到明朝，除邵雍这一支外，作为洪洞大槐树迁民姓氏之一，邵姓被分迁于河南、安徽、江苏、浙江、山东等地。历清朝至现在，邵姓的分布更为广泛。从清朝开始，有邵姓迁至台湾，有的又移居海外。

北宋南迁时，邵雍的儿子邵伯温一脉迁到了四川，之后，其孙子邵博从四川前往浙江余姚为官，并终老那里，邵氏一族也因此在浙江扎根。到明清时期，部分邵氏后裔又从浙江回迁到洛阳的"安乐窝"，即现在的洛阳市洛龙区安乐镇安乐窝村。

正因为此，浙江邵氏和洛阳邵氏同宗同脉。近些年，洛阳邵氏宗亲会曾多次到浙江与当地的邵氏后裔联络，两地族谱基本上可以完整地续在一起。邵逸夫的外甥姜廉清也曾向洛阳邵氏后裔确认，邵逸夫确系邵雍第33代后人。

"浙江不少邵姓名人，比如民国时期著名报业人邵飘萍、国民党元老邵力子等，都是邵雍后裔。"洛阳邵氏宗亲会秘书长邵雷勤说。

特事特办捐建小学

2006年，洛阳市洛龙区安乐小学校舍破旧，成了危房，只能扒掉重建。重建的钱从哪里来？时任村主任的邵学强想到了邵逸夫。

按照族谱，邵学强是邵雍第40代后人。

当年，邵学强和邵明奇等人，前往浙江宁波邵逸夫老家，当时老宅子里只有邵家族人在，他们每年都要去香港向邵逸夫汇报老家的情况。邵学强他们说了这个情况后，很快，邵逸夫的外甥，同时也是邵逸夫教育基金会负责人的姜廉清便来到洛阳考察，考察后，邵家人给出了肯定答复：同宗同源，特事特办。

2008年春末，邵氏基金会捐出50万元港币用于重建安乐小学。2009年9月，安乐小学校舍焕然一新，该校也更名为安乐逸夫小学。

"一般希望小学捐资都是30万元，这个小学人家拿了50万，效率还这么高，也是对祖地的看重。"邵学强说。

据洛阳市教育局不完全统计，截至2012年，邵逸夫在洛阳不同程度捐建的中小学及大中专院校最少有10所。包括孟津县小浪底庙护小学、嵩县饭坡乡饭坡小学、新安县曹村乡中心小学、洛阳师范学院逸夫楼等。

生前两次前往洛阳

邵逸夫来过两次河南，都没忘去趟洛阳。

第一次来，是1990年，他在洛阳停留了三天。据河南大学前校长李润田回忆，1990年7月22日，邵逸夫来到洛阳，先后到龙门石窟、白马寺参观，由李润田全程陪同。在此之前，李润田前往香港时，邵逸夫慷慨捐资，修建了河南大学的图书馆。

2007年9月17日和18日，邵逸夫再次来到河南。在两天的时间里，这位百岁老人在洛阳先后参观了白马寺、龙门石窟等地。

曾在龙门石窟为邵逸夫解说的导游曹燕回忆说，考虑到邵逸夫长期在香港居住，景区还专门配备了英语解说，但邵逸夫提出只要中文解说。在文化圣地白马寺，邵逸夫也是全程观看。他从第一座大殿，看到了最后一座大殿，每个殿都没落下。此次行程中，邵逸夫还点名要看久负盛名的唐三彩。

曾托家人拜谒先祖

邵雷勤说，2007年，得知邵逸夫要来洛阳，邵氏宗亲会当时很希望能让邵逸夫到邵雍故居拜谒，完成他的心愿。

当年，就在几个月前，他还派自己的家人前去拜谒过。

邵雍的墓地，就在距洛阳约20公里的伊川平等乡，墓园名字为"安乐佳城"。

2007年清明节，邵逸夫特地派外甥姜廉清一行八人去到伊川县，拜谒邵雍墓园和邵夫子祠。伊川人翟智高说，姜廉清一行到伊川拜谒墓园后，又去了邵夫子祠，姜廉清虔诚地在邵雍像前跪拜。他说回去后会认真向舅舅汇报他在伊川县的情况，并希望舅舅也能到这里看一看。

但是，当时因为邵逸夫已百岁高龄，出于安全考虑，行程里没有安排拜谒的时间，离先祖墓园"安乐佳城"仅差20公里却没能前往，实在遗憾。

虽然没能拜谒，但邵氏宗亲会为他精心准备了两样礼物：一幅绘有百朵牡丹寓意百岁的贺寿图，一幅邵雍故居的拓片。

2014年，听闻邵逸夫去世，洛阳邵家人深感悲痛，他们特意向邵逸夫的家人发去唁电，还在邵雍故居"安乐窝"为他举行了悼念活动，不少来自孟津、郑州的邵姓人也赶来参加。

邵雍也许没想到，穿越千年，自己的后人又这样联结到了一起。

史姓后裔，要做中国第一个姓氏血谱

在河南南乐县史官村，至今还保留着一个传统：每年正月二十四和十月初八，南乐县和周边的史姓人，都会来此拜祭仓颉。

2014 年 11 月 29 日（农历十月初八），新加坡、马来西亚及中国香港、台湾的数百名史姓人来到了南乐，参加首届史姓祭奠仓颉大典。

这些史姓人的血缘或许不尽相同，但他们都公认仓颉为他们的得姓始祖。而南乐，作为大家较为认可的仓颉故里，也是史姓的根之所在。

史姓源于史官，血脉不尽相同

说起史姓，中华史姓研究会副秘书长的史国强，可谓最了解不过了。

史国强说，和传说以及史书中记载的一样，仓颉是黄帝的史官，也是汉字的创造者。仓颉去世之后，他的一支后裔子孙，为了纪念他的卓越功绩，取他官职中的"史"字为姓，也就是史姓。

虽然仓颉自此成为史姓人公认的始祖，但见于信史的最早史姓人，却是史佚。有人认为，史佚是伯邑考之子，和仓颉并没有血缘关系。这是另一支史姓。

但在史国强看来，史佚并不是伯邑考的孩子，而是仓颉的后人。

史国强解释说，中国自古就有职官世袭的习惯，商周以前尤其如此。仓颉堪称中国史官之祖，他的后人，还是做史官。西周初年的太史史佚，也是他的后人之一。之所以说史姓起源自史佚，是因为在史佚之前，"史"还是职官的名称。从史佚开始，史姓才正式形成。

研究史姓的浙江师范大学教授史美珩说，到了春秋时期，列国史官大都以官职"史"为姓。这些史官之间有没有血缘关系，史书中没有确切记载。但有些史官原本并不姓史，而是后来改姓为史。从这一点来说，史姓的血脉不尽相同。

除此之外，后世还有一些西域人、突厥人因为历史原因改姓为史。

检测 DNA，史姓要做中国第一个姓氏血谱

如今，作为中国最古老的姓氏之一，史姓在百家姓排名 80 多位，有人口 300 余万。这 300 多万史姓人，真如很多同姓人见面时所说，"500 年前是一家"吗？

在中华史姓研究会副会长、上海大学教授史定华看来，即便是族谱上写着他们有共同的祖先，恐怕也未必可靠。毕竟，宋朝以后，普通百姓家才被允许制作族谱。而且，由于历史或个人的原因，各类族谱都会有或大或小的缺陷。后来，在世界权威科学杂志《自然》上看到的一篇关于用 DNA 检测血缘的论文，让史定华萌生用科学去探索史姓血缘的念头。

在美国、英国等西方国家，也流行做家谱。甚至于，一些生意红火的家谱制作网站成为上市公司，拥有数亿美元资产。和中国传统的家谱不同，国外的家谱通常是按照 DNA 来做的血谱。史定华说，这种科学的新方式，可以精确地甄别出家谱的真假，弄清楚同姓的两个人是不是有同一个祖宗，从而厘清更多的家族传承的谜团。

从 2012 年开始，在史定华和几位史姓人的号召下，史姓族人开始着手制作家族血谱。至今，已经有来自海外和全国各地的 170 多位史姓族人进行了 DNA 检测。

史定华说，根据 DNA 检测的结果，如今史姓人中重要几支的血脉已经基本上梳理清楚，距离做出中国第一个姓氏血谱已经不远。

史姓遍布海内外，南乐共拜仓颉

想弄清史姓的分布和迁徙轨迹，得从先秦说起。因为史姓以官为姓，而在先秦列国都有史官，所以在春秋战国时期，史姓就已经相当广泛地分布于

全国各地了。

西汉期间，鲁国人史恭的妹妹成为武帝卫太子良娣，史良娣的孙子后来成了汉宣帝，鲁国的史氏也就此成为名门望族。这一支史氏人以山东为源头，向各地发展，到东汉时已经分布于如今的江苏、陕西、甘肃、四川等地。

唐朝以来，史姓延伸到如今的湖南、浙江、山西等地。宋朝时，江西、河北等地也成为史氏的居住地。明朝时期，史姓人已遍布江南，同时还分布于今湖北、安徽、福建、广东、贵州、云南等省。从清朝开始，陆续有史姓人移居台湾。清朝末年，又有一些史氏族人走出国门，迁居海外。

如今，随着血谱制作的逐渐完善，史姓家族的支脉也将更为清晰。

但不管是哪一支史姓族人，对他们来说，共同的祖先是仓颉，这一点却没有变。

南乐史官村，对仓颉不用尊称

在濮阳市南乐县西北 18 公里处，有个史官村。据很多专家、学者考证，被称为汉字创始人的中国文化始祖仓颉，就出生在这个中原最古老的村庄里。

2013 年农历十月初八那天，正值仓颉忌日。在仓颉庙前的广场上，飘起了"史"字旗，数百位来自海内外的史姓人正在这里祭祀他们的先祖——仓颉。

辗转多年，史官村改回老名字

2014 年 11 月 29 日，在濮阳市南乐县西北 18 公里处，一个叫吴村的村庄发生了一件大事——经过村里所有人的同意和南乐县政府部门的批准，吴村正式改名为史官村。出生在这个村子的史国强说，作为中原地区最古老的村庄之一，吴村只是改回了它原本的名字。

后来的考古发现，6000 多年前的仰韶文化时期，史官村里就有人居住了。很多学者考证后认为，仓颉也住在这里。

到了殷商时期，史官村附近这块地方，成了一个叫仓的方国。仓国是商王朝的附庸部族，主要住着仓颉的后裔。仓部族的首领被商王封为侯爵，称仓侯。后来发现的甲骨文中，还记载有"仓侯虎"的名字。

仓国灭亡后，这个地方什么时候成了史官村，已经无人知晓。史国强说，根据仓颉陵的元朝碑刻以及南乐当地的乡土志记载，至少在北宋以前这里叫史官村是确定无疑的。而且，从史官村曾经走出过多位史官，包括非常知名的史鱼。

到了金元时期，因为战乱，村子里仓颉的后人开始往山西迁徙。到了明朝初年，以前迁走的人又重新回到了村子里。这时候的史官村，已经改名为吴村。

如今，村里有史、查、刘三个大姓，姓史的人最多，其次就是查姓人。史姓是仓颉的后裔；而查，则是仓颉夫人的姓氏。

仓颉的老家人，对他不用尊称

如今，虽然史官村被很多学者认为是仓颉的故里，但关于仓颉故里的争论仍没有停止。除南乐外，持有不同意见的人最为认为可的仓颉故里，就是陕西白水和山东寿光。

据不完全统计，仓颉遗迹在全国大约有40余处，其中具有一定规模，且影响较大的有8处。在众多遗迹中，河南南乐县和陕西省白水县的仓颉文化遗迹最为著名。

近年来，凡是和仓颉有关的看得见、摸得着的遗迹，史国强几乎都去看过。在他看来，仓颉故里毫无疑问应该是南乐。因为，目前来看，只有南乐是仓颉庙、仓颉陵、仓颉造字台俱全，只有南乐仓颉陵下是经过科学发掘的仰韶至龙山文化遗址，和仓颉生活的时代相吻合。

此外，外地关于仓颉的遗迹，用的都是尊称，诸如仓王、仓公、仓圣之类。只有在南乐史官村，大家才会直呼"仓颉"的名字。这也是因为，在中国，不管你有多大出息、做多大官，回到老家大家还是会一样称呼你的名字。

除了称呼不同，史官村拜祭仓颉的时间，也和外地的三月谷雨时节不同。史国强说，在谷雨时节拜祭是祝贺仓颉造字成功，和仓颉本人没什么关系。

而南乐人从很早就选择了仓颉的生（正月廿四日）、卒（十月初八）日期作为祭拜日。

南乐仓颉庙，爱用"苍"字

仓颉庙因为位于史官村后，而被村里人称为"后庙"。每年大年三十晚上，史官村里但凡记事儿的男孩，都会被老人领着去仓颉庙里抢头香。

这座庙始建于东汉永兴二年（154），最早的时候名叫仓颉祠，是目前所知建庙最早、历史最为悠久的仓颉庙。值得一提的是，这里的仓颉庙和别处不同——很多牌匾、石刻上的仓字都是带有草字头的"苍"。

史国强解释说，黄帝因仓颉造字有功，因此赐他"仓"姓，是"人下一君，君上一人"的意思。但仓颉认为自己不过是一介草民，所以在"仓"字上加草字头为"苍"。也因此，南乐仓颉庙的很多仓字，都写作了"苍"字。

以前，南乐仓颉庙每年春秋都会举行庙会，吸引方圆百里的人前来祭拜、游玩。日本侵占华北后，仓颉庙的十月会停了，如今只留下一个正月会，持续近一个月时间，可谓河南最大的古庙会之一。

在南乐县城，曾经还有一座仓颉庙，就在县城文庙的东侧，名字叫史皇庙。史国强说，这座庙规模不大，仅有三间正殿，是明朝弘治年间，南乐知县王德为了春秋两季祭祀仓颉时路途方便、减少路上的奔波劳累之苦，而在县城就近挨着文庙建造的。

一个县城内有两座仓颉庙，这在全国仓颉文化遗迹中是绝无仅有的。遗憾的是，史皇庙在民国初年毁于战乱，如今已经无迹可寻了。

息县包信镇，赖姓人的"老家"

古赖国位于河南息县的包信镇，如今，这里已成为中华赖姓后人寻根祭祖之地。

"包信镇，古春秋赖子国也"

到过信阳息县的人，对县城的标志性建筑谯楼应该不陌生。谯楼上现存清代石碑一个，名为《重修东岳庙大殿拜殿后楼碑记》，上面刻有碑文："包信镇，古春秋赖子国也……"

包信镇古称褒信县，位于河南息县东北30多公里处，该镇傅庄村村民介绍，赖姓的发源地在包信镇，赖国故城遗址在傅庄村。如今，古老的建筑已不存在，地面文化遗址尚存。息县赖氏文化研究会副会长张吉云说，周武王的弟弟叔颖被封为子爵，是赖国的开国君主，在这里建立了都城。

从考古地图上不难分辨，赖国故城遗址呈正方形，长112米、宽113米，有东西南三个城门，城墙外有40米宽的城河环绕，现西南角城河被填平。

周文王之子叔颖，因伐纣有功被封赖地

张吉云说，叔颖是赖姓的得姓始祖。这一说法在众多赖姓族谱中均有记载，赖姓后人尊叔颖为赖氏一世祖。《中华百家姓始祖图典》记载，赖姓的始祖叔颖是周文王姬昌的儿子、周武王的弟弟，因讨伐商纣有功被封于赖地，成为赖国第一任国君。

如今，赖姓后人在息县包信镇后楼村，建了一座叔颖公陵园。8月2日这天，并不是赖氏后人传统祭祀之日，但叔颖公陵园仍有不少人来祭拜。据陵园工

作人员介绍，叔颖公陵园 2011 年奠基，2012 年 4 月建成，每年都有世界各地宗亲前来祭拜。

叔颖生性善良，当地有不少关于他的遗迹，赖国故城遗址东北约 1 公里的"拜月池""蛤蜊山"等地，便与他有关。

每年三月十八，赖氏后人来息县祭祖

包信镇后楼村，几乎人人都知道农历三月十八要祭拜"赖王"，至于原因，有一段在赖氏宗亲中广为流传的传说。

相传有一年，古赖国城西一壮汉去赶集，走到石桥麦田头解手，忽见桥下走出一人，站在桥头东张西望后隐去了。过了一会儿，从桥下走出一群男女，有说有笑去赶集。

壮汉知道桥下没人，感觉这些人来得奇怪，便跟在后面。来到集上，逢人就讲他看到的情景。一传十、十传百，很快传遍了整个集市。

这时，晴朗的天空突然电闪雷鸣，下起倾盆大雨。雨停后，那群男女不见了。第二天，石桥下漂出一条无头乌鱼，那个壮汉则生了一场大病，这年当地颗粒无收。

"赖王"听说后，在石桥处修了龙王庙和迎水寺，当地从此风调雨顺。后人为纪念"赖王"为民办好事，每年三月十八就到庙内祭拜他。

息县县政府办公室工作人员介绍，2014 年 4 月 17 日（农历三月十八）上午，世界赖氏宗亲代表赴息县包信镇后楼村叔颖公陵园，举行全球赖氏宗亲千人祭祖大典。来自世界各地的近 1000 名赖氏宗亲参加了祭拜。

红军长征胜利，有"赖茅"一份功

"赖茅酒"的创始人赖永初先生是一位商界奇才。

新中国成立前，赖茅酒产量已有 30 多万斤，成为贵州茅台镇最大的酒厂。"席上有佳肴，不可无赖茅"，便是当时人们对赖茅酒的评价，而开国大典当

晚作为"开国第一款庆典酒",则使其名声大噪,被誉为"国酒"。

躲避战乱,赖姓后人迁往贵州

《风俗通》记载:"春秋时有赖国,其后以国为氏。"

叔颖在西周初年被封于赖,后赖国被楚灵王灭,赖国一些贵族北迁,在今天的许昌鄢陵定居,以原来的国名为氏,姓赖,逐渐形成著名的颍川堂。西晋末年五胡乱华,这支赖氏难以安居,促成了历史上赖氏的第一次大南迁。

赖永初的祖先,正是在这次南迁中来到了福建。清道光年间,赖永初的高祖父赖正衡任职"军营统带",后来因太平天国起义辞职退居怀仁,又在茅台镇创办了"茅台烧春坊"。

清咸丰年间,"茅台烧春坊"在战火中被毁,赖姓后人陆续外迁至广东、广西、贵州、云南,赖永初的先祖也随之来到了贵阳。

从小懂经营,后来操持钱庄生意

1902年,赖永初出生。赖永初的父亲赖嘉荣早年来贵阳开设"赖兴隆"钱庄,兼营一些其他生意,维持一家生计。

家境不富裕,年幼的赖永初一边上学,一边帮父亲守柜台。他天资聪颖,勤奋好学,在守柜台的日子里了解了许多善经营、懂管理、讲信誉、艰苦创业的道理。不久,赖嘉荣逝世。作为长子,赖永初挑起全家的生活重担,"赖兴隆"的生意由赖永初负责。

除了在钱庄生意上大展拳脚,赖永初还和朋友开办杂货、花纱布匹店。他亲自把贵州特产挑到广西,又从广西挑回来洋布,经常露宿于荒野之中。

另外,赖永初在外地分设的庄号,顺便购买杂货或花纱布匹等运回贵阳出售,销售获利后再还他人的贷款。由于采取开设钱庄与经商结合的策略,"赖兴隆"商号的资产发展到约50万银元。

1928年,"赖兴隆"商号开展存放、汇兑等业务,客户逐年增多。后来,该钱庄还发行本票,总额为银元10万元,不定期限。

"席上有佳肴，不可无赖茅"

河南省姓氏文化研究会副会长张新斌介绍，1938 年，茅台"衡昌酒厂"经理周秉衡资金匮乏，向赖永初求援。赖永初全资买断衡昌酒厂，更名为"恒兴酒厂"，并注册大鹏展翅的"赖茅"商标，"赖茅酒"正式问世。

赖永初先装了一批小瓶赖茅酒，通过庄号在全国各地的机场、码头等地赠送，扩大影响。当时，他派到全国各地的"销售经理"多达 106 人。

赖茅酒很快叫响全国，酒窖由 4 个增至 28 个。新中国成立前夕，酒厂产量已有 30 多万斤，成为茅台镇最大的酒厂。

新中国成立前，社会上流传着这样一句话："席上有佳肴，不可无赖茅。"1945 年，国共签订"双十协定"，招待用酒就是赖茅酒。1949 年，毛泽东访问苏联，礼物中也有赖茅酒。

1946 年，周恩来在重庆红岩村宴请民主人士，席间，他指着赖茅酒瓶说："长征路过茅台镇，当地群众捧着酒欢迎我们，战士们用它治伤，止痛消炎，喝了可治疗拉肚子，暂时解决了红军缺医少药的困境。所以，红军长征胜利，也有赖茅酒一份功劳。"

"开国第一宴"，用的是赖茅

赖永初先生所创的赖茅酒，在 1949 年新中国成立时达到了荣誉顶峰。

张新斌著《中华赖姓》一书中描述："中华人民共和国成立当晚，毛主席在北京饭店举行开国第一宴。周总理亲自安排，调用库存于北京饭店的一百多瓶'赖茅'款待中外嘉宾，共庆新中国成立。"赖茅获此殊荣，是茅台酒成为"国酒"的开端。

1953 年，赖永初先生创办的恒兴酒厂被接管，后来转入茅台酒厂，与茅台镇另外两家著名的酒厂合并，组建国营贵州茅台酒厂。

如今，贵阳茅台酒厂的"国酒文化城"内还塑有三家酒厂创始人赖永初、华问渠、王秉乾的塑像，予以纪念。

武姓祖源地：洛阳商丘安阳

　　每年清明节，戴、宋、武、牛等姓氏的后人们，都会去商丘市三陵台祭祖，这里是春秋时期宋戴公、宋武公、宋宣公的陵墓，这祖孙仨开创出不少姓氏，武姓就是其中一个。

祖孙仨开创多个姓氏

　　2014年6月13日上午，商丘市梁园区王楼乡，三陵台公园。

　　"你可算找对地方了。"公园管理处工作人员戴公峰边说边推开三公殿大门：殿宇内，三尊头戴冕冠、身着宽袍的金色塑像坐北朝南，神色威严。这是东周时期宋国戴公、武公、宣公的塑像。

　　"这片土地上还出土过汉代瓦片。"戴公峰介绍，西汉梁孝王曾在三陵台大兴土木，筑三百里梁苑，至今三陵台尚有瓦片遗存。

　　走在长长的陵墓神道上，两侧古树参天、石碑林立，石人、石马也被岁月磨去了棱角。神道尽头，就是三公的陵墓，正中间是戴公，宣公、武公分列左右。

　　宋国建国始祖微子启是孔子所称"殷末三仁"之首，周灭商之后，微子启受封宋国，都城睢阳（今商丘）。至宋戴公、宋武公、宋宣公，宋国国富民强，其后人分别以其谥号"戴""武""宣"为氏。由于这爷仨同葬一处，三陵并峙，故名"三陵台"。

没有王子夺嫡，兄终弟及传佳话

　　武公姓子，名司空，是宋国第十二任国君。在位期间，北方游牧部落长狄入侵，宋武公派兄弟司徒皇父率军抵御，在长丘（今河南封丘县南）打败长狄人，俘获对方首领。

历史上，为夺权而父子、兄弟相残的事儿屡见不鲜。不过，也有把王位传给弟弟而不是儿子的，宋武公的两个儿子子力和子和就是这样。

宋武公去世后，传位子力，即宋宣公。19年后，子力去世，没让儿子接班，而是传位给弟弟子和，即宋穆公。

宋穆公是个重情义的人，在位9年不忘兄恩，临终前又把王位交还给哥哥的儿子与夷，即宋殇公。为确保权力交接，穆公把自己的儿子子冯派到郑国常驻。可惜宋殇公好战，十年十一战，百姓苦不堪言，宋殇公后来被大臣所杀。最终，还是当初出使郑国的子冯回国即位，即宋庄公。

洛阳、商丘、安阳都是武姓祖源地

历史上关于武姓家族的起源，还有几种说法。

其一，出自姬姓。《元和姓纂》云："周平王少子生而有文在手曰'武'，遂以为氏。"周平王少子姬武的后裔尊姬武为始祖，姬武被视为中华武氏正宗，祖地在今洛阳。有说法称，武则天也以周王后裔自居，唐高宗曾封其父武士彟为周国公，武则天称帝后也改"唐"为"周"。

其二，出自子姓。商王武丁之后，后裔以祖字为氏，祖地在今河南安阳。

其三，夏朝武罗国（故地在今河北武邑县）后裔以国名为氏，但此支发展脉络不清。

武姓不仅是汉族大姓，一些少数民族也有武姓。例如，清满洲八旗姓武聂氏、武佳氏等；鄂温克族吴立西氏，汉姓为武；满、彝、土家、蒙古等民族也都有武姓。

东汉时，山东武氏兴旺、显赫，今山东济宁紫云山仍有东汉画像石、武氏祠画像。近年，有不少武氏后人到山东济宁寻根。但翻看史料不难发现，武姓源于河南，洛阳、商丘、安阳都是武姓的祖源地。

商丘武姓人，多从太原迁来

明洪武年间，太原人武云来到中原

宋国武氏是早期河南武氏中重要的一支，始祖是宋武公，祖地在今河南商丘市境内。

先秦时期，这支武氏后裔在宋国故地繁衍了相当长的时间，秦汉时期向山东、安徽、江苏迁徙。目前，商丘市境内的几支武氏族人，都是明初由山西太原迁来的。

元末红巾军起义，主战场就在中原，仗打了数十年，中原百姓死者十有八九；又加上明初瘟疫盛行，黄淮水患不断，中原大地人烟稀少。于是，从朱元璋到朱允炆再到朱棣，三位皇帝花了50年时间，分18次从太原、平阳两地向中原移民500万人。

明洪武年间，太原人武云随着迁徙大军来到中原，在商丘落脚，其子孙后代分布在商丘市武庄村、武楼村、武巴矢村、高辛镇、徐庄等地。

乐善好施，发达了不忘乡邻

"上世纪80年代，他挣了钱回到镇上，见到孤寡老人或是贫困户，就给个一二百元。"武姓文化研究者武新华口中的这个人叫武聘卿，高辛镇人，闯东北挣了钱，一心要回乡安家置业。

武聘卿的儿子武立轩回忆，父亲乐善好施，一两年间就把辛苦挣来的2万多元散给了乡亲。之后，武聘卿又白手起家，带着全家十来口人来到北京昌平，办起家具加工厂。家具厂生意越发红火，老家不少亲戚朋友赴京投奔。到现在，已经有2000多名商丘老乡跟着武聘卿子女的企业讨生活，且大部分来自武聘卿的老家高辛镇。

武立轩回忆，父亲去世前，把家谱翻出来，一点点整理。遗憾的是，2007年11月，72岁的武聘卿辞世，留给后人一部没有续完的家谱。

播迁之路

《中华姓氏河南寻根》记载，商代时的安阳、东周时的洛阳、春秋时的商丘是武姓起源地，故武姓先秦时期的活动区域，应在今河南安阳、洛阳、商丘一带。

秦汉时期，武姓大体分布在陈郡（今河南淮阳县）、沛县（今江苏沛县）、梁邹（今山东邹平县东北）、盱眙（今江苏盱眙县东北）、长安（今陕西西安西北）以及今河南省东部一带。

魏晋南北朝时期，武姓也同中原的士族一起大举南迁，成为安徽、江苏等省境内的一大望族，形成武姓"沛国"郡望。而另一支武氏迁入今山西，在今太原一带发展成为一个大族，形成武姓"太原"郡望。

唐代时，武姓家族因出了一位武则天，使太原武姓发展达到了昌盛时期，武姓在北方各地再次得以繁衍迁徙，族派不断扩大。

明代武氏进入闽、粤，福建莆禧武姓始祖武实是明开国功臣。清代亦有武姓渡海入台，后迁徙新加坡等地。

千古奇丐武训：靠乞讨办学

三百六十行，行行出状元。乞丐这个行业里会产生大人物，比如叫花子朱元璋，后来当上了皇上。

但在中国历史上，唯一以乞丐身份被载入正史，被誉为"千古奇丐"的，却是乞讨了一辈子、至死单身的武训。

"别看我讨饭，早晚修个义学院"

武训生活在清末，是山东堂邑县武家庄（今属山东冠县）人。七岁那年，他的父亲去世，又逢灾荒，武训只得跟随母亲四处乞讨。

后来母亲过世，他到一户举人家做工，可勤勤恳恳干了三年，到结算工钱时，这家人却欺他不识字，翻出一本假账，告诉他工钱早已支付。武训又气又急，想争辩，却连账本上的字都不认识。

还有一次，姐姐托人捎给他一封信、两串钱，读信的秀才把捎钱的段落略去，私吞了钱。当武训知道这事儿质问秀才时，秀才不但不认账，还反诬武训财迷心窍。武训明白了有文化才不会被人欺负。可穷人家的孩子，饭都吃不饱，哪有钱上私塾？

"扛活受人欺，不如讨饭随自己；别看我讨饭，早晚修个义学院！"他拿定主意：重操乞讨旧业，攒钱办义学。

就这样，他身穿满是补丁的衣服，肩背布囊，手拿铜勺，早起晚睡，走街串巷乞讨，把讨到好点的衣食卖掉换钱，自己只吃粗劣发霉的食物。

史上第一所由乞丐兴办的义学

经过几十年努力，到光绪十四年（1888），武训终于建起瓦房20间，取名"崇贤义塾"。这是中国历史上第一所由一个乞丐靠乞讨兴办的义学。

据《清史稿》记载，开学那天，武训预备了筵席款待先生，并请来绅士作陪，而自己却恭恭敬敬立于门外。在座的人再三请他，他也不肯入座，只等酒席结束后，捡些残羹冷炙来吃。

学堂建好后，武训还常来"视察"。一次，学生都到齐了，先生仍睡觉未起，他就推开门，跪在先生床前流泪，先生十分惭愧，从此再也不忍晚起。见到顽皮的学生，武训也用长跪不起规劝。在他的感召之下，师生努力上进，义塾成为当时远近闻名的学校。

虽然那时武训已经50岁了，但他依然讨饭攒钱，准备不断设立新义学。光绪二十二年（1896），武训去世，他一生未娶。而就在他去世之前，他的第三所义学也已开班。后来，清政府追封他为"义学正"。他的事迹还被编入《清史稿》。

古都朝歌，国君之后

豫北淇县，古称朝歌。淇县是河南省历史文化名城，是春秋时期诸侯国卫国的国都所在地。卫国第一任国君康叔，被后世康氏族人尊为得姓始祖。

淇水之畔，朝歌遗风

相对于如今的淇县，淇河在文学作品中的知名度要高很多。

"淇水滺滺，桧楫松舟""送子涉淇，至于顿丘""淇水汤汤，渐车帷裳"……《诗经》中有不少诗句提及淇河。据称，这条古老而美丽的河流，距今已有5亿年的历史，孕育出独具风骚的淇河文化。

历史学家李学勤在《解读朝歌》的序言中写道："古朝歌位于今河南淇县，地势冲要，是中国历史上非常重要的都邑之一。传世文献记载，商朝最末一王帝辛居于此。"

帝辛，就是商纣王。朝歌古称沫邑，商纣王即位后，改沫邑为朝歌，并在此建都。据载，帝辛之前的商王武丁、武乙、帝乙也曾在此建都。

现在的淇县，有朝歌镇、朝歌路，还有各种以"朝歌"命名的商店；县城内的摘星台公园内，建有"三仁祠"，三仁，即殷末三仁——微子、箕子和比干，此外，公园内还有传说中的比干摘心处；县城东去数里，尚存商纣王墓。

卫国故城今何在

淇县是河南省首批历史文化名城之一，这里不仅为商末的朝歌，而且曾是春秋时期卫国的国都。

淇县县城新区有一道东西方向的土岗，岗高2米多，宽逾30米，南北两坡遍种树木，郁郁葱葱。这道土岗，是卫国故城遗留的一段城墙。如今，土岗顶部被整理成平坦的农田。城墙向东数百米，立着一个水泥牌子，"河南省重点文物保护单位"的字样依稀可见，牌子正中"卫国故城"4个字的红漆已经掉色。2006年，淇县卫国故城就已被国务院公布为第六批全国重点文物保护单位。

卫国是周朝的一个姬姓诸侯国，也是存在时间最长的诸侯国之一，立国830多年。前300余年的都城，就在朝歌。

"这段城墙，是卫国故城城墙中规模最大的。"当地学者燕昭安说。

康叔封卫，后人得姓

卫国的第一任国君是康叔。康叔，姬姓，名封，又称康叔封、卫康叔。他是周文王的第九个儿子，周武王的同母弟弟。周武王灭商后，赐姬封康邑，史称康叔封。

史载，武王死后，成王即位，少不更事，加上政局不稳，周公旦辅佐处理国家大事。后来，发生三监之乱，周公旦平定叛军，康叔也参加了这次平叛。

周公旦决定，将原来武庚统治的地盘划为卫国，把平叛有功的康叔改封为卫国国君，将殷朝旧墟朝歌作为卫国国都，管理殷民七族。

康叔治国有方，"能和集其民，民大悦"，声誉日隆。周成王亲政时，任他为司寇（掌管司法、纠察等事宜）。

唐宋时期的姓氏书大都认为"康叔"是姬封的谥号，不过，著名姓氏研究专家谢钧祥曾在其著作中称，这一说法值得商榷。

康叔的支庶子孙，有的以他原来的封邑为氏，即康氏。康叔也被后世康姓族人尊为得姓始祖。

当然，除了这一源流，关于康姓的说法还有其他源流。如蒙古族、满族等少数民族一些形式改姓康等。据《宋史》记载，宋朝因避开国皇帝赵匡胤的名讳，凡姓匡者皆改姓康。

另外，值得提出的是，中亚康居国（今中亚一带）人，入中国后，姓氏音译为汉字"康"，这支康姓，也是大族。

康氏族人，源于豫北

康氏族人最早在河南北部繁衍生息，后来，足迹遍布全国。在其迁徙发展中，曾有政府专门设县安置康氏族人。在一些康氏族人聚集处，其风头一时无二，享誉全国。

康姓从河南走向全国

卫国建国后，曾数次迁都。从朝歌到楚丘（今河南滑县东），又到帝丘（今河南濮阳西南），再到野王（今河南沁阳）等，康氏族人早期的发展繁衍，主要在现在的河南省北部一带。不过，发展到现在，在全国乃至世界范围内，都有康姓人足迹。

1996年10月出版的《中华姓氏大辞典》将康姓列为中国第75大姓，康姓人约占全国汉族人口的0.18%。2006年1月11日《人民日报》报道，新的百家姓中康姓列第92位。

姓氏研究专家谢钧祥的研究结果显示，在中国大陆，康姓人分布以安徽、四川、陕西、甘肃、山东居多，这五省康姓人约占全国汉族康姓人的63%。

目前，康姓在台湾姓氏中排名第79位。近代，一些康姓人走出国门，迁居海外，不断开拓新事业，现主要分布于东南亚及欧美一些国家。

政府特设县，安置康氏族人

康氏族人中，有一支是在汉代由康居国人来中国留居形成的。

据宋人邓名世《古今姓氏书辩证》记载，这一支康氏族人，初居河西（即现在的甘肃、青海两省黄河以西的区域），到晋代，因战乱不息，迁往现今的陕西蓝田附近，后逐渐向东南迁徙。这支康氏族人中的康穆，初仕后秦，为河南尹，南朝宋武帝永初年间率乡族3000余家迁入襄阳（今属湖北）之岘南。

南朝宋政府特设华山郡蓝田县，用来安置这支康氏族人，并任命康穆为秦、梁二州刺史。

这一支康氏族人，在南北朝初期的南迁中，规模相当大。迁徙 3000 多家，在当时的交通等条件下，过程中的艰难困阻可想而知。

随着时间的推移，各支康氏族人也在向更广阔的地域发展。唐时，会稽康氏成为当地望族，北宋初，蔚州（治今河北蔚县）人康延泽从征入蜀，先为成都府都监，在四川定居；同时，康姓人还有迁至福建的。

明代，江西泰和、湖南邵阳、广东顺德等地均有康姓人物载入史册，说明康氏分布地更为广泛。从清代开始，闽、粤等地陆续有康姓人渡海到了台湾。

河洛康氏，豫商典范

康百万庄园里两棵栽种于乾隆年间的葡萄树已经硕果满枝。年年岁岁"树"相似，岁岁年年人不同。见证了康家数百年的繁华后，这座面朝洛河、背依邙岭的庄园，如今已名列全国重点文物保护单位，成为当地一处旅游景点。

康百万庄园坐落于今巩义市康店镇，始建于明朝中叶，清初粗具规模，是一座集农、官、商为一体的大型庄园。据介绍，在鼎盛时期，康氏按照"天人合一，师法自然"，"靠山筑窑洞，临街建楼房，滨河设码头，居险垒寨墙"的原则，先后建成宅居、书院、戏楼、祠堂、林场、造船厂等建筑群。2001 年，康百万庄园被国务院公布为全国重点文物保护单位，庄园被赞为"传统建筑之瑰宝，民间艺术之典范"。

康百万庄园保护所所长李春晓认为，康百万庄园不仅是我国民俗学、建筑学的历史缩影，还见证了一个家族繁衍生息的兴衰和风雨沧桑。

明初迁居此地 家族愈发壮大

据记载，明洪武七年（1374），康守信随母由山西洪洞迁于巩县（今河南巩义），居住在桥西村。此后，康守信得子得孙，康氏家族愈发壮大。

李春晓曾在其著作中介绍，"康百万"不是指某一个人，而是明清以来，对以康百万家庭第 14 代康应魁为代表的整个康氏家族的统称。普遍认为，到第 6 代康绍敬时，家族迎来发展良机。康绍敬曾任地方水陆交通和盐业、税务等方面的官职。明时，康绍敬组织康家子弟把河南的粮、棉、油等运销山东，又把山东的盐及海产品运销河南。此后，康氏开始发家。

到了清代，康氏家族在清廷镇压白莲教之际，通过各种手段，取得了长达 10 年的与布匹、棉花有关的军需品订单，家业更兴。如今，在康百万庄园内，从留存的货样室、钱庄、辨银室、账房中，还能看出当年康家生意的繁荣。

豫商传奇：繁荣兴盛 400 余年

俗语说"富不过三代"，而康百万家族从第 6 代康绍敬至第 18 代康廷兰，繁荣兴盛 400 余年。

他们运用手中的财富，凭借黄河、洛河舟楫之便，搞航运贸易，经营盐业、木材、粮食、棉花、丝绸、钱庄、药材等，可谓一个庞大的商业帝国。

清中期，康家两次悬挂"良田千顷"的招牌，民间有"头枕泾阳、西安，脚踏临沂、济南，马跑千里不吃别家草，人行千里尽是康家田"的顺口溜。这时的康百万家族，成为全国屈指可数的大家族，一度富甲鲁、豫、陕三省，庄园主被称为"百万富翁"。如今，康百万家族的传奇经历还被拍成了电视剧。

庄园门口巨石上"豫商家园"四个大字仿佛在提示人们：这里，曾经有豫商冠绝全国的辉煌。

"康百万"借慈禧金口扬名

李春晓介绍，八国联军攻入北京后，慈禧太后带着光绪帝逃往西安。第二年从西安返京时，路过巩义。当时河南连年遭灾，财政亏空，怎么招待好太后和皇帝，让官员头疼。

当时的洛阳知府来到巩义，在康家第 17 代庄园主康建德家商量接驾之事。因为不知道太后和皇帝是走水路还是旱路，康家做了两手准备。

有说法是太后和皇帝在行宫内住了一晚，临走前，康建德还向慈禧捐献了百万两白银以及价值连城的"一桶江山"——据称，桶上刻制了中国地图，在北京的地标上镶嵌着一颗夜明珠。

第二年，康家被赐"神州甲富康百万"金匾。如果说此前的"康百万"只是民间传说，此后"康百万"就借慈禧金口而名扬天下了。

不过，清末因各种战乱加上连年的灾荒，康百万家族已没有那么鼎盛了，又捐出去百万两白银，可能伤到了康家的筋骨。

有匾"留余"，告诫后人

现存于康百万庄园的"留余匾"，为中华名匾之一，它被称为康百万庄园文化的象征、镇园之宝。匾上记载的"留余"思想，不仅是当时康家的传家之训，更是不少人认同的处世准则。

据介绍，"留余匾"长 1.65 米，宽 0.75 米，是用黄杨木雕刻而成的，悬挂于康百万庄园主宅一座院子里的主客厅内。这块匾看上去像是一幅展开的书卷，又像是一面迎风招展的旗帜，造型独特，似有深意。

此匾是清同治年间，康百万家族第 15 代庄园主康坦园用来训示家中子弟的家训匾。匾中书法洒脱奔放，"留余"二字，以篆书写就，稳健遒劲，正文通篇行书。其内容为同治年间翰林牛瑄所题。牛瑄和康家是老乡，书法很好，远近闻名。

其实，"留余"思想并非康家独创。匾中收录的《四留铭》，因王伯大的解读而广为流传。

史载，王伯大为南宋福建人，为官时数次被贬，但从未因此消沉。晚年回乡后，建立"留耕堂"，传世的《四留铭》就在此作成。

铭曰：留有余，不尽之巧以还造化；留有余，不尽之禄以还朝廷；留有余，不尽之财以还百姓；留有余，不尽之福以还子孙。

意思是说，将自己无限的智慧贡献给社会，将自己用不完的俸禄还给朝廷，将自己没有用尽的财物送给百姓，将自己没有享尽的福留给子孙。

在"留余匾"中，牛瑄根据"坦园老伯"的想法，又引用了前人的说法"临事让人一步，自有余地；临财放宽一分，自有余味"，"若辈知昌家之道乎？留余忌尽而已"。

严姓祖先不姓严

东汉明帝叫刘庄，为了避讳，把所有庄姓改成了意思相近的"严"姓。为避皇帝讳，改姓的还不少。

因为皇帝的名字有个"庄"字，天下庄姓人便不能再用这个字，集体改姓了严。

在姓氏宗亲会里，有许多都是几个姓氏联合，比如"赖罗傅""雷方邝"等，这些姓氏都有重合的地方，或者其中某一支中途改姓，或者出自同宗同族，但都没有像"庄严宗亲会"这样，"庄""严"本来就是一个姓氏。

严，当今第94大姓，源于河南洛阳。

严氏本为庄氏，是宋庄公、鲁庄公、楚庄王的子孙以谥号为氏形成的。东汉（都今河南洛阳）第二位皇帝是汉明帝姓刘名庄。为了避刘庄的名讳，凡人名地名中之"庄"字均改为字义相近的"严"字，连庄子也被叫成了"严子"，庄姓就这样被改为严姓。

到了后来，由于避讳只避当代，不避前朝，有不少人又改回了庄姓。所以后来既有庄姓又有严姓，后来的宗亲会，更是"庄""严"并称。

还有几个姓氏，和严姓的出处几无二致。

比如盛姓的一支，原本出自姬姓，以国名为氏。西周初年，召公奭建立燕国，其支子受封于盛，子孙为奭氏。至汉代，为避汉元帝刘奭之名讳，改姓为盛氏。

而近几年各地时有发生的苟姓改为敬姓，也是类似的情况。当初为了避讳后晋皇帝石敬瑭，敬姓就被改成了苟姓。

河南省姓氏文化研究会副会长石小生说，改姓的情况很多，因为避讳改姓的毕竟还是少数，到后来大部分是避名字不避姓。

中国的第一首国歌谁做的？

世界上最短命的国歌，恐怕要数大清朝的了。这首歌的词作者，是当时很负盛名的学者严复。他翻译《天演论》，第一次系统传播西方思想，人称"中国的普罗米修斯"，但到晚年，却成了皇权的拥护者。

祖籍河南，唐代入闽

在历史上，严氏虽非巨族大姓，但素以传奇式精英人物闻名于世。

最早的名人，恐怕要数名士严子陵（本姓庄，东汉明帝把"庄"改成"严"后，后人为避讳称他姓严）。他是光武帝刘秀的同学。据《后汉书》记载，刘秀当皇帝后，思念昔日好友严子陵，请他到都城洛阳。刘秀高兴异常，当晚与他同榻而眠，睡到半夜，严子陵把大腿架到刘秀肚皮上继续酣睡。刘秀让他做谏议大夫，他坚辞不受，归隐富春江。北宋名相范仲淹对他大为佩服，在《严先生祠堂记》写道："云山苍苍，江水泱泱。先生之风，山高水长！"

严姓本居于北方，如今成了一个典型的南方姓氏，严姓的大规模南迁始于唐代。唐僖宗光启元年（885），王审知从河南固始县出发，带领十八大姓南迁闽地，其中有陈、黄、张、刘、严等，朝议大夫严怀英随军从河南迁居福州，在侯官阳岐乡落脚。自此，严氏迁播岭南，成为当地严姓的开基始祖。

千年后的1854年，严怀英的后人严复出生。严复故居临溪而筑，因始祖严怀英曾官居朝议大夫，老宅常年悬挂一块写有"大夫第"三字的匾额。

至今，在河南存的一份家谱中，还能看到一部民国二十八年（1939）的严家族谱，提到始迁祖严怀英，严复出于是族。

"中国的普罗米修斯"

提起近代名人严复，除了他担任上海复旦大学第二任校长、北京大学第一任校长等职，恐怕最著名的，就是他翻译了《天演论》。他第一次把西方的古典经济学、政治学理论以及自然科学和哲学理论较为系统地引入中国，启蒙与教育了一代国人，甚至有人把他比喻为希腊神话中盗取火种的普罗米修斯，照亮了一代中国人前进的道路。

严复曾留学英国，游历法国，回国后致力于传播西学。维新变法正处关键时刻，他翻译的《天演论》正式出版，使人深受震撼，以致近代中国思想界的风潮竟为之一变。

中国社科院近代史研究所研究员雷颐曾专门发文论述过严复。他在文章中说，因为甲午战争的惨败，中国面临"豆剖瓜分"的亡国之险，深受刺激的严复决定翻译英国生物学家赫胥黎的《天演论》，以"物竞天择，适者生存"、"天演竞争，优胜劣败"的"进化论"促国人猛醒，变法自强。这是"严译"第一本，也是影响最大的一本。

雷颐说，在当时，"'天演''物竞''淘汰''天择'等术语都渐渐成了报纸文章的熟语，渐渐成了一般爱国志士的'口头禅'"。就连鲁迅也曾写道，自己一有空闲，就照例地"吃侉饼、花生米、辣椒，看《天演论》"。

国歌公布一年，大清灭亡

但到了晚年，严复的思想却日趋保守。

他此时认为，西方"三百年来之进化，只做到'利己杀人、寡廉鲜耻'八个字"，而中国的圣哲教化、"四书五经"和君主制才是救世的"最富矿藏"。

这种思想，对他此时的政治有着直接的影响，他还执笔创作了大清朝的国歌《巩金瓯》。

在此之前，大清国曾因为没有国歌，闹了不少笑话。由丰吉著作的《李鸿章与淮军》，专门讲过李鸿章出国时遭遇到的国歌问题。

1896年，李鸿章带领大清国环球使团出访，按照礼仪，在检阅仪仗队时，两国首领要高唱各自的国歌，这可把李鸿章难住了。大清别说国歌了，连国歌这个名字也没听说过。情急之下，李鸿章想到了一首王建的唐诗，诗曰："金殿当头紫阁重，仙人掌上玉芙蓉。太平天子朝天日，五色云车驾六龙。"气势雄壮，颇有点国歌范儿。由于它是李鸿章最早使用的，所以后人又把它称为"李中堂乐"，但这首歌没被正式颁布，算不得真正的国歌。

1911年10月4日，清廷批准由典礼院会同礼部各衙门编制的国乐，要求全国"一本遵行"。这首国乐即为《巩金瓯》，由严复作词，溥侗作曲：

"巩金瓯，承天帱，民物欣凫藻，喜同袍，清时幸遭。真熙皞，帝国苍穹保。天高高，海滔滔。"

意思是：承蒙上天保佑，当永远保佑我们固守疆土。老百姓都欢欣鼓舞，庆幸自己生逢盛世，生活幸福、吉祥，心情舒畅。大清帝国有上天保佑，因此会像苍天一样，永远不会塌下来，像大海一样不会枯干。

但这首国乐诞生6天后，辛亥革命爆发，第二年，大清帝国就灭亡了。

回到故乡的文人

清廷灭亡后，严复转而支持袁世凯复辟。

辛亥革命后，京师大学堂改名为北京大学。1912年，58岁的严复受袁世凯命担任北大校长之职。

此时的严复，依旧是思想界和学术界的泰斗，但也是帝制的拥护者。为了复辟帝制，袁世凯通令各省尊孔祀孔，成立孔教会，严复带头列名为孔教会的发起人之一。

年迈的他，与翻译《天演论》时判若两人。晚年的严复，在思想上开始崇尚国学，而对自己当年大力译介的西学持强烈的批判态度。袁世凯复辟帝制失败后，严复于1921年在家乡福州病逝。

他最早系统传播西学，然而绕了一个大圈，又回到了起点。

2013年9月，新加坡国立大学教授王庚武在嵩山论坛上讲过，许多知识分子，最初很崇尚西学的，最终又走了一条回归的路，比如梁启超、辜鸿铭等。

他们看似走得很远很远了，但终其一生，都没有走出故乡。

河南尹姓，少昊后裔

按照全国普通话发音标准，"尹"读作"yǐn"，但有些地区依照古音韵读"yǔn"。

中华姓氏的起源，有"同姓异源""异姓同源"等多种情况。尹姓属于"同姓异源"，且"源于地名"和"源于官名"是两种主流观点。

源于少昊氏，以邑为氏

姓氏研究专家谢钧祥所著《中华百姓大姓源流》一书中记载，尹姓的来源之一，是产生于上古时期，用地名作姓氏。

传说，少昊是黄帝之子。他有个儿子叫殷（《姓氏寻源》作"般"），被封于尹城，殷的子孙世世代代掌管其职，后来以地名为姓氏，就是尹氏。

古尹城在今河南宜阳县西北、新安县东南，也有人说其在今山西显县东北。因为两地相距不远，因此，今河南西北与山西西南交界一带，被认为是古尹氏的发源地之一。

尹殷的子孙袭其职位，一直生活在尹这个地方。即使到了周朝，尹氏子孙世代袭为卿士，其封地也仍在此处。

源于西周太师兮甲，以官得姓

《中华百姓大姓源流》中记载的尹姓第二个来源，是以官得姓，产生于周朝。

据东汉应劭《风俗通义》记载："师尹，三公官也，以官为氏。周有尹吉甫。"尹是官名，商、西周时为辅弼天子的大官，职位相当于宰相。吉甫是周宣王时重臣，任太师，其子孙世袭太师之职。

"师尹"之名见于《诗·小雅·节南山》："赫赫师尹，民具尔瞻。"《毛传》有云："师，太师，周之三公也；尹，尹氏，为太师。"另外，史书记载，吉甫位居师尹，其后人述其官职，庶长子伯奇以"吉"为氏，嫡子伯封以"尹"为氏。

由此可见，以官为氏的尹氏，源于西周宣王时的尹吉甫，始自吉甫之子尹伯封。

还有部分源于改姓

除上述源流外，尹姓来源还有两种说法。

一种出自芈（mǐ）姓，始见于《史记·楚世家》。"芈"是楚国祖先的姓，源于黄帝，黄帝第八世孙季连的后代始姓"芈"，为"荆楚十八姓"之祖，后又衍化为尹氏。

另一种出自少数民族汉化改姓。据史籍《清朝通志·氏族略》记载，蒙古族博尔济吉特氏、叶古禄特氏、音斋氏有的汉化尹姓；满族、锡伯族章佳氏有汉化为尹氏者；今白族、苗族、壮族、朝鲜族等均有尹姓分布。

尹姓主要发源于河南，但今以湖南、四川、湖北等地居多

尹姓主要发源于河南一带。

两汉之际，尹姓在贵州发展成大姓（龙、傅、尹、董四大姓）之一。

魏晋南北朝时，天水（今属甘肃）、西州（今甘肃中部和西北部一带）尹姓繁衍旺盛。《姓氏考略》称，尹氏"望出天水、河间"。这是说魏晋至隋唐时期，尹氏在天水郡、河间郡是显贵的家族。

隋唐时，尹纬六世孙尹惠任宁州司马，其子尹思贞任刑、户二部侍郎。这一时期，史册所载尹姓名人较少，但政清人和的社会大环境却让尹姓处于一个繁衍平稳期。

此后，尹姓发展至今江苏、云南、辽宁等地。宋元时，又有大批尹姓迁徙，广布于南方地区。明朝洪武、永乐年间，尹姓由山西大槐树徙于河南、河北、

江苏、天津等地广人稀之处。清代，有尹姓渡海入台，进而入居海外者。今日以湖南、四川、湖北等省多尹姓，三省尹姓人口约占全国汉族尹姓总人口的 40%。

尹姓不仅是汉族大姓，而且也是一些少数民族所使用的姓氏。

此外，尹姓也是韩国与朝鲜的朝鲜族、越南的越族（中国称为京族）使用的姓氏。在韩国和朝鲜，尹姓是十大姓之一。

清代尹姓人曾救过曹雪芹

"中华诗祖"尹吉甫，《诗经》的采风者、编纂者，留下的诸多名文成为千古美谈；元代尹莘，性至孝，被列为古代孝子的典型；少年得志的尹继善与曹雪芹又有着怎样的故事？

"中华诗祖"——尹吉甫

东晋著名政治家、宰相谢安曾问他那位咏柳的侄女谢道韫，《诗经》何句最佳，道韫答"吉甫作颂，穆如清风"。

尹吉甫和《诗经》很有些关系，《诗经》中有些篇章是赞美尹吉甫功绩的，有些篇章则是尹吉甫所作，像《大雅》中的《崧高》《烝民》《韩奕》《江汉》诸篇。《诗经》是我国"四书五经"之首，尹吉甫堪称"中华诗祖"。

湖北省房县留有尹吉甫的许多文物遗迹，也有不少民间传说。如今，在房县榔口乡、青峰镇等地，居住着许多尹吉甫的后人，《诗经》中的不少古民歌，在他们当中仍有传唱。

古代孝子之典型——元代尹莘

尹莘，汴梁洧州（今河南长葛市）人，从小学习勤奋，知书达理，是元代有名的大孝子。

一次，在尹莘外出游学时，梦见母亲生病了，醒来之后，他赶紧动身回家，不料到家后母亲已经去世。尹莘呼天抢地，几次昏厥于地。他在母亲坟墓旁搭了草庵守丧，粗饭麻衣，每天鸡鸣就起，制作美食，然后献到墓前，大声哭奠母亲，风雨无阻。

后来，尹莘照顾生病的父亲，为了查清病情，他更是亲自尝食父亲的粪便，再请医、抓药、熬制，喂父亲喝下。

天遂人愿，在尹莘的精心照料下，父亲渐渐恢复了健康。人们对此很是惊奇，都认为是尹莘的孝行感动了苍天。《元史》里也记载了他的孝行，尹莘成了元代和后世受人尊敬的大孝子。

尹继善与曹雪芹的故事

尹继善，清朝康熙年间重臣尹泰之子，是一名杰出的政治家。史料记载，尹继善有一则与曹雪芹的故事：尹继善对曹雪芹的祖父曹寅仰慕已久。尹继善到南京任官时，曹家虽已北返，但衙院与曹家在南京的"老宅"相邻。

乾隆二十四年(1759)秋，曹雪芹迫于生计，为了《石头记》的传布到了江南，他的才华受到尹继善的赏识。尹继善虽然爱才好士，但他眼见曹雪芹的一些言谈行径有些偏离正统，出于好心，便想设法挽救曹雪芹。而曹雪芹对于这种"挽救"，却是道不同不相为谋，根本不能接受，最终两人不欢而散。

第二年春天，乾隆帝在察看八皇子永璇府时发现了《石头记》，十分恼怒。

此事很快传到了尹继善那里，尹继善惊呆了，因为著书人就在他的府中。尹继善不肯出卖曹寅的后人，就把消息偷漏给了曹雪芹。曹雪芹，收拾行装，决定北返。最后在永璇等人多方掩护协助下，此事才被搪塞过去，避免了一场大祸。

始祖牛父，保家卫国

谈起"牛"，人们很容易联想到"勤劳""踏实""了不得"等词语，寄予了美好期望。

以宋国的皇族牛父作为得姓始祖，这一说法目前已得到牛氏后人较为广泛的认可。牛姓始祖战死在保家卫国的战场上，这让后世子孙引以为豪。

起源：姓起牛父，史籍有证

《史记·周本纪》记载，周武王推翻商纣王的统治后，把拥有崇高社会声望的纣王庶兄微子启封于宋（今河南商丘），创立宋国。《左传·文公十一年》中，宋国的社稷传到宋武公时，身为皇族的司寇牛父在一次抵御游牧民族来犯的战争中不幸战亡。

以牛父作为牛姓的得姓始祖，始自唐朝的《元和姓纂》，"宋微子之后司寇牛父，子孙以王父字为氏"。历代姓氏书籍均沿用此说，为牛姓来历官方学说。牛父的"牛"是字，"父"是古代对男子的美称。牛父本姓"子"，当时有种风俗，即子孙用祖父的字作为"氏"，牛父的子孙以牛父的"牛"字作为姓氏。

此外，牛姓来源还有"因生赐姓"，源于宋微子、牛黎、牛国、官位、原始社会图腾崇拜等说法。

中华牛氏文化研究会秘书长牛金堂说："后几种说法缺乏正史支持或不够严谨。现在公认牛父是牛姓得姓始祖，宋微子是牛姓先祖，商汤乃至黄帝则是牛姓远祖。"

始祖：保家卫国，战死沙场

《左传·（鲁）文公十一年》中记载，牛父十分骁勇，精通车战，并长期担任司寇一职，是宋国最高的公安、司法官员，深受国君器重。牛金堂说，司寇相当于今天的公检法部门的最高负责人，属于宋国的核心官员。

从宋戴公时期，一个叫长狄的游牧部落经常侵犯边界，宋武公继位后，不再隐忍退让，他派能征善战的兄弟司徒皇父率军抵御，在著名的"长丘之战"中，司寇牛父也率领中军参加战斗。结果宋军大获全胜，但司徒皇父、司寇牛父及兄长全部战死。

长丘之战后，长狄数十年不敢来犯，牛父和其他将士的功绩也为宋国人民怀念。

祭奠：后代祭祀，千年不绝

作为得姓始祖的牛父，牛氏后人用多种方式进行祭奠。

牛氏文化研究会副会长牛向阳说，《百姓宗祠·牛》对牛父的地位进行确认，并刻制牛父铜像供后人瞻仰。

宋国建国时间近 800 年，在历史上产生过一定影响。作为皇族后裔，牛父所在的宋国，也成为牛姓的发源地。

牛姓源于宋国，根在商丘，作为宋国的开国之君、牛姓先祖微子启也受到后人纪念。2002 年 10 月，世界著名生物学家、美籍华人牛满江教授携妻女及牛氏宗亲到商丘三陵台谒祖，并挥毫题词"牛氏家族，根在商丘"。

据《通志·氏族略》记载，宋微子之后，除牛姓外，以王父字和王父"名"为氏的还有孔、乐、边、皇甫、仇、求、获等 28 姓，都与牛姓有一定的血缘关系。

繁盛：源于北方，盛于北方

当今，牛姓总人口有 200 余万，约占全国人口的 0.164%，其中河南、河北、山西、安徽、山东、湖北、甘肃 7 省多此姓，约占全国牛姓人口的 77%。河南的牛姓约占全国汉族牛姓人口的 41%。（据牛向阳著《中华牛姓源流简史》

一文）

牛姓源于北而盛于北，是典型的北方姓氏。据《明清进士题名碑录索引》所载，明清进士牛姓及第者共65名，其中绝大多数出自北方几省。

陇西郡八姓，牛姓为第二

从牛姓产生距今已有2700余年，牛姓子孙从发祥地宋国北渡黄河，南徙长江，辗转播迁，走向世界。

从东汉到隋唐，"陇西牛氏"存在数百年，成为牛氏历史上最辉煌灿烂的一章。至今，牛氏后人提到"陇西牛氏"，仍能想象到昔日的荣光。

流散：宋国被灭子孙散亡

牛姓产生后，随着宋国的强大，子孙繁衍发展，并向外迁徙。

春秋时期，已经有牛姓后人离开宋国，到其他诸侯国做事或做官。如当时的楚国，巢城守将牛臣在战斗中射杀吴王诸樊，立下大功。在晋国，赵简子的家臣牛谈因为力气非常大，远近闻名。

战国后期，宋国被齐、楚、魏三国瓜分，牛姓子孙也散亡各地，辗转飘零。

这段时期，见诸史书的牛姓后人还有秦国的大儒牛缺、赵国大将牛翦，赵国贤士牛畜等。

郡望：陇西望族辉煌灿烂

《汉书·百官公卿表下》记载，西汉时期，牛商担任张掖太守，牛商也成为牛姓后人在西北地区的最早史书记录。

东汉初年，牛邯担任护羌校尉，家居陇西（今甘肃临洮），牛崇任陇西主簿。此后，陇西牛氏人丁兴旺，很快形成望族。

从东汉末年到隋朝建立的数百年中，社会动荡，民不聊生，陇西牛姓因为远离中原，很少受到战乱影响，因此繁衍昌盛，并形成牛姓历史上最重要的郡望——陇西郡。据《贞观氏族志》记载："陇西郡八姓，牛姓为第二。"

隋唐之际，陇西牛姓名人辈出，高官不断，如隋朝法律、礼仪、文化制度的开创者牛弘，行使唐朝宰相职能的牛僧孺、牛仙客，"花间派"重要词人牛峤等，均青史留名。

迁徙：播迁足迹走向全国

《中华牛姓源流简史》一文称，隋唐时期，陇西牛氏一部分仍生活在宁夏、甘肃等地，其余多迁居洛阳、长安一带。

五代十国时期，连年征战，门阀士族大都衰落，牛姓也不例外。陕西、甘肃之牛姓或南迁四川，或东入山西，中原之牛姓多迁徙至江苏、浙江、安徽等地。

宋元之际，牛姓的分布仍以北方为主，其中以山西居多。如后梁名将牛存节、抗金将领牛皋、抗元将领牛富等。

明清时期，受移民政策影响，牛姓开始分迁至全国各地，其中以山西牛姓走西口，山东、河北牛姓闯关东最为著名。

清朝中后期，不断有牛姓后人渡海赴台，或远徙海外。1979年前后，一些台湾的牛姓后人成立"牛氏宗亲会"，并续写宗谱，表达思乡之情。

祭祀：子孙祭祀绵延不绝

河南省南阳市宛城区、唐河、新野三区县交界地带，有一支牛姓后裔自明代前期落户至此，近700年间已繁衍5万余人，形成著名的牛氏六村落。

六村一位老人介绍，牛姓祖上的墓苑旁，原有祭田200余亩，松柏参天，狮兽数座。墓苑中有一御碑，上刻国宝玉玺，十分威武。六村共有的"牛氏祠堂"除举办祭奠活动外，也成为家族议事场所，相传至今。

对于牛氏六村的祭奠活动，中华牛氏文化研究会南阳分会的顾问牛灿宇津津乐道。牛氏每年分春秋两次祭祖。各村代表所乘篷车等等，几百人的祭祖队伍浩浩荡荡，威武壮观。牛灿宇说，牛氏子孙到全国各地后，结合当地民风民俗，形成了各具特色的祭祖礼仪，成为家族文化的重要部分，通过祭祀活动，牛氏子孙的自豪感和凝聚力大大加强。

他们是"打锅牛"的后代

"上有边，下有尖，六寸长，八寸宽，重量一斤三钱三。"这是一首在荥阳汜水镇流传数百年的"锅片歌"。而这首歌又和一个悲壮而凄美的故事——"十八打锅牛"有关。

在豫北和鲁西北，许多素不相识的牛姓长者们，只要大家都说"打锅"，便认做同宗一家……

对锅台遗迹今已破败

在荥阳市汜水镇牛占村还存有"十八打锅牛"的对锅台。

穿过一条幽径进入对锅台的院子，正殿有倒塌的痕迹。旁边两所蓝色老式厢房，从门楣和窗户结构能看出历史悠久。

登上对锅台的制高处，鸟瞰周围风景，青草与杂树茂密处，曾经香火袅袅，朝拜鼎盛。对锅台的西北角，有世界著名生物学家牛满江先生立的石碑："黄河滔滔，华夏巍巍，中原祖地，盛世繁荣……"

在昔日岁月，无数打锅牛的后裔从黄河两岸，从长城内外，来到这里，拜谒先祖。

"十八打锅牛"家族离合悲欢

据汜水镇的牛姓老人讲，六百年前，"十八打锅牛"的始祖为山西洪洞县令牛川，他为官清正，深受百姓喜爱。牛川的孙辈共十八人"和睦相处，阖门济美"。

元末农民大起义爆发后，兵荒马乱中，十八兄弟家业难守。老大牛楷流着泪说："我们各自逃生吧！"可弟兄们担心再难相见。经过商议，他们将一口铁锅打作十八片，各持一片，以作今后认亲的凭证，随后洒泪作别。

明政权稳定后，十八兄弟辗转取得联系，择期相会于荥阳汜水镇西十里亭，举行"对锅认亲会"。

为便于寻宗认祖，散居各地的十八弟兄各书家谱以昭示子孙，这就形成了古今家族史上少有的《十八祖迁居地址歌》，传唱至今。

"打锅牛"有多个版本

除"十八打锅牛"外，牛姓还有多个"打锅"传说。

山西壶关沙窟村，村里牛姓世代相传，先祖牛丞相居官清正，因家乡大旱，邀请皇帝到此体察民情，因奸臣谗言，举家被抄。牛府家人打破一口大锅，各携锅片逃命。

村民牛琦云说，村里还有"打钟吃饭"、"九缸十八窖"及"家庙中银杏树是牛丞相出访高丽时带回的"等传说。此外，牛丞相被杀后，祖坟被官兵所毁，至今仍有痕迹。

牛金堂介绍，因年代和地域不同，民间还有"九牛撞金殿""猛牛扑帝王"三兄弟、五兄弟打锅说等等。

"打锅说"广为流传成为家族符号

据《汜水县宗谱序》记载，道光年间，"十八打锅牛"的传抄家谱广泛传播。但中华牛氏文化研究会副会长牛向阳则对"十八打锅牛"的真实性提出质疑并加以考证，他认为该传说来源于明朝移民政策，并有杜撰成分。

河南炎黄文化研究会原秘书长李欣岭则表示，抛开细节不纠，打锅牛应该是无争的事实。

1971年江苏省丰县南关牛氏在迁葬时，在死者尸骨右手下发现一锅片，结合家谱记载，"打锅说"再次得到印证。

荥阳汜水镇为了纪念牛姓当年对锅，定于每年举行庙会以作纪念，对锅台遗址也保存至今。焦作修武县等地，《锅片歌》在牛氏子孙中代代相传。许多"打锅牛"的后裔也把锅片用红绸包裹，放在祖宗位置供奉。

李欣岭说，家族被迫离散时打锅，不是牛家独有，但从唐朝至清代，牛氏打锅次数之多，持续时间之长，影响之深远，则是牛氏独有。

在牛氏后人心中，"打锅牛"也早已成为一种深刻的文化记忆，成为家族符号。

父状元，子传胪：这对牛家父子不简单

巩义市河洛镇的牛状元府名闻遐迩。村民说，从这偏僻的山村走出来一位状元，可真是百年不遇。

中华牛氏文化研究会秘书长牛金堂说，作为近代史上的牛氏名人，牛状元父子的功名也是普天下牛姓的自豪。

此外，他们留下的"留余匾"，厚重文化至今影响着后代子孙。

探访：昔年兴盛如今破败

巩义市河洛镇官殿村的老辈人讲，官殿村乃一金龟挼水地，风水极好。从浮戏山下远眺，牛状元府依山而建，如大鹏展翅。进入庄园，须漫上数十步台阶。

状元府门口，高约4米，宽约4米的大门上刻着"圣旨"二字，门内悬挂"父子状元传胪"木刻大匾一幅，其下又有"将军第""状元府""太史第"三幅青石匾额。

牛金堂介绍，牛状元府创建于嘉庆年间，前后46年才始成规模。只可惜年代久远，如今破败不堪。

状元：勤奋练艺终成状元

在官殿村及周边村庄，牛状元的故事流传至今。

因为家境贫寒，牛凤山幼年时苦练武功，不畏严寒酷暑，坚持不懈。

官殿村牛氏祠堂前，一块大约300斤重的方石，上面有手指抓石的痕迹。村民牛星郎介绍，这就是牛状元当年练功时所用的道具。

27岁那年，牛凤山在殿试中获一甲第一，钦点状元，封武功将军，后晋封总兵。鸦片战争时,牛凤山从戎江浙。在众多牛氏族人心中,除了功名煊赫,牛凤山还是一位保家卫国、抵御外侮的大英雄。

更让村民津津乐道的,是牛凤山从京城回到家乡时总是牵着马走,见到四邻均笑脸相迎,见长辈必磕头问好,深得民心。

传胪：刻苦求学金殿传胪

作为"父子状元传胪"的"传胪",牛凤山的儿子牛瑄并不逊色。

牛瑄小时用功学习,一坐下来就手指当笔,在膝盖上写字,裤子都磨烂了。

后来,牛瑄去30里外的山寨静心读书。大年三十,他回家过年。牛凤山起先沉默,后来严肃地说:"读书不误过年,过年能误读书。"吃过年夜饭后,牛瑄当晚就回山寨发奋读书。

讲到这个故事时,村民感叹牛氏一家一心求学,严厉督促。

牛瑄后来在殿试中获二甲第一,钦点金殿传胪。据《汜水县志》记载,科考后,慈安太后有意定牛瑄为状元,但牛瑄的一名恩师以这张卷子有别字为由反对。名单揭晓后,恩师非常懊悔,牛瑄却毫不在意。

影响：留余文化蕴含哲理

距离牛状元府不远的康百万庄园,有一座《留余匾》,金底黑字,共174个字,字体刚柔相济,美观流畅,是镇馆之宝匾,也是中华名匾之一。

中华牛氏文化研究会会长牛宁介绍,牛瑄的书法和为人广受推重,在成为康百万家的门婿后,他应约题写家训匾,教导后世子孙。

康百万家族第20代嫡传子孙康明亮说:《留余匾》中的"留有余,不尽之巧以还造化;留有余,不尽之福以还子孙……"是儒家思想的集中体现,也是书写者对生活的深刻感悟。

对《留余匾》所写内容的研究,如今已经形成"留余"文化,告诫后人做人做事都需留有余地。推而广之,世间事都一样道理,值得揣摩体会。

第三部分

部分源于河南姓氏

43 个

主体王姓，根在河南

王姓，作为百家姓中一大姓氏，被大家所熟知。

许慎《说文解字》"王部"："王，天下所归往也。"从字面理解，多少就可以推测出王姓或许多与皇帝、君王有关的尊贵血统。

从历史上来看，也确实如此，多种王姓起源的源头都与王室有关。除中国外，在朝鲜也有许多王姓的人，朝鲜历史上的高丽王朝开国国君就姓王。

起源：主体王姓，根在河南

中华王姓人口众多，枝繁叶茂，是我国一个大姓。

虽然都是一个"王"字，但源头却不尽相同。河南省炎黄文化研究会理事王衍村研究发现，王姓起源可分为四个重要源头：姬姓之后、子姓之后、妫姓之后、虏姓之后（即胡人等少数民族改姓王的）。

"姬姓之王是绝大多数王姓人的本源。"王衍村认为，而姬姓之王又分别有出自周文王十五子毕公高及战国四公子之一的魏公子信陵君无忌、出自周灵王之子太子晋、还有一些出自周平王孙赤、王子城父以及周考王弟揭等人几个分支。

周灵王的儿子太子晋这一支，因为成姓时间较早，裔孙兴旺，身份显赫者多，因而慢慢形成了现在王姓宗亲大多认为太子晋为其先祖的情况。

太子晋是东周第11代君主周灵王姬泄心的长子，本名为姬晋。太子晋被灵王废为庶人后，便离开了京师洛阳，被周灵王圈禁在偃师缑山（另一说是隐居于偃师缑山），平日吹笙为乐。或许是被贬后抑郁或是天妒英才，逝世时年仅17岁。《逸周书》在记载太子晋与师旷辩论时，说太子晋已预知自己为寿不长，人们据此认为太子晋可预知生死，便说太子晋在缑山驾鹤升了天，成了神仙。

偃师缑山寻源

位于偃师市东南约 20 公里的缑山（又称缑氏山），海拔只有 308 米，但却小有名气。

《四渎记》上则将其列为道教 72 福地之一。因为这里曾出过两位神仙，一位是大名鼎鼎的西王母，据说她曾在缑山修道。因为她姓缑，故该山名缑氏山，后简称缑山。另一位便是周灵王的太子晋。

沿山道徒步走到山顶就能看到，历经千年风雨的升仙太子碑。此处原有升仙观一座，今已不复存在，仅留一座带有砖砌碑楼的石碑，碑高 6.70 米。为了防止盗拓，已经被用围挡保护起来，无法看到全貌。

王衍村介绍，大周圣历二年（699）二月，升仙太子庙落成，女皇武则天再次来到缑山拜谒，并亲自撰文，碑文为 34 行，共 2129 字。武则天驾崩后，其子相王李旦把碑刻立于缑山升仙太子庙内。后来升仙太子庙破败，1956 年偃师县委从财政拨款建立起砖砌碑楼，2006 年 5 月成为国家级文物保护单位。

这方武则天撰文书写的巨碑，被后人认为，开启了草书刊碑的先河。其碑额"升仙太子之碑"六字，被书法界推崇。

太子晋被奉为王氏始祖，所以后世又称他为王子晋、王子乔或王乔。

"王姓作为人口近亿的中华大姓，从寻根的角度看其核心仍是尊奉太子晋为祖先的主体支脉，太子晋及其生前主要活动之地和去世后的葬身之处就是王姓的血缘或地缘之根。"中国青年政治学院教授王大良表示。

其他源流：比干后代也姓王

"比干的后裔也有王姓。"王衍村说。

比干的本姓是子姓，老家在沫邑（今河南淇县）。比干被剖心后，其夫人陈氏带着两个儿子和大儿妻子妫氏逃出朝歌。两个儿子逃跑后，后来成为两支王姓的始祖。

子姓王氏，历先秦至汉唐，一直定居河南地区，史称汲郡王氏。后来，历经改朝换代，有的迁徙他乡，形成诸多郡望王氏：有天水王氏（今甘肃天水市）、东平王氏（今山东东平县西北）、新蔡王氏、新野王氏（均属河南）、山阳王氏（今河南焦作市东南）等。

另外，妫姓之王的祖根则在河南淮阳。王衍村说，河南周口太康县马头村王氏家族就是妫姓之王，据其家谱记载：吾太康马头王氏系出山西太原固典田齐之后改姓王，若干年后又有一支迁移到山东朝城一带，洪武初年（1368），始祖仲礼与胞弟仲智由山东东昌府朝城县枣林庄徙居河南太康县东北45里古家马头前马蓬村，遂家焉，称马头王，为当地名门望族。

上述子姓之王、姬姓之王和妫姓之王构成当今王姓人的主体，并且都与黄帝有关。

除了来源于汉族的王，还有很多由少数民族改入王姓的。例如，南朝梁将王僧辩，本为鲜卑族，姓乌丸氏，后自改姓王；满族完颜氏，有的改为王姓；蒙古族耶律氏，也改为王姓。另外，成吉思汗六子为逃避因夺位引起的迫害、追杀，逃往中原。因身为王爷，为显示身份改姓王。

再有就是，由复姓简化而来。这种情况的王姓较多，至少有14个（即王子、王父、王官等）复姓曾经或者全部改为单字王姓。

太原王氏、琅琊王氏等的来历

现在常说的太原王氏、琅琊王氏、三槐王氏等郡望又是如何形成的？

太原王氏

据《新唐书·宰相世系表》记载，周灵王的太子姬晋因直谏被废为庶人，其子宗敬（字荣，世以字行，故称王荣）为司徒，其后人由洛阳迁居于太原、琅邪，遂有太原王氏和琅琊王氏。

宗敬后代传自战国末秦初时，太子晋18世孙（有史料记载为16世）王翦及其子王贲、孙子王离，祖孙三代，都是秦朝名将。

王离曾率军与项羽战于巨鹿，兵败自杀。其长子王元为避战乱，迁往山东琅琊，而后逐渐形成了琅琊王氏。王离次子王威，定居晋阳，是为"王氏太原始祖"。自此，在中华大地上分衍出"琅琊王"和"太原王"两大世系。

固始王氏

固始王氏则以王晔为始祖。王晔，字德明（有史料记载字光世），唐德宗李适贞元年间（785—804）任河南光州固始县令，后受命为定城县令，固始人们不舍，求勿离去，王晔不忍，于是定居固始，是为王姓"固始祖"。

三槐王氏

三槐王氏则是以唐朝黎阳令王言为始祖，言公有二子：彻、永。王彻，字伯通，举后唐进士第一，官至左拾遗。其子王祜（923—986），显于汉周之际，官至兵部侍郎，历事太祖、太宗，文武忠孝，天下望以为相；为保护符彦卿，不但没有升任相位，反而被贬为华州知府，但他很坦然，在开封府东郊仁和门外官邸庭院植槐三棵，曰："吾之后世，必有为三公者"。

终应三槐之兆，其子旦，字子明，为太平宰相；其孙素，字仲仪，为工部尚书。后人将王祜植槐的宗祠命名为"三槐堂"，特别是北宋文学家苏东坡作《三槐堂铭》后，三槐堂名扬天下。

闽台王氏

闽台王氏以王审知为始祖，他是固始王恁第三子，唐末战乱，他与长兄审潮、审邽，提兵入闽，开疆辟土，审知公被尊为"王氏闽台祖"。

福建开闽王氏，是东南沿海及海外侨胞中很有影响的一个王氏家族。东南沿海地区及东南亚国家的王氏家族，大多是"开闽王氏"的后裔。1981年3月在福州北门外莲花峰闽王王审知墓中出土的《闽王墓志》载："闽王讳审知，字信通，姓王氏，其先琅琊人也。缑山远裔，淮水长源。"由此可见，开闽王氏是琅琊王氏的一个分支。

从以上的分析不难看出，太原王氏、琅琊王氏、三槐王氏同为太子晋公之后裔，他们占据了现在王姓人口的多半，这也说明王姓的主体根系在河南。

为啥三国时期，很多人名都是单字名？

大家是否注意到，三国时期单名多、双名少，如刘备、孙权、曹操、袁绍等。为何很多人名都是一个单字？其实都是受到了王莽"去二名"的命令的影响。

王莽，是西汉孝元皇后王政君之侄。王莽曾代汉建立了新朝，建元"始建国"。为了巩固统治，他推行了一系列"新政"，其中就包括了一个名为"去二名"的"制作"（法律的意思）。

《汉书·王莽传》中有这样的记载：王莽的长孙叫王宗，自己弄了天子的衣服、帽子，穿上让人画了幅画像，还刻了铜印三枚，与其舅舅合谋，准备夺权。但是事情暴露，后来自尽。在其死后，王莽下令："宗本名会宗，以制作去一名，今复名会宗！"意思就是，王宗本名王会宗，因为去二名的制度改为王宗，但是因为他是戴罪之人，所以他死之后改回三个字的名字以示惩罚。

从王莽这道命令可以看出三个问题：一、王莽之前的人名用字数是不受限制的，他自己孙子的名都是两个字。二、王莽上台后，曾经下过"去二名"的"制作"。三、人犯罪后，恢复二字名，以示处罚。

由于王莽的法令，从那时起，人们渐渐养成使用单字名的习惯，时间长了竟然成为风气，认为用两个字取名是不光彩的事。因此，单字名现象得以延续，一直到三国时代。直到后来，这个说法才慢慢被人们所淡忘。

刘氏先祖，养"龙"为业

俗话说：张王李赵遍地刘。这句话，介绍了中国 5 个人口最多的姓氏。

据专家考证，世界上刘姓人口有 8000 多万，其中 7000 多万人生活在中国大陆。刘姓是我国第四大姓，其人口数约占汉族总人口的 5.4%。

刘姓现状：源于河南鲁山，是台湾第八大姓

众所周知，中华民族的主体是汉族，中国的语言文字被称为汉语、汉字，这都与刘姓人的历史贡献密不可分。

西汉建国伊始，原本人口不多的刘氏就开始逐渐繁盛，大多分布在中原地区；汉末三国之际，王室衰微，中原战乱，刘氏为避战乱，不断向四方迁徙；魏晋南北朝时期，刘氏大举南迁，刘裕在江南建立的刘宋王朝政局较为稳定，刘氏人口也迎来又一个高速发展时期。

唐宋时期，刘氏就已经遍布大江南北，全国各地都出现了刘氏的望族。从明末开始，闽、粤等地的刘氏陆续移居台湾，如今刘姓成为台湾地区的第八大姓，人口超过 66 万；同时，也有不少刘氏子孙到海外谋生，其中以东南亚最多。

如今，刘姓在中国大陆、港澳台等地均有分布，其中不乏贡献突出者。而海外的刘姓人以东南亚居多，他们通过自己的努力，大多成为当地的楷模。

刘姓图腾：刘的最初含义，是战斧

在今天，"刘"这个字在词典里的释义，除了作为姓使用之外，别无其他。

其实，远在五六千年前，"刘"字具有极其丰富而神奇的含义。《中华姓氏大辞典》的作者袁义达曾解释，最原始的姓氏，往往源于原始部落的图腾

崇拜。而用作姓氏的汉字，也都有其最原始、最根本的字义。专家考证，"刘"的最初含义，是一种战斧。

中国人在谈到人类文明起源时，喜欢用"混沌初开"来形容。而开天辟地的盘古，正是用一把巨斧劈开了这个混沌的世界。新石器时代，人们最常使用的工具不是刀，不是剑，而是斧头。

"刘"氏先民有了征服自然的力量，正是认识到它的威力，中华先民中的一部分人，便把"刘"当成了本氏族的图腾。

刘姓共祖：刘累被尊为天下刘姓的共祖

那么，见于记载的刘姓肇姓始祖是谁呢？

在今天的河南省鲁山县境内，有一处山水相依、风光秀丽的昭平湖风景区。"一湖出平峡，万源聚山川"这句诗，描写的便是昭平湖的美景。

昭平湖的东岸，有一座"刘累陵园"，其墓主人刘累，被天下的刘姓人尊为共祖。据记载，刘累是帝尧陶唐氏的后裔，因为尧姓祁，所以刘氏又称"祁姓刘氏"。河南鲁山县境内的尧山，便是因刘累在此祭拜祖先尧帝而得名。

《左传》《世本》《竹书纪年》《史记·夏本纪》等古籍均记载，刘累生活在夏朝晚期，他出生时，两手掌中各有一个特殊的纹饰，看上去分别是"刘""累"二字。其家人认为这是上天的某种预兆，便把这个新生儿取名为"刘累"。不少存留至今的刘氏家谱中，也都有类似的记载。

据记载，刘累为避祸，来到昭平湖畔隐居，死后也葬在了这里。每年的4月19日，都会有数千名刘姓后人来这里寻根，祭拜先祖刘累。

刘累御龙：养龙失败，逃走隐居

《竹书纪年》记载：帝孔甲七年，刘累迁于鲁阳。鲁阳，即现在的鲁山县。刘累为什么要迁居鲁阳呢？

原来，这与他从事的特殊职业——"御龙"有关。《左传》《国语》《史记·夏本纪》等诸多古籍中，都记载了"刘累御龙"的故事。

古人云：虫莫知于龙。龙是动物之神，只有具备非凡能力的人才能征服它。

当时祝融氏的后代豢龙氏，便是有名的"御龙世家"。据记载，刘累小时候跟着豢龙氏学习御龙之术，10岁时便掌握了"扰龙"的技能。

当时夏朝的帝王是孔甲，他在位第三年，从黄河、汉水中各得到一对雌雄双龙，便准备用这四条龙来为自己驾车。他派人寻找最擅长养龙的人，22岁的刘累毛遂自荐。起初，刘累把龙饲养得相当不错，孔甲十分高兴，赐他为"御龙氏"，并将豕韦（今河南滑县）赐给他作为封邑。

然而四年后，一条雌龙莫名死掉了。刘累干脆将龙肉煮熟，做成菜肴送给孔甲。龙肉鲜美，孔甲吃上了瘾，不断派使者向刘累索肉。刘累害怕事情败露，便带着家人逃离夏都，来到鲁阳昭平湖畔隐居，躲过了家族灭亡的命运。

七姓同源：唐、杜、土、随、范、司空与刘同源

《中华姓氏通史·刘姓》一书作者刘佑平认为，关于刘姓，还有一种"唐、杜、土、随、范、司空与刘共源"的说法。

商朝中期，商王武丁中兴，消灭了彭姓豕韦国，将刘氏族人封为豕韦氏。公元前11世纪，周武王姬发伐纣灭商，大肆追封三皇五帝后人，作为帝尧陶唐氏后裔的豕韦氏，被分封到陶唐氏的旧地唐（今山西冀城西），这支豕韦氏演变成了唐氏，是今天唐姓人的祖先。

过了几十年，周成王觉得唐氏与殷商后裔来往过密，将唐氏迁到了杜城（今陕西长安县附近），并改封为杜氏。周宣王四十三年（前785），杜国灭亡，其后人以国为氏，成为现在的杜姓。

刘氏宗族，王者之风

每个中华姓氏，都有自己的家风和宗族文化。比如，朱姓尚武崇学，孔姓崇文重礼，黄姓看重孝道和开拓精神，蔡姓的家规一半与读书有关，等等。

刘佑平认为，与其他姓氏不同的是，刘姓的宗族文化中，透露的是一种王者风范。

刘姓王朝：姓刘的是"帝王专业户"

钱文忠教授曾在央视《百家讲坛》解读百家姓的时候提到，李姓在历史上建立的政权最多，称帝、称王的李姓人有 60 多个。然而，从节目开播以来，陆续有学者和专家对这一说法提出疑问。河南商报记者翻阅史料发现，无论是建立王朝的数量，还是称帝的人数，刘姓都远远多于李姓，是名副其实的"帝王专业户"。

据统计，中国历史上，刘姓先后建立西汉、玄汉、东汉、蜀汉、汉（前赵）、（刘）宋、南汉、后汉、北汉等王朝，这些都被正史所承认。

耶律阿保机建立的辽国，以及其后代建立的西辽、北辽、后辽，十六国时期赫连勃勃建立的胡夏政权等，并没有算在内。史料记载，辽王朝汉姓为刘，耶律阿保机的汉名叫刘亿。赫连勃勃是匈奴人，他的原名是刘勃勃。

此外，刘姓人建立的另外一部分政权，因为当时处于分裂格局、为时较短等，未被史学界承认。如，西晋末年，刘芒荡在马兰山称帝，建国号"汉"；隋末唐初，刘黑闼在洺州自称"汉东王"，建元天造等。

据统计，中国历史上刘姓称帝、称王者达 92 人。可以说，从西汉开国到现在 2000 多年，前半段时间里，刘姓人的主要工作就是当皇帝，是名副其实的"帝王专业户"。

太监王国：南汉偏安岭南，是有名的"太监国"

五代十国，群雄割据，一个从中原迁到岭南的刘氏家族，也想趁机恢复刘氏天下。他们以岭南为根据地，在广州建立一个独立的王朝，国号也是汉，这就是南汉。南汉传到了末代君主刘鋹手里时，政事紊乱，他还使南汉成了历史上有名的"太监国"。

《新五代史·南汉世家》记载，当时，刘鋹制定了一个奇葩的基本国策：考上进士的儒生，一律先阉割，再委任官职；没考进士，但被他器重的大臣，也都难逃一刀。目的就是让大臣们了无牵挂，专心事主。于是，一个偏安岭南的小朝廷，2 万多名大小官员全都是阉人，道士、和尚等也都是太监。

上行下效，官场如此，民间也掀起"自宫潮"，不少小康之家的公子为求官职，忍痛挨刀：读书要寒窗十年，自宫一时痛苦却能终身富贵。

史料记载，有一年，皇宫放出3000个太监公务员名额，结果应征的自宫者达2万多人。政府无奈扩招，增加了1500人，但还是有很多人被剩下：他们已经自宫，求富贵不成，回家乡又没脸，最后沦为乞丐、小偷，十分可怜。

有这样的庸主治国，南汉怎么能不灭亡？公元970年，北宋潭州防御使潘美进兵南汉。次年，刘鋹逃亡不成，无奈投降，南汉就此灭亡。

来次刘姓"寻根之旅"

武将世家：保存至今的圣旨上，字迹依稀可辨

刘全胜，是河南省滑县上官村镇人，他老家村子里多数人姓刘。他曾查阅史料，发现历史上的刘姓武将数不胜数。在明代，他的家族曾是显赫一时的武将世家。

他家里，至今仍保存着一套家谱和一份圣旨。家谱分为两册，一册编纂时间为清末，另一册是上世纪80年代后人重新修订的。圣旨长约2米、宽约0.3米，与家谱珍藏在一起。

这份圣旨上的字迹模糊，但依然能看出大致内容。圣旨显示，明弘治年间，刘寿是一名正六品的将军。弘治十二年（1499），由于战事调整，他奉旨从原籍南直隶安庆府太湖县太平乡（位于今安徽太湖县）迁到北直隶大名府滑县（今河南滑县）。刘全胜说，根据家谱记载，刘寿就是他们这一支刘姓人的始祖。刘寿的儿孙辈也多出将军，品级大多是正五品或正六品，称得上是武将世家。

他介绍，滑县另外一支刘姓人的始祖，和刘寿是兄弟，当时也是将军，品级比刘寿要高。"这说明，始祖刘寿的父辈也是将军。可惜的是，他们那一支刘姓人的家谱，在几十年前毁坏了。"

昭平湖畔：昭平台景区免费向世人开放

刘凯的老家在偃师市，那里离春秋时期刘国的故城遗址不远。"小时候去过那儿，还从土里刨出过瓦片。现在想想，我可能就是刘国王室后裔呢！"他笑说。

"听我们村的老人说，以前的家谱上记载，居住在这一带的刘姓人，都是刘累的后代。"刘凯说，"但家谱早就毁了，一本也没留下来，很遗憾。"

刘累陵园所在昭平台景区从 2013 年起免费开放。

寻根问祖：世界刘姓华人同胞、同宗、同源

昭平台景区工作人员冯德顶介绍，每年都会有数千刘姓后人到昭平湖畔寻根和祭拜先祖刘累。

后来，为给海内外刘氏后裔提供良好的祭祖条件，省旅游局于 2001 年 10 月批准修建了刘累陵园。如今的刘累陵园包括墓区、墓前广场、刘累铜像、始祖殿、世界刘氏纪念馆、刘氏会馆、碑林等，占地 3.5 万平方米，规模宏大，整个建筑群被称为"中华刘姓始祖苑"。

"刘累陵园的建造，离不开海内外刘氏后人的支持。"冯德顶介绍，马来西亚华人刘志南就曾捐资 565 万元用于修建景区。

平顶山市台办主任李福林介绍，刘氏子孙遍布海内外，昭平湖畔的中华刘姓始祖苑已成为世界刘姓寻根圣地，每年都会接待大批的刘氏后人寻根问祖，其中不乏港澳台同胞和海外侨胞。

"自 2008 年以来，每年的 4 月 19 日都会举办'世界刘氏宗亲拜祖大典'。"李福林认为，世界刘姓华人同胞、同宗、同源，通过寻根问祖，能拉近彼此间的感情，共同为中华崛起而努力。

千年不衰的赵氏家族

提起姓氏,民间一直流传着"赵钱孙李,周吴郑王"和"张王李赵遍地刘"的说法,可见赵姓一直是族人众多的大姓。

事实上也确实如此,赵姓从得姓之后一直是世家大族,历史上的赵姓名人不可胜数,赵氏家族可谓千年不衰。

赵姓得姓始祖是一马夫

赵姓的起源与一段浪漫的神话故事有关。《史记》中记载:

相传在遥远的西方有一位能歌善舞的女神,她住在群玉山之西三千里,是一个部落的女首领,被称为西王母。周穆王为了见她,带了奇珍异宝,驾着八匹骏马走了九个多月才来到西王母之邦。

西王母收下礼物后盛情款待了周穆王,两人在瑶池相会,饮酒行乐,如醉如仙。就在周穆王乐而忘归之时,国内传来消息,徐偃王作乱,周穆王立即驾马返回了镐京,平息了叛乱。

周穆王之所以能够迅速地回国平叛,得归功于一个人,那就是他的马夫造父,因为这件事造父立了大功,周穆王便把赵城赐给了他。

造父以自己封地的名字作为家族的姓氏,世代传承下来,赵姓子孙便以造父为自己的得姓始祖。

山西赵城镇为赵氏地望

造父被赐封的赵城在今天的山西省洪洞县赵城镇,这里因此成为赵氏地望。

造父因为善于御马留下了很多传说,在河南鲁山县赵村乡宽步口村至今流传着造父桃林选马、宽步口放马、"赵老嘴"得度升天的故事。鲁山县赵姓文化学者赵宗国考证，造父死后被埋在鲁山祖峰山下，这里现在有造父墓冢，当地人称"马王爷"坟。

赵姓得姓之后的第一次昌盛在周幽王时期，造父的七世孙叔带侍奉周王室，但幽王无道，于是孙叔带便带着部分宗族离开了赵城，去晋国侍奉晋文侯。从此赵氏便在晋国落脚，渐成望族，被称之为"去周如晋，赵姓始昌"。

晋献公时期，晋国发生内乱，晋献公的儿子重耳逃亡他地，当时跟随重耳的有几位贤士，叔带的后裔赵衰便是其一。重耳复国后，赵衰辅佐重耳成为了春秋霸主之一，重耳把自己的女儿嫁给了赵衰，而且还将原地封给了赵衰。

原地就是今天的河南济源，济源赵姓文化研究会陈立新考证，赵衰死后葬在了济源南岭，如今这里还遗存着赵衰与赵同父子墓，墓所在的村子称为"赵村"。

遭遇灭族惨案，幸得"赵氏孤儿"

赵衰有个孙子名为赵朔，因战功娶了晋成公的姐姐赵庄姬做夫人，赵朔与赵庄姬生的儿子名为赵武，赵武便是戏曲《赵氏孤儿》中的历史原型。在赵氏家族遭遇的灭族惨案中，赵武幸运地活了下来，最终复兴了赵氏家族。

赵衰之后九代皆为晋国六卿。公元前403年，赵籍与韩、魏大夫被周王室册封为诸侯，赵籍成为赵国的开国之君。赵国的建立，让赵氏家族得到了进一步发展壮大，战国时期诸多赵姓族人在历史的发展中扮演了相当重要的角色。

赵武灵王之子平原君赵胜因贤能而闻名，位列战国四公子之一，秦国围困赵国都城邯郸时，平原君散尽家财遣使援魏、楚，最终邯郸解围。

战国时期的赵姓主要集中在山西、河北、河南和山东等地，邯郸被破后，赵姓族人散居各地，以国为姓。

赵姓出自嬴姓，血缘先祖是舜帝女婿

赵国被秦国所灭之后，有史官曾记载："赵氏之世，与秦同祖；周穆平徐，乃封造父。带始事晋，夙初有土；武世晋卿，籍为赵王。胡服虽强，内乱外侮；

颇牧不用，三迁四房；云中六载，余焰一吐。"

在赵姓的一些族谱里，也有"秦赵同源"的说法。

《元和姓纂》中记载："帝颛顼伯益嬴姓之后，益十三代至造父，善御，事周穆王，受封赵城，因以为氏。"伯益就是赵姓与嬴姓共同的血缘先祖。

在《孟子》一书记载说，伯益与禹共同治水有功，舜帝于是赐他姓嬴，而且还把女儿嫁给了他。

舜帝的这个"女婿"确实有过人之处，相传伯益不仅善于畜牧和狩猎，他还懂鸟语，被尊称为"百虫将军"。他还会盖房子，凿挖水井，被民间奉为井神和专管山泽之神。

《战国策》记载，禹死后准备传位于伯益，但是禹的儿子启将伯益杀死夺了天下，从此"继承制"取代了"禅让制"，启就是中国历史上第一个帝王。

秦汉之前姓与氏分开，秦国贵族一直以嬴为姓以赵为氏，因此有"诸赵"的说法，而秦始皇嬴政也作"赵政"。

赵国被灭，赵姓形成两大郡望

赵国被灭之后，赵国王室后人被迫外迁，主要分为两大支，一支迁到河北涿郡，形成了涿郡赵氏，另一支迁到甘肃天水，形成了天水赵氏。其中天水赵氏是赵氏中最有名的郡望之一，在宋代以前，天下赵氏以天水为宗。

赵国灭亡，赵氏族人迁居外地形成望族

赵国最后的一位君主为赵王迁，公元前 228 年，秦军大败赵军，赵国灭亡；秦始皇俘虏赵王迁之后，将其流放到流放到房陵（今湖北房县）的深山中。

湖北房县当地传说，赵王迁被流放到房陵之后，住在一个石屋中，因为思念故乡，赵王迁每天都到石屋背后的山顶朝北望，后来这个地方因此取名为北乡。赵王迁死后埋葬在当地，留下一座墓冢，随他一起流放的族人居住此地，将此地起名为赵家湾。

《房县志》记载："秦，赵王冢，城北九里。旧志秦伐赵，虏其王迁徙房陵，卒葬此。"

《赵氏族谱》记载，汉朝时期，赵王迁的后裔迁到了涿郡赵氏迁居涿郡蠡吾（今河北博野县西南），形成了涿郡赵氏，蠡吾属河间，因此涿郡赵氏又被称为河间赵氏。

汉代时，赵王迁的后裔赵广汉和其孙赵贡均位至京兆尹，位同宰相，涿郡赵氏逐渐壮大。

赵广汉曾任颍川（今河南禹县）太守，他的后人有一部分随之迁居颍川，后来衍生出颍川赵氏，颍川赵氏在唐代时形成望族。

宋代以前天下赵氏以天水为宗

赵国灭亡后，赵王迁的兄弟赵嘉自立为王，赵嘉被秦始皇俘虏后，被迁往西戎，就是今天的甘肃一带，赵嘉的后人世代居住在甘肃天水，逐渐形成了一大望族，成为天水郡。

《天水堂·赵氏族谱》记载，汉代时，被封侯的赵氏后裔就达30余人，其中近一半出自天水宗族。赵姓族人称，宋代以前，天下赵氏大都以天水为宗，因此在《古今图书集成·氏族典·赵姓部纪事》中有"天水，赵之望也"的说法。

汉朝时，天水赵氏部分迁往中原，一支迁往南阳宛城（今河南南阳市）；另一支迁居南阳穰城（今河南邓县）。

历史上宛城赵氏出过东汉名臣赵熹，南阳郊区赵牌李村人赵修志说，他家的族谱记载，村里的赵姓就是出自赵熹之后。自东汉以来，虽然宛城这支赵氏也有部分人迁至山东、浙江、湖北等地，但赵牌李村的人却世代居于此。赵修志的村里人全部姓赵，家谱上至今保留着"男儿欲遂平生志，六经勤向窗前读"的族风家训。

南越武王赵佗，是岭南赵姓开基始祖

秦始皇统一六国之后，派屠睢为主将、赵佗为副将率领50万大军平定岭南，随后又将中原居民迁居到岭南，部分赵姓族人也随之迁居到南越之地。

秦朝灭亡后，赵佗建立南越国，自称"南越武王"，统辖包括今天广东、广西在内的大片疆域。南越国，历经五代，史书记载，赵佗在位67年，成为中国历史上在位时间最长的君王之一。

汉朝建立后，南越国向汉朝称臣，成为汉朝第一个附属国；赵佗建立的南越国的疆域还包括今天越南的北部，赵佗在越南国民心中依然拥有崇高的地位。

广东河源市一些研究学者认为，赵佗将中原文化传播到岭南蛮荒之地，为客家文化的形成奠定了基础，因此赵佗堪称岭南人文始祖和客家先祖。

随着南越国的建立，赵佗家族也在岭南发展壮大，有赵姓族人将赵佗称之为岭南赵姓的开基始祖。

因避祸，一些外姓改姓为赵

秦汉之后，随着周边少数民族的发展，一些少数民族中有人因为汉化而改姓赵。例如，汉代匈奴人赵安稽，他原为匈奴王，降汉之后被汉武帝册封为昌武侯。汉武帝时期的赵信原来也是匈奴小王，后来因为战败投降了汉朝，改名赵信，被汉武帝封侯。但后来赵信被匈奴打败，他再次投降了匈奴，被封为"自次王"。

此外，还有一些少数民族被中央王朝赐姓赵的。尤其是宋朝建立之后，先后有匈奴人、女真人、党项人以及其他的姓氏被宋皇赐姓为赵。例如北宋初年，党项族首领李继捧被宋太宗赐名"赵保忠"，不过后来李继捧并未"保忠"，他因涉嫌与反宋的族兄李继迁暗通，被宋太宗免官，封为宥罪侯。

在历史上，因避祸、姻亲、过继、入赘等原因改姓的称为"冒姓"，赵姓中也有不少这样的情况。河南原阳县城有几户赵姓人家，相传他们原本姓朱，为明朝皇室后裔，明朝灭亡后，因避祸改姓为赵。在满族中，也有不少觉罗氏的族人改姓为赵，在吉林九台乌拉地区有"七关八赵"的说法。

宋朝建立，赵姓成"天下第一姓"

在赵姓族史上，最辉煌的莫过于宋朝时期，赵姓族人赵匡胤建立宋朝后，赵姓成为国姓，在宋代人编写的《百家姓》中，赵姓排名第一，成为"天下第一姓"。

一家出两帝王，出生地被称"双龙巷"

《宋史》中记载"讳匡胤，姓赵氏，涿郡人也"，可见赵匡胤出自涿郡赵氏一支。赵匡胤出生在洛阳的夹马营，夹马营在今天的洛阳市区，原是后唐禁军的屯驻之地，宋代以后，当地流传着不少关于赵匡胤的传说。

传说赵匡胤出生时，这条街半夜如着火一般，赤光冲天，附近居民以为失火都纷纷赶来救火，走近了才发现并无火起，只有一个刚出生的婴儿呱呱而泣，因此这条街叫"火烧街"。因为宋太祖赵匡胤和宋太宗赵光义都出生此地，夹马营又被称为"双龙巷"，如今在洛阳当地还有龙灯表演的习俗，相传宋代以后将原来的舞单龙变成了舞双龙。

当地居民说，明代时夹马营修有宋太祖庙，内塑宋太祖像，庙旁立有"夹马营"石碑，后来庙碑皆被损毁。

餐饮文化中传说的"陈桥兵变"

后周时期，赵匡胤一直为将，逐渐掌握了军权，直到公元960年，在陈桥驿被部下拥立称帝。

在如今封丘县陈桥镇还流传着许多关于赵匡胤的传说，据说当地还有一棵两人合抱粗的槐树，被当地人称为"系马槐"，相传是赵匡胤发动兵变时用来拴马的。据原封丘县博物馆馆长李天锡考证，这棵树是五代十国时栽种的，后来附近居民听说树皮能治病，就来刮树皮吃，这棵树就逐渐枯死了。

在陈桥镇当地还有一种喝"鱼头酒"的习俗，据说也与赵匡胤发动兵变有关。当地人说当年赵匡胤率兵走到陈桥驿时已有兵变的打算，当晚他邀请部下喝酒时，军师赵普就提议说喝酒要有名堂，鱼头对着谁谁喝酒，谁就当皇帝。结果鱼上来后正对着赵匡胤。

又相传，豫菜名菜"鲤鱼焙面"的发明也是赵匡胤的主意。赵匡胤掌握后周军权之后已有称帝之心，又不便明言，于是他命令厨师做了一道糖醋鲤鱼，并以炸至金黄的面条盖在鲤鱼身上，宴请身边将领。

在古代鲤鱼被誉为龙的化身，焙面呈金黄色象征着龙袍，赵匡胤意在向部下暗示自己欲"黄袍加身"。如今，"鲤鱼焙面"成了最著名的豫菜，同时也是一道历史名菜。

宋朝建立，赵氏皇族分三支

《宋史》记载，赵匡胤的母亲杜氏生五子二女，赵匡胤登上皇位时，兄弟只剩赵光义和赵廷美。因此，宋朝赵姓皇室主要分为宋太祖赵匡胤、宋太宗赵光义和魏王赵廷美三个支派。

宋太祖去世后，皇位并未传到他的儿子赵德芳手中，而是由宋太宗赵光义继承了皇位，此后北宋历代皇帝皆出自宋太宗赵光义的后代。宋太祖与宋太宗非正常的皇位更替成为后世的千古谜案，民间流传着诸多传说，例如"烛影斧声"。直到150多年后，宋孝宗继承了宋高宗的皇位，皇位才再次回到了宋太祖一脉，宋孝宗为宋太祖之子赵德芳的六世孙，此后南宋历代皇帝皆出自宋太祖一脉。

史书记载，宋太宗赵光义即位后，魏王赵廷美阴谋篡位被贬到洛阳，后又被迁到房陵，这里也是赵姓祖先赵王迁的流放之地，后来赵廷美在此郁郁而终。

据《直隶汝州全志》记载，赵廷美死后被葬在汝州。汝州宋魏王文化研究会副秘书长赵凌说，汝州市陵头村确实发现有魏王陵地，2014年10月赵氏子孙聚集在这里举行了祭祀大典。

宋太祖与宋太宗去世后都被安葬在今天郑州巩义的宋陵，现在的宋陵保存完好，有皇室及大臣的陵墓300多座，每年赵姓子孙都会在这里举行规模宏大的祭祖活动。

两座"赵家堡"隔海相望，赵氏族人一家亲

宋朝多 300 年间，赵姓皇室族人传播到全国各地，一些皇族后裔因怀念故土，仿照北宋都城建造了居住地，福建省漳浦县的赵家堡就是其一。

赵家堡有几百年的历史，建筑风格完全仿照汴京的风格，这里居住的赵姓族人据称是魏王赵廷美的后裔。赵家堡里还留存着一本《赵氏家谱》，家谱的序言作者是赵廷美的 11 世孙赵若和。史料记载，赵若和是南宋末年的闽冲郡王，1279 年随着南宋末帝赵昺逃亡广东崖山。这本家谱记载，陆秀夫抱着 8 岁的赵昺在崖山跳海而死后，赵若和大臣黄材等一些侍从乘船夺港而逃却幸存了下来。他们后来到达福建漳浦隐居了起来，赵若和由赵姓改为黄（谐音"皇"）姓。直到明朝，赵若和的后人将藏匿的《赵氏家谱》公开，朱元璋恩准了他们恢复原姓。在福建漳州的《浦西黄氏族谱》中也记载了这件事，当地的黄氏族人历来有"保王存赵嗣"的遗训。

而在台湾桃园县也有一座赵家堡，据说这里居住的赵姓族人也是赵若和的后代迁往台湾居住的。

吴、虞为何不通婚？

树高千丈，叶落归根。为探究吴姓起源，吴氏后人东奔西走，查典稽谱，寻根溯源。吴回，吴太伯，谁是"始祖"，众说纷纭。不过，吴氏后人对吴姓文化的孜孜探索，让人钦佩。

寻根：八旬老汉为寻根 20 年奔走数万公里

40 多年前，吴海因工作调动从濮阳来到登封，工作忙碌，他回老家的时间越来越少。60 岁退休时，一直心系家乡的他，想叶落归根。让他没想到的是，老家坟地里的一块墓碑不知何时不翼而飞。"我的老祖宗，是何时、何地人？"吴海萌动寻根的念想。

从 1995 年开始，吴海开始四处奔走，参加宗亲活动，完善家谱。他的家人曾给他算过，这 20 年间，他跑的路有数万公里。

在吴海看来，寻根溯源对子孙后代尤为重要。根据中华伏羲文化研究会华夏姓氏源流研究中心 2013 年 4 月公布的数据，吴姓在百家姓里排行第 8，人口约 2400 万人左右。

吴姓是大姓，起源地在哪儿？吴海说，民间流传的吴姓起源多达数十种。

争议：吴回与吴太伯，到底谁是"始祖"

吴海说，众多起源说中，吴姓源自颛顼帝之孙吴回和建立吴国的吴太伯的说法，最得拥护。

《中华太庙宗谱》主编刘文学，将"吴姓出自姬姓，始祖是颛顼之后的祝融氏吴回"的这一说法收入书中。"如果吴回为吴姓始祖，那么，吴姓距今约有 4000 年历史。"吴海说。在《淮南子·时则训》里，也有"祝融，颛顼之孙,老童之子吴回也……"的内容。有学者认为,历史上,吴回确实存在,吴姓始祖为吴回的说法,确有可能。

不过,也有学者认为,因年代久远,关于吴回的记载都比较模糊。于是,吴姓始祖为吴国开国君吴太伯的说法,更被吴氏后人接受。在《元和姓纂》卷三《十一模》及《辞源》里都有记载,周太王的儿子太伯被封于吴地,建立吴国,公元前473年,吴国被越国所灭,吴国的子孙便以吴为氏。

"吴姓的起源,有源自姜姓、出自吴回氏族、出自姬姓等多种说法。"吴海说,作为吴氏子孙,他想"活得明白",于是,在探寻吴氏文化的路上,他孜孜以求。

探访:吴回的根在河南

吴海说,吴回是颛顼之后,颛顼帝居于河南,"这样说来,吴回的根也在河南"。

在安阳内黄县东南的梁庄镇三杨庄村西,矗立着上古时代"五帝"中颛顼、帝喾两个帝王的陵墓。颛顼、帝喾的陵墓,东西长约150米,南北宽约65米。陵墓前是一排楼宇,其中,大殿有五间,殿内存有明清时的石碑。在正殿内,高耸着颛顼、帝喾的塑像,前来拜祭的人络绎不绝。

"塑像旁放着9层花糕,象征风调雨顺。"一名看护者说,不知从何时起有了这个习俗。那么,颛顼之后吴回,到底是个怎样的人?

提起吴回,当地上了年纪的人,几乎都能说出一段关于他的故事。传说中的吴回,高大勇猛,才智杰出,是个半人半神的人物,因任祝融(管火之官)被尊称为"火神"。

吴、虞不通婚

坊间曾流传"吴、虞不通婚",这是为何?吴海说,确有这样的说法,因为吴、虞本是一家人。

相传,周朝的老太王古公亶父有三个儿子,分别是太伯、仲雍和季历,这三人都十分优秀,颇得古公亶父喜爱。不过,相比之下,三儿子季历更受父亲赏识。

"按老规矩，王位需传长子。"吴海说，史料记载，太伯和仲雍为了不让父亲为难，离家出走了，来到了吴越之地（今江浙一带）。后来，周朝建立，太伯和仲雍的后裔受到了周王朝的封赏。其中有对兄弟，一个被就地封在了吴地（今江苏），子孙以吴为姓；另一个被封到了虞（今山西），子孙改姓虞。

"江苏无锡这一带从根上说，吴、虞本是一家人。"吴海说，所以，过去，在江南一些吴氏大户里，吴、虞是不通婚的。

不过，如今，"吴、虞不通婚"的习俗已被渐渐淡化。

日本皇室的根在中国？

吴姓起源尚存争议，不过，相比不少源自北方的姓氏，吴姓在秦汉之前，活动范围集中在东南沿海一带。唐宋时期，吴姓开始大规模外迁。

之后，吴氏向海外拓展，最早是到日本。相传，吴氏有一支演变成日本皇室。南迁至越南，建立"吴朝"，越南的第一位皇帝姓吴，后期南越的最后一个总统也姓吴。

播迁：吴姓人口聚集地，几度变迁

目前，吴姓人口约有2400万。吴氏一族，星散各处，在国内，吴姓主要分布于广东、山东、湖南、江苏、四川、福建、安徽、贵州、浙江、江西等省。

吴国灭亡后，夫差的太子吴鸿被流放至江西，夫差后代还迁往江浙、山东、河南等地。在宋朝时期，吴姓人口达到170万人左右，江西成为吴姓第一大省。宋明以后，浙江成为吴姓的第一大省，那时候，全国人口快速增长，吴姓人口也人丁兴旺。当时，吴氏称雄于东南，吴宣作为后蜀的驸马，家族十分显赫。在吴宣的5世孙吴吉甫时，吴氏迁入广东。现如今，广东居住了约204万的吴氏后裔，成为吴姓第一大省。

在吴姓人口的迁徙中,迁入台湾的一支不可不提。广东梅县的《吴氏族谱》里有记载,1291 年,元朝礼部员外郎吴光斗入台,当时,他率领能载 6000 人的船只进入台湾。明朝末年,福建、广东沿海的吴氏也相继进入台湾,谋生创业。

濮阳:濮阳吴氏为皇亲,人才辈出

查阅河南、山东等地的吴氏族谱,均记录,在隋唐时期,吴氏已广泛分布于大江南北。那时,吴氏形成了濮阳郡、渤海郡、陈留郡、吴兴郡、汝南郡、长沙郡、武昌郡等七大郡望地。

当时的濮阳郡设在濮阳(今濮阳西南),此支吴氏,是开基始祖广平侯吴汉的裔孙吴遵。相传,当时的濮阳郡人丁兴旺、人才辈出。探访如今的濮阳西南,已难觅当时濮阳郡的恢弘。不过,吴姓人聚集的地方存在不少大规模坟茔、墓碑。

"我们是东汉大司马吴汉之后,是皇亲。"当地的老百姓提起老祖宗,都十分骄傲。对于吴汉的英雄事迹,濮阳的吴氏后人津津乐道:东汉将领吴汉,本是南阳人,后来,外出打工行至今北京,在那里靠贩马为生。再后来,他跟了刘秀,立下汗马功劳,在刘秀即位后,吴汉被封为大司马。

东渡:吴姓有一支,成了日本皇室

提起吴姓人口的迁徙,史书《魏略》《晋书》等均有记载,吴氏向海外拓展,最早到了日本。

"现在日本的'吴服'、'吴汉'等姓氏,都是从'吴'衍生而来的。"钱文忠在解读《百家姓》时说。相传,吴国被越国灭亡后,吴国王室的一些幸存者就逃到了日本,在那里繁衍生息,并成为当地民众的首领,后来,演变成为日本皇室。

研究吴姓文化多年的吴建国说,在他们最新完善的家谱中有写,汉、魏至隋唐时期,倭王曾多次派遣使者到大陆朝拜,并称,日本王室是吴太伯的后裔。对此,日本《新撰姓氏录》中也有记载——"松野,吴王夫差之后,此吴人来我之始也"。

南迁：越南第一个皇帝姓吴，南越最后一个总统也姓吴

南阳吴氏文化研究会的一名工作人员说，吴姓远播海外，越南的一支十分有趣，当地第一个皇帝姓吴，南越最后一个总统也姓吴，"不知是否是巧合，但这充分说明，吴姓在越南的旺盛"。

吴国被越国灭亡后，除了一支逃亡日本，还有些吴姓人相继南迁，逃到了现在的越南。《元和姓纂》有记载，唐中期，有一个叫吴纳的人成为了越南一个地方的刺史。

吴姓在越南达到鼎盛，应该是在五代时期，一个叫吴权的人建立了"吴朝"。虽然，吴朝存在的时间很短暂，但这段时期，吴姓人口迅速发展，并出现了许多杰出人物。

在 1955 年，又一名吴氏子孙名叫吴庭艳，建立了越南共和国（南越），并任第一届总统。南越后于 1975 年被推翻，第二年越南南北统一为越南社会主义共和国。

徐人失国得姓

河南濮阳县西南以徐为名的徐镇，姓徐的人家已不多，但该镇卫生院东边的一座蓝砖庙宇，却常有徐姓人前来瞻仰。庙里供奉的是一个鹤发童颜、笑容满面的大脑门老者，当地人称他是寿星徐三亭。

徐三亭之名可能鲜为人知，但他的画像和"福如东海，寿比南山"对联一起，早时却常被张贴在各家堂屋里。相传徐三亭死后葬于徐镇东北，村人为彰其功立庙祠之，即寿星庙。

寿星徐三亭生活过的地方古属濮阳郡，该郡正是徐姓早期的五大郡望之一。

源起之一：徐姓源出嬴氏，失国得氏

漫长岁月之后，历经战乱迁徙，濮阳徐氏渐渐后世无闻，但徐姓却在全国各地生根发芽，至今已成中华民族排名第 11 位的大姓。

对于徐姓的源起，有徐姓后人称源于嬴氏，也有人表示出自子姓。

河南姓氏文化研究会秘书长李立新在其著作《百家姓书库》中提出，徐氏是从中国最古老的姓之一"嬴"姓中衍生出来的，夏朝徐若木为其得姓始祖。对此，《史记·秦本纪》也有记载：秦之先为嬴姓。其后分封，以国为姓，有徐氏、秦氏等。徐姓被司马迁列为嬴姓十四氏之首。

被帝舜赐嬴氏的伯益，是徐姓始祖若木的父亲。伯益后被大禹选定为国家继承人，但却被禹之子启夺了天下。为大禹守丧之后，伯益逃到登封箕山避难，可最终被杀害。但因治水有功，夏王封他儿子若木在徐地，徐地是为徐国。

徐国在何处？欧阳修在《新唐书·宰相世系表》叙述徐姓起源时说："其

地下邳僮县 (今安徽省泗县一带) 是也。"

徐国传至第 44 代章禹，已在春秋强国的夹缝中生存。公元前 512 年，拥有孙武的吴国大军伐徐，并引水灌进了徐国都城，徐国国破，古徐国从此灭亡。公元前 512 年，亡国后的徐国人为纪念故国，以国名为姓。

源起之二：子姓徐氏和嬴姓徐氏或为同起源

嬴姓起源说外，徐姓还有子姓起源说，商汤后裔后子姓。据范文澜《中国通史简编》记载，周公姬旦平定武庚叛乱之后，把"殷民六族"中的贵族带回成周（故城在今河南偃师市西）分给田地房屋，让其自食其力。"六族"中第一姓即为徐氏。这支徐氏传衍于故洛阳和山东一带，早于以国为氏之徐。

但有专家认为，嬴姓徐氏和子姓徐氏或是同起源，"殷民六族"的徐氏后退到淮河流域有了以国为姓的徐氏。

若木受封后，夏商两代，徐国都是重要的诸侯国。周立国伊始，徐国便团结东夷诸小国抗周。周公不得不亲自东征，耗时三年，才平定了东方亲商势力。周成王论功封伯禽于鲁，并赐给伯禽"殷民六族"。

"徐国虽被周公所征服，暂听命于鲁，但它的国力仍很强大，时刻没忘了自己曾是殷商贵族。他不断联络殷商旧族，积蓄力量，阴谋推翻周朝。这就迫使伯禽不断伐徐。徐族被迫向南退避，又回到淮河流域，重新建都于今江苏泗洪县境内。"到三十二代而有了徐偃王。

故事：徐州因徐人徐国得名

李立新在《百家姓书库》中提到，徐国在与周的战争中，逐渐衰弱，但传到第 32 代君主徐偃王时，开始中兴。徐偃王（前 992—前 926），在徐州十大历史名人中略晚于彭祖。因为他很有作为，被多种姓氏书籍推崇为徐姓的重要祖先之一。

徐偃王大力推行仁政，国家迅速富强起来。许多诸侯国愿与他结盟，纳贡来朝的多达 36 国，徐国成为淮、泗流域的盟主。

周王朝朝政日益腐败，徐偃王在梳理陈蔡之间河道时，挖出一副红色弓箭，认为这是天赐祥瑞的他，顿生代周为天子的野心。趁周穆王巡游访仙之际，徐偃王率 36 国兵马西征周王朝，直打到了黄河边上（今晋陕交界处）。周穆王得到消息后，驱马一日千里回到周都，点大军镇压。

未曾想周穆王回来得这样快，眼见一场血战就要发生，徐偃王不忍心生灵涂炭，立即收兵，弃国出走，躲进彭城 (今徐州) 一带的武原山中。由于徐偃王很得民心，跟随他进山的百姓数以万计。《元和郡县志》说，这座山，后来被叫作徐山。

徐山在今江苏徐州市南，有专家表示，徐州也因徐偃王而得名。但也有观点认为，徐州得名于古徐国，丁山先生《禹贡·九州通考》说："徐州得名于徐方"。

徐姓派分天下，集中于江苏等七省

在距徐国故地不远的山东郯城县城北 3.5 公里处，205 国道外的平原上，如今还能看到一座方圆百米、高五六米的圆锥体墓葬，它突兀而立，巍然壮观。

当地人称，这就是徐姓始祖陵寝——豹公墩。《徐氏宗谱》记载，豹公是徐国第五代国君。

曾以淮河为中轴线向南北迁移

徐国灭亡之前，徐人以其祖居地为中心，在长江以北不断地南北迁移。大致以淮河为中轴线，向北到达江苏徐州乃至山东曲阜，向南到达安徽舒城县、庐江县、巢县一带，主要分布于淮河中下游流域，局限于黄河以南、长江以北的东部沿海地区。

徐国灭亡后，其遗民分迁多处：一支徐国遗民向北，再一次迁入山东地区，在那里繁衍发展之后，又逐渐向西迁移，进入今天的河南、河北、山西、陕西地区；一支遗民随章禹来到楚国，定居在今江西西部的余干、高安、临江一带；一支遗民南下到余水（今安徽滁县滁河一带），并在此定居下来；一支遗民向南迁徙，第一次渡过长江，定居在余杭山一带。

秦汉、魏晋南北朝时，徐姓不断有人徙居于山西、河北、北京、陕西、湖南、湖北、四川等地。在宋、元、明、清朝代更替的战乱时期，徐姓人又从江浙一带继续南迁至福建、广东、广西、云南、贵州、台湾等地。徐姓人入台始于明末，多聚居在新竹、苗栗两地。

漫长的历史中，徐姓族人逐渐从淮河北岸祖居地迁往五湖四海，它如今已成为中华民族排名第11位的大姓，人口数量近2000万。大陆徐姓尤以江苏、广东、浙江、四川、山东、江西、安徽等省为多，上述七省徐姓约占全国汉族徐姓人口的65%。

全球徐氏宗亲联谊会总部设于洛阳

全球徐氏联谊总会主办的《全球徐氏》第6期对当前的《徐姓分布与迁徙》作了统计，其中河南占比5.7%。全球徐氏宗亲联谊会副秘书长徐桦说，在南阳、商丘、洛阳等地，都有徐姓人聚居。

南阳徐氏共计14万多人，金华徐氏是其中最大一支，其始祖明朝中期由安徽凤阳迁徙至此，期间族人繁衍更迭，已达8万余众。金华作为南阳徐姓先祖的初徙之地，近二十年来，很多生活在外地的族人回来寻根问祖，畅叙胞谊。

据悉，全球徐氏宗亲联谊会2011年宣告成立，总部设于洛阳。

少数民族中的徐姓

曾有一些少数民族冒姓或改姓徐，成为今天徐姓的又一来源：满族、朝鲜族、侗、哈尼、彝、回、土家、锡伯、达斡尔、蒙古、东乡等民族中均有徐姓。景颇族勒托氏、土族徐卜氏，汉姓为徐。

徐福是日本人祖先吗？

从三国名士徐庶到一代军神徐世勣，从魏晋南北朝时徐家悬壶济世的 7 代 11 位名医，到明代凤阳徐达武功盖世，历经 4000 余年的发展，徐氏子孙，繁衍昌盛，代有人才。甚至，讨伐女皇武则天的领袖，也是徐姓男儿。

徐姓人中，最让国人有自豪感、也最具争议的，非秦朝方士徐福莫属。民间，关于徐福是不是日本人祖先的讨论经久不息，而关于他的故里、他的东渡地之争，也显得白热化。

徐福在中国：成文化交流的先驱和传说

在中国，徐福东渡为秦始皇求长生不老药的故事几乎家喻户晓。影视作品助推之外，太史令司马迁也是这个故事能够传播的重要一环。

徐福东渡，最早就出现于司马迁的《史记·秦始皇本纪》和《史记·淮南衡山列传》。据记载：秦始皇二十八年（前 219），"齐人徐市等上书，言海中有三神山，名曰蓬莱、方丈、瀛洲，仙人居之。请得斋戒，与童男女求之。"秦始皇于是让他乘船出海寻找。

但徐市（即徐福）率众出海数年，并未找到神山。公元前 210 年，秦始皇又东巡至琅岈，徐福再次求见秦始皇，他推托说出海后碰到巨大的鲛鱼阻碍，无法远航，要求增派射手对付鲛鱼。秦始皇应允，派遣射手射杀了一头大鱼。

徐福再度率众出海，司马迁《史记·淮南衡山列传》记载说："（秦始皇）遣振男女三千人，资之五谷种种百工而行。徐福得平原广泽，止王不来。"

由于"平原广泽"太宽泛，徐福不回来后究竟去了哪里？国内外史学界说法纷纭。但徐福率带着 3000 童男女，乘船泛海东渡，已得普遍认可，他也成为迄今有史记载的东渡第一人。如今，中日韩三国，都将徐福视为文化交流的先驱。

在中国民间，"徐福和童男女发展成了现今日本人的祖先"的传说很有土壤，但目前尚无史料能证实此观点。

徐福在日本：被尊称为农神、蚕桑神、医药神

除了在中国东部沿海村庄成为传说外，2000 多年来，徐福一直受到日本人民的尊敬和爱戴，并被神化。在日本民间，徐福被尊称为农神、蚕桑神、医药神。

一些日本人也认为自己是徐福的后裔，日本有很多人姓"羽田"，而"羽田"在日语中发音与"秦"相似。日本纪念徐福的祭祀活动历千年而不衰。

亚洲通讯社社长徐静波曾在自己博客上写道，他的日本朋友田村先生说："徐福可是我们日本的神武天皇啊"。

日本人称徐福就是神武天皇的传说，也持续了数百年。而据史料对徐福的祭祀的记载，由天皇主祭徐福达 80 多次，直到明治维新才停止。

目前在日本佐贺县、福冈县等 20 多个地方都发现了有关徐福的遗址遗存。在佐贺，"徐福大祭"隆重而悠久。

2002 年 11 月 9 日至 17 日，日中韩 JRT 徐福国际研讨会在日本举行，秦皇岛历史文化研究会会长孙志升被邀参加。他写文回忆说，一位叫秦谨卫的日本老人在讨论会上展示了已有 600 年历史的家谱，家谱用汉字明确记载着他们的祖先是徐福。

中日两国邦交正常化 30 周年时，由日本导演冈本明久执导的《徐福》电影在日本各地上演，《徐福》电影的海报中讲："徐福的渡海可以说给日本带来了真实的弥生文化的正式黎明"。

最令人惊讶的，当属日本前首相羽田孜，他一直认为，自己是徐福下属的后代，而且是第 65 代孙。75 岁高龄之际，他还来江苏赣榆参加第七届徐福节活动。

争议：徐福故里在哪儿？

在日本，关于徐福上岸处的争论弥久，而在中国东部沿海，徐福故里和徐福东渡地也被多个城市争夺。

1982年,徐州师范学院副教授罗其湘,发表《秦代东渡日本的徐福故址之发现和考证》一文,称江苏赣榆县"徐阜村"即徐福故址。一石激起千层浪,赣榆故里说出笼后,有着徐福遗迹的山东龙口、青岛胶南也开始称自己为徐福故里。

此外,和徐福东渡起航点扯上关系的城市,还有龙口、宁波、秦皇岛、沧州千童镇等。

相距齐郡甚远的宁波慈溪,不仅加入到徐福东渡地之争,当初还全力进行徐福海上丝绸之路申遗。在该市徐福小学、徐福车站,徐福在当地耳熟而详。

对于各方争议,专家鲁海说,徐福本人至今是一个谜团重重的人,各地都在宣扬徐福传说也是为了带动当地的旅游业等行业的发展。

据悉,仅第四届徐福故里海洋文化节,"徐福故里"赣榆就签约项目38个,其中外资项目22个,总投资为1.023亿美元;内资项目16个,总投资达4.7亿元。

忠臣比干后裔，有人以孙为氏

"赵钱孙李"，是《百家姓》的开篇第一句。其中排在第三位的孙姓，其起源也与河南关系密切。濮阳、淇县、固始、淮阳等地，都是孙姓的起源地。

孙姓的起源纷繁复杂，但每一支孙姓中，都出现过十分著名的人物，对后世影响深远。

卫国建立：惠孙起源说

孙姓的起源和发展，与河南关系十分密切。

中华孙氏宗亲联谊总会理事长孙立辉介绍，孙姓源于姬姓，其得姓始祖是春秋时期的卫武公之子惠孙，属于以先祖名字为氏。

这一支孙姓的历史，还要从周武王姬发灭商说起。据史料记载，姬发的同母弟姬康被封在康地建立康国，史称"康叔封"。

姬发去世后，年幼的周成王即位，居住在殷商故地附近的"三监"趁机联合殷王武庚发动叛乱。周公旦率军平定了这场叛乱，他担心康叔封太年轻，治理不了殷地遗民，便作了《康诰》《酒诰》《梓材》等法律规则，让他照这些规则治理国家。

康叔封将殷地管理得井井有条，本人也因治国有方，受到了殷民的爱戴。

康叔封去世后，周成王正式封康叔之孙考伯于卫（今河南淇县），古城位于今淇县东北朝歌城。孙姓的起源，便与卫国有着密切的关系。

到了西周末期，王室内乱，西方的犬戎乘虚而入，周幽王被杀，都城被占，周平王姬宜臼被迫东迁。

此时，康叔封后裔卫侯和发挥了重要作用。据史料记载，他与其他几个诸侯带兵佐周平戎有功，因此被封为"公"，史称"卫武公"。

东周初期，卫国在诸侯中备受敬重，势力强大。《诗经·卫风》中就有歌颂卫武公功德的诗篇。《淇奥》中的"有匪君子，如切如磋"一句，据考证便是颂扬他的。

孙立辉介绍，卫武公有个儿子名叫惠孙，他被孙姓人认为是得姓始祖。惠孙之子名耳；姬耳之子名乙，字武仲。依据周制，诸侯国国君的儿子称"公子"，孙子称"公孙"，玄孙应以其祖父的字为氏。所以，姬武仲的子孙便以惠孙的字为氏，称"孙氏"。

这支姬姓孙氏，至少有2700多年的历史，是先秦时期孙氏来源的重要一支。

子姓孙氏：比干起源说

先秦时期，孙姓还有另外一个显赫的"出身"。孙立辉介绍，商王朝名臣比干，也被一支孙姓人尊为始祖。

在古典小说《封神演义》中，比干是商纣王的叔叔，直言敢谏，被称为"亘古第一忠臣"。因为一次劝谏惹怒了妲己，被商纣王施以摘心的刑罚。

如今，在河南淇县城中心，仍有一座面积约百亩的公园，名为"摘心台公园"。这座公园设计精巧，公园北大门仿明清建筑风格，门楼上方有隶书"朝歌"二字。公园内，亭阁楼榭相映成趣，曲径通幽。

公园西侧，有一座夯土土台，名为"摘心台"。公园工作人员介绍，据《淇县志》记载，摘心台原名摘星台，是商纣王与宠妃妲己观朝涉的地方。比干在这里被摘心之后，后人为了纪念他，将此处更名为"摘心台"。

孙立辉介绍，比干死后，其子孙纷纷避难改姓，有的以自己本是商王朝王族子孙的缘故，改称"王孙氏"，后来省文简字衍化成为孙氏、王氏，世代相传至今。

单姓复姓：明朝初年，不少复姓改为孙姓

广东普宁市官氏宗亲会会长官秀岩介绍，复姓改为单姓，并不仅仅只有"王孙改为孙"这一种情况。

"在普宁市，当地有数千官姓人，他们的族谱封面却都写着《上官氏族谱》字样。"他介绍，复姓上官发源于河南滑县，汉代和唐代，分别有两支上官氏改为官氏，均为避难改姓。

据史料记载，历史上曾发生过两次"复姓大规模改为单姓"的情况，一次是北魏孝文帝推行汉化改革，鲜卑等少数民族姓氏纷纷改为汉族单姓；另外一次是朱元璋禁止人们使用胡姓，少数民族复姓被迫改为单姓，一些汉族复姓也受到波及。

因此，明朝初年，公孙、叔孙、长孙、土孙、王孙、孟孙、仲孙、季孙、宫孙、大孙、唐孙、颛孙、臧孙、扬孙等复姓，都不得不省文改为孙氏，成为孙氏家族的又一庞大来源。

孙武、孙权、孙中山都是同族人

抗日战争期间，有一位抗日名将因战功赫赫，被称为"东方隆美尔"，这就是孙立人。他曾率领远征军入缅作战，使得中缅公路顺利打通，具有极高的国际声誉。

中华孙氏宗亲联谊总会理事长孙立辉介绍，孙立人的祖上，有国际声誉更高的军事家，这就是孙武和孙膑。一部《孙子兵法》，供全世界的军事专家学习了2000多年。

抗日名将：率远征军入战缅甸的孙立人

在广东省广州市天河区白云山麓，有一座修建于1945年的烈士公墓，这就是"新一军印缅阵亡将士公墓"，是市级文物保护单位。

孙立辉介绍，在解放前，新一军是国民党五大精锐部队之一，其最高将领便是有着"东方隆美尔"之称的孙立人将军。

1942年2月，中国组成远征军入缅作战，孙立人率新38师抵达缅甸，参加曼德勒会战。当年4月，英军步兵第1师、装甲第7旅被日军包围在任安羌。

孙立人从曼德勒赶往任安羌，指挥 113 团向日军发起猛攻，以不满 1000 人的兵力，击毙击伤日军 1200 余人，并最终将数倍于己的日军击退，救出 10 倍于己的友军。

在后来的第二次缅甸战争中，孙立人率领的 38 师共击毙日军 3.3 万余人，击伤 7.5 万余人，大获全胜。

"除了战斗勇敢，孙立人的战术、战力也十分惊人，他的练兵方法也很特别，被称为'孙氏操典'。"孙立辉介绍，1990 年，孙立人在台中病逝，他的军事才能，至今仍被人称道。

孙书起源：乐安孙氏起源于今河南淮阳

孙立辉介绍，孙立人是"乐安孙氏"的杰出人物，若论这支孙氏的起源，要从春秋时期的陈国说起。

古籍《说文》记载："妫，虞舜居妫汭，因以为氏。"周武王灭商后，寻访到舜帝的后裔妫满，将自己的大女儿嫁给了他，并将其封在陈地（今河南淮阳县），建立陈国。

到了陈桓公时，陈国发生内乱，桓公之弟妫佗杀掉太子免，自己登上国君宝座，是为陈废公。后来，太子免的三个弟弟跃、林、杵臼合谋，杀掉了陈废公。

到了陈宣公时，陈宣公想立宠姬之子款为太子，便杀掉了原太子御寇。陈废公的儿子完与御寇交往频繁，因怕惹祸上身，便逃到了齐国，并改姓为田。

到了齐景公时期，田完的后裔田书因战功卓著，被齐景公赐姓为"孙"，这是孙姓的又一重要起源。

"这一支孙姓人丁兴旺，并且人才辈出，孙武、孙膑、孙权、孙中山、孙立人等，都是孙书的后裔。"孙立辉说，近代著名军事家孙立人，其先祖是著名的军事家孙武、孙膑，这是一个很有趣的现象。

兵家两圣：孙武与孙膑，到底隔了几代？

据史书记载，著有《孙子兵法》的孙武是孙书的后裔，后来因避难来到吴国。

另据记载，孙膑是孙武的后裔。孙膑继承并发扬了孙武的军事思想，他的一部《孙膑兵法》，也是兵家瑰宝。

"关于《孙子兵法》，史学界一直有多种观点，有人说是孙武所著，有人说是孙膑整理而成，还有人说是曹操编写的。"孙立辉介绍，直到 1972 年 4 月，山东临沂银雀山两座汉墓同时出土了用竹简写成的《孙子兵法》和《孙膑兵法》，这一历史谜案才最终云开雾散。

"孙膑是孙武的后人，这在史学界没有争论。但两人之间到底隔了几代，却有多种说法。"孙立辉说，首先是"五代说"，即孙书、孙凭、孙武、孙明、孙膑；其次是"八代说"，即孙书、孙凭、孙武、孙明、孙顺、孙机、孙操、孙膑；还有一种是"九代说"，即孙书、孙凭、孙武、孙明、孙顺、孙机、孙操、孙汧、孙膑。

"大多孙氏家谱用的是'五代说'，但据考证，孙武与孙膑隔了 160 多年，中间失记的可能性很大。"孙立辉介绍，因此在重修家谱时，一般会另外注明"八代说"和"九代说"，存疑留待后人考证。丶

朱姓起源与蜘蛛有关？

《说文解字》记载，"朱"的原始含义，是一种树心为红色的赤心木。清代文字学家段玉裁认为，朱姓的起源与远古时期两个氏族有关，其中一个崇拜赤心木，另一个崇拜蜘蛛。

朱姓的祖先们，为什么会崇拜赤心木和蜘蛛？位于柘城县的朱襄氏陵，与朱姓起源又有着什么关系？

朱襄氏陵：以赤心木为图腾

河南柘城县大仵乡朱堌寺村西北角，有一座古色古香的"炎帝朱襄陵"。陵园长约 100 米、宽约 80 米，一座高 10 余米、直径约 50 米的陵墓坐落其中，墓碑上写着"炎帝朱襄陵"几个大字。

当地旅游部门工作人员介绍，关于这座陵墓，《吕氏春秋》《路史》等史料均有明确记载，据推测始建于先秦时期。2003 年，朱襄氏陵遗址被确定为商丘市级文物保护单位。

柘城县文化局办公室主任、河南省炎黄文化研究会会员李树峰介绍，据史料记载，朱襄氏是上古时期一位很有作为的帝王，《辞源》称"朱襄氏"是炎帝的别号。相传他发明了五弦琴和农耕，教人种植谷物，并制定历法，《汉书》中将他与女娲氏、有巢氏、帝鸿氏等并列，是 19 位"上中仁人"之一。

"朱襄氏，是见于典籍记载的第一个朱姓人。"他介绍，《说文解字》记载，"朱"字的本意，是指一种树心为红色的"赤心木"。当时，生活在豫东一带的朱襄氏部落，便以这种赤心木为图腾，形成最古老的朱氏群体。

邾国之裔：以蜘蛛为图腾

清代文字学家段玉裁曾认为，朱姓的起源，还与远古时期另一个崇拜蜘蛛的氏族有关。

在山东邹城市峄山镇纪王城村，有一座远近闻名的景点——邾国故城遗址。该遗址北枕峄山、南依廓山，有金水河穿流而过。2006 年，国务院将其列为第六批国家重点文物保护单位。

曲阜师范大学教授郭克煜介绍，据史料记载，颛顼帝的玄孙陆终有 6 个儿子，其中第五子名安，大禹赐其为曹姓。周武王灭商建周后，封曹安的后裔曹挟于邾地，建立了邾国。

邾国的国名有什么来历？河南商报记者查阅资料发现，在《说文解字》中，"邾"的释义是一种大蜘蛛。而在甲骨文和西周春秋战国时期的铜器铭文中，"邾"字均写为蜘蛛的形状。

对此，郭克煜在《邾国历史略说》一文中介绍，其实早在邾国建立之前，山东半岛上就生活着一个以蜘蛛为图腾的邾氏部落。邾国建立后，曹侠也承袭了这个图腾，以"蜘蛛"为国名。

邾国灭亡后，邾国贵族以国为氏，称"邾氏"。后来，邾氏后人又改"邾"为"朱"，这便是朱姓的另一个起源。邾国故城则仍然是当地的政治经济中心，直到北齐年间才沦为废墟，共存在了 1100 多年。

尧帝之后：源于尧帝之子丹朱

朱姓研究者朱长兴介绍，在朱氏大家族中，还有一支祁姓朱氏，他们是圣人尧帝的后裔，以尧帝的嫡长子丹朱为得姓始祖。

据记载，尧帝一共有 10 个儿子，其中丹朱为嫡长子。相传他出生时全身红彤彤，因此取名为"朱"。丹朱自幼聪明，被世界围棋界推为始祖，并传为史上围棋第一高手。

《竹书纪年》中有记载，尧帝在位末期，舜与丹朱为争夺帝位发生了激烈冲突。舜设法说动了尧，将丹朱流放到了丹渊（今河南淅川县一带），并最终取得帝位。

在正史记载中，丹朱的后裔分为数支，一支以房为氏，一支以狸为氏，一支以傅为氏，另有一支以始祖的名字"朱"为氏，即祁姓朱氏。因此，坊间流传着"朱、房、傅三姓同宗"的说法。

丹朱死后，祁姓朱氏向西南迁徙，最终定居在苍梧之野（今湖南九嶷山一带）。他们将丹朱陵墓和神木图腾带到了这里，正因为这样，《山海经》中才有了"舜与丹朱葬于苍梧"的记载。

鲜卑改姓：鲜卑朱氏成为河南望族

朱长兴说，与许多其他大姓一样，朱姓在其发展过程中，也不断有少数民族血统加入进来。

316年，西晋灭亡，中国北方进入大分裂时期；直到公元439年，北魏太武帝拓跋焘才重新统一北方。伴随着战争，北方汉族与少数民族快速融合。

493年，北魏孝文帝决定迁都洛阳，开始推行大规模汉化政策。其中一项重要举措，便是将北方胡人的复姓全部改为汉姓。为了推行这项举措，他带头将自己的复姓拓拔，改成了汉姓元。

在皇帝的带领下，不少鲜卑族人改姓为朱。《元和姓纂》有记载，鲜卑族渴烛浑氏，改为汉姓朱氏。其中，鲜卑族人朱长生因官徙居河南，其后裔形成了"六朝望族"河南朱氏。

宗族迁徙：因避难而迁，朱姓远播海外

朱姓在历史上数次"大起大落"，而在朱元璋建立的明朝，朱姓成为皇姓，使得朱氏一族光芒万丈。不过，明清之际，农民起义、外族入关，让朱姓为避难四处迁徙，甚至远播海外。

如今，坊间有着"朱、庄、严三姓同宗"的说法，所谓"同姓三分亲"，那，"异姓联宗"是因何缘故呢？会不会跟躲避战乱的迁徙有关？

历史演变：朱姓在历史上数次"大起大落"

朱姓的发展历程，曾经历过数次"大起大落"。对朱姓历史颇有研究的

朱长兴介绍，先秦时期，朱姓族人主要生活在中原地区。战国时期，除了魏国的大力士朱亥，被记载的朱姓人并不多。

"秦汉时期，朱姓名人开始不断涌现；尤其是在两汉时期，朱姓形成了四大望族，即吴郡朱氏、沛国朱氏、南阳朱氏、平陵朱氏。"朱长兴说。

"隋唐五代时期，朱姓的发展又进入低潮。"他解释，隋朝开始实行科举制度，门阀世族不再是选官的唯一标准，不少朱姓人失去了世袭的官爵。

"不过，这种衰落并没有持续太久。"朱长兴说，宋元时期，居住在江南的朱氏家族复兴，出现了以朱熹为代表的一大批名人。1368 年，朱元璋建立明朝，使得朱姓成为皇姓。

明清之际，由于农民起义和外族入关，朱姓的发展再次进入低谷。不过，因避难而迁徙的朱姓人，也从这个时期开始遍布全国各地，甚至播迁到了海外。

朱姓现状：台湾有明朝皇族后裔居住

经过几千年的发展，朱姓在当今姓氏排行榜上名列第 13 位，总人口超过 1800 万，占全国总人口的 1.15% 左右，属于超级大姓。据统计，从明朝建立至今的 600 多年中，朱姓人口增长了 8 倍。

从分布上来看，朱姓在国内主要集中在江苏，其次是广东、浙江与河南，这四省的朱姓人口约占朱姓总人口的 44%；四川、安徽、湖南、山东四省的朱姓人口，约占朱姓总人口的约 21%。

在台湾，朱姓是排名第 32 位的大姓，也是较有影响力的姓氏之一。据史料记载，朱姓人迁往台湾，最早是在隋代。

明末清初，以宁靖王朱术桂为首的大批朱氏皇族随郑成功父子入台定居。清嘉庆十二年，泉州的朱姓族人也迁入台湾，刚开始居住在基隆，后来迁播到台北、高雄、新竹等地。

据统计，国外的朱姓人口已经超过百万，其中，朝鲜半岛上约有 20 万朱姓人定居，在菲律宾、新加坡等国，朱姓总人口也达数十万人。其中，建文帝朱允炆是否流落东南亚，仍是未解之谜。

三姓联宗："朱、庄、严三姓同宗"

在福建、台湾、香港一带，历来有着"朱、庄、严三姓同宗"的说法。清康熙年间，由福建南靖名宦庄享阳倡议，在漳州一带成立了朱庄严三姓联宗的团体，后衍传至台湾、港澳及国外。

东汉时期，庄姓人因避汉明帝刘庄的名讳，改姓为严；魏晋时期，一部分严姓人恢复庄姓，从血缘上来说，庄、严两姓是同宗毫无疑问，但它们与朱姓之间，有着怎样的渊源呢？

对此，朱长兴介绍，据《朱庄严三姓联宗渊源》载，宋末元初，广东大浦有位庄三郎，因家贫，27岁还尚未婚娶，以替人看风水为生。一天，他来到富翁朱开山家看风水，朱开山见其笃信忠义，决定让丧夫的儿媳何氏招庄三郎为婿，入嗣朱家。后来，庄三郎育有两子。由此，在福建南靖一带，形成了朱、庄、严三姓有血缘关系的情形。

1970年，生活于大陆、台湾、香港三地的朱、庄、严三姓族人发起并完成联宗，出版了《朱庄严氏大族谱》，形如一个家族。

朱元璋为何将国号定为"大明"？

在中国历史上，朱姓人曾建立过两个政权，一个是朱温的后梁，短暂出场匆匆离场；另一个便是更被人们所熟知的大明王朝。

说起明朝，再不喜欢历史的人，也都能讲一两个"明朝那些事儿"。关于明朝，有哪些不为人熟知的故事？

国号来历：朱元璋为什么将国号定为"大明"？

清康熙年间，康熙皇帝召集当时最著名的史学家、文学家，历时35年，写出了一本《明史》。在这部史书中，明朝被评价为"治隆唐宋、远迈汉唐"。

1368年农历正月，朱元璋在南京称帝，建立了被认为远超以往所有盛世的大明王朝。"大明"的国号有什么来历？

明史专家、中国人民大学教授毛佩琦介绍，朱元璋最初参加了红巾军起义，而红巾军当时的首领是小明王韩林儿。定国号为大明，有着"承袭小明王"的含义。此外，"明王"在当时有极大的号召力，朱元璋定国号为"大明"，也是为了防止有人利用这个旗号反对他。

此外，朱元璋麾下有一大批明教徒，他们笃信"明王出世"，改变自己的生活命运。用"大明"作为国号，可以表示自己在明教中的正统地位，同时也应和了"明王出世"的预言。

皇帝赐姓：明朝朱姓人口膨胀

姓氏专家朱长兴介绍，明朝无疑是朱姓人口大增长的黄金时期。这种增长主要表现在两个方面，一是朱姓人地位较高，子嗣繁衍旺盛；二是明朝统治者为笼络人心，赐外姓人以朱姓。

皇帝赐姓，也有两种情况，一种是赐外族夷蛮为朱氏，以示怀柔。比如，朱元璋为了笼络蒙古贵族，将许多蒙古人赐姓为朱；另一种赐姓，则是皇帝为了褒奖臣下，以示恩宠。比如，南明时期，隆武帝朱聿键为了嘉奖郑芝龙、郑森父子的拥立之功，便赐郑森姓名为"朱成功"，这位朱成功，其实就是郑成功。

此外，朱姓在当时地位优越，不少外姓人为了达到攀附目的，纷纷冒姓为朱。冒姓行为在历史上也很常见，范仲淹由于母亲改嫁，也曾冒姓为朱，取名朱说。

宗族特征：明朝皇帝的名字有什么特别之处？

中国人历来重血缘、亲宗族，朱姓也不例外。明朝建立之初，朱元璋还专门设立了宗人府，其主要职责，是掌管皇帝九族的宗族名册，按时撰写帝王族谱，管理和记录宗室子女嫡庶、名字、教育、封号、婚嫁、谥号、安葬等宗室内部事务。清朝沿袭了这种制度。

仔细观察帝王世系表不难发现，明朝历任皇帝（朱元璋除外）的名字中，均含有"金、木、水、火、土"的偏旁，如建文帝朱允炆、明成祖朱棣、明宣宗朱瞻基、明英宗朱祁镇等。

常年研究易经的郭春兴先生介绍，五行学说是中国古人提出的一种哲学思想，他们认为金、木、水、火、土五种元素是构成宇宙万物的基础。它们之间相生相克，轮回旋转。

朱元璋有26个儿子，他们的名字均为木字旁。木生火、火生土、土生金、金生水、水生木，明朝不同辈分的帝王，其名字便是按照这个顺序排列，表明了统治者希望皇权能够代代相传、生生不息。如今，不少朱姓家族仍使用着规定严格的范字。

陈胡两家姓，同一个先祖

3000 多年前，周武王灭商。贤明通达、品德高尚的妫满，被封侯于陈国。周武王见妫满一表人才，聪明多智，便将大女儿许配给他。

这个妫满，既称"陈胡公"，又称"胡公满"，系胡姓始祖，也是陈家先人。胡、陈二姓曾为此争执过，一番追查史载后方握手言和，自此兄弟谦称。

祖先妫满，葬于淮阳龙湖中

陈胡公的陵墓，位于周口淮阳的南关。再往西两公里，便为曹植墓。

古时淮阳称宛丘、陈邑、陈州、陈县、陈郡、淮阳、淮宁等，始终是豫东政治、经济、文化中心。考古中国历史，有"一千年看北京、三千年看西安、六千年看淮阳"之说。

如今的淮阳，被面积达 16000 多亩的龙湖环绕，让这座古城陡显灵气。夜幕降临，湖边霓虹渐起，水面波光涟涟，让人心旷神怡。

陈胡公去世后，因周朝推崇墓而不坟，其墓室就建立在了"龙脉集结""星示穴现"的龙湖水中。"巧铸铁棺藏水底，光留玉叶照人间"是明朝进士王良臣对胡公墓室的赞叹；清顺治《陈州府志》中记载："陈胡公墓在城东南壕内，因水浸以铁冶铸之"，俗称"陈胡公铁墓"。

名既为妫满，何又称"陈胡公"？

据史载，"陈"为妫满受封于陈国，"胡"乃他的谥号，"公"系爵位。

人们通常会把"胡"字说成"古月胡"。有一种胡氏家谱说，妫满得封时，元妃在十口井里都见到了月亮。传说"古月湖"便由此而来。

而按照《说文解字》的说法，胡是成年牛额下的那块下垂的肉。《诗经·豳风·狼跋》有"狼跋其胡"、"载跋其胡",意思是老狼的胡须长得拖到地上,以至于前行时会足踩胡须。牛颔下的肉下垂了,表明牛的年岁已大;狼的胡须拖到地上了,也表明狼老了。汉语语汇中的胡须、胡考等,"胡"均有老的意思。

妫满生于公元前1086年十月十五日,死于公元前1030年正月十五,享年56岁。因医学不发达,古人的寿命都不长。而妫满年近花甲,在当时已是长寿之人。故称之为"胡公","胡公满"的谥号原是长寿之意。

因始祖公墓,陈胡两家曾起纷争

陈胡公陵墓大门分东西厢房,大理石砌墙。门旁两根柱子,雕龙画凤。"祖德流芳"四个鎏金大字,悬在大门正中间上方。从此入门,顿生虔诚之意。

陵墓中间是新修的殿堂,里面供着陈胡公铜像。铜像前檀香缭绕,胡公平坐似是抚须端倪眼前后辈,让人肃然起敬。

殿堂后方,便是陈胡公的墓地。"陈胡公之墓"五个大字,出自著名书法家陈天然之笔。墓地两旁立着几十块后人所刻的功德碑。墓碑后是约1.5米高的土坟。

76岁的陈家后人陈帮栋介绍,过去的陈胡公铁墓已淹没在水中。岁月已久,地面上的坟堆也被风雨荡平。1995年10月,新加坡商人陈永和捐款34万元,使得陈胡公墓地重建至现样。

墓碑两旁还有两行不太明显的小字,上面涂抹的黑漆正在脱落。左为"陈姓始祖",右为立碑时间"1995年10月"和书写人"陈天然"。

据陈帮栋老人介绍,原来,自陈胡公公墓重建之后,胡姓后人也到此扫墓。一见"陈胡公之墓"旁边写的是"陈姓始祖",胡姓人当即提出意见:陈胡公也是胡姓先祖,墓碑为何单书陈姓始祖?双方为此发生争执。

"待双方冷静下来后,大家一起查史书,才知道陈胡公不光是陈姓和胡姓的始祖,还是袁姓、田姓等多个姓氏的先人。"陈帮栋老人说,之后陈家后人也觉得光"陈姓始祖"不好,就把墓碑左边的"陈姓始祖"四个字用黑漆抹去。左边的字涂去了,右边的字留着就不对称,况且将书写人的名字刻在墓碑上也不合适，就干脆将右边的字也抹去。

"这字还得弄，免得惹麻烦。黑漆不长久。"陈帮栋老人说，自那次争执化解之后，陈胡两姓特别亲，跟兄弟一样。每年清明节或胡公祭日，胡家会有几百人到陈胡公墓前祭拜，都是陈姓宗亲会出面接待的。

陈胡公墓旁有个村叫南坛村。70岁的祝秀英老人见证了每年到陈胡公墓来祭拜的热闹。"有湖南、湖北的胡姓，也有广东、浙江和台湾地区、新加坡来的。一来就是好几百人，开着大旅游车，特别热闹……"

胡姓起源，三种传说

以谥为姓

据《左传》《路史》《元和姓纂》等文献记载：胡姓得姓始祖是3000多年前被周武王封在陈国的上古圣君虞舜后裔胡公满。

周武王灭商后，封帝舜33世孙妫满于陈，并把女儿大姬嫁给他。妫满建立陈国，建筑都城，因在淮水之北，故名淮阳。妫满去世后谥曰胡公，称胡公满。后陈国被楚国所灭，其子孙以妫满谥号为氏，称胡氏。

胡公满为胡姓得姓始祖，亦是黄帝42世孙、虞舜的33代孙。从胡公满封陈到陈闵公亡国，陈国共传历20世，26代君王，历时588年。

以国为姓

春秋时代，在今天安徽、河南境内曾经建立过两个胡子国。一个在颍水的上游（今河南郾城县），为姬姓胡子国；另一个在颍水的下游（今安徽阜阳市），为归姓胡子国。两个胡子国，同饮一条颍河水。

据《左传》记载，这两个胡子国均被楚国所灭。按姓氏形成的一般规则，胡国国君的宗族成员中，当有一部分人以国为氏，以胡为姓。

改姓为胡

由他姓改从胡姓，是胡姓的又一重要来源。而最具影响的，是唐末唐昭宗太子李昌翼避祸于徽州婺源（今属江西）考水时，被胡三收为养子，后改姓胡。

是时，唐昭宗李晔预感朱温篡唐却无力回天，破指血书将何皇后新产皇子托付给金紫光禄大夫胡三公，胡三公临危受命，将皇子带回老家徽州婺源隐居，为掩人耳目，给皇子取名胡昌翼。长大后荣登明经科进士，胡三公坦诚告诉他的身世，并出示当初他父皇母后给的御衣宝玩，劝其改回李姓。胡昌翼认为胡三公养育自己的恩情大义高于生父，认胡三公为义父，坚持姓胡。让后世子孙永远铭记感念胡家恩德。这支胡姓称为"李改胡"或"明经胡"，一代商圣胡雪岩、大文豪胡适皆由此出。

以淮阳为源地，向四处延伸

2014 年 6 月出版发行的《中国统计》杂志，列举了 2010 年全国第六次人口普查的数据，胡姓排名第 14 位。全国胡姓共有 1551 万人，约占全国汉族人口的 1.16%。

根据《辞海》等大辞书的统计，胡姓在古代所出的 22 位名人中，文化名人多达 12 位；胡姓历代名人总数为 39 人，其中文化名人占 16 位，这个比例排在各姓之首。因此，胡姓属于文化名人之大姓。

胡姓以淮阳为源地，其后世子孙向四处延伸。经过数代的繁衍，先后南达新蔡，北到山西，并成为当时的胡姓望族。

胡氏南迁，始于西晋末年。胡氏的后代，从中原渡江南下，先迁到安徽，又从安徽迁至福建，最后由福建迁居入台湾。台湾的胡姓，至今已遍及全省。居住较为集中并且人数最多的，则是台南、台北、彰化和新竹等地。

四川、湖北、江西、安徽、浙江、山东、湖南多胡姓，上述八省胡姓约占全国汉族胡姓人口 65%。其中四川省约占全国汉族胡姓 13%。

虢与郭互通，郭姓主支起源于周朝王室

"郭"是中国的大姓之一，根公开数据显示，2010年全国郭姓人口1455万，占全国总人口1.09%，位列全国20大姓第16位。史书上最早有文字记载的姓郭的人就是夏朝的郭支，曾经为大禹驾车。

最早的郭姓可以追溯到夏朝

郭姓最早起源于何时？相传，早在上古时期，禹为部落领袖时，郭姓就已得姓开基。《姓氏考略》记载："夏有郭支。"郭支或许是中国有史籍记载的最早的郭姓人。此外，据《三一经》记载："商有郭崇。"由此可知，商代继夏代之后也有郭姓。因此，郭姓最早的起源或许来源自4000多年前的夏朝。

夏朝定都于阳城（今河南登封市告成镇），郭支曾为大禹驾车他应该也生活在阳城。那么，登封是否还有郭姓先人的痕迹或古迹呢？

"古书上确有郭支这个人，他曾经是大禹的车夫。"嵩山文化研究会副会长常松木说。

古阳城遗址位于登封市东南12公里的告成镇。昔日的中华第一都如今已经风光不再，只有地头树立的"王城岗遗址"的石碑显示着它的身世，但这里已经没有关于夏朝郭氏的任何遗迹了。

尽管如此，郭姓村落在登封市却有比较广的分布，全境有13个与郭有关的村镇。

"根据家谱，我们最早是从山西洪桐，迁徙到平乐白马寺一带，最后在登封落了户。"登封郭庄村的郭振崎老先生回忆，每年清明，族人都会在村头岭上的郭家祖坟祭祀先人。

登封是古代兵家必争之地，由于历朝历代的战乱，加上人口的迁徙，使得多个与郭姓有关的村落却没有发现从夏朝就在此定居的郭姓家族。目前，居住在登封的郭姓后人，很多都是明朝或清朝由外地迁徙而来的。

源于姬姓，以国为氏

除了源于夏朝的郭支，郭姓的另外一个重要源头就是源于周朝的姬姓。

很多喜欢喝羊肉汤的朋友，或许都听说过虢国羊肉汤，其实很多人不知道这里的虢国其实与现在的郭有这深厚的渊源。

有不少姓氏专家认为，周代诸侯国虢国的子孙后代是当今郭姓最大、最主要的一支。

"周文王的两个弟弟，虢仲和虢叔，他们现在普遍被视为郭氏的始祖。"原陕县史志总编室主任曹文东先生说。

虢仲和虢叔是周文王的同母兄弟，按照古代"伯、仲、叔、季"的兄弟排行顺序，这两个弟弟排行仅次于周文王。

到了武王十三年，二虢正式受封，建立诸侯国。其中虢叔被封于制（即今河南荥阳），建立了东虢。

相比东虢，西虢就比较"高大上"了。据《陕县志》记载：周武王十三年将虢仲，由雍改封到故夏之墟宏农陕县东南（即今天的三门峡地区）建立了西虢，定都上阳（今河南三门峡市湖滨区一带）。与东虢不同，西虢的封爵为公，是一等诸侯国。除了爵位显赫，西虢的封国疆域规模也相当大，当时的虢国包括了今天的陕县、灵宝市、渑池、洛宁、卢氏、嵩县北部、山西省平陆的一部门，并在平陆县下阳设边邑。

那么这两个虢国是如何演变为现在的郭姓的呢？《姓氏探源》引汉代郭辅碑文云："其先出自周王季之中子，为文王卿士，食采于虢，至于武王，赐而封之，后世谓之郭。春秋时为晋所并，遭战国、秦汉、子孙分流，来居荆土，氏国立姓焉。"宋代欧阳修在《郭氏旧谱序》中也说："按郭之先，本周王季之后，为文王卿士，功在王室，藏于盟府，时称为虢公。周惠王时，杀子颓有功……后为晋所灭，虢公合举其族，出奔京师，子孙多就城郭园池而居，因以为氏。"

由此，可以看出，现代的郭姓，是源于周朝所封的诸侯国——虢国，以国为姓。亡国之后，因为避祸等原因，慢慢地将"虢"转化为现在的"郭"。

五代后周开国皇帝

黄旗加身，建立五代十国最后一个朝代

很多人都知道宋太祖赵匡胤陈桥兵变黄袍加身当上皇帝的典故，但却少有人知道他的这一套却是学自他当年的主子后周皇帝郭威。

"郭威在位三年，虽然是乱世之中的短命皇帝，却是一代明主。"郭氏文化研究者郭景川说。

郭威是邢州尧山（今河北隆尧县西）人，其父郭简，在后晋时任顺州刺史，但后来被杀。郭威此时年近三岁，随母王氏走潞州（今山西长治），母亲在路途中辞世，后来由姨母韩氏抚养成人。

他身材魁梧，习武好斗。18岁时加入李继韬麾下，21岁时又被后唐庄宗李存勖编入自己的亲军。后晋时投侍卫亲军都虞侯刘知远门下。947年，后晋灭亡，刘知远称帝，建立后汉。郭威因助刘知远称帝有功，后汉时拜为枢密副使，成为统帅大军的将领。不久，后汉高祖刘知远病逝，郭威和苏逢吉同时受命，立其子刘承祐继位，为后汉隐帝。

郭威被任命为枢密使，掌管全国的兵权。这时的郭威对后汉还比较忠心并无反意，随后发生了两件事促使了他的反心。第一件就是，950年，后汉隐帝与其宠臣对郭威等有功大将十分疑忌，密谋诛之。不料事情败露，郭威领诸将领，起兵"清君侧"。第二件就是，郭威起兵后，后汉隐帝将郭威留在京城的妻儿家属全部斩杀，郭威养子柴荣的三个儿子也被处死。于是，郭威更加义无反顾，占领了京城。后汉政府军战败，隐帝被杀。

郭威带兵入京，立刘知远之弟刘崇的儿子刘赟继位。此时，河北急报契丹兵入寇，边境告危。郭威奉命出征。行至澶州（今河南濮阳）时，军中"将士数千人忽大噪"，请求郭威当皇帝，有人干脆把一杆黄旗扯下来披在郭威

身上，权当象征皇权的黄袍，这就是"黄旗加身"。郭威整顿秩序，放弃抗击契丹，率军返回京师。

951 年正月，郭威称帝，郭威自称为周朝虢叔后裔，因此以"周"为国号，定都汴京，史称后周。后周统治地区包括今河南、山东、山西南部、河北中南部、陕西中部、甘肃东部、湖北北部以及安徽、江苏的长江以北地区。

后周是中国历史上五代十国时期的最后一个朝代，它从 951 年正月后周太祖郭威灭后汉开国，到 960 年宋太祖赵匡胤陈桥兵变被取代，共经历了三个皇帝。

崇尚节俭，遗诏纸衣瓦棺下葬

郭威墓以及他的继任者养子周世宗柴荣（柴荣是郭威的侄子，后被认为养子改名郭荣，但后人还是习惯称他柴荣），都在今天新郑市郭店乡郭店村西北。

在郭店村村民老张的带领下记者来到了柴荣墓前。现在柴荣墓仅剩一约10 米高的封土堆，墓前 10 多块各个朝代所立的石碑，以及几十棵前几年新栽的柏树。

"柴王的墓我知道，我们祖上都是给他守墓的。"陵上村 80 多岁的老人乔治国说，柴王下葬后把附近几户姓乔的人家迁到墓旁为其守墓。现在已经繁衍生息成为一个小村落，全村人都姓乔，没有一个外姓。

乔治国回忆，原先柴荣墓陵园有 50 多亩，院内的各种石碑多得数不清，还有好多上百年的老柏树。因为柴荣执政清明且能征善战，老百姓都认为他是个好皇帝，清朝时候每年 3 月还会有隆重的祭祀活动。

没有石像生、没有参天的松柏树，比柴荣墓还要"朴素"，很难想象这是一代皇帝的陵墓。

原来，出身贫苦的郭威立国后，一直努力革除唐末以来的积弊，重用有才德的文臣，改变后梁以来军人政权的丑恶形象。他崇尚节俭，仁爱百姓，曾对宰相王峻说："朕起于寒微，一旦为帝王，岂敢厚自俸养以病下民乎！"他不但重视减轻人民的赋税负担，自己带头俭省，下诏禁止各地进奉美食珍宝，并让人把宫中珍玩宝器及豪华用具当众打碎，说："那些帝王，怎么能用这种东西！"

郭威还采取了一系列改革措施，授无主田土给数十万归中原的幽州饥民，放免其差税。以田分给现佃户充永业，使编户增加3万多。无主荒地听任农民耕垦为永业，提高农民生产的积极性。虽然只在位三年，在他精心治理下，后周在很短的时间里就显露出国富民强的迹象，为周世宗郭荣（即柴荣）继续他的事业打下了坚实的基础。

954年，郭威病重，嘱咐柴荣说："陵墓务必从简，不要派宫人守陵，也用不着在陵墓前立上石人石兽，只要用纸衣装殓，用瓦棺作椁就可以了。"又告诫柴荣说："我从前西征时，见到唐朝帝王的18座陵寝统统被人发掘、盗窃。而汉文帝因为一贯节俭，陵墓到今天还完好无损。你到了每年的寒食节，可以派人来扫我的墓，如果不派人来，在京城里遥祭也可以。

房屋的发明者，是高姓人吗？

为了把高氏家谱收集起来，前些年，高继德没少在全国各地跑。

作为河南省姓氏文化研究会高氏委员会会长、世界高氏宗亲第三届联谊大会理事长，他说，自己"迷"上高氏文化，是因为以前有人拿高俅的故事笑话他，"小时候我就发誓，要把我们高家的事情搞清楚"。

如今，70 岁的高继德，收集了许多高氏家谱，也为高氏文化写了书。用他的话说，高氏"出于河南，发于山东"。房屋的发明者，就是高姓人。

高姓人发明了房屋

如果我们看甲骨文的"高"字，会觉得它像一个积木搭成的房子。许慎在《说文解字》中说："高，崇也，像台观高之形，从门、口，与仓舍同义。"

以象形、会意、指事等为造字法的甲骨文，很好地保留了"高"字的意义，也恰好揭示了高姓的一个起源。

根据记载，已知最早的高姓人，名叫高元。《吕氏春秋》中有"高元作室"，即高元发明了房屋。《世本》等书籍中也有记载，高元是黄帝的大臣，最先搭建房屋。

如此说来，最早，是高姓人让我们的祖先摆脱了风餐露宿的日子，也不再依赖洞穴，而是用自己的双手搭建房屋。中国最早的"建筑师"，应该是个高姓人。

由于年代太过久远，高元只在史料中留下只言片语，没有过多关于他后代的记载，这一支高姓人，应该随着时代发展融入了高姓的大家族。

出于河南，发于山东

高继德介绍说，高氏"出于河南，发于山东"，"起源在河南，发迹在山东，目前高姓人最多的省份仍是山东，有140多万人。整个高姓的主体都在北方"。

高元之后，西周时有高奔戎，春秋初年有高渠弥。他们都是最早一批高姓人。

《水经注》里有这么个故事：高奔戎是周穆王的卫士。穆王打猎时遇到老虎，高奔戎擒了老虎。穆王便让人把老虎放在东虢饲养，东虢就有了"虎牢"（现属河南荥阳汜水镇）的名字。

《左传》中记载，高渠弥是春秋初郑庄公的大臣。庄公去世，郑昭公继位。高渠弥怕被加害，就杀了昭公，另立国君。有高姓后人，分别把他二人尊为先祖。

人数众多的高姓，有几个比较"著名"的来源。比如说，《姓解》《古今姓氏书辩证》等史料记载，高姓系出自姜姓。

有说法称，姜太公的后裔中有人被封在高邑（今山东禹城），世袭"高子"爵位，被称作"公子高"，他的孙子被叫做高傒。当年，齐国内乱，高傒手握重权，向来跟公子小白交好，群臣商量拥立国君，他趁机暗中把小白从莒国接回来，抢在管仲和公子纠之前返回齐国，辅佐小白当上国君。公子小白，也就是后来闻名于世的齐桓公。

渤海高氏：第一个高氏望族

高姓人在山东一带扎根后，子孙枝繁叶茂，家族越来越庞大。

到了东汉，高傒的25世孙高洪，当上了渤海郡太守，定居在现今的河北景县。高洪的后代，也纷纷做官，高家一时间成了渤海郡最为强盛的家族。

随着时间的推移，这一家族成员不断向外播迁，后人有了"天下高姓出渤海"的说法。渤海高氏之后，高姓又兴起了五个著名郡望（包括晋陵、渔阳、辽东、河南和京兆），合称"高氏五望"。这些郡望，大都与渤海高氏有着或多或少的联系。

乱世豪杰高欢，又帅又能打

中国有句老话，叫"乱世出英雄"。这话套在南北朝时期的高欢身上，再合适不过了。

从 420 年刘裕建立南朝宋开始，到 589 年隋灭南朝陈，100 多年里，南北分治、政权频繁更迭。那个混乱年代里英雄辈出，高欢就是一个。

高欢，鲜卑名贺六浑，汉族，生于 496 年，卒于 547 年。曾是南北朝时期北朝东魏的权臣，一度专擅东魏朝政。后来他的儿子高洋建立北齐，追封他为神武帝。

从贫寒子弟到军中为官

高欢生活在鲜卑人堆儿里，早已习惯了鲜卑风俗。高继德在《中华高氏的起源与变迁》一书中写道，高欢是个鲜卑化的汉人。

说起来，高欢也是名门之后。他的六世祖，曾在晋朝做太守，后来的几代先祖，曾在慕容氏手下做官。

但高欢有点"生不逢时"。祖父获罪流放边疆，一家人跟着迁到了怀朔镇（今内蒙古自治区包头市附近）。父亲个性豁达，不怎么打理家业，到高欢这里，已经是家境贫寒了。

摊上这样的出身，高欢出人头地的机会寥寥。但《北齐书》中说，他有一个"先天优势"：长得好。《北齐书》中描述，高欢"目有精光，长头高颧，齿白如玉，少有人杰表"。当时的镇将段长就常常为高欢的容貌惊叹，说他有济世之才，还干脆把子孙托付给他。

一个人得长成什么样，才能让人如此看重？郑州大学历史学院教授张旭华认为，《北齐书》中对于高欢的描述，有"溢美"的成分。

不久后，从发妻娄昭君的嫁妆里，高欢得到一匹马，因为有了马，他当上了边镇队伍里的"队主"。

南征北战，最终手握重兵

无论从时代还是从地理位置上来看，高欢年轻时所处的"坐标"，都是混战不断的。"算是生在'战争年代'。"张旭华说。

那时的边陲之地，聚集了众多像高欢家族一样从中原贬谪过来的人。他们不断被边缘化，生活每况愈下，冒出了好几股造反的起义军。

一开始，高欢也投奔了起义军，不过没多久，高欢就跟他们决裂，跟随了北魏将领尔朱荣，被封为亲信都督。高欢几乎成了尔朱荣的左膀右臂，跟随他南征北战，剿灭了起义军。

尔朱荣是契胡人，领兵打仗的才能很高。他一方面看重高欢，另一方面也对高欢有所提防。

《北史》中有这么一个故事，尔朱荣问手下人："哪天我死了，谁能做军中统帅？"大家推荐尔朱荣的侄子尔朱兆。尔朱荣不以为然："能够代替我的只有贺六浑这个人。"并告诫尔朱兆："你不是他的对手。"

这话还真被尔朱荣说中了。因为尔朱荣擅政，孝庄帝杀了他，尔朱兆给叔叔报仇，又诛杀了孝庄帝。在此期间，高欢手握重兵，看着时机差不多，起兵灭了尔朱兆。

拥立君主，调解胡汉矛盾

后来，高欢废掉尔朱兆拥立的君主，改立孝武帝。因为功高震主，孝武帝想要灭掉高欢。高欢怎么会坐以待毙？他不但没让孝武帝得逞，还反将一军，孝武帝被迫一路西逃，简直不能再狼狈了。

为避免此类事情再度上演，高欢在洛阳拥立了一个11岁的皇族孩子做君主，北魏从此分为东魏和西魏，东魏大权落在高欢手中。高欢死后，儿子高洋取代东魏，建立北齐，尊他为神武帝。

编写《北齐书》的李百药，评价高欢"终日俨然，人不能测"。北朝诗人卢思道也说他"天纵英明之略，神挺雄武之才"。

有种说法称，高欢懂得调解胡汉矛盾。他对鲜卑人讲："汉人是你们的奴仆，男人为你们耕作，女人为你们织衣，为什么要欺凌他们呢？"又对汉人讲："鲜卑人是你们雇用的兵客，得到衣物吃食，为你们防盗击贼，为什么要恨他们呢？"这一说法在《资治通鉴》等史料中有记载。

《北齐书》也记载，高欢曾要求将士"不得欺汉儿，不得犯军令"。河南省姓氏文化研究会副会长石小生认为，古人不会有"调解胡汉矛盾"的主观意愿，但高欢是个懂治军、有谋略的人，必然会想方设法化解矛盾，维护自己的统治。

英雄背后的女人：娄昭君

《北齐书》中记载，娄昭君是鲜卑贵族的女儿，求婚的人踏破门槛，她统统不放在眼里。直到有一天，她在城墙上偶然看到服役的高欢，一见钟情，脱口而出："这才是我丈夫。"

随后，她又是派婢女传情，又是私下给高欢财物，让他来提亲。父母拗不过，只得同意了。没有娄昭君，高欢没法得到那匹至关重要的马，后来的发迹，可能也要换个方式了。

史书上说，娄昭君宽厚勤俭，有政治才能，遇事果断。她生龙凤胎时，下人觉得情况危急，要叫回高欢。可娄昭君拦住了，说："大王统帅军队，怎能因我离开呢？生死不过是命罢了，来又有什么用？"

如此深爱高欢，她却在高欢迎娶异国公主时主动放弃正室之位，只为高欢前途着想。娶妻如此，夫复何求？好在高欢也懂得珍惜，虽然没做到始终如一，但待她很好。他们育有六男二女，这样的生活，在娄昭君看来，也许就是幸福。

从北方起源，到南方大姓

历史上，很多姓氏起源于中原，而后因北方的兵荒马乱逐渐散播到南方。梁姓也是如此。

梁姓是非常古老的姓氏，起源也有很多支。

2000年洛阳市地方史志编纂委员会编纂的《洛阳市志·人口志》中，"源于洛阳"的姓氏中，梁姓在列。

源流一：亡国的梁国子孙以"梁"为姓

据《通志·氏族略·以国为氏》记载，嬴姓伯益的后裔中，有个叫非子的人，因为养马养得很出色，周孝王就封了秦邑给他，称为秦嬴。

后来，秦嬴的曾孙奉命征战西戎，不幸被杀。他的儿子们就率兵继续攻打西戎，终于打败西戎。其中，小儿子被封在梁，建立梁国，被称为"梁康伯"。

梁康伯后的君主梁伯大兴土木，当地人民纷纷外逃。后来，梁国被秦国灭掉。亡国后的梁国子孙，大多逃到了其他国家，以国名"梁"为姓。

源流二：用城市贿赂秦国，城中人改姓为梁

据史书记载，春秋时，晋国有解梁城、高梁、曲梁等地。

晋惠公用五个城市贿赂秦国，其中就包括解梁城（在今山西临猗西南）。后来，被封在解梁、高梁、曲梁等地的后代，就以封地名"梁"作为姓氏。

源流三：楚灭南梁，南梁子孙改姓梁

据《路史》所载，梁姓出自姬姓，以封邑为姓。

东周初，周平王的儿子姬唐被封在南梁（今河南汝州一带），后来，南

梁被楚国所灭，其子孙便以"梁"为氏。安定梁氏就是出于此。

汝州市炎黄文化研究会尚自昌介绍，始建的梁城在汝州西南7公里处，近年来不断有新加坡的梁姓宗亲到汝州寻祖，汝州是世界梁氏寻根的主要地点。

但也曾有学者指出，汝城梁国不会很大，人口也不会太多，即使改为梁姓，对梁氏宗族发展的影响也是比较有限的。

源流四：嬴政灭魏，魏国后代形成开封梁氏

战国初，魏、赵、韩三家分晋。

魏国的首都安邑地处河东，地理上被秦、赵、韩包围，多次战争中都遭受危险，而大梁（今河南开封）地处平原，城市也颇具规模。于是，魏惠王迁都大梁，魏国亦被称为梁国。梁国后人中，也有梁氏。

魏毕统治时，魏国被秦王嬴政所灭。魏毕的后代便称梁氏，后来形成一支开封梁氏。

源流五：魏孝文帝汉化改革，鲜卑拔列兰氏改姓梁

据《魏书·官氏志》所载，有梁姓源于鲜卑族。

南北朝时，北魏时的鲜卑族有个拔列兰氏。魏孝文帝迁都洛阳后大力推行汉化改革，鲜卑贵族们开始改说汉话、改汉姓、穿汉服。在这期间，拔列兰氏将姓氏改为梁。

源流六：古波斯来的医生，被皇帝赐姓梁

还有一说，梁姓源于回族，属于皇帝赐姓改姓。

北宋时，从波斯来了一名骨伤外科医生，被朝廷聘为护驾金疮科御医，宋神宗赐他汉名梁柱。梁柱从波斯带来的医学知识，在当时很有影响。

后来，梁柱的后裔子孙世代相传为梁氏。

从北多南少到北少南多

梁姓在《百家姓》中排名第128位，在2007年全国姓氏人口排名第21位，广东梁姓人最多。可以说，梁姓如今是一个南方大姓。

春秋后，梁姓从陕西、河南逐渐散布到山西、河北、山东、江苏等地。那时，梁姓人主要生活在北方。

到了东晋、隋唐时，北方卷入了连年不断的战争，为了谋求生活的安稳，人们开始从北方向南方迁徙。

梁姓人开始跨过长江，从北方进入江南。到了晋朝晚期，福建、广东也有了梁姓子民的身影。

宋朝时梁姓族人数量锐减

唐宋时，虽然南方已有了梁姓族人，但大部分梁姓人主要分布于鲁、豫、陕，这三省的梁姓人几乎占据了全国梁姓人的六成。宋朝时，仅山东省的梁姓人，就占全国的三成多。其他的梁姓人生活在广东、福建、湖南、浙江四省。

而据史料记载，宋朝时，梁姓的人口总数曾大减，但并没有解释原因。

据洛阳周公研究会会长、洛阳姓氏文化研究会常务副会长、河南周文化研究会副会长姬传东分析，历史上某个姓氏人口数量突然大减，通常有几种情况：改朝换代、战争、大的自然灾害等原因。

比如唐朝李隆基当上皇帝后就曾下令，让天下姓姬的人不许姓姬，因为姬与"基"的发音问题，是应避讳的。

还有邱姓，本来在古代这个姓是没有右边的偏旁的，后来清朝皇帝认为"丘"这个姓应该避讳"孔丘"，就强行让丘姓族人将姓氏加了偏旁。

明清时梁姓成南方大姓

明清时，梁姓在南方逐渐稳固，并开始进入台湾，最终形成了典型的南方大姓。

不过，在宋、元、明时期，我国总人口稳固增长，但梁姓人口却在减少，主要集中于广西、山西两省。

宋朝时，广西的梁姓人口很少，而进入明朝后，广西却成为了梁姓第一大省。

而之前的梁姓大省山东，梁姓的总人口却减少了七成。这时，全国重新形成了桂粤闽赣、晋陕、苏鲁三大块梁姓聚集区，重心由东南部转向南部。

目前，梁姓主要集中于广西、广东两省，几乎占了梁姓总人口的一半以上，广西成为了梁姓第一大省。如今，梁姓是两广地区最常见的姓氏之一。

猛人梁启超

这里所说梁启超先生的"猛"，并不只是因为历史课本上的那些内容。

而是因为，一百多年来，在政治舞台上影响力大的人很多，在学术研究上取得成就的人很多，在教育子女方面获得极高赞誉的人也不少。但同时把这三样都做到极致的人，不能说只有梁启超一个，但也当真是寥寥无几。

不过真正让现代为人父母者赞叹的，是梁启超对子女教育的成功。

祖籍广东新会的梁启超，是两广大姓梁氏的族人，梁氏先祖是从中原地区南逃的难民。梁启超的爷爷和父亲都是秀才，这让梁启超自幼就系统学习中国儒家经典。而梁启超本人共有9个子女：思顺、思成、思永、思忠、思庄、思达、思懿、思宁、思礼。

按照古往今来平常人经验，一大家子里能出一个著名人士，就已经很不错了，但梁家的9个子女却将这个经验打破，并完全打碎。

长子梁思成，著名建筑学家，1948年3月成为中央研究院首届院士（人文组）。他一生在建筑理论、建筑教育思想、城市规划理论方面都提出了很多超前观点，成为我国古建筑研究的先驱者和我国建筑教育的奠基人之一。

次子梁思永，著名考古学家，1948年3月当选为中央研究院首届院士（人文组）。他参加过咱们河南安阳小屯和后冈的发掘。

五子梁思礼，著名火箭控制系统专家，1993年当选为中国科学院院士。

还有成为诗词研究专家的长女梁思顺，成为著名图书馆学家的次女梁思庄，成为著名经济学研究者的四子梁思达……

罗家始祖，黄帝曾孙

新百家姓中，罗姓排名第 18 位。

尽管罗姓至今尚未开过全国性宗亲会，但罗姓始祖系颛顼，已得到公认。

罗家历史名人中，最让人耳熟能详的，要数元末明初的小说家罗贯中了，他撰写的《三国演义》被列为中国古代四大名著，至今仍是最畅销的图书之一。

以国为姓

"罗姓的起源好几种，最广的说法是以国为姓。"全国罗氏宗亲网负责人罗漫鸣说。

罗出自妘姓，为颛顼帝之孙祝融氏之后裔。

据《说文通训定声》记载，祝融名黎，为帝喾时的火官（掌管民事），后人尊为火神。祝融的后裔分为八姓，即己、董、彭、秃、妘、曹、斟、芈等，史书称为祝融八姓。到了周朝的时候，有子孙被封在宜城（今湖北省宜城县），称为罗国。公元前 690 年，罗国被楚国所灭，于原地另置鄢国，祝融氏的子孙就逐渐向南迁移，最初迁居枝江（今湖北省南部，长江沿岸的枝江县），至周末又南迁至湖南长沙，遂以国名罗为氏。

出自他族或他姓加入

一是南北朝时，北魏孝文帝南迁洛阳，实行汉化，将原鲜卑族复姓多罗氏、叱罗氏皆改为汉字单姓罗；二是唐代，西突厥（游牧于今新疆大部分和中亚部分地区的少数民族）可汗斛瑟罗归附长安，留居中国，其子孙以斛瑟罗为氏，后简为罗氏；三是赖氏族人也有在春秋战国之时为楚灵王所害，改罗、傅二氏的；四是清代爱新觉罗氏中有的也改姓罗。

罗家始祖，黄帝曾孙

罗氏得姓始祖颛顼，号高阳氏，乾荒之子。

《山海经》《史记》等史籍记载，颛顼是黄帝的曾孙，生于若水，15 岁时，佐伯父少昊初为政。20 岁时，黄帝驾崩，颛顼继承中央天帝之位，开始统领四方诸侯。在位 78 年，寿 98 岁，死后葬于河南濮阳鱼付禹山（今河南黄县境内）。

四川省雅安泰经县鹿鹤埂曾有"颛顼帝故里"以古牌楼。据专家考证，若水确实在今荣经县境内。颛顼一生崇尚文治，始建中央（国家）统治机构，在全国设立九师；规范宗教事务，始以民事纪官；教民耕种，大力发展农耕；创制历法定婚姻，制嫁娶；整顿社会秩序，平共工，征九黎，定三苗，初步完成了华夏的统一。

"罗姓始祖到底根在何处？目前的说法很多，有说在河南，有说在湖北枝江或宜城，还有说在江西的，难以最终定夺。"全国罗氏宗亲网负责人罗漫鸣说。

罗姓迁徙，远赴东南亚

2014 年 6 月出版发行的《中国统计》杂志，列举了 2010 年全国第六次人口普查的数据，罗姓总人口为 1338 万人，排名新百家姓的第 18 位，约占全国汉族人口的 1%。

罗姓还遍布韩国、泰国、柬埔寨、印度尼西亚、新加坡、马来西亚等国家。

罗国传至 24 世万通时，被楚国所灭，万通与次子苍噩逃至襄阳黄龙洞避隐，其长子芳噩逃往四川。

周显王时，有 31 世罗乘迁往枝江，其孙罗守陇自枝江迁至今湖南长沙。40 世罗君用次子罗珠迁居豫章(今江西南昌)西山，为豫章罗氏一世祖。另外，罗国亡国后，罗氏有部分人从滇南、滇东迁入湄南河下游，融入傣族；迁入四川的有一部分定居阆中，后成为板楯蛮七姓之首姓大族，有的融入土家族或彝族；还有一支迁入贵州东部、南部，融入布依族；迁到湘南的，有的融入瑶族。

隋唐以前，除上述地区外，罗氏还分布于今山西、陕西、河北、河南、山东、安徽、浙江、江苏等省的一些地方。

罗氏在台湾是个较为普遍的姓氏，主要集中居住在苗栗和新竹两县，其他各县市也散居不少。台湾罗氏来自福建宁化。

罗贯中：不只是个小说家

罗姓历史名人众多，让大家耳熟能详的最数元末明初的小说家罗贯中了，他撰写的《三国演义》被列入中国古代四大名著，至今仍是最畅销的图书之一。

罗贯中（约 1330—约 1400），名本，字贯中，号湖海散人，山西人。其故里有多种说法，山东东平罗庄，山西太原、清徐、祁县，福建建阳等，目前尚无确切定论。其墓地也有山西清徐、福建建阳等处之传。

史载，其实罗贯中并非一位传统意义上的文人。元朝末年，天下大乱，群雄并起，他也曾参与其中。明人王圻在《稗史汇编》中，称他是一位"有志图王者，乃遇真主"，也就是看到天下将不免落到朱元璋手里，才不得已淡出江湖。不久，罗贯中远走江南，流寓于江浙一带，以小说抒写其"图王"霸业之胸襟。图王未果，便发奋著书。

不过，这也可能只是一个传说。清顾苓《塔影园集》卷四《跋水浒图》记载"罗贯中客霸府张士诚"，这与"有志图王者"的形象不符合。这两则记载虽有矛盾的地方，但足以表明罗贯中在元末曾经想有所作为，"传神稗史"，只是在现实中失败后无奈的选择。

明朝建立后，朱元璋为了巩固自己的地位，曾令各行省连试三年。由于曾与朱元璋为敌，罗贯中不得不放弃了读书人步入官场的机会。明洪武十四年，罗贯中写出了《三遂平妖传》（20 回本），此后，便一发而不可收，创作了《残唐五代史演义传》《隋唐志传》等著作。

有专家认为，"有志图王"的早期经历与其晚年的特殊心境，是罗贯中偏好政治历史题材小说，并在这类小说上取得艺术成功的关键。一是用三国故事作为题材写出了《三国演义》，二是用兼历史与英雄传奇品质的梁山好汉故事编辑《水浒传》(相传《水浒传》由施耐庵原创、罗贯中编辑整理成书)。

罗贯中的创作才能是多方面的。他写过乐府隐语和戏曲，但以小说成就为高。今存署名罗贯中的作品，除《三国志通俗演义》外，还有《隋唐志传》《残唐五代史演义传》和《三遂平妖传》等。

唐姓三个发源地，河南就有俩

天下唐氏，出自祁姓和姬姓。

在唐氏三大发源地中，河南有其二，为洛阳和南阳一带。

唐氏出自帝喾

2013 年，经过五年编撰的《唐氏通谱》（下称"通谱"）出版。编委会主编唐成标说，这本通谱就是唐氏子孙后裔寻根问祖和联络宗亲的示意图。

依据史籍文献，通谱理出了中华唐氏大都出自姬姓唐氏和祁姓唐氏。而姬姓唐氏和祁姓唐氏，又都出自帝喾。帝喾元妃有邰氏女姜嫄所生子后稷，就是姬姓唐氏之源。帝喾次妃陈锋氏女庆都所生子尧，又称放勋、唐尧，是祁姓唐氏之源。

帝喾是黄帝的嫡系裔孙，因而无论是姬姓唐氏，还是祁姓唐氏，都是黄帝的嫡系后裔。

源流分为两段

清朝人郑樵的《通志·氏族略》分析了中国各姓氏的成因，当中首推者以国为氏，而以国为氏者，首推唐氏。

从现存史料看，最早出现称"唐"者，为陶唐氏，也就是帝尧。其次为周灭唐后，周成王封其弟叔虞于故唐国，历史上称他为"唐叔"或"唐叔虞"。

中华唐氏总会副会长唐崇军介绍，虽然二者都有"唐"字，但并不意味他们以唐为姓。

称唐尧，是因为他曾被封于唐地（今河北中山）。唐尧仍袭祁姓，其后裔有丹朱、刘累。称唐叔虞，也因他被封在故唐国所致，他的子孙也依旧姓周朝国姓姬。

好像唐姓与他们二位没有关系，但唐姓恰恰源于他们二人，而上溯两人祖先，又可以合二为一。

"三个"唐氏发源地

唐氏后人考证，其姓氏发源地有三。

首先是晋之唐"唐州方城"，范围包括唐河、沁阳、方城、鲁山一带。其次是楚之唐"随州唐城"，也就是湖北随州、枣阳一带的唐县。

在史籍中有记载："唐氏出自唐侯封国，其支庶不敢祖诸侯，故以国为氏，唐州方城是也。"而楚之唐，后来被楚国灭掉，"子孙亦以唐为氏"。

以上，是唐氏的两个来源。而除了这两个唐国之说，还有"东都河南（范围与今洛阳同）说"。

唐氏族谱记载，春秋末战国初的周安王二十六年（前376），魏、赵、韩三家分晋后，被贬为庶人的晋静公俱酒携家人迁至东都河南（今洛阳）的钟鼓楼前排楼下安居。

后人不敢祖诸侯继姬姓，又念远祖唐叔虞或洛邑本属古唐国，所以改姬姓唐。

通谱主撰人之一的唐为人认为，"东都河南说"里的唐姓来源。因为目前只见于家谱记载，暂时缺少史料支持，难以做确定性结论。

外族所构成的唐姓

中华唐氏的构成，除了汉族外，还有部分少数民族姓唐。

《中华唐氏通谱》中记载，从已经得到的文献资料看，少数民族唐姓源流大致有二。

一种是原始姓，比如湖南江华的瑶族；另一种是中途改变族别，比如广西部分壮族、湖南慈利部分土家族等。

在明嘉靖初年，广西发生农民叛乱，当时广西都安唐氏始迁祖唐万道任湖广宝庆守将，后来随湖广军队入广西平叛。事件平息后，唐万道定居广西。

都安唐氏人本是汉人，在此繁衍几百年间，与当地民族（也就是壮族的前称僮族人）杂居通婚，生活习惯和语言完全和僮族一样。因而后来登记户口时，就改了民族。

其实，还有一种是少数民族被赐姓唐的情况。

在河北隆化，就有蒙古族唐氏。清嘉庆时，随着"木兰秋狝"的结束，分布在隆化的一支蒙古族被赐姓：祁、白、马、孙、唐、郝六个姓氏。

折腾，对于一个姓氏的播迁有好处

汉朝之后，黄河流域经常作为战场而存在。为避战祸，北方汉人数次南迁。动乱中，唐姓从北方迁到东南方，又从东南向西运动。

600年，人口激增17倍

在宋代，唐氏人口约有37万，约占当时全国人口的0.48%，列44位。

明代，唐氏约有51万人，约占当时全国人口的0.55%，列41位。宋元明600余年中，全国人口增长率是20%，唐氏人口的增速显然要高于全国增速。

从明代至今的又一个600余年里，唐氏人口已经从51万人激增至900多万人，足有17倍之多，也一跃跻身到百家姓第25位。

从河南的情况看，最近一次人口普查显示，全省常住人口中唐氏有242459人，占1.23%。在河南，唐氏人口较为密集的地区依次为南阳、信阳和驻马店，这三地有近10万唐氏人口，占全省的41%。

在县级行政区划单位中，南阳邓州的唐氏人口最密集，占全省唐氏的5.4%。

宗谱有避乱迁徙记录

西晋王朝统治为时甚短。此后的南北朝，是我国历史上一个分裂时期。

短暂的"太康之治"后，发生了持续 15 年之久的"八王之乱"，加上流民起义、少数民族的反晋斗争，以及少数民族之间的相互征战，使得黄河流域人民饱受战祸。

社会动荡不安，人口迁移既普遍又频繁。

在这样的大背景下，唐姓人口主要向社会秩序相对安定的南方迁移。

异族入侵之初的疯狂屠杀和传统的"夷夏之辨"观念，使汉族统治阶级闻风丧胆，纷纷南下。在西晋永嘉年间，发生了著名的"永嘉南渡"。

这一时期，贵族、官僚、地主的迁移，往往伴随着大量的宗族和附庸人口的迁移。包括唐氏在内的很多姓氏，人口分布格局大都在这一时期发生较大变化。

天下大势，合久必分，分久必合。在几百年的安定之后，安史之乱如约而至，八年平叛，河南、河北成为主战场，全国户数锐减 700 万户。

再加上唐后期各种"之乱"的发生，使得黄河流域人口再次大量外迁。

在浙江一带的唐氏宗谱上，明确记载了因为藩镇之乱迁居到此。这也是唐氏历代宗谱中，首先关于先祖迁徙的最早叙述。

宋元时有少数民族加入

也正是经历种种战祸，隋唐之后发源于北方的唐氏人口逐渐往南方集中。

宋元时期也不太平，北宋与金的战争，又一次对黄河流域造成破坏。

靖康之变后六七年间，"山东、京西、淮南等路，荆榛千里，斗米至数十千，且不可得。盗贼、官兵以至居民更互相食"，从南阳路过许昌到商丘的路上，"几千里无复鸡鸣，井皆积尸，莫可饮……菽粟梨枣，亦无人采刈"。

南宋初年，主战派、北方义军与金展开长期争夺，北方再次成为战场。而南宋建都临安，也吸引了大量北方汉人南下，政府也将一批批北方人迁往南方。

这也形成了历史上汉人大规模南迁的第三次高潮。

而对唐氏而言，靖康之后，全国唐氏人口 37 万，有 90% 以上分布在南方。

元朝汉人地位低，唐氏人物在这一时期并不活跃。不过，在这时畏兀儿（维吾尔）人中也有人改姓唐氏。

明清至今播迁海外

明清时期，因为局部动乱，出现过江西填湖广、湖广填四川的移民浪潮。不过，这一时期，人口多是从东部向西部迁移。也是这一时期，唐氏人口出现了大的迁徙。

至于再往东，康熙年间台湾收复后，台湾的开发进入了新的时期。闽粤两地民众，开始陆续迁入台湾。有家谱为证，唐氏人口正是在这一时期开始入台。

在清末民初，海外移民形成高潮。这一时期，唐氏人口迁居港台、海外，主要有两大家族代表。一个是广东珠海唐家湾唐氏家族，一个是江苏常州、无锡唐氏家族。

抗日战争时期，也有唐氏人口迁居海外。而解放前夕，也有不少唐氏人口迁入台湾。

唐氏分布格局之变

湖南在宋朝时，已经是唐氏人口大省，约占全国唐氏人口的 31.8%。

当时形成了以川湘鄂桂、苏皖豫为中心的两大唐氏人口聚居区。

到了明朝，湖南唐姓较宋时减少一半。但唐姓在这一时期，大多数都成了"南蛮子"。长江以南的湘浙苏粤桂赣皖川八省，占全国唐姓人口的 84%。

在宋元明三朝，唐氏人口的分布格局出现了较大的变化。唐氏人口主要由北方向东南、南方迁移，在全国形成了湘川、苏浙皖赣、粤桂三大唐氏人口聚居区。

而在下一个 600 年，全国唐姓人口最多的省份从湖南转移到了四川。

当时，全国唐氏人口主要集中在湖南、四川两省，约占全国唐氏人口的 35%。其中，四川占去 18%，为我国唐氏人口第一大省。

从迁移的方向看，在这 600 余年里，唐氏人口的迁移程度和方向又与之前大不相同。迁移方向由东部向华中、华北的回迁，已经大于由北向东南的迁移。

唐伯虎真的没有点秋香

很多人知道唐伯虎，大概是因为电影《唐伯虎点秋香》。

电影里，唐伯虎的爹死在夺命书生手上，秋香与唐伯虎拜了堂，这些是真的吗？

唐伯虎幼年不聪明

唐伯虎是苏州人，伯虎是他的曾用字，大名唤作唐寅，后来改字为子畏。至于为什么叫唐寅，比较确切的说法是，与他的出生时间有关。

唐家人丁一直不旺，从唐寅的儒商父亲唐德广算起，上面几代都是单丁独传。

不过，到了唐寅这代，情况好了很多：唐寅排行老大，下面还有一弟一妹。作为老大，父亲唐德广自然想依靠唐寅兴盛家业，一心让他走仕途。

唐寅20多岁时，他的父母、妻子、妹妹相继去世，家境衰落，但唐寅依旧不热衷考取功名。

在其好友祝允明看来，唐寅天生聪颖异常，但并不是几岁能文、童年就能中科举的"世所谓颖者"的程度。在祝允明为唐寅写的墓志铭中道，现实中，唐寅幼年读书时，还不认识家门外的街道。

另外，唐寅那时并不爱结交人。祝允明曾拜访唐寅两次，唐寅却没有回访。后来某天，唐寅拿着两首诗给祝允明，卓异之志鲜明。

祝允明也拿诗回赠他，并劝勉他拓展胸怀。就这样一来二去，两个人在感情上非常契合。不过，"唐寅一意望古豪杰"，不屑于科举。

提起心劲却遭打击

在祝允明的规劝之下，唐寅潜心读书。

他答应祝允明，"吾试捐一年力为之，若勿售，一掷之耳"。这之后的一年间，唐寅紧闭家门，谢绝与人来往，也不寻找当时人来请教讨论，只是找来先前学习过的毛诗和所说的"四书"，反复研讨琢磨，只求合乎时文之意。

29岁，唐寅参加应天府乡试，得中第一名"解元"。

过了一年，唐寅赴京会试，却受考场舞弊案牵连被罚永世不得为官。其中缘由，祝允明在唐寅墓志铭中写得清清楚楚。

当时唐寅赴京会试时，临郡一个富家子弟，仰慕唐寅，与他一期参加会试。

参加考试，两场之后，有与这个富家子有仇的人，向朝廷揭发他与主考官程敏政"有私"，并牵连到唐寅。最后，唐寅被贬谪到浙江一带做掾吏。

在官方修的《明史》中，说言官弹劾程敏政，"语连寅，下诏狱，谪为吏。寅耻不就，归家益放浪"。

后来，唐寅没有赴职而是回了家。有人劝他稍微委屈自己，将来还会有任命的机会。唐寅大笑，最后也没有赴任，从此唐寅绝意仕途。

唐寅未曾点秋香

从唐寅的婚姻来看，他与秋香是不可能成婚的。

后人考证，历史上确有秋香其人，但她至少要比唐寅大20岁。倒是祝允明不知在什么场合见到秋香扇面，写了一首七绝。

其实，"唐伯虎点秋香"这个故事的雏形，最早出现在明代小说家王同轨先生的《耳谈》里。情节叙述的故事情节与电影《唐伯虎点秋香》基本雷同。

《耳谈》的大意是说，苏州才子陈元超他和朋友游览虎丘，与秋香不期而遇，秋香对陈公子粲然一笑。其实就笑了一下，陈公子便招架不住，于是暗访秋香踪迹。

陈公子乔装打扮，到官宦人家里做了公子的伴读书童。

不久，陈元超觉得时机已到，便谎称要回家娶亲。两位公子说，府上有这么多婢女，你随便挑。陈公子说，既然这样，恭敬不如从命，我就点秋香吧。最后陈公子遂心如愿，结成姻缘。

这就是《耳谈》中因笑传情，因情结缘的一个爱情故事。

到了明末小说家冯梦龙的手中，就变成了《唐解元一笑姻缘》。

看来，点秋香的应该是陈公子，而不是唐伯虎。

韩姓人不可忽视的地方：郑韩故城

生在郑韩，长在新郑，许多新郑人都将祖坟偷偷安在郑韩故城里。如今，还是有不少老人临终遗言是：将骨灰撒进郑韩故城里。

为何他们对郑韩故城有如此深的感情？

新郑，是韩姓人不可忽视的地方

周烈王时，发生了韩、赵、魏"三家分晋"之事。这时的韩，已是七雄之一，开国君王韩景侯，于公元前403年被承认为诸侯，建都于平阳（今山西临汾）。

"由此可见，韩姓起源于山西。"西安国学研究院院士韩新民说，韩姓源自山西的说法，已被许多专家及韩氏后人认可。在四川省的韩氏族谱里，也记载着，韩姓起源山西。

不过，在韩姓的历史发展中，新郑却是一个不可忽视的地方。为何这样说呢？

在《韩氏宗源史略汇编》一书中写道，战国，是韩姓最主要的发展时期。韩新民解释道，自"三家分晋"之后，韩国建都平阳，后迁都今阳翟（今河南禹州），在韩哀侯时，又迁都于新郑（今河南新郑）。

"韩国迁都新郑，使韩姓迅速繁衍。"韩新民说，战国七雄之一韩国的建立、兴盛，使得韩氏一族快速壮大。他指着新郑市区的郑韩故城遗址说："韩国对韩姓的发展，太重要了。"

郑韩故城，是韩姓成望族的印证

"韩国迁都新郑，使得韩姓在河南打下坚实的基础。"新郑市地方史志办历史文化研究科科长安韶军说，那时候的韩姓迅速成为当地一大望族，新郑也成为韩姓在历史上分布最集中的地区。

如今，矗立在新郑市区黄水河与双洎河交汇处的遗址——郑韩故城，就是战国时期，韩国的都城。

在新郑县志里有记载，郑韩故城呈不规则长方形，东西长约 5000 米，南北宽 4500 米，城墙一般高 10 米左右，最高的地方达 16 米，约 6 层楼高。故城分为东城区、西城区，后期，发掘出了大型宫殿遗址、缫丝作坊等，还包括 29 座韩国国君及王室陵墓。安韶军说："从这些数据里，就能让我们探得当时韩国的实力。"

如今的郑韩故城，主要有四段古城墙，其中，西城墙缺损最为严重，已基本不在；南城墙 6 处缺损；保存较好的北城墙、东城墙，还依然透露着郑韩故城昔日的恢弘。

为避追杀，改韩为何？

新郑韩姓，如今只有几百人

战国时期，韩国定都新郑，韩姓迅速繁衍，并且当地还成为韩姓历史上分布最集中的地区，这一说法，新郑市地方史志办历史文化研究科科长安韶军、西安国学研究院院士韩新民均有证实。

那么，如今的新郑，韩姓人口有多少，分布如何？实地探访发现，韩姓人聚集的新郑韩庄村、小韩庄村，已随着城市的发展，面目全非，原先的韩姓人，如今也都四散各处。

幸运的是，在距离新郑市市区二三十公里处，尚且保留一处韩姓墓碑，立碑的时间虽难以辨认，可是，墓碑中心"韩氏讳公四柱者"的碑文依旧清晰。

新郑杨庄村的一位杨姓老人解说，在明朝崇祯末年，饥荒肆虐、瘟疫蔓延，兵匪官绅生抢豪夺，一片生灵涂炭。那时，有位名叫韩四柱的人高大威猛、劫富济贫，保护上千民众逃离战火。

"拼杀中，英雄牺牲。"该老人说，后来，当地人为了祭奠韩四柱，便将农历四月初四定为"古会"。如今,每到"古会"日,新郑姬庄、桓家、杨庄等十三村的老百姓都会闹"古会"。

"因为拆迁,现在村里人都住得分散。"韩庄村的一位村民说,韩姓具体人数难以估计。查阅《新郑市志》,在 2005 年的人口统计中,刊登了人口数量在 500 人以上的姓氏,其中难觅韩姓。

为躲避追杀,韩姓人外逃

古韩国当时的韩姓人口数量也难以考证,不过,韩新民认为,当时韩国能吞掉郑国,韩姓人丁应十分兴旺。那么,是何原因,让如今新郑的韩姓人如此单薄?

河南大学教授王立群曾讲述过"韩国之亡"。战国之时,韩国地处黄河中游地区,韩国东部和北部均被魏国包围,西有秦国、南有楚国,屡遭欺凌。秦楚争霸时,秦又要挟韩、魏共同伐楚,韩国苟延残存。公元前 230 年,韩国被秦所灭。

韩国被秦国灭亡之后,韩国贵族为逃避秦兵追杀,大多向江淮一带逃难。到了汉代,韩姓多分布于今江苏、浙江、四川、山东、甘肃、河北、北京,以及我国的北部地区。唐代以后,居于长江流域的韩姓,继续向今福建、广东、广西等地迁徙。

"现在韩姓人口约 760 万,遍布全球。"韩新民说,如今,海外的韩姓主要分布于菲律宾、加拿大、泰国、马来西亚、新加坡、印度尼西亚、美国、日本等地。

韩王缄为自保,改"韩"为"何"

在韩国贵族的逃亡中,韩王缄的故事不得不提,姓氏文化学者、《中华太庙宗谱》主编刘文学说,韩被秦灭,王族韩王缄为求自保,改韩姓为何,以掩人耳目。

刘文学说,当时,秦国派兵追杀韩姓人,在韩王缄逃亡至江南一个桥口时,秦兵正盘问每个过桥人,姓什么。韩王缄急中生智,指指脚下的河流,秦兵误以为韩王缄姓河，即何，此后，韩王缄便改姓何。

至今，坊间还流传着"自古韩何一家"的说法。此说法是否靠谱？

韩新民称，唐代林宝《元和姓纂》、宋代《氏族大全》、明代《万姓通谱》等，都记载了"何氏为韩氏所出"，"不少的何氏家谱里，也有类似记载。"

南阳成韩姓望族

"秦灭韩，贵族多外逃，百姓则多安家在颍川（今登封、新密一带）。"韩新民说，两汉时期，在河南形成了两大韩姓宗族，颍川一支不甚发达，而南阳一支，却人丁兴旺，名人辈出。

河南商报记者先后查阅河南、山东、四川等地的韩氏族谱，书中记载的自先秦两汉时期起的名人至少有 30 人，其中，约占三分之一的名人祖籍都在河南。

例如，奇才尚书令韩棱、两代战将韩千秋、为官爱民的韩韶等，祖籍都在古颍川；曹魏司徒韩暨、后唐兵部尚书韩熙载等，祖籍为南阳。

"宋辽时期的魏国公韩亿，就是现在的杞县人。"韩新民说，随着人口播迁，古代的韩姓名人有的出自山西，有的出自北京，"相比之下，古代的韩姓名人，河南占的最多。"

翻阅《韩氏宗源史略汇编》一书，在"韩姓的故事（名门、贵族）"篇章中，记载的古代韩姓名人里，祖籍有河南、山西、河北、北京等，其中，河南的名人最多。

韩信：草根逆袭成名将

韩信自幼父母双亡，穷的连给母亲办丧事的钱都没有，平日里也只能靠钓鱼换钱为生。

然而，他没有气馁，凭借自身努力，成为了西汉开国功臣，与萧何、张良并列为汉初三杰。

虽出身贫寒，不过，后来的"辉煌史"足以让我们对他刮目相看。

明修栈道，暗度陈仓，背水为营，拔旗易帜，四面楚歌……韩信为后世留下了太多的战术典故，成为中国战争史上最善于灵活用兵的将领。

（一）成名前：大丈夫能屈能伸，忍"胯下之辱"

《史记·淮阴侯列传》中，有这样一段故事：

当初，家住淮阴的韩信，因贫穷常在熟人家讨饭，被很多人讨厌。当地的屠宰户里，有不少穷凶极恶的少爷，他们常常对韩信恶语中伤。

一天，一位恶少对韩信叫嚣："韩信，你要是不怕死，就用你的剑来刺杀我；如果怕死不敢刺，就从我的胯下钻过去。"

没想到，韩信低头趴在地上，从恶少的胯下钻了过去，满街看热闹的人都在讥笑韩信胆小无能。"韩信自知势单力薄，硬拼只是死路一条。"靳录说。

后来，在韩信功成名就时，他说，如果未曾经历"胯下之辱"，他就不会成功。

（二）奋斗史：男子汉顶天立地，能"独当一面"

刘邦和张良一起东征讨伐项羽，打到彭城时刘邦败了。刘邦十分着急，赶紧请教张良，谁才能帮他打败项羽。

《史记·留侯世家》中记载，张良举荐韩信，认为他可以独当一面。后来，刘邦按照张良的话去做，果然打败了项羽。

"现在的企业讲究团队合作，不过，也很是需要这样能独当一面的人才。"靳录说，"独当一面才能做将才。"

（三）成名后：对恩人"一饭千金"

因为刘邦建立汉朝立下了汗马功劳，韩信被封为齐王，后又改封为楚王。

韩信到了楚地后，找到了当年给过他饭吃的妇人，并赏赐给她千金。后来，便有了"一饭千金"之说。

西汉名相萧何是商王朝后裔

在我国 400 大姓中,萧姓排名第 30 位,人口有 900 多万。据有关资料介绍,如今的大多数萧氏族人,是商王朝的后裔。

关于萧氏起源,有着怎样的故事?西汉名相萧何的祖先萧叔大心,有着怎样的传奇经历?

其中一支萧氏,是商王朝后裔

萧姓的起源,最早要追溯至夏代。

据史书记载,黄帝的后裔伯益能驯鸟兽,他的封地起初在嬴为(今陕西云阳一带)。后来,伯益的后裔孟亏被封到萧地(今安徽萧县),其子孙便以其封地为氏,称"萧氏",这是萧姓最初的起源。

而《左传》中记载:"殷民六族,一为萧氏。"曲阜师范大学教授杨朝明介绍,周武王灭商后,对殷商旧部采取怀柔政策,除了将微子启封在宋地外,还将一部分殷商遗民分封给了各诸侯国。其中,原本居住在殷商故地(今河南安阳一带)的条氏、徐氏、萧氏、索氏、长勺氏、尾勺氏,被迁到了鲁国。

杨朝明介绍,这些人是"率其宗氏、辑其分族"来到鲁国的。"宗氏"即六族的大宗,分族则是其余的小宗。由此可见,殷民六族是率领所有部属,举族迁到鲁国来的,人数不少。

至于殷民六族在鲁国地位怎样,史学界分歧很大,郭沫若曾认为他们是"种族奴隶"。杨朝明则研究认为,殷民六族保留了其原来的氏族组织、风俗习惯等,原有的奴隶仍供他们役使,实际上与贵族无异,这是周王朝对臣服者的安抚、拉拢政策决定的。

西汉名相萧何，是微子启的后裔

不过，虽然史书对"殷民六族"记载较为清楚，但这支萧氏的世系已不可考。古代的姓氏专著及萧氏族谱，均主张"萧"是以国为氏。

萧氏真正有世系可考的起源，要从春秋时期的萧叔大心说起。而萧叔大心的发迹，与宋国一次突如其来的"政变"有关。

公元前 682 年，宋国攻打鲁国，猛将南宫长万被俘，后来又被放归宋国。因为这次被俘经历，他常被年幼的宋闵公取笑。后来，君臣因游戏再次发生争吵，宋闵公大怒，称南宫长万为"鲁国囚犯"。南宫长万也恼羞成怒，抓起棋盘向宋闵公脑袋砸去。不料用力过猛，宋闵公当场身亡。

南宫长万索性杀掉太宰华督，立公子游为国君，宋国公族大多逃往萧邑（今安徽萧县）。萧邑大夫大心组织反攻，很快平息了这场叛乱，并立宋闵公的弟弟御说为国君，史称宋桓公。

宋桓公因大心平叛有功，就将他的封邑提升为封国，史称萧国。公元前597 年，萧国被楚国攻灭。萧国贵族有过复国的举动，但未能成功。他们为了纪念故国，纷纷以国为氏，称"萧氏"。

这支萧氏是微子启的后裔，也称为子姓萧氏。后来，这支萧氏人才辈出，子孙也最多。到了汉代，萧叔大心的十六世孙萧何，曾辅佐刘邦建立西汉王朝。

卫辉一支萧氏，曾因宗教改姓

道教是我国土生土长的宗教，其主流教派被称为"全真道"。全真道是"三教合一"，其中最重要的一部分便是太一道。萧姓的一支起源，与这种宗教关系十分密切。

据史料记载，太一道创立于金天眷年间，其创立者是卫州（今河南卫辉市）人萧抱珍。明代人编纂的《卫辉府志》记载，萧抱珍"道貌纯古"，他创立的太一道"大行于世"，教徒广泛分布于河南、山东、河北等地。

萧抱珍死前曾留下遗嘱，其后非萧姓嗣教者，必须改姓为萧。其门徒韩矩的儿子韩道熙继任为"太一道二祖"，便改姓为萧。萧道熙掌教后，深得金世宗宠信，被赐以"万寿"碑，太一道名声大振，门徒更是日益增多。后来嗣教的王志冲、李居寿、李全岭、蔡天岭等人，均改姓为萧。

到了后来，太一道、真大道和金丹南宗逐渐融合，并入全真道。自七祖萧天岭之后，不再另设掌教者。因为掌教者姓萧，当时也有不少信徒改姓为萧。

南方有"萧钟叶三姓一家"的说法

家在福建泉州的萧先华介绍，在福建、广东、台湾一带，有着"萧钟叶三姓一家"的说法。"因为这个，妈妈从小就对我说，长大后不能娶钟姓、叶姓的女孩子。"

原来，生活在这三省的大部分萧姓、钟姓、叶姓，都是潮阳萧氏开基始祖萧洄的后裔。

据当地萧氏族谱记载，萧洄原居于福建漳州，后来在潮阳任官时，深受当地百姓拥戴，被挽留落籍潮阳。萧洄公务繁忙，便让儿子萧昭元回老家侍奉家中老人。

萧昭元只身上路，不料在途中一病不起。幸亏客店店主叶公父女悉心照料，他才捡回一条命。叶家女儿品貌端庄，萧昭元一见倾心，后来便当了上门女婿，婚后育有三子，名字分别是规、真、植。

后来萧洄得知，客店店主叶公早年入赘到钟家，但膝下没有儿子。萧洄与叶公约定，让萧昭元的三个儿子长子姓萧、次子姓叶、三子姓钟。后来，兄弟三人的子孙分别繁衍，如今在福建、广东、台湾一带，萧钟叶三族仍然共认同一祖宗，并进行了三姓联宗。1995 年，在马来西亚槟城，发现了一块立于清光绪癸巳年（1893）的"萧叶钟总墓"。

兰陵萧氏：21 位皇帝 30 多位宰相

在萧氏子孙中，最为著名的一支当属"兰陵萧氏"，它起源于萧何的幼孙萧彪，兴起于西汉名臣萧望之，出过 21 位皇帝、30 多位宰相，显赫了近 2000 年。

如今，这支萧氏依然人才辈出，不少人在政界、艺术界都堪称精英。这支家族都出过哪些著名人物？代代出英才，这个家族到底有什么秘诀？

萧何幼孙萧彪，"兰陵萧氏"之祖

研究中国历史，绕不开兰陵萧氏开创的齐、梁政权；研究古典文学，也绕不开萧统的《昭明文选》。湖北工程学院教授谭洁、西北师范大学文学院副教授杜志强等学者，都曾出版过专门研究兰陵萧氏的学术专著。这支人才辈出的萧氏家族，究竟是怎么起源的？

多种《萧氏族谱》均记载，萧国灭亡后，萧叔大心的后裔散居各国，数百年间默默无闻。到了秦末，萧叔大心的十六世孙萧何辅佐刘邦建立西汉王朝，萧氏才又重新崛起。另据《南齐书》《新唐书》记载，萧何幼孙名叫萧彪，被免官后移居东海兰陵（今山东兰陵县），兰陵萧氏自此开始。

到了西汉中期，萧彪的后裔萧望之成为朝廷肱股之臣，位列三公；他的八个儿子中，长子萧伋袭封关内侯，萧咸、萧由是经学大家，与萧育同为国之重臣。父子四人"一公三卿"，其子孙世居杜陵，被称为"杜陵萧氏"。后来，萧育的儿子萧绍又迁回兰陵老家，并使兰陵萧氏成为山东望族，历数百年而不衰。

据《南史》记载，到了三国魏晋时期，中原战乱频繁；西晋末年，又发生了"永嘉之乱"，北方士族大量南迁。萧望之第十四世孙萧整也举族南迁，落户晋陵郡武进县（今江苏常州市新北区）。东晋初年，统治者在这里侨置兰陵郡，史称"南兰陵"。

兰陵萧氏出过 21 位皇帝

萧氏家族迁到南兰陵后，逐渐发展壮大；到了南北朝时期，又迎来了一次大发展。让这个家族重新崛起的，首先要数南齐的开国皇帝萧道成。

据《南齐书》记载，萧道成出生于晋陵郡武进县东城里，是南迁始祖萧整的五世孙。南朝宋明帝时，萧道成以军功升至南兖州刺史。宋明帝死后，他与尚书袁粲同掌朝政，宋室宗族为夺权互相残杀，大权逐渐落入萧道成手中。到了479年，他迫使刘准禅让，建立了南齐，他便是齐高帝。

不过，南齐仅存在23年便结束了。齐武帝时期，由于政治清明，中国一度出现相对安定的局面。

而接替南齐的，仍然是一位兰陵萧氏成员，名叫萧衍。据记载，萧衍的父亲萧顺之，是齐高帝萧道成的族弟。《梁书》则明确记载，萧衍是"萧何第二十五世孙"。

502年，萧衍迫使齐和帝禅位，建立了南梁，史称"梁武帝"。梁武帝在位长达48年，他的统治时期，是南朝社会最为稳定富足的几十年。但遗憾的是，他晚年"引狼入室"，发生了"侯景之乱"，86岁高龄的他，被囚禁在台城活活饿死。

他死后，南梁政权大权旁落，陈霸先迅速崛起，取代南梁建立了南陈政权，以及后来的西梁政权均灭于隋。隋大业年间，南梁皇室萧铣曾短暂复国。完整计算下来，兰陵萧氏共出过21位皇帝。

兰陵萧氏与南朝文学

南齐、南梁两代加起来，时间不足80年。但就是这段时间，文坛空前繁荣，近体诗和骈体文逐渐兴盛，并出现了《文心雕龙》《诗品》《文选》等一大批文坛巨著。这一切，都与兰陵萧氏关系密切。就"兰陵萧氏对南朝文学的影响"，当代不少学者出版过专著。

据记载，南齐、南梁两代，统治者十分重视文学，有时他们本身便是文学高手，如梁武帝萧衍、梁元帝萧绎、梁简文帝萧纲。在中国文学史上，他们与昭明太子萧统一起，父子四人并称为"四萧"。在他们的影响下，南朝时期文学圈父子齐名、兄弟比肩的现象很多。

文人中成就最突出的，当属昭明太子萧统。萧统是梁武帝萧衍的儿子，502年被立为太子。史书记载他酷爱读书，并且记忆力超强，能够过目不忘。他担任太子期间，曾召刘勰等文人学士，将古今书籍三万卷，编成了一部《文选》，选编了先秦至南梁各种文体的代表作品，对后世影响极大，古时候读书人有着"《文选》烂，秀才半"的说法。

萧统与文学造诣齐名的，是他的孝道。他16岁时，母亲病重去世时，他悲切欲绝，本来健壮的身体，到守丧出服后已经羸瘦不堪，官民们看了无不感动落泪。他31岁时，一次在后池中乘船摘芙蓉不慎落水，不久去世，谥为"昭明"。

南北朝时期，萧氏出了30多位宰相

南北朝时期，兰陵萧氏盛极一时，除了21位皇帝之外，还出了30多位宰相，其中著名的有萧思话、萧嶷、萧渊藻、萧遥光、萧颖胄等。

后来，杨坚统一中国，建立了大隋。西梁皇裔、萧统的曾孙女嫁给了杨广，这就是萧皇后。兰陵萧氏成为外戚，地位依然很高。萧皇后的弟弟萧瑀，还娶了独孤皇后的娘家侄女，关系更近一层。

到了隋灭唐兴时，萧瑀投靠了李渊父子，成为大唐的开国功臣，是"凌烟阁二十四功臣"之一，后来在武德年间一度官居宰相。贞观年间，因为是前朝宰相，萧瑀曾五度被罢相，又五度官复原职。唐太宗"疾风知劲草，板荡识诚臣"的诗句，说的便是萧瑀。

在唐代，有六大家族地位很高，兰陵萧氏便是其中之一。翻阅《新唐书·宰相世系表》可以发现，除萧瑀外，唐代还有9位宰相姓萧，均出自兰陵萧氏。其中，萧瑀的之子萧钧一支，接连出了8位宰相，史称"八叶宰相"。对此，《新唐书·萧瑀传》称："梁萧氏兴江左……凡八叶宰相，名德相望，与唐盛衰。世家之盛，古未有也。"

契丹萧氏：辽国也有一位"武则天"

契丹萧氏与西汉萧何有啥关系？

五代十国时期，中原战乱频仍，中国北方的契丹族迅速崛起。916年，契丹首领耶律阿保机建辽称帝，史称辽朝。

据记载，契丹的先世鲜卑族人"氏姓无常"，并没有固定的姓氏。唐武

德年间，契丹酋长窟哥官任松漠都督，被赐姓为李，但一般平民仍没有固定姓氏。而据史料记载，契丹族中的一支萧氏地位显赫，与兰陵萧氏相比，一点也不差。那么问题来了：这支萧氏是怎么产生的呢？

《辽史·后妃传》记载："太祖慕汉高皇帝，故耶律兼称刘氏。以乙室、拔里比萧相国，遂为萧氏。"耶律阿保机自称刘氏，将乙室、拔里比作萧何，让他们以萧为氏，这便是契丹萧氏的来源。

不过，学界对此有着不同的说法。日本学者爱宕松男曾撰文指出，契丹萧氏是由原始姓氏"审密"演化而来的。"审密"的本意，是契丹人的图腾牛。长期从事辽史研究的蔡美彪认为，武则天当政时期，曾有契丹首领孙万荣举兵造反，孙万荣即出自审密氏。孙、审密与萧，只是不同时代的汉译差异。

而另据《辽史·太宗纪》记载，乙室、拔里是"皇太后父族及母前夫之族"。有学者因此得出结论：审密、述律、萧、石抹、舒穆鲁等姓氏，是辽代后族在不同时期的姓氏，是一脉相承的。

契丹萧氏的宰相，比兰陵萧氏还多

辽代契丹人有一个有趣现象，即只有耶律氏、萧氏两个大姓，平民百姓则大多有名无姓。其中耶律氏是辽国皇族，萧氏是辽国后族，即历代皇后的父族。

据《辽史》记载，耶律阿保机建国后，倚重皇后述律平的家族，任用皇后的弟弟萧敌鲁为北府宰相。史载萧敌鲁力大过人、很有胆略，征讨西南夷时功居于诸将之首，是辽太祖的得力助手。

据介绍，辽代"以国制治契丹、以汉制待汉人"，推行"南北面官"制度，南面官管理汉人事务，北面官管理契丹本族事务。而北面官的最高军政机构，便是北宰相府，负责管理部族、属国、军政、边防等事务。与南宰相府相比，国家实权实际上掌握在北宰相府手中。

而从萧敌鲁开始，北府宰相的"预选权"，几乎被萧氏全部垄断。除了少数几个外姓宰相外，绝大多数北府宰相均为萧氏家族成员。因此，契丹萧氏又被称为"宰相之族"。

在辽代，契丹萧氏不仅"垄断"了皇后和宰相，还"垄断"了驸马人选。据记载，耶律氏与萧氏世代联姻，萧氏女子嫁入皇族耶律氏，耶律氏的公主也大多嫁入后族萧氏。两大家族相得益彰，把持了辽代政权。

萧太后被称为"辽国武则天"

终辽一世，萧氏家族中最有名的人物，莫过于辽景宗耶律贤的皇后萧绰。据《辽史》记载，萧绰是四朝元老萧思温的女儿，小字燕燕，969 年被册为皇后。

耶律贤是辽代第五位皇帝，他在位时进行了一系列改革，政治稳定，农业兴旺，对宋战争也有一定进展，史称"景宗中兴"。他年幼时惊吓过度，在位期间常年患病，皇后萧绰执掌朝政。耶律贤 35 岁驾崩后，年幼的耶律隆绪继位，萧绰继续临朝摄政。

萧绰掌权期间，在对内政策方面，对辽国的制度、风俗进行了彻底改革，使契丹族由奴隶制转为封建制，使辽国进入了最鼎盛的时期。

在对外关系方面，辽军两次击败宋军进攻，但两方损伤均比较严重。辽将萧挞凛中箭身亡，则是宋辽休战的直接原因。萧绰为萧挞凛辍朝五日，决定在阵前与宋军议和，这就是著名的"澶渊之盟"。宋辽约定边界，结束了长久以来的战争，进入了百余年的和平时期。

1009 年，萧绰为耶律隆绪举行了"柴册礼"，结束了自己 40 多年的摄政生涯，同年 12 月去世。虽然生前并未称帝，但因为实权独揽，她又被史学家称为"辽国武则天"。

契丹萧氏以"兰陵后人"自居

在中国古代著名的家族中，兰陵萧氏是顶级门阀之一。而到了唐末五代时期，这支萧氏逐渐没落。契丹萧氏被耶律阿保机比作"萧相国"，它与兰陵萧氏有什么关系？

有人认为，契丹萧氏延续了兰陵萧氏的辉煌终辽一世，契丹萧氏都自认为是萧何的后人，并以兰陵萧氏自居。

辽宁师范大学教授都兴智介绍，辽代的"郡王"主要有兰陵郡王、漆水郡王这两个。漆水是王室兴起的地方，漆水郡王专封耶律氏；兰陵是南朝萧氏祖先聚居地，兰陵郡王专封萧氏。有出土的辽代墓志则直接说明，契丹萧氏即"兰陵萧氏"，"其先兰陵人也"。

有学者认为，耶律氏自称黄帝后裔，并让自己以漆水为郡望，让萧氏以兰陵为郡望，是为了增强其统治地位的合法性，是封建正统思想的体现。

辽国灭亡后，萧氏一部分随耶律氏西迁，在西辽政权中地位依然尊崇；一部分留居辽国故地，被金代统治者改为"石抹氏"，其后裔后来散居于东北，逐渐融入汉族和其他少数民族。

最"老"程姓，因国而得

作为一个古老的姓氏，关于程姓的得姓最早主要有两种说法，一说与颛顼后代建立的程国有关，另一说是出自姬姓后代封地。

而与此两说都有莫大关系的河南洛阳，如今仍有二程故里和程林（旧名程园）等存在。

程姓最早因国得姓

颛顼，中国历史中的一位传说人物，为五帝之一，相传是黄帝之子昌意的后裔。颛顼的曾孙重黎，是专门管理火种的官员，其子孙也一直担任这个职务，并且在商朝的时候被封在了程，建立了程国。程国的管理者在历史上被称为程伯。

古程国的地望在汉晋时期的洛阳上程聚，也就是现在河南省洛阳和偃师交界处。程国的居民后来以国名为氏，于是就产生了程氏。到了周宣王时期，程伯的封地有所移动，但仍称为程，子孙后代用程当了姓氏，尊程伯为始祖。

当时的人到底是从封地开始就以国为姓，还是在国家灭亡后才以国为姓呢？

在洛阳姓氏研究会常务副会长姬传东看来，以国为姓应该不是封地时就有的行为，而是在封地以后国家发展过程中进行的，或者是在国家灭亡后为了纪念国家而做出的行为。比如古邢国就是在国家灭亡后，臣民怀念自己的国家，而改了姓氏并演化为于的。

关于古程国的确切位置，有的说是在如今的洛阳，另一种说法是在陕西咸阳。因为这两处相距并不远，因此姬传东认为，这两个地方之间，最早很可能存在有程姓族人的迁徙。

姬姓程，得姓跟封地有关

程姓还有另外一个起源，是出自姬姓。

周文王姬昌的后裔中，有一支姓荀，其后代中有一脉被封在程邑，他们的后代用自己的封邑名称作为了姓氏，也姓程。关于程邑的所在地，也是存在两种见解，或是在陕西咸阳市东，或是在今河南洛阳市东。

至于其他起源说法，还有黎族的程氏，分布在海南，据说是由王氏改姓而来；有一支程姓出自商、周之际的伯符后代，他们也是拿封邑的名字来当了姓。

二程故里，嵩县程村

位于洛阳嵩县田湖镇程村的二程故里，依然在证明着程姓与洛阳在历史上的关联。

此二程故里是宋代大理学家程颢、程颐兄弟的故居、最后居住地，二人乃是是中国北宋时期著名的哲学家、思想家，宋明理学奠基人。

当地人介绍，二程故里最初是在宋朝修建，明朝时被下诏封为"二程故里"的，程村正是因为二程后代一直居住在此才得的村名。

在程村的二程祠，还保存有亭子、石碑以及道学堂等，仅宋、元、明、清时期留下的石碑就在20块以上。当地居民说，这里曾经和皇家有不少"渊源"，除了康熙曾经写过匾额外，光绪皇帝还御赐过"伊洛源渊"匾，慈禧太后赐书过"希踪颜孟"匾。

2006年时，二程故里被列入全国重点文物保护单位。

当地一些老人称，很多年以前，这里也是"文官过了要下轿，武官到了要下马，婚丧嫁娶在此不得奏乐放炮"的圣地。但现在，风光早已不再。

而近年来，湖北省武汉市黄陂区也被称之为"二程第一故里"，有关方面称二程祖孙三代在此处生活了68年，二程兄弟也在黄陂生活、学习了十五六年，留下了多处遗迹。

程姓后人，中原最多

程姓是目前中国姓氏中的人口大姓，分布在河南、安徽、湖北、四川、山东的程姓族人，占全国程姓人数一半以上。尤其在河南的伊川县，程属于望族大姓。

而南方一些地区的程姓族人，最早也是源自河南。

河南是程姓人最多的省份之一

与一些姓氏发源地如今难觅本姓人不同，作为程姓起源地的河南，虽然历经播迁，如今仍是程姓族人最多的省份。

在历史上，北方的河南、河北、山东等省，南方的安徽、湖北、浙江、江苏等省，程姓人数较多。据 2013 年出版的《中国四百大姓》一书记载，程姓人数在中国姓氏人数中排在第 46 位。

根据统计，当前在河南、安徽、湖北、四川和山东的程姓人数，占全国程姓人数的一半以上。其中河南最多，并且分成很多支脉。在河南的嵩县、伊川、洛宁、偃师、开封、唐河等县市均有分布。

二程后裔聚居河南伊川

伊川县位于洛阳市城区南方，在洛阳姓氏文化研究会刘金来所写的《伊川姓氏概览》中，程姓属于伊川县的望族大姓之一。

在伊川县的江左镇，也有一个程村，史料记载宋朝理学家程颐曾在伊川讲学，他的后代在这个地方定居，后来村庄就以程姓当了村名。

据程氏家谱记载，伊川县其他乡村的程姓，也都是二程的后代。

姬传东认为，这样的说法严格来看并不一定准确，因为现代人在寻根问祖中，存在文化寻根和血缘寻根两种，文化寻根时，就容易向历史名人聚拢。

在伊川，当地老百姓们很崇敬历经沧桑的古树。酒后乡新庄村的老皂荚树，葛寨乡黄楝树村的古黄楝树，明皋镇杨屹塔村的木兰树，以及鸦岭乡乔沟村的大桑树等，都被视为是建村伊始所栽，作为本村、本姓家族移居此地的纪念。

秦汉时期，南方有程姓繁衍

春秋时期，程姓族人已经分布在了河南洛阳、河北、陕西咸阳一带。

史料记载，秦汉时，鲁国人程郑带着家眷搬到了当今的四川省境内，同时其他程姓族人也有迁往浙江乌程和江西南昌的。

程郑，是西汉初时的"冶金铸造大亨"，他的祖上在秦始皇时被要求搬迁到了蜀都临邛（今四川邛崃），因冶铁铸造致富，有数百名仆人，生产的产品还卖到了境外。

而在浙江，如今的吴兴县一带历史上曾叫乌程县。乌程这个名字，与秦朝时中原人士程林有关。秦朝时，程林迁居当时的会稽郡，他很会酿酒，并且开办了一个酿酒作坊。与此同时，当地还有一个姓乌的人也很会酿酒，两个人都在这里，就让此处成为了著名的酒乡。后来为了纪念乌、程二人，所在的县就取名叫了乌程。

河南地区的程姓，在北宋时期因洛阳成为西京而有过复兴，后来金兵南侵时，二程的子孙也随着王公贵族南迁，程颢的儿子迁居江苏，程颐的儿子迁居安徽、江苏。这是后来我国江南程姓繁衍的主要来源之一。

在福建，程姓族人在历史上来源颇多。最早的是在唐朝，河南固始人程赟，跟随后来的"闽王"王审知进入福建。

台湾程姓部分源自河南程氏

清朝康熙年间，宝岛台湾就已有了程姓人士，如今程姓族人几乎遍布全岛各地。这些程姓族人中，也有部分是河南程氏后裔。

根据考证，清康熙末年，台湾已经有了姓程的人。而在乾隆初年，有一位名叫程志成的人，也在台湾定居，乾隆末年，又有程姓族人进入。

1949年，一些国民党官员、军人和百姓随迁台湾，其中也有不少姓程的人。例如江西新建人程天放，在台湾任"考试院副院长"，还有程建人任"新闻局长"，江苏武进人程沧波是台湾的新闻学教授。

而河南程氏在台湾定居的,有程庆典、程广怀、程步华等人。安徽及江苏、浙江、福建、广东等沿海地区程氏移居台湾者人数更多。

据了解,程姓人口数在台湾姓氏人口数中排名第80多位,也是台湾的大姓之一。

目前在香港,也居住有很多程姓居民,其先辈主要是从广东、福建等地迁过去的。

洛阳"二程",教学方面是大师级

历史上,程姓从来就不缺乏受人敬重的名人。其中北宋时期宋明理学奠基人"二程"——程颐、程颢,无疑是最为人们所熟知的。

二程的老师是大儒周敦颐

程颐、程颢两兄弟,是北宋时期宋明理学的奠基人,有"二程"之称。因为他们都是洛阳人,其学派又被称为"洛学"。他们的学说在后来被朱熹继承和发展,创立了程朱理学体系,世称"程朱理学"。

程姓的堂号有"安定""广平""明道""伊川""立雪"等。"明道""伊川""立雪"都典出程颐程颢两兄弟。程颐被人称为"伊川先生",而程颢则被称"孟子以后一人而已"。

其实,程颐、程颢二人都是名家周敦颐的学生。

提起周敦颐,很多人大都只会想起来那篇著名的《爱莲说》。他是北宋理学的创始人,在世时活得很洒脱,常常和高僧、道人游山玩水,弹琴吟诗。很多人仰慕他的学问和气度,跑很远也要追随他学习。而且他深刻研究《周易》,后来写出一篇重要的著作《太极图·易说》,提出了一个宇宙生成论的体系。

作为这位十分了不得的"强人"最出名的学生,程颐、程颢也是超越大师级的教师。

如坐春风、程门立雪，都与二程有关

历史上，程颢、程颐一生都没有做过太大的官。不过，他们却靠其创立的思想理论名垂青史，被宋、元、明、清四朝统治者推崇。

两人一生都在进行讲学，都成为了当时有名望并且对后世有重大影响的教育家。学风上，他们提出了"穷经以致用"的主张，突破了汉学不敢独立思考的墨守成规的治学方法，成为一大进步。

作为盛名千年不衰的老师，他们认为教师主要是指导学生学习知识的方法，让人在思考的过程中发展思想。这种学风在当时是一大变革。

朱熹《伊洛渊源录》里记录，程颢的弟子朱光庭听老师讲课，听得如痴如醉，回家后逢人便夸老师讲学的精妙，说"光庭在春风中坐了一月"。成语"如坐春风"便由此而来，意思是比喻同品德高尚且有学识的人相处并受到熏陶，尤其是和高人相处时得到的教益或感化，就像受到春风的吹拂一般。

程颐在这方面也不遑多让。有学生向程颐求学时，为了不惊醒在打盹儿的程颐，一直站在门口静候，直至大雪下了一尺多厚，这就有了"程门立雪"的典故。后人经常用此来提倡和赞扬尊师重道，也从侧面反映了程颐这位老师多么受人尊重。

二程去世后，门徒们将他们葬在了今洛阳市伊川县城西郊，即今天的程林所在地。

以国为姓，根在上蔡

对河南有所了解的人都知道，河南驻马店有个上蔡县，上蔡以东有个新蔡。其实在古代，新蔡东边还有一个"下蔡"。这"三蔡"的得名皆与楚国有关。

斗转星移，到了现在，蔡姓已经发展成为中国第44大姓，蔡姓子孙遍布海内外。每到清明，不少蔡姓后人会不远万里，回到"发源地"上蔡县祭拜祖宗。

西周时的蔡国国姓

上蔡县蔡氏宗亲会会长蔡国芳介绍，公元前1066年，周武王姬发打败了殷纣王，为巩固西周政权，他大封宗室，把弟弟姬度分封在蔡地。姬度建立了蔡国，都城位于今天的上蔡县城附近，他被人称为"蔡叔度"。相传，蔡叔度死于郭邻（上蔡县城西1公里处），葬于郭邻东200米处的卧龙岗。

在卧龙岗，蔡氏后人建造了规模不小的"叔度陵园"，以纪念蔡姓始祖蔡叔度。

对于当地蔡姓人而言，说到蔡国和蔡叔度，不得不提起蔡仲。蔡国芳介绍，蔡仲是蔡叔度的儿子，一部分蔡姓人视他为得姓始祖，并在上蔡县城东北修建了"蔡仲陵园"。

公元前447年，蔡国被楚国所灭。后人为了保留蔡姓，便"以国为氏"，四散分居。不过，蔡姓来源也存在多种说法，比如源于少数民族改姓等。

父子接力，建造蔡国城池

蔡国故城遗址，位于今天的上蔡县城西南。如今，故城已难觅踪影，而宽厚的古城墙却依然矗立。城墙最宽处近百米，最高处约20米。

关于这段古城墙遗址，上蔡县蔡姓文化研究会副会长盖志介绍："古城墙总长 10490 米，围起来的面积约 8.86 平方公里，是如今保存较为完整的西周时期城墙遗址。"

据观察，与大多古城墙不同的是，古蔡国城墙有内外两层。站在高处，能看到古城墙呈"U"形。

盖志介绍说，这种构造在古代被称作"瓮城"。瓮城是城墙的一部分，分为内外两层，它用于保护主城门，加深纵深防线，同时利于守卫部队迅速集结人马，居高临下，从多个角度打击进入瓮城的敌军。"上蔡的'蔡国瓮城遗址'开了我国瓮城之先河。"

关于故城遗址，当地流传着"父子俩合力建城"的故事。

当地村民介绍，蔡叔度被周武王封到蔡地，首先建造城池。而动工不到三年，蔡叔度因不满周公旦摄政，起兵反叛被镇压。蔡国的封号被取消，蔡叔度也被软禁，不久去世。

好在蔡叔度的儿子蔡仲"率德驯善"，赢得周公旦赞誉，被重新封在蔡地。蔡仲继承父亲未竟的事业，在当地百姓的帮助下，他终于建了一座气势宏伟的蔡国城池。

历史上的"三蔡"

说起古蔡国，就不得不提历史上的"三蔡"。

"蔡人的祖先重视防御，但还是无法抵挡南方日益强大的楚国。"盖志说，楚国的强大，迫使古蔡国历经多次迁移，也就有了历史上的上蔡、新蔡和下蔡这"三蔡"的说法。

上蔡即蔡叔度建立的蔡国。后来，他的后代蔡灵侯被杀，蔡国在上蔡共历经 18 个国王，持续了 514 年。

楚国第一次灭掉蔡国后，楚国公子弃疾被封为蔡公。三年后弃疾叛乱，杀掉了楚王并自立为王。为了收买人心，他重新恢复了蔡国，将蔡国的后裔封为蔡平侯。然而，楚国依旧霸占着上蔡不归还。无奈，蔡平侯只好南迁，在今天的新蔡县城西北建立都邑，称为新蔡。

蔡平侯建都新蔡后，蔡国仍不稳定，在周边国家的联合攻打下再次迁都，这次迁入了楚国境内。好景不长，东面的吴国兵临城下，蔡国抵挡不住，被迫将官民和蔡侯的祖坟一起迁入吴国的州来（今安徽凤台县一带），后人称之为"下蔡"。

死心塌地跟楚国，却受它伤害最深

蔡姓后人蔡小启称，上蔡是蔡姓的根，但上蔡的蔡姓人并不多，原因是古蔡国几次覆亡，蔡人被迫迁往他处。

蔡国多次迁都，国人散居四方，逃亡的蔡人以国为氏，后裔遍布大江南北。蔡国灭亡时，经历多次迁徙的蔡人，足迹已遍布今天的河北、安徽、山东、山西、陕西、湖北、湖南、江苏等地。

上蔡县侨联、县委统战部、上蔡县蔡氏宗亲会联合编印的《蔡国·蔡氏》一书中介绍，两晋之交，蔡氏有族人随中原士族南渡，定居江浙一带。唐末中原战乱，河南的蔡氏后人随王潮、王审知入闽，后来又从福建宁化县迁到了广东梅州。到了明代，蔡姓已分布全国各地。

那段反复迁徙的过程，在不少蔡氏后人看来，无不与楚国联系密切。蔡姓后人蔡国芳说，春秋时期，最早臣服楚国的是蔡国，最死心塌地附属于楚国的也是蔡国，但受楚国迫害最深的还是蔡国。

郑成功收复台湾时，有蔡姓人移居宝岛

五湖四海的蔡氏后人，一直渴望回到祖先所在地。

近年来，国内蔡姓人经常来上蔡祭拜祖先。泰国、马来西亚、菲律宾等国的蔡氏后裔，也经常组团回上蔡寻根谒祖，台湾地区的蔡姓人更是频繁"回家"。

说起台湾蔡姓的来历，柯蔡宗刊《儒林门第》中有介绍：明末清初，郑成功收复台湾时，已有蔡姓人移居台湾。清康熙、乾隆年间，进入台湾垦荒的大陆蔡姓人也不在少数。

此外，漳浦县蔡姓于明清时入台人数也很多，郑成功部将蔡文就是漳浦

人，他协助郑氏治理台湾 20 多年。

如今，蔡姓已发展成为中国第 44 大姓。在台湾，蔡姓人数位居第八，台北市区、台北金山乡和万里乡、基隆市一带的望族多为蔡氏。

辛、柯、蔡三姓同宗

蔡氏后裔，如今灿若繁星，遍布海峡两岸。其实，早在汉魏、唐宋时期，河南、江苏、浙江等地就有蔡氏望族的华丽身影。济阳蔡氏是大多南方后裔公认的祖根地，莆田蔡氏、建阳蔡氏则是南迁后的重要分支。此外，柯蔡同源、辛柯蔡同源的说法，也让古老的蔡氏家族多了一分神秘。

济阳蔡氏，南方蔡姓人公认济阳郡为祖根地

秦汉时期，蔡姓人主要在中原地区生活。两汉时，河南陈留、南顿等地均有蔡姓人聚居，并出现了一批名人。

汉代居于陈留圉城（今属开封杞县）一带的蔡氏家族名人辈出，最著名的就是蔡邕、蔡琰父女。这之后，还有三国时魏尚书蔡睦、晋朝大司徒蔡谟、南北朝宋国吏部尚书蔡兴宗等历史名人。

晋永嘉年间，蔡氏开始第一次大移民，其主要原因是战乱。当时，北方少数民族入侵中原，济阳郡（今河南兰考县东部及山东东明县南部）一带的蔡姓世族南迁，定居于今天浙江一带。

"永嘉南渡"是中原汉人大规模南移的开始，济阳人蔡谟就是这时避乱南迁的，他被后人视为南渡蔡姓的始祖。

今天，大多数南方的蔡氏后裔认为自己的祖根地在河南济阳郡，他们的家族祠堂里，还挂着"济阳堂"的匾额。

丹阳蔡氏，蔡履、蔡大宝是其代表人物

作为济阳蔡氏演化的重要环节，学者认为，丹阳蔡氏发源于南朝齐国的

蔡履。 代表人物有南朝梁国尚书令蔡大宝，南朝陈国御史中丞、度支尚书、新丰侯蔡景历，陈国中书令蔡征、唐贞观太子洗马蔡允恭等。他们的子孙众多，影响很大。

丹阳相当于今天的江苏省西北部，北滨长江。蔡肇是北宋时丹阳（今江苏镇江）蔡氏的代表人物之一，他博学多才，擅长诗文，擅长丹青，著有《丹阳集》传世。

莆田蔡氏，蔡襄一族有 23 名进士

蔡氏入莆，始于唐末。那时黄巢农民起义爆发，不少中原百姓随军从固始南下，形成一次新的移民潮。

居于浙江钱塘的蔡用元便随这股移民潮进入莆田，成为莆田蔡氏一世祖。

北宋时，蔡用元家族成为当地望族，最突出的是蔡襄、蔡京两大家族，蔡襄的后裔在海内外影响尤其大。

蔡襄一族中，仅进士就有 23 名，父子进士、兄弟进士、叔侄同科的现象很常见，尤其是蔡旻的三个儿子蔡佃、蔡仙、蔡伸全部进入太学，号称"三蔡"。

相比之下，蔡京虽政声不佳，但他对莆田的贡献无可非议。他关于修建木兰陂的奏疏，为莆阳水利的建设奠定了基础。

如今，莆田境内依然还有蔡襄、蔡京、蔡卞的古墓和祠堂、故居等人文景观。

建阳蔡氏，"蔡氏九儒"闽中望族

唐末中原战乱，河南光州固始县的蔡炉随王潮、王审知入闽。"这个蔡炉，就是我们建阳蔡氏的一世祖。"福建建阳市蔡氏九儒学术研究会会长蔡春寿介绍说。

到了南宋，蔡炉的九世孙蔡发家族四世九儒，对朱熹理学的形成有重要贡献。"蔡氏九儒"分别是蔡发、蔡元定、蔡渊、蔡沆、蔡沉、蔡格、蔡模、蔡杭、蔡权。

蔡春寿说，一个家族，能连续四代人以理学为中心内容，形成博大精深的学术体系，这在学术史和人才发展史上都是十分独特的。

宋朝理宗皇帝为褒扬蔡元定的功绩，曾赐字、造书院，塑造朱熹与蔡元定对坐的讲道神像。清康熙时，更是分别为蔡元定、蔡沉颁赐"紫阳羽翼"和"学阐图畴"的金匾。

辛、柯皆源于蔡姓

我国姓氏文化中，有辛、柯、蔡三姓同宗的说法。

三个姓氏为何会同宗？世界蔡氏宗亲总会常务副监事长蔡元峰说，最普遍的说法是与蔡氏一次举家逃难有关。相传，蔡敦毅是中国南方，乃至海外辛、柯、蔡三姓的始祖。

蔡敦毅，妻子辛氏，三个儿子分别是蔡忠辅、蔡忠佐、蔡忠惠。唐末军阀混战，蔡敦毅在当时的吴国做官，受封大夫。为官 26 年间，因上司要求，他做过不少聚敛民财的事。

937 年，李昇灭吴建立南唐。蔡敦毅的上司因受贿之事败露，暗地派人追杀他，推诿罪过。蔡敦毅只得举家逃亡，与妻儿分三路伪装逃命。长子蔡忠辅改随母姓辛，化名辛文悦；次子蔡忠佐改随二娘姓柯，化名柯八使；幼子蔡忠惠不改姓，化名蔡忠烈。逃亡三年后，他们在洛阳定居。

后来契丹入侵中原，蔡敦毅举家前往福州。北宋初年，辛文悦被封为翰林侍讲，两位弟弟也做了官。兄弟三人以辛、柯、蔡三姓成为朝廷命官，姓氏也从此不再更改。

这支董姓人，为啥写成"大头董"？

"磙石董""大头董"，都是董姓某一支的通俗称法。这个古老的姓氏，数千年来散播华夏，但在迁徙时，不少人都留下了个特殊的记号。

斗转星移，千年过后，是不是同一支已不重要，他们会豁然一笑："天下董姓是一家！"

原阳董氏："大头董"可能是宗族相认的记号

在河南原阳县大宾乡董晓宾的老家，保存着相当完整的董家族谱。

按照族谱记载，他们这一支，最早是元朝末年由陕西省武功县迁往阳武县城大北街定居的。大宾乡大宾村董氏一族是康熙年间由原阳县城大北街董胡同迁来的，距今已有350余年。

族谱中间经过两次修订。几年前，族中又重新修订了新的族谱，辑录了董氏先祖的功名爵位，补充了族谱体例与信息，还打破旧例，将本族女性入谱。

在重新修订族谱时，因为要弄清楚大宾董氏和同样在原阳县的福宁集董氏是不是一家，他们还特意查了福宁集董氏的家谱。

福宁集董氏族谱记载：福宁集董氏是由先祖董礼于明洪武五年（1373）从山西洪洞县大槐树下迁来的。当时董氏弟兄四人坐在石磙上等待官府组织外迁，四人担心分离后难以相见，将来后人见面也不会知道是同族，于是便以石磙为记，取号"石磙董"，为后人相见时作对证。福宁集称董氏为"石磙董"即由此而来。

通过调查，发现两处姓董的并不是一支。不过也没关系，用大家的话说就是："打开董姓起源这本书看一看，那里记载着天下董姓是一家！"

大宾姓董的"董"字的写法是"大头董"，即"董"字上部的"草"字头写得大一些，下部"重"字的一撇写成一横道，且又小些，这就是所谓的"大头董"。虽然不知道为何这样，但是大家推测，这大概也是迁移时候留下的记号，可能是从陕西省武功县迁出时，老祖和兄弟们分离时商定的对证暗号吧。

董姓源流：先祖驯龙，为"豢龙氏"

董姓人说的"天下董姓是一家"，也是有根据的。

董姓历史悠久，算起来约有4000年了。他们的得姓始祖，是舜时代的董父。

按照河南省姓氏文化研究会的研究，相传黄帝的己姓子孙有个叫叔安的，被封于飂（liù，也写作"廖"，在今河南唐河），称为飂叔安。飂叔安有个儿子叫董父，学过驯化龙的本领，熟悉龙的习性，为帝舜驯养龙，被舜赐姓董，任为豢龙氏，封之于鬷（zōng）川（在今山东定陶县西北）。

关于董父的封地，还有一说为今河南临颍县，境有豢龙城，相传即董父封邑。再就是春秋时，周朝大夫辛有的两个儿子到晋国（都城在今山西翼城东南）做官，与籍氏一起主管晋之典籍，因其职责是"董督晋史"，以职为氏，也称为董氏。

不过，近些年，也有不少研究者认为，董父豢龙的地方，在今山西闻喜县的董泽湖。董父养的"龙"，其实是鳄鱼，称湾鳄、蛟鳄，远古黄河流域气候温暖湿润，沼泽遍地很适合鳄鱼生存，以后随气候变化逐渐减少灭绝。

也有人说，董姓发祥地鬷川，不是山东定陶，而是原董部落活动区山西闻喜一带。"鬷"音实为"董"的转音。

在河南临颍，确实是河南省董姓较为集中的地方，也确有豢龙村这个地名。不过，按照当地传说，这个地名和董父的徒弟刘累有关，刘累也是驯龙的。至于和董父的直接关系，暂时也没有确定说法。

迁移闽南，溯源为董仲舒后裔

在董姓人里，有不少极其正直、刚正不阿的人，比如被司马迁称为"直吏"的董狐和有"强项令"之称的、不对皇帝低头的董宣。

春秋时，因为当着晋国权臣赵盾的面，记录了赵家的"弑君"，史官董狐历来被当成史官典范，人称"董狐笔"。

到了汉武帝时代，董家又出了个名人董仲舒。他提倡"罢黜百家，独尊儒术"，帮助汉武帝奠定了儒家独一无二的地位，由此对中国的社会文化产生了深刻影响。

近年来，董氏宗亲会发现大量董氏族谱，中国国家图书馆等处共藏董氏族谱近 70 部。据董氏宗亲会研究，董仲舒为董狐 14 世孙。而后来董氏的大量播迁，都和董仲舒有关。至今，大部分的南方董氏，都认为是董仲舒后裔，包括极为繁盛的江西乐安流坑董氏一脉。

据董姓人董孝忠的研究，海外董氏一族，是从福建和广东迁出的。福建曾有过四次人口大交流（西汉一次，西晋一次，唐朝两次），其中最为突出的是唐末王审知兄弟的南迁，他们在福建建立闽国，当时董姓随之南下。当地董姓始祖是王审知的母亲董氏，和他的族裔董章一族。

历史上的董姓女人

从董狐开始，似乎董姓人的正直和深明大义一直被继承。

除了广为人知的董姓名人，也有一些女性，令人唏嘘或敬佩。

比如在汉代因为董承奉"衣带诏"合谋反曹操，事情败露后，怀有身孕的董贵妃也未能幸免，惨遭毒手；明朝末年，"秦淮八艳"之一的董小宛，素有气节，以致后人把她牵强附会成顺治帝的董鄂妃。

在王审知起兵和称王的过程中，他的母亲董氏起了很大作用。她深明大义，亲自指挥和支持自己三个儿子参与战事，甚至引起义军领袖王绪嫉恨，要杀掉这位巾帼英雄，后来王绪被王审知三弟兄杀死自立为王。董母逝世后葬于福建三明莲花峰，被朝廷授予"累赠鲁国内明夫人"。

2011 年发现的郑成功妻子董酉姑的家谱，提及董酉姑曾劝说郑成功禁奸止杀，对巩固郑氏集团有积极的作用，由此可见董酉姑贤淑贞惠，是郑成功的贤内助。1661 年，南明政权倒塌，清兵打到闽南，董酉姑与百姓一道逃到台湾。别人都是携金带银，唯有董酉姑抱着郑氏祖先的牌位，让郑成功深受感动。

魏，被预言必定昌盛

在河南新郑黄帝故里祠里，有一棵石刻的中华"姓氏树"，来这里拜祖的人，都会兴致勃勃地查找自己的姓氏来源。

在"姓氏树"的顶端有一个比较醒目的单枝姓氏，它就是魏姓。

魏姓子孙，被预言必定昌盛

关于魏姓的起源，《史记》中载："魏之先，毕公高之后也。其苗裔曰毕万，事晋献公。"

晋献公在位时期，晋国势力日益强盛，先后灭掉周边小诸侯国。毕万在战争中屡立战功，晋献公将魏地赐给他，还让他担任了晋国的大夫。

《史记》记载，毕万的子孙众多，在他去世之后，他的子孙便以他的封地为氏，称魏氏，而毕万就是魏氏子孙的得姓始祖。

据《左传》记载，毕万在受封魏地时。晋国掌管占卜的大夫预言说，毕万的后代必会昌盛。

事实也确实如此。

在宋代史学家司马光撰写的《资治通鉴》中，开篇记载的第一件事即"初命晋大夫魏斯、赵籍、韩虔为诸侯"。魏斯即魏文侯，他是历史上第一个大有作为的魏氏子孙。

魏惠王迁都大梁，对开封影响至今

在魏文侯和他的儿子魏武侯时期，魏国富国强兵，开拓了大片疆土，一跃成为中原霸主。

随着魏武侯的去世，魏国王室因为争夺王位陷入了混乱，魏国国力受到削弱。

魏武侯的儿子魏惠王继承王位后，为了应对秦、齐两国施加的压力，将都城从安邑迁到了大梁，即今天的河南开封，魏惠王因此也被称为梁惠王。

魏惠王是史书上记载的第一个在开封定都的国君，他所修筑的大梁城规模宏大，是战国时期最坚固的都城，这也为日后其他朝代在开封定都奠定了基础。

魏惠王还在大梁开凿了最早沟通黄河和淮河两大流域的人工运河——鸿沟，使大梁城四周水道畅达。时至今日，开封仍以多水而著称于世，享有"北方水城"的美誉。

魏惠王去世后葬在今天河南中牟县，据清顺治年间《中牟县志》记载，"梁惠王墓在县东南三十里韩庄西南一里"。如今在中牟县韩庄附近发掘有梁（魏）惠王墓遗址，墓冢高约 4 米，南北长近 100 米，东西宽约 70 余米。遗址上荒草萋萋，已成一座荒冢。

魏国灭亡后，王室子孙形成了魏姓正宗

魏国在大梁建都长达 139 年，被秦国所灭后，魏国王族子孙便以国名为氏，形成魏姓最重要的一支，被称为魏姓正宗。

据《史记》记载，魏姓另一个重要分支出自芈姓，为颛顼帝的后裔魏冉之后。魏冉本姓芈，后改姓魏。

魏姓最早发源于今河南省北部及山西省南部一带，早期主要在今山西、河南、山东省境内发展繁衍，其中以信陵君魏无忌为代表的魏氏一族在当时盛极一时。

西汉时期，魏无忌的六世孙在巨鹿（今河北巨鹿县）任太守，发展成当地的世家大族。后来，巨鹿堂也发展成为魏姓历史上最著名的郡望。

南北朝时期，魏姓有了新的源流。北魏孝文帝时，氏族人王元寿率部起事，改姓名为魏揭，其后裔子孙中有的便以魏为氏。

除了氏族，蒙古族、土家族等少数民族都存在因汉化而改姓魏氏的。

唐朝时期，魏姓族人更为显赫，在唐代近三百年的历史中，先后出了魏征、

魏玄同、魏元忠、魏知古、魏漠、魏扶六名魏姓宰相。

宋代时期,生活在江南的魏姓族人渐多,遍及浙江、安徽、江西、湖南等地。宋代出了四位宰相,其中的魏良臣和魏杞都是江南人。

台湾魏姓多为开封魏姓后裔

魏姓在如今台湾也是一个大姓,主要集中在台北、台中、新竹、高雄等地,大多是明清时期,从福建、广东等沿海省份移居而去的。

据开封市地方史志专家沙旭升考证,魏氏族人入台者以魏信陵君后人魏征之17世孙魏弥之后为众,余多为开封兰考人魏良佐之后人。

《台湾魏氏大宗谱》记载,明清时期,魏弥的后裔从梅林迁到台湾开基,族谱上记载着世系名字的就有315人。

据广东《五华魏氏族谱》载,南宋末年开封兰封人(今河南兰考)魏良佐,授福建布政司参政,返籍河南途中经江西赣州遇乱,于是在江西石城居住,他的儿子魏淑玉生子元、亨、贞、利四人。后元兵南下,兄弟四人逃到惠州长乐(今广东五华)。其中元公后裔在清乾隆年间渡台,在新竹开垦基业。

河南魏氏宗亲会常务副会长魏秀岩称,魏姓人去台后,一直与祖地保持联系,每年有很多台湾和海外的魏姓族人来大陆寻根问祖,世界各地的魏姓族人联系密切、往来频繁。

千古谏臣魏征,人们心中的清官

作为中国历史上的千古谏臣,魏征辅佐唐太宗李世民开创了"贞观之治",奠定了唐朝三百年的基业。

魏征的治国理政思想也被后世所推崇,在人们心目中,他就是现实社会最需要的清官。

而魏姓族人以在魏征的名文《谏太宗十思疏》中的"十思"作为堂号,形成了魏姓氏族有名的"十思堂"。

六易其主，终于遇到了明君

在唐太宗李世民的"凌烟阁二十四功臣"之中，多数属于他的旧部或姻亲，排名第四的魏征并非他的"嫡系"。

关于魏征的出生地，史书上记载不一致，史学家历来有争论，一说在今河北省巨鹿县，也有说在今河北省馆陶县。

据《旧唐书》记载，魏征出身于河北巨鹿魏氏，是北齐的名门望族，其父曾任北齐屯留令。

魏征算个"官二代"，但是很不幸，他出生后家道中落，年纪轻轻就出家做了道士。

隋朝末年，各地农民纷纷举起反隋大旗，魏征作了改变命运的第一次选择，他投靠了举兵反隋的武阳郡丞元宝藏。

但后来各地诸侯争斗，魏征不得不四易其主，先后效力于李密、李渊、窦建德和李建成。

魏征跟随李建成时，李建成已经是太子，但是李建成与李世民在争权斗争中失败被杀死，魏征身处险境。不过幸运的是，李世民不仅赦免了他，而且对他加以重用。

犯颜直谏，太宗引为"铜镜"

李世民登上帝位后，任命魏征为尚书左丞，多次召见魏征询问治国安邦之道，魏征都直言不讳。

魏征是杰出的谏官代表，据《贞观政要》记载统计，魏征向唐太宗面陈谏议达 50 次，呈送太宗的奏疏 11 件，一生的谏净多达数十万言。

魏征进谏经常不给唐太宗"面子"。例如唐贞观十二年（638），魏征看到唐太宗逐渐怠惰，懒于政事，追求奢靡，便奏上《十渐不克终疏》，一下子举出唐太宗有十个方面不能善始善终的缺点。

即使是唐太宗发怒的时候，魏征也敢犯颜直谏。

例如贞观二年，许多地方发生蝗灾，甘肃一县令盗用官粮，李世民闻奏后大怒，下令将这个县令处斩，但魏征认为罪不当斩，三次抗驳诏命。

《资治通鉴》记载"（唐太宗）畏卿嗔"，意思就是"害怕"魏征生气。

魏征死后，唐太宗非常伤心，常常对大臣说："夫以铜为镜，可以正衣冠；以古为镜，可以知兴替；以人为镜，可以明得失。朕常保此三镜，以防己过。今魏征殂逝，遂亡一镜矣！"

他就是人们心目中的清官

"怨不在大，可畏惟人。载舟覆舟，所宜深慎。"魏征在《谏太宗十思疏》中提出，人心背离最可怕，君王应谨慎从之的民本思想。

唐太宗在《论政体》一文中也说："君，舟也；人，水也。水能载舟亦能覆舟。"可见他很赞同魏征的看法。

魏征还提出"居安思危、戒奢以俭"的忧患意识和"兼听则明、偏信则暗"的工作方法等，这些思想成为后代政治家们的行为准则。

魏征的思想备受后世推崇，《旧唐书》评价魏征："所在章疏四篇，可为万代王者法。"

魏征的思想也影响着一代代魏姓后人，魏姓族人中以魏征的名文《谏太宗十思疏》中的"十思"为堂号，形成了著名的"十思堂"。

河南魏氏文化研究会秘书长魏广信说，魏征在1400多年前提出的为人为官思想仍具有很大的现实意义，不仅影响着后世的魏姓族人，而且对后世政治家的治国思想也产生了影响。

"魏征之所以为后世所敬仰，是因为他就是人们心目中的清官，他的廉政思想符合当今社会人们对反腐倡廉的民心期待。"魏广信说。

后世敬仰魏征，魏征庙香火不断

现存的魏征墓遗址有三处，其中一处在陕西礼泉县九嵕山唐昭陵西南约三公里处的凤凰山巅。

《资治通鉴》记载，"征薨，命百官九品以上皆赴丧，给羽葆鼓吹，陪葬昭陵"。《旧唐书·魏征传》也记载，"帝亲制碑文，并为书石"。

在河南尉氏县洧川镇的魏征庙村也有一座魏征墓，墓冢高约八米，四周栽种着柏树，据《洧川县志》记载："征（魏征）隋末侨居洧上，卒后葬于此，谥文贞。"

不过村中传说，这个墓是明代时发大水，水中冲来了一副棺椁，经当地县令核实是魏征的棺椁，于是就地埋葬，修建了魏征墓。

后人敬仰魏征的高风亮节，于是在其墓前修建魏征庙，每月初一、十五，村民都会来此烧纸祭拜，香火不断。

魏征庙村原有魏姓人居住，由于黄河曾在尉氏县一带泛滥，魏姓后裔几经迁徙，如今村里已无魏姓族人。

商丘虞城县的魏征庙跟一个传说有关。传说唐朝初年，魏征随李世民在虞城附近征战，途中被一猛虎挡道，李世民准备射死猛虎时被魏征拦住。

魏征说，虎是百兽之王，遇虎乃如虎添翼，此战必胜，后来果然应验。魏征死后，李世民将他埋葬在了这个猛虎横卧的地方。

杜康与杜姓之间有啥联系？

杜姓与杜姓不结亲，因来自同一个祖宗，这句话在杜姓一些后人中流传。

不过，杜姓的起源有不少说法，有说源于杜康，有说是尧的后人，亦有说是神农氏的后代。

起源一：杜康是杜姓第一人

姓氏专家谢钧祥在《始于酿酒鼻祖的杜姓》一文中写道，《世本》《酒诰》等古书中说到杜康作酒，说他是黄帝时期掌管饮食的官。所以，杜康应该是中国第一个杜姓人物，而且出自如今的河南。

但是，或许因为年代太久，史书上找不到杜康后人的记载。而且，不少学者对杜姓起源也有不同的看法。

起源二：杜氏是尧的后代

也有人认为，杜姓其实是出自祁姓。根据《新唐书·宰相世系》的记载，杜氏是帝尧裔孙刘累的后代，而尧姓祁。

传说尧的儿子丹朱被舜封为唐侯，在今山西建立唐国，而其裔孙刘累在夏朝为御龙氏。后来，刘累迁到鲁县（今河南鲁山县），后人有的留在了唐国。西周初期，周成王灭了唐国，并将唐国封给他的弟弟叔虞。前唐国的子孙被赶到了杜（今陕西西安东南），成立了杜国。

周宣王时，杜国的国君杜伯入受人诬陷致死，失了杜国。杜国的大部分子孙都逃走了，留下的人便以国名"杜"为姓氏。

起源三：神农氏子孙，以杜树为神树

还有一种说法，说杜氏子孙是神农氏的后代。

据说商朝时，杜国已经存在，在今陕西省境内。神农氏的后裔以杜树为神树，所以称为"杜"。商朝末期，杜国归顺于周朝。

但是，有学者表示，关于这一支源自姜姓的杜氏，史书上同样没有过多记载。有人认为，他们也许已经融进了祁姓杜氏中。

起源四：少数民族改为杜姓

据了解，北魏孝文帝推行汉化改革时，鲜卑族独孤浑氏改为杜氏；北宋时金国女真族的徒单氏改为杜氏；清朝时，满洲八旗都善氏、图克坦氏等都改为了杜氏。

所以，如今有这样一种说法，河南的杜氏或许流着鲜卑族的血，而东北的杜氏或许流着满族的血。

迁徙：去台湾的杜姓人不少

如今，当代杜姓人口已近520万，全国各地、海外都有杜氏后人，其中河北、河南、辽宁、湖北四省杜姓人口最多。

与其他姓氏相同，杜姓迁徙的历史同样也是从北到南、到东南的过程。先秦时期，杜氏子民主要生活在陕西附近，后来，慢慢散播到河南、陕西、湖北等地。

唐朝时，杜姓一路南下，长江以南地区也有了杜氏后人的影子。宋朝时，杜姓一度成为当时排名第29位的大姓，人口超过50万。

明朝时，杜氏后人的集聚地从北方转到了南方，江西、浙江、江苏聚集了最多的杜氏人口。明朝末期，杜姓开始流入台湾，福建、广东等地的杜氏子民到台湾谋生。近代，又有更多的杜姓人去到台湾。

在杜姓从北向南的迁徙过程中，云南、广西等地的杜氏逐渐迁到了越南等东南亚诸国，随后有逐渐散播到更远的地方。

探寻"杜康与杜姓"

杜康与杜姓的联系如今有痕迹可寻吗？

汝阳，是位于河南西部的一个县，历史上曾以"汝阳杜康"著名。而相传杜康造酒的地方，被称为杜康村，就位于汝阳县蔡店乡境内。传说酒祖杜康在此创造了秫酒，开创了酿酒的先河。

这个名为杜康的村落，是否有杜姓族人能了解一些关于杜康的事情呢？

当地人称，在杜康村，袁和孙是大姓，并没有杜姓人家。"这里是传说中杜康造酒的地方，说杜康是从陕西过来的人，这一带没流传关于杜康后代的故事。"

关于杜康后代的记载，只在《直隶汝州志》中有一些内容，当中记载，公元前770年，周平王因领土被西戎蛮主侵占，茶饭不思、卧床不起，后有杜康后人献上美酒，平王喝下之后精神提振、食欲增强，他就封杜康酒为"贡酒"，杜康村为"杜康仙庄"。

出身望族的唐朝超级驴友杜环

在那个没有汽车、火车和飞机的年代，他历经十几年，在中亚、西亚、非洲留下足迹。回国后就经历所写著作，却遗憾失传，但这并不妨碍后世给他一个足够响亮的简介：杜环，唐代旅行家，第一个成功到达非洲并留下著作的中国人。

权贵之家的孩子

说起古代有谁到过非洲，人们通常想起的是明代郑和。同时也很少有人提及，唐朝的杜环是历史上首个有记录可查的到达非洲的中国人。

据史料记载，杜环是《通典》作者杜佑的族人。而杜佑是唐中叶宰相，祖上世代为官，家族是长安大族。杜家在首都内外都有大片地产，名流权贵来往不绝，家族的子弟们很多都在朝中做官。

杜环和杜佑到底是何关系，并没有详细的信息可查。但一来杜氏在唐代人才济济，仅当宰相的就超过 10 人，二来史书称杜环"出身望族"。所以，可以说，杜环完全有谋个官差安逸过完一辈子的机会。

在那个辉煌得有些过分的时代，杜环没当上宰相，也不像杜甫那般有才，所以光芒有些被遮盖了。

辛苦的辗转

杜环开始长途旅行的时候，并不是意气风发、兴高采烈的。

751 年，唐朝正在对外扩张，西方的阿拉伯帝国阿拔斯王朝也是强盛无比，两大势力的军队在中亚一个城市发生了遭遇战。唐朝军队的首长是安西节度使高仙芝，由于孤军深入且盟军叛变，唐军战败，数万人只剩两千多人逃回了家乡。

杜环作为一名年轻的低阶军官，参加了这次战争，并被俘。

阿拔斯王朝当时也很繁荣开明，因此杜环受到了优待。跟随着战俘编队，他先是到了今天的土库曼斯坦，又在 758 年到了今天的伊拉克，当年阿拔斯王朝新首都巴格达所在的地方。

当时，巴格达正在兴建过程中，来自大唐的战俘中有些很有手艺，自然被派上了工地。历史记载巴格达城的建设用了十万工匠，面对规模这么大的工程，杜环也是很有感触，并把见闻写进了他后来的书中。

之后，随着军队被调遣，杜环去了今天的叙利亚，到了耶路撒冷。具有一定身份地位的杜环，被阿拔斯王朝最高领导人接见。

为后世留下第一手资料

就在这次接见后，杜环随军进入了非洲的埃及，他就此成为历史上第一个有记录可考的到达非洲的中国人。在这里，他在地中海沿岸随军奔波，到过埃及、埃塞俄比亚、利比亚、摩洛哥等国。

杜环将所亲历的见闻记录了下来。他对地中海沿岸地区的医术也有记录，称那些阿拉伯医生为大秦医生，这些医生善于治疗眼病和痢疾，还会做脑外科手术。

这些内容，都写进了杜环的《经行记》中，但此书遗憾失传，幸好被《通典》摘录了大约 1800 字。后世认为，杜环的《经行记》是记载中亚、西亚、非洲的珍贵的第一手历史资料，开阔了中国人的视野。

迟到的荣耀

远离故土十几年后，杜环等来了回家的时刻。当了多年俘虏的他，大概是在 761 年或 762 年被批准回国了。

于是，他从非洲出发，横穿印度洋后，经过马六甲海鲜，乘船在 762 年乘船到达了广州。

此时，安史之乱终于要结束了，杜环离开家乡时还繁盛的大唐，已经衰落。他回国之后将自己海外经历写成了《经行记》一书提了多次。

韩国丁姓，唐河寻根

如果按照姓氏笔画来排序，丁姓排在仅有一笔的乙姓之后。乙姓人十分稀少，而最近一次人口普查显示，丁姓是我国的第 48 大姓，人口约 600 万。

丁姓的起源，与西周时期的姜太公有什么渊源？据统计，在韩国，丁姓也是排在第 38 位的大姓，总人口约 28 万，其祖地为啥在今天的河南省唐河县？

丁姓人的祖先，与周初姜尚有关

丁姓是中国第 48 大姓，据统计，人口约 600 万。它的起源，与西周时期的"圣人"姜尚渊源很深。

据多种先秦史料记载，姜尚又被称为"姜太公"，在周武王灭商的过程中，他起了十分重要的作用。西周建立后，他被封在齐地，成了齐国的开国之君。

姜太公在位期间，齐国已经成为东方的大国。他死后，儿子姜伋（又称吕伋）继位。《毛诗·齐谱》记载："伋……职掌虎贲，又事康王，明为王官也。"可见在西周初期，周朝王室对姜伋极为倚重。周成王姬诵在位时，他便是肱股大臣。周康王姬钊即位时，他又成了顾命大臣，地位很高。

据记载，姜伋在位 39 年，辅佐了数代周王，功勋卓著。他去世后，谥号为"丁"，故后人又称他"丁公伋"。其子孙有人以他的谥号为氏，这就是姜姓丁氏，史称"丁氏正宗"。

对丁姓文化颇有研究的丁祖宁介绍，丁公伋的后裔最先居住在营丘（今山东淄博市临淄区），后来分散在济阳郡（今山东定陶县）一带，成为当地望族。这支丁氏家族兴旺，子孙最多。

子姓丁氏起源于河南商丘

丁祖宁说，除了姜姓丁氏，还有两支著名的丁氏家族，均出自子姓。子姓是商代国姓，这两支丁氏"来头也不小"。

据《姓氏考略》记载："太公金匮，武王伐纣，丁侯不朝，丁姓始此。"根据这一记载可以推断，在殷商诸侯中，丁侯因忠于商王朝而被周武王攻灭，其子孙散居各地，以丁为氏，繁衍生息。从相关记载分析，丁侯可能是商王朝子姓家族的成员。

另外一支子姓丁氏，世系则较为清楚。周武王灭商后，将殷商王族、纣王的庶兄微子启封在宋地（今河南商丘市），建立了宋国。宋国第四代君主子申，死后谥号为"丁"，史称"宋丁公"。他的后裔子孙中，有人以先祖谥号为氏，称"丁氏"，世代相传至今。

到了三国时期，又出现了一支姬姓丁氏。《三国志·江表传》记载："孙权因孙匡烧损茅芒，以乏军用，别其族为丁氏。"孙匡是孙权的弟弟，这支孙氏起源于康叔封（姬封）的后裔惠孙，而康叔封是周文王姬昌的儿子。所以，这支丁氏又被称为"姬姓丁氏"，子孙众多，主要繁衍于江苏、浙江等地区。正因为如此，南方一些地方有着"孙丁互不通婚"的习俗。

韩国丁姓人的祖先，老家在唐河

河南唐河县大河屯镇丁营村，至今留存有一座丁氏古塚。唐河县丁氏文化研究会工作人员介绍，韩国有约 28 万丁姓人，其始祖丁德盛的故里便是丁营村。

据当地《丁氏谱谋》记载，丁德盛生活于唐代晚期，曾考中进士，官任翰林院学士。后来，他受朝廷委派出使新罗（今朝鲜半岛），受新罗王挽留落籍押海郡（今属韩国罗州市），受封为吴城君。

从此，丁氏一门在朝鲜半岛繁衍生息，逐渐发展成为望族，分为罗州丁氏、押海丁氏等分支，人才济济。其中，押海丁氏的始祖丁允宗，曾在高丽时代官任检校大将军，据统计，其后裔约有 14 万人。

该工作人员说，自 1997 年以来，韩国丁氏宗亲频繁来唐河县访问，在丁营村祭祖时，树了一块"丁德盛故里"的碑刻。2003 年，当地又竖起一座

"唐大阳君丁德盛公追慕碑"，详细记载了中韩两国丁氏一脉相承的由来。

在丁营村南部，坐落着丁氏古墓177座，考古人员在这里发掘出大量秦汉时代的砖瓦、陶瓷碎片，隋唐时期的器物也比较多。由此来看，自秦代以来，丁姓人已经在丁营村一带居住了2000多年。据当地民政部门统计，唐河县境内有18个丁姓自然村，共8000多丁姓人，多是由丁营村迁出的。

活着姓丁，死后姓邹

在江苏省泰州市、泰兴市一带，丁姓人口众多，号称"江苏六大丁"之一。家在泰州市的丁国富介绍，当地丁氏家族有着"活丁死邹"的习俗。这种习俗，还是明朝皇帝"御赐"的。

他介绍，明洪武年间，苏州阊门居住着丁、邹两个家族。当时，邹家因为连年战乱生活潦倒，将自家一个男孩过继给了丁家。

后来，这个男孩勤奋好学，不仅考取了功名，还做了大官。这样一来，邹家有些反悔，便想讨回自家的骨肉。丁家自然不肯，两家为此对簿公堂。

地方官员一看，这事儿自己没处理过，还涉及朝中一位官员，最终闹到了皇帝那里。朱元璋了解事因后，说："这好办得很，让他活着姓丁，死了姓邹。"

皇命难违，两家只得遵旨。从此，苏州阊门的丁氏家族成员，在世的时候称丁氏，过世安葬时棺头写"丁"字，棺尾写"邹"字，墓碑上的铭文也写"邹氏"。

直到今天，当地一些丁氏家族仍保留着这一习俗。他们的《丁氏族谱》中，也详细记载了这个故事，并写明了"活丁死邹"的三位儿子，名讳分别是丁兰国、丁兰芝、丁瑞芝。

回族丁姓：有座丁氏宗祠是"国宝"

回族丁姓来源，与其先祖名字有关

根据2010年第6次全国人口普查统计，我国回族总人口约有1058.6万人。

在 56 个民族中，回族的人口分布离散度仅次于汉族，是我国分布最广的少数民族。

"回族姓氏都是单姓，乍一看与汉姓没啥区别，但其来源有很大差异。"中华丁氏研究会负责人介绍，回族姓氏一般来自于其本人或父辈名字，及族名、地名、部落名等。

回族中的丁姓，便是来自人名。据《东里文集》记载：西域人多名丁，既入中国，因以为姓。古代回族人的名字中，尾音为"迪尼"的很多，在汉语中读音与"丁"相近。这些人的后裔中，不少人取"丁"字为姓。

据《新元史》及《灵山房集高士传》记载，元末明初时期，有位著名诗人名叫丁鹤年，其曾祖名叫阿老丁，祖父名叫苦思丁，父亲名叫职马禄丁，有位从兄士名叫雅漠丁。丁鹤年精通养生之道，活了 90 岁，子孙多分布在湖北、浙江等地。

另据记载，明永乐年间，回族人阿老丁出任德州卫都指挥同知，其子马儿丁、札剌儿丁皆袭封。后来，札剌儿丁以丁为姓，其子孙世代沿袭。

云南省会在昆明，与丁姓祖先有关

回族丁姓中，家族最庞大、子孙最多的，当属赛典赤·赡思丁家族。据记载，明永乐年间著名的航海家郑和，便是他的六世孙。

据《新元史》记载，赛典赤·赡思丁是不花剌（今乌兹别克斯坦布哈拉市）人，成吉思汗西征时，他率领数千骑兵投降，充任宿卫。元中统年间，他官拜中书省平章政事，负责发行"中统元宝交钞"，这是中国现存最早的、由官方正式发行的纸币。

元至元年间，赛典赤·赡思丁出任云南行省平章政事，他改革云南的行政区划，并将省会从大理迁至昆明，政治、经济、文化等的建设卓有成效，加强了云南与中央政府的联系。

不过，他最大的功绩，当属在云南兴修的水利工程，整治滇池，建坝蓄水，建渠灌溉，使云南农业生产发展迅速，昆明开始成为中国西南地区的政治、经济、文化中心。

据史料记载，他死时"百姓连日巷哭"，朝廷追赠他为"咸阳王"。他兴修的一些水利工程，如今仍在造福当地的百姓。在云南当地，仍流传着歌颂其功德的地方戏曲。昆明市三市街口著名的"忠爱牌坊"，便是为纪念他而建的。

福建有座丁氏宗祠是"国宝"

据介绍，赛典赤·赡思丁有 5 个儿子，其后裔分为赛、纳、哈、速、忽、马、撒、沙、保、丁、闪、穆、杨、郝等姓，称为"十三姓"。

其中，他的长子名叫纳速拉丁，曾官至云南行省、陕西行省平章政事，《陕西通志》记载他"子孙甚多，分为纳、速、拉、丁四姓，居留各省"。其后裔前期主要聚居在云南、陕西，后来因为"丙辰之变"而散居全国各地。

在福建晋江市陈埭镇，聚居着 2 万多名丁姓回族人，据泉州文史馆编辑的《泉州陈埭丁姓研究》推断，他们是赛典赤·赡思丁的后裔。但也有说法称，其祖先是宋元时期"海上经商来的"。

陈埭镇岸兜村有一座丁氏宗祠，规模宏大，整体建筑呈"回"字形，兼具汉、回两种建筑风格。根据相关记载和宗祠的建造技术，有学者推断其始建于明永乐年间。

丁氏宗祠自明初始建后，曾于明万历年间重建，清光绪年间第一次重修，1984 年全面整修。宗祠坐北朝南，以砖、石、木构造为主，总占地面积1052.75 平方米，明代中期的木雕、风格独特的彩绘，是回汉文化融合的重要见证。

据泉州市文物局工作人员介绍，这座丁氏宗祠是福建省内历史最悠久、规模最宏大、保存最完整的回族祠堂，2008 年被列为国家级文物保护单位。

洋务名臣丁宝桢

清代军工企业，有他一份贡献

自鸦片战争以来，中国内忧外患严重，一些开明大臣发起了一场自救运动，史称"洋务运动"。在这场运动中，丁氏族人丁宝桢也发挥了巨大作用。

1875年，丁宝桢在济南北郊建立山东机器局，引进国外机器设备，制造火药、马梯尼洋枪等，在晚清一直处于兴旺的状态，成为"师夷长技以制夷"的典范。

山东机器局建立不久，丁宝桢升任四川总督，又借鉴山东经验，在成都创办了四川机器局，仍然以军工为主。这两个机器局，成为两省近代工业的开端，在我国军工史上具有重要地位。

洋务派大臣创办的工业中，江南制造总局十分重要。在上海担任江海关监督时，丁宝桢曾抓获江海关的贪污犯唐阿七，所得的数万两赃银，是江南制造局初期最重要的一笔资金来源。

中华丁氏研究会负责人介绍，丁宝桢还是一位著名的水利专家。在山东任职期间，他主持治理连年泛滥的黄河。在四川任职期间，有主持修复古代著名的水利工程都江堰。如今的都江堰上，仍竖立着丁宝桢的雕像。

在教育方面，丁宝桢同样很有作为。他在济南创办尚志书院，入学者除了学习儒学外，还要学习天文、地理、算术等，是我国较早的新式学堂。如今，尚志书院成为趵突泉公园的一部分，是济南市的著名景点。

不畏权贵，智杀权阉安德海

作为晚清名臣，丁宝桢做出过很多成绩，比如在提拔官员方面，他重视德才兼备；在盐业生产方面，他亲自编纂《四川盐法志》，总结了四川井盐的生产技术，促进了盐业发展。

不过，他最为人所称道的，当属智杀当时的权阉安德海。在《清史稿》中，这件事只有很少的字数，但在《清史演义》等小说、野史中，这个故事为丁宝桢增添了许多传奇色彩。

安德海10岁入宫，因为办事机灵，是慈禧太后十分宠信的太监，他不但干预朝政，甚至连同治皇帝也敢欺负，被人比作魏忠贤。不过，他的骄横跋扈，最终还是为自己带来杀身之祸。

1869年，安德海借同治皇帝大婚之机，获得慈禧太后允许，到江南置办龙袍和婚礼用品，借机敛财。他走到山东泰安县时，由泰安县令何毓福抓获，丁宝桢援引《钦定宫中现行则例》规定，将他就地正法。

丁宝桢"擅杀"慈禧太后身边红人，这一举动震惊朝野，曾国藩赞叹他是"豪杰士"。如今，"丁宝桢智杀安德海"的故事，仍被济南人津津乐道。

1886年，67岁的丁宝桢死于四川总督任所。由于俸金多用于济困助教，这位封疆大吏病危时，竟然债台高筑，最终只好上奏朝廷："所借之银，今生难以奉还，有待来生含环以报。"

名菜宫保鸡丁，也与丁宝桢有关

有说法称，丁宝桢原籍是贵州，一向喜欢吃辣椒与鸡肉在一起爆炒的菜肴。每逢宴客，他都会让厨师用花生米、干辣椒和嫩鸡肉炒制鸡丁，后来这道"私房菜"，便被取名为"宫保鸡丁"。

另一种说法称，这道菜并非丁宝桢原创，原本在四川就存在。丁宝桢任四川总督时，为老百姓做了不少好事，当地百姓感念其恩德，将这道"炒鸡丁"献给了他，并命名为"宫保鸡丁"。

第三种说法称，丁宝桢任山东巡抚时，在一家农院中，他看到一名男子在做一道"爆炒鸡丁"。丁宝桢觉得这道菜味道鲜美，回府之后将这名男子聘为厨师，每逢宴客时都会将这道菜作为"压轴菜"。他赴任四川总督时，这道菜也随他到了四川，并在四川发展成为"御用名菜"。

无论哪种说法，宫保鸡丁与丁宝桢有关，这是毫无疑问的。这道菜的命名，与丁宝桢的荣誉官衔"太子太保"有关。当时，太师、少师、太傅、少傅、太保、少保等，属于"宫保"荣誉官职的一种，加上丁宝桢姓丁，后人将这道菜命名为"宫保鸡丁"，其实也是在纪念这位贤臣。

沈国天亡，始有沈姓

驻马店平舆县有个古城村。上世纪 40 年代时，村子四周曾有高七八米的古寨墙、宽十余米的护城河，四角还有炮楼。如今，当地村民翻检土地时，仍能发现古钱币、古泥封。

这就是国家级文物保护单位——西周沈国故城遗址所在地。相传，沈姓就发源于此。

古城：城池环抱古村落，下雨冲出古钱币古城村

在平舆县西北 20 多公里的射桥镇境内，有个古城村。该村东北角有个两三米高，五六十平方米大的黄土坡，坡上生长着荆棘和杨树。坡外，一条宽五六米、深一两米的大沟由西向南拐了个弯。

"这儿叫'城墙角'，是以前的城墙，外面那沟是护城河，俺村就被这城池圈了起来。"古城村村支书夏中伟介绍，村子东西、南北长各约 1 公里，是西周沈国故城遗址所在地。从 1983 年起，这里先后被认定为县级、省级、国家级文物保护单位。

上世纪 40 年代，这里还保留有历代修葺的城墙、护城河。城墙外面为砖砌立面，内侧为黄土缓坡，高七八米，宽五六米，墙上设有 11 座炮楼。墙外护城河有十余米宽，两三米深。村寨南北端各有两座寨门，分立护城河桥内外两端。但后来，这些遗迹被毁了。

"一下雨，俺村地里都能冲刷出古钱币，长得像瓜子，一头大一头小，俺都叫鬼脸币。"61 岁的村民夏振国说，村里打井时，他在地下 3 米发现过方形的砖砌巷道，可能是故城的下水道。

故国：沈国为蔡所灭，始有沈姓

夏中伟说，目前，古城村以夏、张、孙姓为主，相传是 500 年前从山西大槐树迁徙而来。村民以务农为生，主要农作物为小麦、玉米，一年两熟。

据平舆县文物考古管理所原所长张耀征介绍，古城村是西周沈国故城遗址所在地，沈姓就发源于此。

他介绍，沈国始封之君为周文王第十子，周武王胞弟聃季载（沈侯）。起初，沈侯的封地在西周镐京附近。公元前 771 年，犬戎攻入镐京，杀死周幽王，周平王东迁洛邑（今洛阳市），沈国也迁至平舆县古城村。后沈国为邻邦蔡国所灭，季载后裔以国为姓，始有沈姓。

关于古沈国的位置，还有安徽临泉、河南沈丘两种说法。1992 年，张耀征就在《中原文物》杂志上撰文考辨称，东汉《汉书·地理志》"汝南郡平舆县"词条下就有"故沈子国，今沈亭是也"的描述，《元和姓纂》《宋书》中也有相同记载。

张耀征说，该故城遗址曾出土过夋、青铜剑、陶拍、环底罐等春秋青铜器、陶器；在文化层表面捡选有鬲、罐等春秋陶器片；在故城南春秋战国墓地曾出土一批骨币，证实其确系春秋沈国故城。

寻根：沈姓后人多次来河南寻根祭祖

在射桥镇张柏坟村西南角的田地里，有一方黄土丘。坡下的"沈氏源流记碑"记载，此处为古沈国末代国君沈子嘉的墓。1997 年 12 月，新加坡沈氏华侨曾来此寻根祭祖。

张耀征说，自 1997 年以来，不少沈姓族人陆陆续续来此祭祖。应福建华侨沈进成的邀请，他也先后 5 次去福建省诏安县考察沈姓文化，"诏安县号称是'沈半县'，县里 40 多万人，有 30 多万都姓沈，县城里光沈姓祠堂就有 10 多个"。

和发源于中原大地的诸多姓氏一样，沈姓族人也经历了数次南迁。春秋战国时期，沈氏主要是在今河南南部和湖北北部发展繁衍。唐初，中原有沈姓将佐随从陈政、陈元光父子领军入闽，并在闽粤地区繁衍。清朝康熙、乾隆年间，闽、粤沈姓族人开始渡海入台。

而关于沈姓起源，还有两种说法：一说是，在山西汾河流域也有一个沈国，为少昊金天氏后裔所建，春秋时为晋所灭，子孙以国为氏；另一说是，楚庄王之子公子贞封于沈邑，其后代以封邑为氏。

土豪沈万三的兴衰荣辱

元末明初，烟波浩渺的太湖之滨周庄，有一位富可敌国的大商人沈万三。他白手起家，靠经商攒下巨额财富，成了富豪的代名词，妇孺皆知。

作为土豪，沈万三也爱"炫富"。《明史》载，沈万三帮朱元璋修建了三分之一的南京城墙，还提议出资犒赏三军，最终遭朱元璋妒忌，被发配边疆。

历史上的沈万三是否与朱元璋打过交道？他靠什么致富？其家族又因何衰落？

典故：沈万三修城墙，树大招风

现今，到周庄古镇，一定得去马道街上沈万三故居逛一逛，尝尝特色小吃"万三蹄子""万三饼"。

在明代，沈万三曾是富翁的代名词，在江南人尽皆知，甚至万历年间刊行的《金瓶梅词话》里，潘金莲都说过，"南京沈万三，北京枯柳树，人的名儿，树的影儿"。

据《明史·马后传》记载，朱元璋平定天下，定都南京，准备扩建都城城垣，但苦于连年战乱，国库空虚。富豪沈万三自告奋勇，承诺负责修建三分之一的都城城墙，他延请一流的营造匠师，还从周庄迁居南京，全力督促筑城工程。

城墙修得很漂亮，可沈万三仍觉得意犹未尽，又申请出资犒赏三军，终于让朱元璋龙颜大怒："匹夫敢犒劳天子的军队，乱民，该杀。"

幸好有马皇后进谏说："老百姓富可敌国，已是不祥之兆，迟早会遭到灾祸，陛下何必亲自动手呢？"就这样，沈万三虽保住了命，但却被发配云南，家产也被充公。一代富商被皇帝玩弄于政治股掌之间，实在令人唏嘘。

后人感慨，在重农抑商的中国古代，商人纵使富可敌国，在政治强权面前仍如同草芥，而沈万三的遭遇，也让后世江南富商牢记树大招风的道理，闷声发大财，不炫富显富。

商道：做进出口贸易发家，靠运粮成巨富

史料记载，沈万三本名富，俗称万三。元朝中叶，其父沈祐由湖州路乌程县南浔镇迁徙至周庄镇，起初家里只有一片满是芦苇和茅草的低洼田地，后经过沈家人精耕细作，日子也算小康。

由于沈氏父子经营得当，又不断兼并土地、开辟田宅，并发挥周庄水路交通发达的优势，做起进出口贸易，把内地的丝绸、瓷器等运往海外，又将海外的珠宝、象牙、香料等运到中国，很快成为江南第一豪富。

关于沈万三的致富之路，上海交通大学人文学院教授胡果文在《元末明初社会变迁对江南地区商业活动的影响》一文中这样总结：元朝末年经商环境相对宽松，港口贸易繁盛，金融进步，商税较低，政府还支持商人对外贸易，而周庄地处太湖流域，既可以经京杭大运河北上，也可以经刘家港出海，沈万三敏锐地把握机遇，大力发展海上贸易，完成了其从小康之家向富商巨贾的一级跳。

元末天下大乱，百姓民不聊生。沈万三投靠反元义军领袖张士诚，出资犒赏张的军队，并为其歌功颂德。张士诚也投桃报李，将经海道向元朝首都运输粮食的垄断权交给了沈，并给予诸多便利。沈万三迅速从一方富商成为江南首富。

败亡：站错了队，满门抄斩

有时候，正史说的，也不一定可信，因中国自古后朝修前朝史，《明史》为清人编撰，出于政治目的而抹黑明朝也不难理解。据北京师范大学历史系教授顾诚考证，沈万三生于元朝，死于元朝，与朱元璋并无纠葛。

顾诚在《沈万三及其家族事迹考》一文中提到，据《吴江县志》记载，

"张士诚据吴时万三已死，二子茂、旺秘从海道运米至燕京"。张士诚的军队攻占平江路（今江苏苏州）在 1356 年，而朱元璋建立明朝已是 12 年后，沈万三大不会死而复生，给朱元璋修城墙。

而沈万三发配云南的事儿也不大靠谱。据沈万三之子沈荣的墓志铭记载，沈荣 1306 年出生，如此推算，其父沈万三出生年份应在 1286 年之前，而明朝平定云南，则是洪武十五年（1382）的事儿。即使沈万三活到了彼时，且立即被充军，那也是 96 岁高龄的老人，流放百岁老人，在当时是有违人伦的。

顾诚推测，可能民间把沈万三子孙的事情附会成了沈万三本人，而一旦收入《明史》，经皇帝"钦定"，便成了"铁证"。

实际上，沈家在明初虽遭打击，但家业尚存。不过到后来，沈家人结交大将军蓝玉，想借其荫蔽，不料想被卷入蓝党一案，沈万三女婿顾学文一家及沈家六口全都被杀头，田地没收，万贯家财最终充公。

姜姓起源——上古帝王炎帝

在原始社会,母系占有很重要的地位,很多带有女字边的姓氏都有悠久的历史渊源,姜姓便是其中之一。相传最早的姜姓可以追溯到炎帝,炎帝因出生地而得姓,他被视为姜姓最古老的先祖。

源于远古时期炎帝

姜姓与姬姓、嬴姓等 20 个古姓,均起源于公元前 2000 多年前的母系氏族社会,至今已近 5000 年。据史书记载,最早的姜姓始于炎帝,因炎帝的出生地而得姓,为中国最古老的姓氏之一。

姜姓是中国吕姓、丘姓、许姓、章姓、谢姓、齐姓、高姓、芦姓、卢姓、崔姓、甫申氏、纪姓、许姓、向姓等 102 个姓氏的重要起源之一。姜姓在中国分布广泛,北方为其主要分布地,尤以山东省为多,约占全国姜姓人口的10% 以上。姜姓在宋朝的百家姓中排第 32 位,在 2007 年中国百家姓氏排行第 26 位。

"最早的姜姓就要数炎帝了。"河南姓氏研究会李立新介绍,姜姓来源于远古的炎帝神农氏,为许多文献如《元和姓纂》《说文解字》《新唐书》记载。《说文解字》记载:"神农居姜水,因以为氏。"神农氏,即传说中的炎帝,是中国历史上最远古的"三皇"之一。《水经注》云:"岐水,又东迳姜氏城南,为姜水。"因炎帝生于姜水(一说是今陕西宝鸡市渭滨区的清姜河,一说是今宝鸡市岐山县的岐水),故以姜为氏,子孙世代相传,姜姓族人共尊炎帝为得姓始祖。

炎帝后代将姜繁衍壮大

据《元和姓纂》记载："炎帝生于姜水，因氏焉。生太公，封齐。为田和所灭，子孙分散，后为姜氏。"

"姜姓齐国为田氏所灭，子孙有以祖姓姜为姓。"河南姓氏文化研究会常务理事长徐玉清介绍，这一支姜姓后来成为了影响力最大的一支。

相传，炎帝部族被黄帝部族击败，国灭姓夺，炎帝的子孙被迫改从他姓。炎帝裔孙，四岳始祖伯夷在尧时掌管礼仪。而后，大舜任命伯夷为秩宗，禹代行天子之政时，伯夷尽心辅弼。为嘉奖伯夷，大舜晚年赐伯夷恢复祖姓姜，以继承炎帝之后，将其封于吕（今河南南阳境内），建立吕国，并封他为吕侯，形成吕氏部族。

商朝末年，伯夷的部分后裔从吕迁徙到汲（今河南卫辉），并开始在此繁衍生息。其中一位后裔就是我们熟悉的姜子牙。

姜子牙，又叫吕尚，也称姜尚。他辅佐周文王、武王，完成兴周灭商大业。周武王称王天下后，姜子牙被封于齐，建立诸侯国齐国，定都营丘（今山东临淄），成为周朝东部重要诸侯国。到战国中期，姜姓齐国为田氏所灭，子孙分散，有以国为氏改姓齐的，也有以祖姓姜为姓者。

除此之外，陕西宝鸡、陇县一带曾有戎狄史称姜戎，春秋初期逐渐东迁，后归附晋国。这支戎人后来与华夏族融合，以部族名为姓，也称姜姓。

但由姜子牙传承下来的一支姜氏，在姜姓诸支中影响最大。

由西向东迁徙，汉代形成望族

徐玉清介绍，先秦时期，姜姓在北方甘肃、陕西、山西、河南、山东等地活动，呈现出由西向东迁移的特点。由于长期的迁徙移居发展，到殷（商）代末年，姜姓部族在东方所建立的国家已有齐、许、申、吕、纪、州、莱、向等。姜姓活动的地区主要在其祖居地甘肃和姜重要封国齐国（今山东北部）。

从汉代到唐代，天水姜姓一直是天下姜姓繁衍、发展的中心，扮演着播种机的角色。这支姜姓是姜姓齐国之后。战国初年，姜姓齐国虽亡，姜姓子孙散居齐、鲁之间，形成大族。秦朝统一天下，为消除函谷关以东原六个诸侯国的反抗势力，采取迁徙六国贵族于关中的办法。汉朝建立后，为加强中央集权，从汉高祖到汉武帝，不断迁徙关东地区贵族、大族于关中。原在齐国生活的姜姓也在迁徙之列，定居天水。天水是姜姓祖先曾经生活的地方，西迁的姜姓族人如鱼得水，不断开拓发展，衍生成当地望族。

三国时期蜀国的姜维即是天水姜氏。据《新唐书·宰相世系表》，蜀汉灭亡后，为了躲避仇敌杀害，姜维子孙悄悄定居上邽（今甘肃天水），到北魏末年方才有些声望。后人姜宝谊，隋朝积功升任膺扬郎将，后随李渊在太原起兵反隋，因功封永安县公、右武卫大将军。

据姜姓家谱介绍，姜维子孙也有人曾在宋元之际迁居江南。余姚（今属浙江）《姜氏世谱》记载：这支姜氏奉三国名将姜维为始祖。始迁祖为姜绍夫，宋元之际自嵊县（今浙江嵊州）迁居余姚咸池之南，在明末又有人从余姚姜家渡迁居鄞县（今浙江宁波市）盐梅乡姜家陇。

北宋初问世的《百家姓》将姜姓列在第32位，说明当时它很有社会影响。宋朝时期（960—1279年），姜姓大约有10万人，约占全国人口的0.13%，排在第110位以后。在全国的分布主要集中于山东、浙江、河南、广东，这四地姜姓大约占姜姓总人口的80%。山东为姜姓人数最多的地区，居住了姜姓总人口的43%，占当时山东总人口的0.6%。全国形成了鲁豫、江浙、广东三大块姜姓人口聚集区。

明朝出现大范围迁徙

发生在明成祖永乐年间的"洪洞迁民"移民活动也涉及了姜姓。姜姓迁民始祖当时为太原府等籍人氏，明初奉旨集于广济寺大槐树附近，迁往异地，迁民后裔分布于河南、陕西、甘肃、江苏、浙江、安徽等地。河南省西平县有专探乡和芦庙乡两支姜氏源自洪洞迁民。

河南省汝州市《姜氏家谱》记载：明洪武二年（1369），始祖携第三子由山西洪洞迁居洛水之滨、嵩山脚下，为纪念远祖姜子牙隐居磻溪，取庄名中溪。定居三十余年后，始祖又携第三子到汝州市一带定居，现村名姜家庄。如今这支姜氏已超过300户、人口将近3000人。

据姜氏族谱记载，明朝洪武年间，有一位姜世良迁至福建漳州龙溪县红豆村，并在此发迹。其后代子孙繁衍，又有分支徙居广东陆丰盐墩乡，继续繁荣发展。后来姜世良11世孙于清乾隆年间由内地移居台湾。此后，闽、粤姜氏陆续有人迁至台湾，有的又远播海外。

"垂钓鼻祖" 姜子牙

姜子牙老家在卫辉

晋代张华《博物志》记载："海曲城有东吕乡东吕里，太公望所出也。"认为姜子牙的故里是在后来其被封齐国的所在地山东。其实更多史料和古迹证明，姜子牙应是河南人。不仅生在河南，发迹于河南，最终也葬于河南。

东汉史学家高诱（河北涿州人），在注释《吕氏春秋·首时》和《淮南子·汜论》时，两度把姜太公注释为"河南汲人"。北魏郦道元的《水经注》曰："（汲县）城西北有石夹水，水湍浚急也，人亦谓之磻溪，言太公常钓于此也。"此外，宋代学者罗泌在所著《路史·发挥》中说："太公望，河内汲人也。"而"汲"就是现在河南卫辉。

还有很多海外族谱记载，姜太公的出生地为河南卫辉。台湾《吕姓族谱》记载："太公于公元前1210年八月末日出生于河南省汲县。"台北市的《姜太公家谱图》记载："太公望出生在商朝庚丁帝八年，八月初三生于河南汲县（今卫辉市）……死于周康王六年戊辰，享大寿一百三十九岁。"广东潮州《吕氏族谱》记载："太公吕尚公，河南卫辉太公泉乡人。"

经历两次屠城，如今卫辉已无太公后人

现在卫辉市留下了大量证明姜太公故里的历史遗迹。据清乾隆二十年《汲县志》载，从汉代到清代，汲县先后建有六处太公庙，两处太公殿。其中，太公镇前太公泉村太公庙、卫辉市区老城太公庙街北头太公庙、庞寨乡庞寨村太公庙等都保存良好。

除此之外，姜太公陵以及太公钓鱼处也都在卫辉。

"从太公镇这个名字就可以看出，这里与姜太公的深厚渊源。"太公镇当地民俗文化专家梁东成说。

他表示，对于姜太公的出生地，全国各地有 14 处在争，但是对于姜太公的陵墓，全国公认的就是在卫辉这一处。当年姜太公与周武王一起伐纣，其中牧野之战就发生在卫辉附近。这一战乃姜子牙的代表作，周朝 4.5 万人打败商纣王 17 万大军，是我国古代以少胜多的经典战例。战斗中，代表当时最新科技的战车首次投入战场，因此姜子牙又被称为"车战鼻祖"。

"但现在这里已经没有姜太公的后裔了。"梁东成说，因为卫辉古代经历过多次战乱，曾经两次被屠城，一次是在元朝战乱中被屠城，另一次则是在明朝朱元璋时期。相传，朱元璋的大将胡大海早年曾在卫辉乞讨，未得善待。他怀恨在心，明朝天下大定后，他向朱元璋请示，即使不要功名利禄，也要屠城卫辉以报当年之"仇"。朱元璋无奈答应，但表示让他搭弓射箭，只可杀箭落范围内的居民。胡大海射中一大雁，大雁带箭一直飞到黄河边才落下。因此卫辉全境被屠杀殆尽，相传只有一户王姓人家提前逃入深山之中得以幸免。现在的卫辉居民大多是明朝时期从外地迁徙而来。

姜太公并非天生"高富帅"，曾经当过屠户和算过命

虽然已无姜太公后人，当地居民仍世代口口相传着许多关于姜太公的传说。

"其实，姜子牙出身贫寒，功勋都是自己奋斗而来的。"梁东成讲述，姜太公幼年聪颖多谋，青壮年时期曾在轩辕山学艺，后在朝歌（今河南淇县）、棘津（在今河南延津）、孟津一带屠牛、卖饭和设摊占卜。但同时，他刻苦读书，精研韬略，胸怀大志。

公元前 1070 年，即商帝纣六年，姜太公获得同乡比干丞相的垂青，先是做了丞相幕府，后又在朝廷供职有年。后来因厌恶商纣的腐朽，曾与西伯侯姬昌（周文王）密谋伐纣，但西伯侯后来被囚，而诸侯又惧怕商纣势力，时机尚未成熟，未成。他便弃官归家，垂钓于河边，静待时机。待姬昌被放后，

与垂钓的姜太公"偶遇",遂拜为太师。姜太公也开始了跟随周文王周武王父子打天下的事业。

太公镇吕村边有太公墓,约10米高的冢堆前竖立着清康熙二十年(1681)卫辉知府杨茂祖仲春立的"周姜太公茔藏处"石碑。周边还有多块姜、吕等姓氏后人所立的石碑。

"每年都会有人来祭祀先祖。"梁东成说,其中不少还是来自韩国、马来西亚等海外宗亲。

太公故居与太公钓鱼台都位于太公镇前太公泉村,现在只有一间小庙。故居内塑姜太公泥像,院内保存清乾隆年间河南巡抚毕沅立的"齐太公故居"碑。

太公钓鱼台,位于前太公泉村西。《水经注》称其为"石夹水",又名磻溪。旧址原有巨石并有清乾隆年间河南巡抚毕沅立的"太公钓鱼处"碑和民初乡贤李敏修立的太公钓鱼石像,后均毁于战乱。但现仍保留较大水面,姜氏后人在原址重塑3.9米高立式太公钓鱼铜像一尊。

梁东成介绍说,世人都知道"姜太公钓鱼,愿者上钩"的典故。能通过钓鱼感悟治国安邦,堪称"钓仙"。曾有日本人组团考察过卫辉太公泉的太公投竿遗址,并尊太公为"垂钓鼻祖"。

这个姓，很多人写错了几十年

估计很多姓锺的人也不知道，他们姓氏的正确写法是"锺"，而不是"钟"。

写错几十年的姓氏

作为姓氏，大部分"钟"姓的正确写法，应该是"锺"。

"很多人自个儿主动地把姓给简化了。"河南林州中华锺氏姓氏文化研究会会长锺玉山介绍说。

在2009年，国家教育部发布了《通用规范汉字表》，其中有六个繁体字被明确作为规范汉字使用，唯一涉及姓氏的就是"锺"字。

为什么要恢复"锺"字？锺玉山介绍，作为钟的繁体写法，一共有两个：鍾和鐘，这本就是两个不同含义的字。而且，汉字简化时只有"鐘"简化成了"钟"，"鍾"只简化了"金"字旁，也就是现在的"锺"。

但人们自个儿把姓给改了。她记得，当时锺玉山给她写的信，署名也是钟。而且，从姓氏角度看，鍾和鐘也完全是两个不同的姓氏，代表两个完全不同的氏族。

前者源于上古时代太昊之子句芒在锺山设灵台所创立的锺氏图腾，以此为族称，并以此得姓。后者作为姓氏，源于春秋战国时期，作为宫廷乐官，后人以职得姓。

据实可查，2013年公布的《通用规范字表》，再次强调"鍾"用于姓氏人名时仅可简化为"锺"。

百家姓里面有"鍾"没"鐘"

锺玉山表示，老版繁体百家姓里面，只有"鍾"而没有"鐘"，而且复姓"鍾离"用的也不是"鐘"而是"锺"。

既然现在说百家姓里发源于河南的姓氏，就没必要再说"鐘"姓的事了。那么，从这个角度讲，锺姓就成了完全在河南得姓的姓氏。

至于那个发源于钟师的同音姓氏，据了解，钟师，也就是掌击钟奏乐的乐官。

《左传》鲁成公七年（前584）关于郑人"囚郧公钟仪"的记载，是有关钟姓人士的最早史证。《湖南蓝山钟氏第八届族谱》里面提到，其姓氏出自姬周之族，周礼春官大宗伯之属，有钟师掌金奏……春秋时，子孙失掉世袭官职，散佚列国，因以钟为氏。

锺玉山介绍，以官职为姓的这个"鐘"姓，他们曾经在沿海时听说，台湾的土著居民有姓"鐘"的。但现在"鐘"姓后人在福建也有。

当今锺姓起源于锺离姓和子姓

锺离姓的得姓始祖，是宋桓公的三子敖的后代伯州犁。宋襄王兹甫在位时，敖作为使臣被派到晋国，敖生子后改"子"姓为"伯"姓名扈。

后来伯扈的儿子伯宗任晋国大夫时，因忠直敢谏被杀。伯宗的儿子伯州犁离开晋国，在楚国做官到太宰，食邑于锺离郡，改"伯"姓为"锺离"。

2005年，关于锺姓，先后出版了《锺姓通谱》《锺姓史话》《锺姓源流史》三部书。

这三部书，得出锺姓有两个派系（都是微子启的后代）的结论：一个是锺离姓改为锺姓，另一个是从子姓改为锺姓，分别称为锺氏锺烈系和锺氏锺接系。

先说子姓改锺姓。公元前286年，齐、魏、楚联合伐偃灭宋。当时宋国大夫锺烈（微子启25代族孙，御说13代嫡孙）避奔许州（今河南长葛一带），随即改子姓为锺姓。

据说，当时锺烈见许州颍川山清水秀，为钟灵毓秀之地，很钟爱于此，因而更姓为锺。

锺接的辈分跟锺烈相同，他也是微子启的25代族孙，是伯州犁的第9

代嫡孙、项羽麾下大将锺离昧的儿子。

锺离昧死后，锺离接为避祸逃至颍川长社（今河南长葛一带），并将复姓"锺离"去"离"字改为单姓"锺"。

锺玉山介绍，从此锺烈系、锺接系都在许州颍川繁衍生息。

繁衍到锺繇这代，已经是改姓后的第15代了。可以说，锺繇是锺家到颍川后，身份最为显赫的一位。

曹丕代汉建魏后，封锺繇为定陵侯，迁太傅，世称锺太傅。锺繇世家在颍川长社是名门望族，他的子孙自汉到唐几百年间，"显爵者甚多"，随官立籍，迁徙到全国各地。其中，山西境内的锺姓氏族后人，尊锺繇为山西境内锺姓支系的先祖。

锺玉山说，他们河南安阳林州市河涧镇锺姓氏族，就是从山西那边迁移到河南的，所以锺繇是他的先祖。

锺姓得姓于颍川，望于颍川

锺姓氏族肇始于河南颍川长社，又从这里播迁四方。

在对锺姓氏族的迁徙考证上，锺玉山提到了几个地点：锺山、锺离郡和颍川长社。

锺山就是紫金山，是太古时锺氏、锺离氏所居之地。

锺离郡就是锺离邑，治所在现在安徽凤阳东北。锺离郡是锺离氏的发祥地，锺离氏秦代时多在锺离郡繁衍生息。

颍川长社，是锺姓根之所在。古郡颍川，是锺氏的郡望。颍川就是颍水流域，源于嵩山，流经许昌一带。长社就是今天的河南长葛。

锺姓氏族得姓始祖锺烈公和锺接公都先后迁徙于此，隐居耕读，立姓锺氏。从春秋战国到秦汉在长社繁衍生息，传至73世锺繇。在东汉、三国、晋、南北朝、隋直至盛唐600多年间，颍川长社锺姓氏族为当世当地的望族。

望族的表现就是族人人丁兴旺，成就斐然，地位显赫。文臣有锺繇、锺毓、锺雅、锺绍京，都是当时王朝的辅政大臣。武官有锺会、锺雅、锺诞、锺蹈等。文学、艺术上也都有比较拔尖的人物。

如今，锺姓在全国分布广泛，尤以广东、江西、四川、广西、湖南、浙江等省区居多。上述六省区，锺姓约占全国汉族锺姓人口的83%。

在少数民族地区，因入赘或改姓，也有锺姓分布。比如，满、蒙、回、苗、羌、彝、白、拉祜、裕固、台湾土著、犹太后裔等。

锺姓是当今中国姓氏排行43位的大姓，人口约占全国汉族人口的0.39%。按这个比例粗略计算，全国锺姓人口大概在500余万。在台湾地区，锺姓是第34位大姓。

相对于其他地方的繁盛，锺姓留在长葛的二三百人口，可以说基本迁光了。对于个中原因，还是应归结到时局、战祸上，因为当时去南方是主流。

楷书之祖锺繇

锺繇被人们所熟知的身份，更多的是楷书之祖。

而说起书法界的历史名人，人们可能更熟悉王羲之。相比留有《兰亭序》的王羲之，"楷书之祖"锺繇多少有些"只闻其声，不见其人"。

楷书之祖锺繇

锺繇，颍川长社人，生于东汉时期，卒于曹魏年间。

他出身东汉望族，祖先数世均以德行著称。曾祖父锺皓"博学诗律，教授门生千有余人"，祖父锺迪因党锢之祸终身没有做官。父亲早亡，由其叔父锺瑜抚养成人。

锺繇继承了曾祖父锺皓的才气，终身又善书法，并与胡昭从师刘德升，草书传世"胡肥锺瘦"。他尤为擅长隶书、楷书，宗曹熹、蔡邕等人，博取众长，兼善各体，并自成一家。

后人形容锺繇书法若飞鸿戏海、舞鹤游天，点画之间多有异趣，结体朴茂，出乎自然。

其实,魏晋南北朝那会儿的文字,隶书与楷书笔意错杂。锺繇生活的年代,汉字正由隶书向楷书演变,并接近完成。

锺繇的书法,形成了由隶入楷的新貌。后来人称赞他为"秦汉以来一人而已"。

魏国重臣锺繇

西汉文学家扬雄讲过:"书,心画也。"通俗点讲,就是字如其人。

《辞海》形容楷书"形体方正,笔画平直,可作楷模"。

既然说字如其人,想必锺繇也是个方正的人吧。

锺繇是三国时期魏国人,他曾辅助曹操,举荐司马懿。

在李傕、郭汜之乱后,锺繇与尚书郎韩斌商议,要从长安救出汉献帝,送往洛阳。这一商议,也成就了曹操后来的"挟天子以令诸侯"。

后来,曹操与其他诸侯征战杀伐之时,后方相对薄弱。当时,曹操选任锺繇为司隶校尉,"持节督关中诸军,委之以后事,特使不拘科制",可以说极为信任。

曹丕称帝后,锺繇被任命为大理寺卿,后升为相国、廷尉,进而被封为崇高乡侯。不久又迁职太尉,改封平阳乡侯,深得曹丕重用。

等到曹丕儿子曹睿即位后,锺繇再次加官晋爵,被封为定陵侯,并迁为太傅。锺繇死后,曹睿亲自"素服临吊"。

这一切都明证了曹氏对锺繇的极为重视。

"深藏不露"的锺繇

楷书笔画端庄,波磔势少,由古隶之方正、八分之遒美、章草之简捷等脱化、演变而来。

从三国起,这种字体一直沿用至今,被视为标准字体而为世人所喜爱。

唐代张彦远《法书要录·笔法传授人名》中提到:蔡邕受于神人,而传崔瑗及女文姬,文姬传之锺繇,锺繇传之卫夫人,卫夫人传之王羲之,王羲之传之王献之。

锺繇也曾传下有名的《贺克捷表》，虽然只有 143 字，但开了楷书的先河，是书法界的奠基之作，其法度坐实了锺繇的"楷书之祖"身份。

在锺繇之后，许多书法家竞相学习锺体。其中最有名的，当数卫夫人和王羲之父子，像王氏父子就有多种锺体临本。

不过，锺繇的名气显然不如"徒孙"王羲之，难道是他故意"深藏不露"？为何世人都念"兰亭序"，却不知曾有"贺捷表"？

"涉白"的锺繇

《贺克捷表》很拽，但世间"只见王体，不见锺书"。

这一掌故还得从程朱理学说起，其因果就在于"贺捷表"所书内容：锺繇所贺之捷，是关羽被枭首的捷，这与儒家礼教的纲常伦理关系微妙。

著有 35 万字的历史传记小说《锺繇》的宋泽林对锺繇可谓知根知底。

他说，造成这个情况，是由于锺繇饱受曹操的负面影响。锺繇毕生效命曹操，辅佐曹氏三代，为曹氏江山立下汗马功劳，自然脱不了"涉白"干系。

历史上，曹操被称为"汉贼"，而关羽是义薄云天、匡扶汉室的义士。

"不识时务"的锺繇，竟然敢在关羽授首、曹操设宴庆贺之际上"贺捷表"，对曹操极尽褒扬，而称呼关羽为"贼帅"，想不被世人"莫须有"地去诟病显然不可能，也难获后世认同。

程朱理学盛行于宋、明，史家的如椽之笔，对于"盖天文佛，关圣帝君"的崇拜之隆，可谓前无古人。

在这样的历史背景下，锺繇淡出视线，或许是程朱理学需要的牺牲品。

姓起傒公，匡扶社稷

先秦时期，山东长清县、河南卢氏县、陕西安康市、湖北房县等地区，都出现过古卢国，究竟哪一个才是卢姓源头？它们与后世卢姓又有什么样的渊源？

源头：食采于卢，因姓卢氏

山东长清县卢氏源流研究会会长卢宗涛介绍，齐国的始祖姜尚，因为辅佐周武王灭商有功，被封于营丘（今山东临淄），建立齐国。传至第13代子孙时，有个叫高傒的后裔，人称傒公，帮助齐桓公登上王位，桓公因此将卢邑（今山东济南市长清区归德镇一带）封给他。

《元和姓纂》记载，"田氏代齐"后，傒公的子孙从卢邑大量迁徙至秦、燕各地，随后改姓"卢"氏以纪念封地，相传至今。

以卢为姓氏，以傒公为得姓之祖，这种说法目前得到卢姓研究学者比较广泛的认可。

卢宗涛说，依据《史记》索隐记载，"吕尚，本姓为姜，炎帝之后"，卢氏源自姜姓，可追溯至炎帝神农氏。卢氏正式肇姓，至今约2300多年。

遗迹：卢国古城，城址犹存

《卢氏信息》主编卢进忠介绍，卢邑在历史上卓有盛名，齐鲁长城就西起于此。依据《长清县志》记载，卢邑在春秋时也被称为卢国、古卢城等。

长清区归德镇政府宣传办马广仁介绍，归德镇国庄村西侧有一个洼地，名"卢城洼"，据学者考证，就是卢邑遗址，附近有西周卢国国君墓和"卢国古城遗址"纪念碑。

《长清县志》记载，因河水泛滥，地貌变化，古卢城在宋代时塌陷，城池变为洼地，但城墙的轮廓至今依稀可辨。

卢宪震说，古卢国是卢姓的重要发祥地。2000 年，韩国前总统卢泰愚和夫人来到长清认祖，拜谒卢国国君墓，表达瞻仰之情。

争议：四个卢国，纷纷扰扰

史籍记载，先秦时期，至少曾出现四个卢国。因此，有卢姓后人对卢姓来源存在异议。

《卢姓源流研究》一文称，舜有一支后裔在夏商时活跃于卢地（今湖北房县一带），与戎蛮相处形成卢戎，后被封为卢国。卢国灭亡后，子孙以国名为氏，至今已有 2600 余年。

《史记·周本纪》之"正义"也称，"房州竹山县及金州，古卢国也"。金州，即今天的陕西安康市一带。此外，河南省卢氏县，依据出土文物，在战国时已经有卢人居住，并作为一个地名保留至今。

河南省卢氏县卢氏文化研究会会长彭修身认为，依据现有史籍记载，卢氏县在上古时代应该为尊卢氏的部落，后演变为古卢氏国。

学者卢美松表示，上述古卢国，大都因为氏族部落迁徙和聚居而得名，在卢姓历史发展中，并没有成为主要的起源地。

范阳卢氏，八相佐唐

卢姓在繁衍过程中，"范阳卢氏"经千年而不衰，社会声望高于皇族。仅仅在唐代，就有八名卢姓子孙行使宰相职能。

兴盛：范阳卢氏，八相佐唐

河北涿州卢氏宗亲会原会长卢振国介绍，东汉末年，涿郡人卢植以出众的学问和道德，被尊为海内大儒，也成为卢姓中兴始祖。

曹魏时，涿郡改为范阳郡，卢氏开始以"范阳郡"为郡望，范阳卢氏自此诞生。

自魏晋开始，范阳卢氏仕宦不绝，高官辈出。卢振国举了个例子，卢植的后裔均为官宦世家，其中卢玄一家百余口人，被写入正史的就有18人。在唐代，卢氏"八相佐唐"更称为佳话。

卢振国说，在魏晋南北朝，"崔卢王郑"正式形成，并称海内四姓，与皇族又称五大望族之一，皇帝的孩子也要找卢氏成亲，史称"范阳卢氏，一门三公主"。

迁徙：不断迁徙，盛于南方

《卢姓迁徙源流》称，唐朝时期，卢氏族人兴盛于黄河流域。"安史之乱"爆发后，卢姓四处逃散，主要分赴今山东、山西、陕西、河南、河北等地。

唐末，王仙芝和黄巢的起义历经10年，"世家大族"屡遭打击。卢姓也不例外，裔孙向赣、闽、粤等南方地区疏散者为数不少。

两宋之交，中原和江南大片地区遭到掳掠，卢姓族人主要逃至今浙江、江西、福建、广东、广西及川、滇、贵等省。

明清时期，人口大量增殖，海外贸易发展，江、浙、闽、粤四省的卢姓子孙出现海外移民潮。

卢宪震说，当代卢姓人口近650万，为中国第42位姓氏，大约占全国人口0.47%。目前卢姓主要集中于广西、广东、河北三省区，占卢姓总人口的48%。

海外：海外卢姓，韩国为盛

《中、韩卢氏源流考》一书称，唐末，翰林学士、上护军卢穗率其九子及家眷，偕七名大学士，"翻然航海而东"。新罗国孝恭王以国宾礼遇卢穗，分封九子封邑。卢氏遂分布于朝鲜半岛。

2000年，韩国前总统卢泰愚拜谒姜太公衣冠冢，并题辞：继承祖先遗志。卢泰愚说："山东是卢氏家族的发祥地，姜太公是我的祖先。"随后，卢泰愚成立卢氏宗亲联谊大会。

卢宪震说，卢氏在韩国的后裔约有 30 余万人，包括两任总统。韩国建有不少卢姓祠堂，供卢姓子孙瞻仰。

《卢姓源流探究》一文称，清末，广东的卢姓后人远渡重洋，进入马来西亚吉后从事采矿及种植橡胶园，成为马来西亚富商。北迁入泰国南部的卢氏后人，也创立诸多橡胶园，并兴办"橡林学校"，教育子孙不忘祖先。

"初唐四杰"中最悲情的诗人

年少成名，成为"初唐四杰"之一。中年遭病，辞官飘零。晚年不堪病痛折磨，自杀身死。

作为"初唐四杰"之一，他并未享受到太多成名的荣耀，却连遭打击，心灰意冷。

遗迹：墓冢尚存，一片荒凉

禹州市无梁镇尚家河村的具茨河西岸，卢照邻的墓冢在一片荒草中高高耸立。

荒丘顶部，5 米多高的墓冢上长满荒草，黑色石碑上书"卢照邻墓"，四个大字依稀可辨，但碑文却湮灭不见。

在台顶眺望，墓冢以北是一片茂密的树林，望去尽是荒山，曾经的小河也不见了踪迹。

夕阳西下，墓冢更加荒凉。

成名：年少英才，名动长安

卢照邻，幽州范阳人。

卢照邻降生后，父亲为他取名照邻，字升之，对他抱有莫大的期望。他也自幼早慧，"阅礼而闻诗"。

10 岁左右，卢照邻负笈远行，求名师，修学问。他先是来到扬州，打下坚实的古文基础，之后北上垣水，学习明经之学。

结束近十年的求学生涯后，卢照邻拜别恩师。他在诗歌中记下了返回时的情景，傍晚乘舟渡滹沱河与友人魏大离别，情意殷切。

此时，年约 20 岁的卢照邻踌躇满志，准备来到长安一展才华。

初到长安，他拜谒公卿名人，耐心等待机会。在这段时间，他写下千古名诗《长安古意》，名动公卿，他也"俯仰谈笑，顾盼纵横"，十分得意。

很快，他担任邓王府典签。

典签相当于机要秘书，邓王对他极为器重，说"昔日汉梁孝王有司马相如这样的大才子做幕僚，（卢照邻）就是我的相如啊"，与卢照邻成为布衣之交。

辗转：中年坎坷，辗转飘零

在邓王府的十年，卢照邻意气风发。但邓王英年早逝，失去依靠后，他来到秘书省任职。

不久，他因事入狱，出狱后十分失落，来到蜀地重新做起幕僚，之后又担任新都尉，相当于区县公安局长。工作不如意，加上出现风疾，手脚有时停摆，只好暂时辞官。

离开邓王府时，卢照邻年约 30 岁。而此时，他已经快 40 岁了。同时期的许多士人早已在政坛崭露头角，而他依然飘零。

不久，他等到了一个机会，朝廷举行典选，相当于今天的选调考试，他重新燃起希望。

《新唐书》记载，他跟王勃、杨炯、骆宾王等人来到长安参加这次典选，但经历一番曲折，四人终究没有做官，失望离去。

据说，当时主持考试的吏部侍郎裴行俭告诉身边人：这几个人恃才傲物，性情浮躁，不能长久地享受官爵富贵。他甚至断言，除杨炯外，另外三人都不会善终。

一语成谶。很快，卢照邻的风疾加重，身体就此垮掉。人生猝然转折。

晚年：病痛折磨，自杀身死

《新唐书》记载，卢照邻的病情发作时，四肢痉挛颤抖，疼痛难忍。疾病折磨下，他形体残损，五官尽毁，嘴歪眼斜，这让他更加痛苦不堪。

病情恶化，他双脚萎缩，继而瘫痪，一只手也残废，长年卧病在床，他隐居在具茨山下。

无法交游，朋友只能偶尔来接济；家庭早已破落，他只好通过卖诗卖药来艰难谋生。

最痛苦的是，本想着建功立业，但始终坎坷，甚至身体遭难，仕途彻底断绝。卢照邻的心情低落到了极点。

十余年沉沦病榻，他早已绝望。他甚至让人预先修造坟墓，自己平时躺卧墓中，等待死去。

终于有天，不堪病痛折磨的他跟家人一一诀别后，投入颍水，年约55岁。

卢照邻死后，葬在具茨山下。

身后：悲情诗人，诗歌流传

卢照邻研究学者王明浩称：自古以来，文人命途多舛，但在卢照邻身上表现得尤为明显。作为"初唐四杰"中最悲情的一个，即使在历代文人中，卢照邻的遭遇也十分罕见。

在《释疾文》中，卢照邻回顾自己一生，少年求学，辗转千里，妻子早丧，遭遇恶疾……

事实上，从患上重病那一刻，他的仕途已经提前终结，人生也已改变。

王明浩认为：与恶疾抗争十多年，卢照邻早已成为一位极具悲剧色彩的作家，悲剧精神熔铸在诗歌中，更是有一种感人肺腑的力量。

陆姓先祖的时代，已经有剖腹产

因为得姓的特殊，陆姓来源呈现各种差异，纷争不断。

屈原在离骚中说自己是"帝高阳之苗裔"，同样作为帝高阳的裔孙，陆姓与屈原也有着诸多渊源。而在陆姓先祖生活的时代，已经出现剖腹产手术。

河南嵩县曾有陆戎国，作为陆姓来源之一，"问鼎中原"的典故就发生在这里。而在河南温县一带，传说陆姓的先祖曾在此居住，因此与陆姓也有着不解之缘。

妫姓陆氏，源自陆通

《元和姓纂》记载，舜，本是妫姓，他的一支后裔陈完被封于"田"地，因此改名田完。

战国时，田完的后裔成为齐国国君，齐国的社稷传至齐宣王时，他的小儿子名通，受封于陆（今山东平原县一带），田通的子孙于是以封邑为姓，称为"陆"姓，田通也被称为陆通。

《新唐书·宰相世系表》和《通志·氏族略》等均持与此相同的说法。

世界陆氏宗亲联合总会执行会长陆凤荣说，妫姓陆氏在陆姓来源中影响最大，也被认作是陆氏正宗，许多有影响力的陆氏族谱都把陆通视作得姓始祖。妫姓陆氏的历史约有2300多年。

陆通的生平事迹，正史记载很少。陆姓后人代代相传，他的母亲是无盐女，也就是齐国女政治家、古代四大丑女之一的钟离春。

《烈女传》记载，钟离春，齐宣王的王后。她为人极丑，年过四十还没有出嫁，但她一心只问政治。她向齐宣王详细地指出朝政过失，并分析齐国应该如何实现富强。宣王大为震动，立她为王后，从此奋发图强，实现大治。

陆凤荣说，陆通的直系裔孙后来迁至太湖一带，形成氏族，对陆通的祭奠千年不绝。

姬姓陆氏，源自陆终

受封于"陆"并成为得姓始祖的，还有陆终。

《广韵》称："陆，姓。出吴郡，古天子陆终之后。"《姓氏寻源》也记载，颛顼的后裔吴回在尧时任火神祝融，他有个儿子名终，被封于"陆"，子孙以陆为姓。

《史记》记载，颛顼是黄帝的孙子，姬姓，被称为帝高阳，屈原就曾自称是帝高阳的苗裔。同样作为颛顼之后，陆终因此也与屈原有着诸多渊源。

陆凤荣称，姬姓陆氏同样是陆姓的重要来源，陆终也成为姬姓陆氏的得姓始祖。

此外，《史记·楚世家》记载，"吴回生陆终，陆终生子六人，坼剖而产焉……"

"坼剖而产"就是剖腹产。《史记·夏本纪》中也记载，鲧的妻子剖腹产而生出大禹。这也是史书记载的我国最早的两例剖腹产手术。

陆凤荣说，陆终的六个儿子及后代繁衍出许多重要姓氏，比如黄、苏、顾、温、董、彭、曹、娄等，都与陆姓有一定的血缘关系。

他姓融入，根深叶茂

陆姓的发展过程中，不断有外族融入或他姓改姓。

《魏书·官氏志》记载，北魏孝文帝迁都洛阳后，为拉拢北方世族，实行汉化政策，将鲜卑族人的诸多姓氏改为汉姓，其中步陆孤氏被改为陆姓。

改姓后的陆姓与穆、奚、于、贺、刘、娄、尉等姓，并称北魏贵族八姓，主要分布在今天的河南洛阳一带。

陆凤荣说，2000多年来，由于得姓的特殊性和来源的多元性，陆姓后人对陆姓来源的认识呈现各种差异，但以上三支陆姓，是陆姓来源的主要组成部分。

吴郡陆氏，一门三宰相

经过 2000 多年的辗转迁徙，陆姓由北方姓氏演变成典型的南方姓氏。

在陆姓的发展过程中，吴郡陆氏和由鲜卑陆氏成为陆姓的两支主流，在由汉及唐的政治、文化舞台上绽放光彩。

先秦时期，不断迁徙

中华陆氏族谱研究总会副会长陆支国说，陆姓最早发源地位于山东，早期的陆姓也以山东为中心向四周传播。

《陆姓源流》记载，先秦时期，陆姓的主要活动区域为山东、河南、陕西、湖北等地区。

秦汉之际，战乱纷争，陆姓向南播迁到江苏、安徽、湖南、河北、浙江等地。

陆支国说，春秋时期，陆姓名人有接舆（又名陆通），"我本楚狂人，凤歌笑孔丘"中的"楚狂人"就是陆通。秦末，陆贾追随刘邦，为汉朝统一立下大功，之后力倡儒学，提出一系列治国思想，他也是"二十四史"列传中的陆姓第一人。

《新唐书·宰相世系表》记载，西汉时，陆发、陆烈为官一方，深受爱戴。东汉时，尚书陆闳"美姿仪"，"聪明有令德"，深受光武帝倚重。

陆氏两支，大放光彩

无锡陆氏宗亲会第一届执行会长陆国钧说，作为吴中大姓，陆姓很早就兴盛于江浙一带。

《新唐书·宰相世系表》记载，西汉时，陆烈任吴县令（今江苏苏州一带），发展成当地大族,治所为吴郡（今苏州姑苏区一带）。陆烈也被认为是吴郡陆氏的始祖。

陆国钧说，两汉之后，经过数百年的发展，吴郡陆姓名人辈出。

三国时期，自东吴大都督陆逊开始，陆抗为镇军大将军，陆机和陆云为著名文学家，陆绩为天文学家，其余出仕为宦者不计其数。

魏晋南北朝时，吴郡陆氏与顾、朱、张并称吴中四姓，成为陆姓历史上最著名的世族。

唐代，吴郡陆氏最为鼎盛，出现六位宰相，其中仅仅陆元方一家就出现三位，传为佳话。

北魏时期的鲜卑步陆孤氏加入陆姓后，以河南洛阳为郡望，成为陆姓的又一大繁衍主流，涌现出许多将领，战功赫赫。

宋代以前，见于史籍记载的陆姓人物，大都集中在吴郡陆氏和鲜卑陆姓两支。

战乱影响，遍及全国

从魏晋南北朝开始，南北两地的陆姓后人都得到了大规模的发展。

《陆姓源流》记述，唐朝末年，受战乱影响，陆姓向南迁移至福建，进而进入广东。

五代十国时期，陆姓后人的居住地进一步扩大，部分陆姓后人向西北一带迁徙。但是，江苏、浙江一带仍是陆姓最集中的地区

宋元以后，随着国家的移民政策，陆姓遍布全国各地。

明清时期，一些陆姓后人来到台湾，促进当地开发。也有陆姓远渡至新加坡等地，成为当地华侨。

唐代以来的陆姓名人，有茶圣陆羽、大诗人陆游、书法家陆柬之、理学家陆龟蒙、政治家陆秀夫、陆树声等，皆名垂青史。

子孙繁盛，南方为主

陆支国说，陆姓发源于山东，但经两千多年辗转迁徙，尤其是避祸南移，早已经变成典型的南方姓氏。

《明清进士题名碑录索引》中收录明清陆姓进士达313人之多，南方陆姓接近七成。

《百家姓·陆》介绍，陆姓在当代约420万，占全国汉族人口的0.33%，其中浙江、江西、江苏、福建四省的陆姓人口约占陆姓总人口的71%。其次

分布于河南、广西、安徽,这三省的陆姓又集中了19%。浙江是陆姓第一大省,约占全国陆姓总人口的21%。

文武全才的陆游

他本是南宋诗坛领袖,却更希望做一名战士,跃马北上,参加征伐。终其一生,他都为收复中原摇旗呐喊,却屡遭排挤,甚至被政敌冠以"行为不检点",大加挞伐。

他把一生都熔铸进诗歌中。同他的诗歌留名的,还有他的爱情,留给后世无穷的感叹。

以诗扬名:崭露头角

相传,陆游出生在南渡淮河的一条官船上,父亲当时读到《列子·仲尼》中"务外游,不知务内观"一语,于是给他起名"游",字"务观"。

《宋史·陆游传》称,陆游"年十二,能诗文",十分早慧。

《宋会要辑稿》记载,28岁那年,陆游与秦桧的孙子秦埙一起考进士。一边是著名才子,一边是丞相孙子,陈子茂顶住秦桧的压力,将陆游定为第一。秦桧大怒,大骂陈子茂该杀。

第二年殿试,陆游在榜单直接被抹掉。

宋孝宗即位后,问当今诗人谁能比得上李白,内臣说,唯有陆游,人称"小李白"。孝宗就此记住了陆游,赐他进士出身。

此后30多年,他对陆游多次关照,陆游对他也有知己之感,但终其一生,孝宗对陆游的定位都只是一个诗人。

收复中原:矢志不渝

陆游一生经历20多个职务,职位从未显赫,却时常遭到政敌攻击,也一次次成为舆论焦点,只因为他始终为北伐摇旗呐喊。

南宋一朝，主战派和主和派长期拉锯，而陆游作为主战派的旗手，政敌对他始终虎视眈眈。

陆游却从不在意，依然怀揣北伐之志并身体力行。

时人记载，陆游文武双全，手握书，腰悬剑，天不亮就拔剑起舞，"剑锋指北，势如闪电"。他在诗中呼号："切勿轻书生，上马能击贼！"

面对坚强的陆游，政敌只好一次次打压。

长期失业或半失业，陆游也有些茫然，后来渐渐习惯。理想破灭后，他在浅斟低唱、轻歌曼舞中忘却忧愁，于是"颓放"之名渐出。政敌更是以此频繁中伤他。最后他干脆取号"放翁"，并自嘲"贺我今年号放翁"。

晚年，陆游耕读乡下，过上田园生活。

但报国之心至死不渝。生命的最后两年，朝廷终于北伐，他激动地写下《老马行》，83岁的老人一次次为战况坐卧不宁。

一生勤奋：终成"大 V"

虽然北伐壮志难酬，但陆游的诗歌却臻于化境。

不管是任职中枢，还是边塞军营；不管是一方主政，还是访行农家，所到之处，陆游都留下诗歌，甚至在梦中也大量作诗。

经过大量删减，陆游流传下来的诗歌仍有 9000 多首。

如果宋代也有微博，陆游绝对是超级"大 V"，而且经常刷屏。他的勤奋和才华更是让他的诗歌有极高的点击率。

《宋会要缉稿》称，陆游的诗歌兼具沉雄轩昂与恬淡自然，为南宋诗坛一代领袖。

陆游的世界，一半是诗人，歌以言志；一半是战士，上马征伐，建功立业。而在孝宗眼中，陆游只是一名诗人，爱护他，却从不重用。

他也偶尔自嘲，"此生合是诗人未"，这一生也只能是诗人了，但同时又略感欣慰，"此生死去诗犹在"。

他把一生都熔铸在了诗歌中。但如果可以选择，他更希望成为一名战士，得偿夙愿。

抱恨而终：一门忠义

从青年时代的临川应试，到中年辗转蜀中，再到晚年蛰居绍兴，陆游日渐衰老。

他也更加焦虑。

年迈的他悲怆地写下："圣时未用征辽将，虚老龙门一少年。""此生谁料，心在天山，身老沧州。"……

生命的最后一年，他再次被剥夺官职俸禄，重新一无所有。不过，他已经不看重了。

大限已至的他，萦绕心中的不是儿孙前途、身世名利，而是何时北伐中原，收复国土。

他在病榻上写下《示儿》，反复叮咛，"王师北定中原日，家祭无忘告乃翁"。此诗读之落泪。

陆游死后75年，南宋灭亡。国破后，孙子陆元廷忧愤而卒；曾孙陆传义绝食而卒；玄孙陆天骐不甘被俘，崖山跳海而亡。

爱情悲剧：依然传奇

同陆游的诗名及报国之志同样传奇的，还有他的爱情。

20岁那年，陆游同唐婉结婚。两年后，因母亲反对，两人无奈分开。

有次，沈园偶遇，两人深情相望，却又相顾无言，默默离开。他和着眼泪，在沈园壁上题下《钗头凤》，其词真挚动人，遂成千古绝唱。

不久后，唐婉在忧郁中去世。

此后半个世纪，陆游在诗歌中写沈园，写唐婉，沈园的一花一木早已刻在心中，唐婉也成为他的爱情寄托。

临终前一年，白发苍苍的陆游拄着拐杖重游沈园，再次睹物思人，写下"也信美人终作土，不堪幽梦太匆匆"。

如今的沈园成为绍兴市著名景点，《钗头凤》的刻字和题碑仍在，游人纷纷瞻仰，为陆游的爱情唏嘘感叹。

丘与邱，到底是不是一家？

《射雕英雄传》《神雕侠侣》里全真七子之首丘处机，武唐时期大将军父子丘行恭、丘神勣，抗日保台的民族英雄丘逢甲……在百家姓中，丘（邱）姓人数不算最多，但名人却层出不穷。

丘（邱）氏起源地主要在山东临淄，地域分布上以南方居多，但中华丘（邱）氏总祠却选址在河南偃师邱河村，这是为什么？丘姓和邱姓又有什么分别？

总祠立中原，山环水傍处

偃师市缑氏镇邱河村，有一块刻有"皇清处士邱公暨配刘氏之墓"的碑石，拂去落尘，依稀可见"光绪二十年（1894）二月"的字样。清末民初为防盗匪修建的三四米高的黄土寨墙，至今仍有一截完整保存，供后人凭吊。

"若不是几经搬迁，俺村的老物件会更多。"村民邱三振说。邱河村位于马涧河河曲地区，北靠景山，南面有丘陵、河水环绕，是块风水宝地，村里千余人，也多为邱姓。

而据该村"邱氏家谱"记载，明朝天启年间，邱本固率众来此定居，死后葬于景山之阳，其后裔在此繁衍。

但更令邱三振感到荣耀的是，中华丘（邱）氏总祠就选址在邱河村，从2009年开始，每年9月前后，海内外千余名丘（邱）氏后人都会聚集于总祠广场，祭拜祖先。而占地90多亩、拥有五栋仿古宫殿式建筑的中华邱氏河南堂文化园建筑群也拔地而起，土建部分已基本完成，工人们正忙着切割木材、搭梁盖顶。

得姓于营丘，兴起于中原

"刚开始，曾有人提议总祠建在广东、福建或浙江，但争议不下，最终选址河南偃师，大家都满意。"中华丘（邱）氏大宗谱常务编委邱前彬解释，这是因为丘氏得姓于山东，发旺于河南。大部分南方丘氏都认在河南堂下。

河南姓氏文化研究会邱姓委员会会长邱新航说，中华丘（邱）氏族人多为姜太公后裔。西周初年，姜子牙因辅佐武王伐纣有功，被封于齐，建都营丘（今山东淄博），部分后裔以地名为氏，并尊姜子牙三子穆公为得姓始祖，是为丘氏。

广东省委党校教授丘立才认为，穆公受封于河南封丘，丘氏世居河南卫辉府封丘县，并发展壮大。

而后，丘氏后裔向西、向南迁徙，在中原地区发展壮大，以"河南"为郡望，号"河南堂"。晋建武年间，胡人入侵，中原八大氏族南渡，其中就有邱姓氏族。

在隋唐之际，河南丘氏更成为名门望族，还出现丘行恭、丘神勣这对大将军父子。后来中原丘氏不断南迁，扩展到浙江、广东、江西、台湾等地，南方丘氏氏族多以"河南堂"为号。

避孔子讳，"丘""邱"分家

河南姓氏文化研究会邱姓委员会副会长邱学义说，丘氏从周朝得姓之后，一直以"丘"为姓，直到清朝雍正三年（1725），雍正皇帝颁发诏谕，为避儒家至圣先师孔子（名丘）的名讳，除四书五经外，凡遇"丘"字，一律写作"邱"。从此，丘姓族人奉旨改姓"邱"。

到了民国初年，诗人丘逢甲倡议恢复"丘"姓，并登报呼吁，时人称其为"丘士"。广东、福建一带不少丘氏族人恢复了"丘"氏，但仍有不少丘氏族人继续保留"邱"姓，形成邱、丘二姓并存的局面。

"丘氏自古姓'丘'，可现在姓'邱'的比'丘'多。"丘立才说，甚至有兄弟二人各自在办身份证时，竟办成了"丘""邱"二氏。

他说，丘氏得姓约在公元前600年，比孔子得名要早50年，以中国礼法避讳而言，无以先辈之姓而避后辈讳名之理。而雍正皇帝不明讳名之礼，一道谕令造成"一个家族，两个姓氏"，实乃历史之悲剧。

丘氏源流、郡望，还有别的说法

谢钧祥著《新编百家姓》(增订本)中记载，穆公丘氏还有扶风、吴兴两个郡望，分别在陕西扶风县境内和太湖流域。

关于丘氏起源，也有别的说法。如，西周初年妫满建立的陈国境内，有地名宛丘(在今河南淮阳县东南)，居者以地名为姓氏，也称丘氏。

此外，还有部分少数民族改姓丘氏。南北朝时期，北魏孝文帝迁都洛阳后，将鲜卑姓氏丘林氏、丘敦氏改为汉字单姓丘氏。

天下丘(邱)姓

1996年10月出版的《中华姓氏大辞典》将邱姓列为当今中国第77大姓，称其约占全国汉族人口的0.27%。2006年1月11日《人民日报》报道的新的百家姓顺序将邱姓列在第65位，但未公布其占人口的百分率。邱姓分布很广，以四川、湖南、广东、湖北较多，这四省邱姓约占全国汉族邱姓人口的50%。

邱姓不仅是汉族大姓，而且也是古今一些少数民族所使用的姓氏，满、彝、苗、畲、蒙古、土家等民族均有邱姓。

他信、英拉都是丘家人

"河南世泽长，渭水家声远。"无论大江南北，不少丘氏祖祠都有这样的门联。其既指丘氏祖先世居河南，深得中原大地恩泽，又指姜太公垂钓渭水、文王拜师的典故，鞭策后人不辱上祖声誉。

作为丘氏的勃兴之地，中原孕育出丘和、丘行恭等一代名臣，从中原走出去的"河南堂"丘氏族人，也不忘故国，闯出一片天地。

唐初丘行恭，曾救李世民

在陕西醴泉唐太宗李世民陵墓昭陵祭坛里，曾刻有六块骏马青石浮雕，号"昭陵六骏"。这是唐代工艺家阎立德和画家阎立本的作品，描摹着随太宗征战南北的战马。其西侧一马胸部中箭，其前还有一身穿战袍、头戴兜鍪的武士，俯首牵马拔箭。

这匹骏马名"飒露紫"，马前拔箭者，是唐初猛将丘行恭。塑像讲述了这样一个故事：621年，李世民与王世充在洛阳决战，李世民单骑突进，被敌包围，流矢射中"飒露紫"前胸。幸有丘行恭搭救，给飒露紫拨箭，并护送李世民突出重围。

《新唐书》记载，丘行恭官至右武侯大将军、冀陕二州刺史，封天水郡公，但因其性情严酷，多次因处事失当被免职，但李世民思念拔箭救主之功，没过多久就让他复了职。

"颇受恩宠的不止是他一人。"邱学义说，丘行恭的十几个弟兄，大多担任高官；他的儿子丘神勣，也做到了左金吾卫大将军。

邱学义说，在当时东都洛阳，丘姓达官贵人云集，中原地区的丘姓氏族也人丁兴旺，"河南堂"丘氏在全国的名望，也由此打响。

宋代，中原丘氏大量南迁

在今江西省赣州市兴国县高兴镇长园村邱氏祠堂，供奉的第一块排位就刻着"河南堂上历代高曾祖考妣一脉宗亲之神位"。出生在长园村的邱前彬说，先祖在宋代由豫入闽，在宋元年间又迁至广东梅州，在清康熙年间才迁至江西兴国，所以祭拜曾在河南生活过的祖先，是后人应尽的孝道。

《新编百家姓》中记载，宋代，中原丘氏大量迁往福建，又向江西、安徽、广东等省分散。到明代，贵州、云南等省也都有丘氏的聚居点。

清朝康熙十九年（1680），郑成功之子郑经治理台湾时，就有丘氏族人渡海入台。此后，广东、福建丘（邱）氏移居台湾者络绎不绝。目前，邱姓是台湾第18大姓，多源自闽、粤，以"河南堂"为号。

祭祖仪式上长跪不起的老人

"（沿海地区）地少人多，当然要出海找饭吃。"丘立才说，清代中后期，大量闽、粤丘氏族人到印尼、泰国、缅甸定居，在当地建功立业。可越是远离故国，越是心念根亲，在华人聚居的丘氏村落，都要建起祖宗祠堂，发达了，则一定要回乡探亲祭祖。

邱新航记得，在偃师邱河村召开的丘氏祭祖仪式上，一位来自台湾89岁的老人在祖宗牌位前一跪十几分钟，别人想搀扶，他坚决拒绝，"在老祖宗面前没人能搞特殊，一切的名利金钱都得放下，只有对祖先的敬仰，感恩"。

邱新航说，人能记忆的血缘亲族，上下不过五代，再远了，只能靠宗亲、族谱来寻找认同，与人打交道，攀个姓氏缘分。一谈起家族谱系，距离瞬间就拉近了。

泰国前总理英拉和他信本姓为丘

据《中华邱氏人物大辞典》记载，他信、英拉的曾祖父丘春盛本是广东省梅州市丰顺县塔下村人，清末随父母赴泰国谋生，靠经营蚕丝业发家，其子丘阿昌改姓泰国姓，并逐渐发展为泰国清迈的大商人，到他信、英拉兄妹已历四代。

他信汉名丘达新。英拉汉名丘仁乐。他信祖籍塔下村已有600多年的历史，以邱姓为主，多数村民有亲人在泰国。

两人曾公开表示：自己是华裔、客家人，并于2014年10月31日回到祖籍梅州探亲、祭祖。

韦姓起源于"道口烧鸡之乡"

在河南省北部,有一座以瓦岗寨和道口烧鸡闻名的县城,这就是滑县。隋朝末年,由韦城人翟让组织并领导的瓦岗军,成为隋灭唐兴的中坚力量。

滑县文化局工作人员介绍,翟让的老家韦城,就在如今的滑县万古镇妹村。"但妹村并不仅仅以翟让闻名。在夏商周时期,这里是豕韦国故地,韦姓便是在这里发源的。"

起源之说:豕韦国后裔以国为氏

对万古镇历史颇有研究的肖随普介绍,据《绎史》记载,三皇五帝之中的伏羲氏,其子孙的一支形成豕韦部族,居住在今妹村一带。另据《竹书纪年》记载,夏代少康时期,黄帝后裔彭祖的四世孙元哲受封豕韦,建立了豕韦国。后来商灭桀夏,豕韦国贵族四散奔逃,其子孙便以国名"韦"为氏。

据《史记》记载,黄帝的后裔董父擅长养龙,被舜帝任命为"豢龙之官",在豕韦一带世代养龙,被称为豢龙氏。如今,妹村仍有豢龙井、豢龙庙等遗址。到了商代孔甲时期,刘累曾在这里向豢龙氏学习养龙技术,后来抢了豢龙氏的"饭碗"和地盘,豕韦成了刘累的封邑。据介绍,刘累的后裔中,也有一部分以"韦"为氏。

西周建立后,元哲的后裔韦遐因功受封为韦伯。不过,他并没有居住在豕韦故地,且先后两次迁国。后来,韦遐的后裔入朝担任史官。周赧王时期,韦国被鲁国兼并,韦国贵族为了纪念先辈的荣耀,也以"韦"为氏。

祖地妹村:当地村民准备修建"韦氏祠堂"

在滑县万古镇,妹村算是比较大的村庄。东妹村村支书杨建朝介绍,建国以后，妹村分为三个行政村，即东妹村、中妹村、西妹村。其中，关于韦氏起源地的传说，都发生在东妹村。"如今，这里还留有与豕韦国、韦姓起源有关的碑刻。"杨建朝说，每年都有韦姓人来东妹村寻根，村里准备修建一座"韦氏祠堂"，方便韦氏子孙寻根问祖。

说起东妹村的历史，杨建朝如数家珍："翟让是妹村人，这大家都知道。后周开国皇帝郭威在澶州发动兵变后，也曾在韦城驻军安抚百姓。豢龙井、豢龙庙等古代遗址，更是为东妹村的历史增添不少神秘色彩。"

据《路史》记载："滑州故韦城内有古豢龙井，在韦城东南隅。夫以龙之腾跃风云，变化不测，乃可以豢之。"所以，《滑县志》里将"龙井烟迷"列为当地的十二景之一。关于这一景观，清代诗人王鼐还曾写过一首名为《龙井烟迷》的诗："刘累当年曾豢龙，果然此地有遗踪。瑞烟霭结连清汉，异彩光生照碧茸。韦国城边寻古迹，滑州井畔有云封。异人异物传奇事，怪底高吟客兴浓。"

分布状况：韦氏后人多出宰相和贵妃

广西民族大学教授韦光汉曾介绍，韦姓是一个典型的多民族、多源流姓氏。西汉时，韦遐的24世孙韦孟家族以儒学修养深厚名重一时，韦孟的四世孙韦贤被封为扶阳节侯，后来又徙居京兆杜陵（今陕西西安一带）。

东汉末年及永嘉之乱时，一部分韦姓人避乱南迁，另一部分则在原籍繁衍生息，形成著名的"京兆堂"。京兆堂的韦姓人，在历史上一直活跃在政坛，如西汉名臣韦玄成、北周名将韦孝宽、唐代宰相韦温等人。此外，唐代著名诗人韦应物、韦庄，及后宫的韦贵妃、韦皇后等人，也得出自这一支脉。

宋元时期，又有不少韦姓人南迁，但总体而言，它仍是一个典型的北方姓氏。据统计，韦姓在当今中国姓氏排行榜中名列第68位，人口约为370万。其中，河南、广西两省的韦姓人最多，约占全国汉族韦姓总人口的67%。

在中国民族大家庭中，水族主要聚居在贵州、广西等省份。值得一提的是，40多万水族人口中，韦姓是第一大姓。这是怎么回事？

对此，水族人韦章炳介绍，水族中的韦姓，也与位于滑县的豕韦古国有关。

他说，商王灭夏时，豕韦国贵族四散出逃，其中重要的一支逃到了今贵州南部，他们是今天水族人的祖先。水族源出豕韦国，韦姓是水族第一大姓，也就不难解释了。

韦章炳说，水族先民曾创制过文字"水书"，其形状类似于甲骨文和金文。研究者发现，偃师二里头遗址出土的夏代陶器上有 24 个古怪符号，其中 22 个符号在水书里也有。这也从另外一个角度证明，水族确与中原的夏文化关系密切。

蒙古起源：韦姓与今天的蒙古族有啥关系？

不仅水族与夏代的豕韦有关，南京理工大学唐善纯教授曾撰文指出，古代匈奴的起源及蒙古族的起源，可能与也与豕韦有着密切关系。

据《史记·匈奴列传》记载："匈奴，其先祖夏后氏之苗裔也，曰淳维。……居于北蛮，随畜牧而转移。"他认为，豕韦原本是夏的属国，夏灭后，它以"淳维"知名重见于史册，成为匈奴的先祖。这一说法，与史学界"匈奴是夏代遗民"的说法不谋而合。

在《旧唐书·北狄传》中，蒙古先民被称为"蒙兀室韦"，是先秦时东胡的一部分。有学者研究认为，"室韦"族出东夷，是由"豕韦"转变而来的。豕韦氏失国后，一部分东返彭城，另一部分迁往东北定居，发展成为室韦部落。该说法认为，室韦并非源出鲜卑，而是和鲜卑一样，同源出于东夷族。后来，以蒙兀室韦部为核心形成了蒙古族，另一些部落则加入到女真族中。在《黑龙江古代民族史纲》里，也有着"包豕韦北迁为东胡豕韦"的说法。

不过，蒙古族的"东夷起源说"，只是近代学者的新观点。在它之前，蒙古族的起源早已有源于匈奴、源于突厥、源于吐蕃、源于东胡、蒙汉同源、源于白狄等多种观点。

岭南壮族韦，名将韩信后裔？

韦姓后人韦明启说，他在研究韦姓分布现状时，发现一个奇特的现象，即中原地区和岭南地区，韦姓人分布都比较多，在历史上各自繁衍发展，似乎从无"交集"。

对此，有学者考证认为，岭南地区的大部分韦姓人，都是西汉"汉初三杰"之一韩信的后裔。关于韩信是否有后代，史学界一直争论不休。这一说法的依据又是什么？

韩信后裔避难，改姓为韦

关于韦姓起源，还有"韩信后裔避难改姓"的说法。这种说法称，如今居住在广西、广东的韦姓人，大多是西汉名将韩信的后代。这一说法有什么根据？

对此，华南师范大学历史系教授杨皑介绍，韩信后裔改姓为"韦"，这在正史中并没有相关记载。但明代学者张燧的《千百年眼》一书，则详细记载了这个故事的始末。

公元前196年，吕后猜忌功高盖主的韩信，将他诱杀于宫内，并诛其三族。《千百年眼》记载，朝廷派人搜捕韩信家人时，刚好有人在韩府做客。他把韩信3岁大的儿子藏了起来。这位客人听说韩信生前与相国萧何十分要好，便悄悄去萧府拜访，谈话间故意提及"韩信被夷三族没有后代"的事，试探萧何的态度。

萧何听了泪流满面，连声为韩信"喊冤"。客人见此情景，便将事情告诉了他。萧何听了大喜过望，让这位客人带着孩子南逃，并修书一封，让他们投奔南越王赵佗。

赵佗将韩信的儿子收为义子，并将海边一块土地赐给他做封邑。为了掩人耳目，他将孩子的姓改成了"韦"。后来，这个韦姓家族十分兴旺，世代生活在沿海一带，尤以广西为多。

韩信后裔改姓说，有多种史料佐证

杨皑介绍，张燧是一位治学态度极为严谨的学者，并特别强调此事在张玄羽的《支离漫语》中也有记载。从书中记载来看，他对"韩信有后裔生活在两广"深信不疑。不过，这一说法并没有正史记载佐证，"不宜妄下结论"。

明代来元成的《樵书》也记载了这则故事，并称宋代广南（宋时广西广东统称广南）的一位韦姓土官，便是韩信的后人。萧何写给赵佗的书信，也镌刻在一个大鼎上，有据可考。这在《宋史》里有迹可循："宋有韦白云及韦君朝，居文兰洞为土夷长。韦君朝长子韦宴闹，崇宁五年内附朝廷。"

京兆堂的《韦氏族谱》也有相关记载：韩信的幼子名叫韩滢（后改名韦云际），他是被家客藏匿带出的。而带着萧何的书信和韩滢投奔南越的两个人，名字分别是蒯彻和萧美。

《史记·萧相国世家》记载：韩信被杀后，萧何家被吕后派兵包围搜查。此后的两年间，萧何一直被严密监视，直至去世。这些异常行为，似乎也印证了"萧何救韩信幼子"的说法。

另一部明清时期的京兆堂《韦氏族谱》，则记载得更为明确："昔祖韦琅慈世居庆远府东兰州土官知州，西汉韩信远孙，韩改韦氏。余恐后世失忘，垂后世子孙，以知来脉，方见慎终追远之志，木本水源之由。"

为了证明是韩信后裔，韦氏后人鉴定DNA

研究韦姓文化20多年的韦振华先生认为，"韩信后裔改姓韦"确有其事。他说，根据地方史志和多部《韦氏族谱》《韦氏古墓碑文》等文献资料，基本上可以确定韩信的儿子逃至岭南后，其子孙的世系脉络。

从公元前196年开始，韩信幼子在赵佗的抚养下长大，居住在南越宫中。公元前180年，韩信幼子受封为土夷长，居住在今广西合浦县一带。对此，《后汉书》记载马援南征时，也提到当时合浦有一位土官名叫韦料祯。

据《旧唐书》记载，李靖南征时，岭南土官韦厥率众投降，并接受皇帝诏令招抚附近部落，因功被封为澄州刺史，在今上林一带很有威信。他的子孙大多成为广西一些州县的首领，韦姓也成为最古老的壮族姓氏之一。

韦厥的儿子韦敬一、韦敬辩先后写下了《六合坚固大宅颂》《智城碑》两幅碑文，记载了其韦氏家族是韩信的后裔，并介绍了当时岭南"韦氏子孙遍满诸邑"的情况。后来，一部分韦氏怀念先祖姓氏，改回了韩姓。如今，智城碑是广西壮族自治区文物保护单位。

722年，韦敬辩的后裔韦盈受到雍州刺史李讳诬告，后来被平反，"韦氏家族子弟千余口幸免于难"。由这一记载可以断定，这支韦氏在当时已经成为一个大家族。

不过，关于"韩信改姓说"，也遭到一些学者的质疑。广西民族大学教授韦光汉认为，"韩改韦"是一种讹传，但确曾有中原韦姓人因战争徙居岭南。学者侬芸青则认为，壮族中的韦姓人，多是借用的汉姓，原本与汉姓韦并无瓜葛。而韦振华则称，他与多位岭南韦氏后裔做过DNA鉴定，基本证明岭南韦氏与韩姓后裔血统接近。

岭南韦氏是壮族中的望族

韦汉超主编的《中华韦氏通书》，辑录了不少广西韦氏的族谱资料，基本上理清了壮族韦氏的迁徙分布情况。历史上，陕西、岭南是韦姓重要的兴旺之地，陕西韦姓是汉族望族，岭南韦姓则是壮族中的望族。

从唐朝到明清，广西的土司主要集中在西北地区。以两广、云南、贵州等地的韦氏族谱来看，这里的韦氏也是来自于广西西北地区。

张声震主编的《壮族史》记载，唐代，广西一带的"僚人"首领中，有宁氏、黄氏、侬氏和韦氏等。从这些资料来看，唐朝韦氏已经成为壮族的重要首领，他们领地就在桂西及桂中。

此外，明代贵州"八番"中有韦番，韦番中有不少人后来融入了布依族。明清时期，一部分韦姓人还迁到了越南北部。据介绍，岭南韦氏人才辈出，太平天国北王韦昌辉、广州起义烈士韦云卿等，均出自这一支韦氏。

熊氏建楚，辉煌八百年

在百家姓中，熊姓族人虽少，但它却是中国最古老的姓氏之一，最早可追溯到黄帝时期。

几千年来，熊姓族人人杰辈出，尤其是周王朝时期，熊姓族人建立的长达 800 年的楚国，其强大的国力让当时的战略家不得不感叹："天下大势，非秦必楚。"

熊姓得姓始祖是周文王的老师

黄帝被公认为中华民族的人文始祖，而熊姓的起源最早可以追溯到黄帝时期。

相传上古时期有一个有熊部落，黄帝原为有熊部落的首领，号有熊氏。《元和姓纂》记载，"黄帝生在寿丘，长于姬水，居轩辕之丘，建都于有熊（今河南新郑），因称有熊氏"。

据姓氏文化学者熊金伟考证，黄帝的后裔有以熊为氏的，这成为熊姓最早的起源。

黄帝的七世孙为季连，他被楚国王族尊为始祖。一开始生活在中原地区，后来由于中原部落斗争日益激烈，季连的后裔举族南迁。

季连的后裔中有一个叫鬻（yù）熊的非常有才，据《史记》记载，周文王起兵伐纣时，鬻熊已经 90 岁，他去拜见周文王，周文王把他当作老师。

相传周武王和周成王都把鬻熊当作老师，到周成王大封诸侯时，鬻熊已经去世，于是周成王将他的曾孙熊绎封于楚地。熊绎以下历代楚君皆以熊为氏，鬻熊被后世熊氏族人奉为得姓始祖。

在《鬻子》一书中，记录了鬻熊治国安邦的政治主张，他还提出了"道"

的思想。

楚君自立王号，开诸侯僭号称王先河

许慎的《说文解字》解释，楚原本是一种植物，也就是荆条。熊绎受封在楚地荆山一带，当地荆棘丛生，熊绎开辟山林，最后建立了楚国。

关于国名的由来，还有另外一种说法，据出土文献《楚居》记载，鬻熊的妻子妣厉，生子熊丽时因难产死去，巫师便用楚即荆条，将其包裹后埋葬。

为了纪念自己的先祖，熊绎便以"楚"为国名，建立了楚国，开创了楚国800多年的基业，历代楚王室都奉他为开国之君。

熊绎被周成王封的是子爵。按照当时的等级制度，这是个地位较低的爵位，封地方圆不过50里。但熊绎的后代不断进行开疆拓土的战争，先后灭掉了周边的邓国、罗国等数十个诸侯国，国力日益壮大。

到了楚武王熊通时，他倚仗雄厚兵力要求周天子提高自己的名号，但被周天子拒绝，于是熊通自立为楚武王，开了诸侯僭号称王的先河。

到了楚庄王时期，楚庄王"不鸣则已，一鸣惊人"，问鼎周王后，称霸中原。

屈原与熊姓同宗，熊、屈一家亲

楚顷襄王时期，楚国国都被秦军攻破，三闾大夫屈原因悲愤投汨罗江而死。

在屈原故里秭归县，相传屈姓出自熊姓，两姓同宗，因此自古以来两姓结伴而居但互不通婚。那么屈原真的是出自熊氏吗？

在屈原《离骚》的开篇，他记述了自己的先祖，"帝高阳之苗裔兮，朕皇考曰伯庸"，原来他的祖上也是出自颛顼高阳氏。而在《史记》中明确记载，"屈原者，名平，楚之同姓也"，意思说屈原跟楚国王室同姓。

关于屈原的祖上，《元和姓纂》记载："楚武王子瑕，食采于屈，因氏焉。三闾大夫屈平字原，并其后也。"

原来，屈原的先祖熊瑕是楚武王熊通的儿子，因为被封到"屈"这个地方，他的后代于是都以屈为氏。

相传屈原的后人中，有人又将屈姓改回了熊姓。据湖北省麻城市沈家庄村撰修的《熊氏族谱》记载，屈原有一子，名"岳"，因屈原受"屈（冤屈）"而死，故嘱其子复更为熊姓。

熊姓七十二望族，以南昌、江陵为望

在熊姓的繁衍中，曾出过72个望族，其中多数出自江陵郡和南昌郡，因此有"望出南昌、江陵"的说法。

北有兵马俑，南有熊家冢

公元前223年，秦军攻陷楚国都城寿郢，俘获楚王负刍，立国800余年的楚国灭亡。楚国虽然灭亡了，但留下了丰富的"楚文化"。

《熊氏籍谱》介绍，楚王室的祖先最早活动在黄河流域的中原地区，后来楚人祖先季连带领族人南迁至荆蛮之地，也将中原文明带至荆楚之地。

《熊氏籍谱》的作者熊金伟认为，楚王室统治时期，中原文明结合楚地风俗，逐渐形成了具有特有地域特色的楚文化，这种文化一直影响着今天人们的生活。

在楚国留下的文化遗址中，最有名的当属楚长城、楚王城和熊家墓冢。

位于河南境内的楚长城遗存，被考古界认为是"中国最早的长城"，距今有2600多年历史。

熊家墓冢位于湖北省荆州市，离楚国故都纪南城遗址约26公里，是迄今为止发现的规模最大、规格最高、布局最完整的楚国高等级贵族墓地。

熊家墓冢中发掘的一号车马阵，是目前春秋战国考古中发现的最大车马坑，并且是真车真马殉葬，年代上比"秦始皇兵马俑"要早200多年，其地位有"北有兵马俑，南有熊家冢"的说法。

熊氏"望出南昌、江陵"

在楚国立国800多年间，楚王室统治着包括荆楚、江南在内的广大疆域，这一地区也成了熊姓族人繁衍的主要地区。

楚国灭亡后，王室子孙因战乱四处流散，一些族人迁往陕西、河北、山东等北方地区。

魏晋南北朝时期，居住在湖北、江西的熊姓族人陆续有人到朝中为官，家族逐渐壮大起来，在当地形成了有名的郡望，其中以"江陵郡"和"南昌郡"最为有名，后世有熊氏"望出南昌、江陵"的说法。

荆楚一带的熊姓家族一直到唐宋时期仍兴盛不衰，部分族人迁居到江浙一带。宋代时，湖南岳阳一带的熊姓也逐渐成为望族。

南宋末年，元兵一路南下烧杀掳掠，江浙一带的熊姓族人为避战祸，南迁至福建、广东。

明朝时期，一部分熊姓族人从山西洪洞大槐树迁至河南、河北等地，而另一部分豫章郡族人因做官随之迁往河南、湖北等地。

到了清朝，熊姓族人有从闽粤渡海赴台的，此时熊姓族人已基本遍及全国各地，其中以湖北、江西、四川、湖南四省最多。

"熊凤凰"传奇

楚人以才华著称，因此有"惟楚有才"的说法。近代的熊希龄就是其中的"楚才"。

少时被称为"湖南神童"，14岁考中秀才

熊希龄出生于湖南凤凰县，祖籍为江西丰城，少年时因为聪慧过人，被称为"湖南神童"。

14岁时他就考中了秀才，因为才华横溢，被选调到长沙的湘水校经书院继续深造，24岁时考中进士。

甲午战争失败后，熊希龄积极参与维新变法运动，与谭嗣同等在长沙创办了时务学堂，邀请梁启超主持学堂授课。

　　但因维新运动遭到当地守旧派的不满，他被免去学堂总理职务，梁启超也出走北京参与戊戌变法。

　　执意改革的光绪帝征召他入京参与变法，当他准备进京时却因患病未能成行。就在他养病期间，戊戌变法失败，变法六君子惨遭杀害。后来他感叹说："向非一病，当与六君子同命成七贤矣。"

当地人都尊称他为"熊凤凰"

　　中华民国成立后，熊希龄担任过内阁财政总长和国务总理，但因内阁权力之争，他被迫辞职。之后他退出政坛，专门从事社会慈善事业，任世界红十字会中华总会会长。

　　熊希龄成名后，凤凰县当地人都尊称他为"熊凤凰"。毛泽东曾评价熊希龄："一个人为人民做好事，人民是不会忘记他的，熊希龄是做过许多好事的。"周恩来也称赞他为"袁世凯时代第一流人才"。

孟氏起源，公族之后

孟姓的一个姓氏起源始祖庆父，在当时的当权者看来，算得上是个坏人：两次弑君，外逃被"遣返回国"时，又自杀了。

不过，到"亚圣"孟子被统治者推崇后，孟姓也开始笼罩上光环，并得到统治者的恩赐。

孟姓源出周文王后裔

《元和姓纂》记载："孟，鲁桓公子庆父之后，号曰孟孙，因以为氏；又，卫襄公长子孟絷之后，亦曰孟氏。"由此可知，孟姓来源有两支，分别出自鲁国和卫国。

鲁国是西周初期，周武王的弟弟周公旦受封建立的诸侯国，都城在今山东曲阜。

据《史记·鲁周公世家》《通志·氏族略》记载，鲁庄公有三个弟弟，"长曰庆父，次曰叔牙，次曰季友"。庆父的品行不好，三年连弑二君，致使国内大乱，鲁国人也非常恨他，都说"庆父不死，鲁难未已"。庆父害怕了，逃到莒国。鲁相季友用贿赂求莒送归庆父，庆父在归国途中自杀。

季友让自己的侄子、庆父的儿子公孙敖继承庆父的爵位，因庆父在庶子中排行老大，而"孟"字在兄弟排行次序里代表最大的，又为避讳弑君之罪，所以庆父的子孙改称孟孙氏。后来，孟孙氏又简化为孟氏。

此外，西周的诸侯国卫国的国君卫襄公的大儿子叫絷，字公孟，被称为公孟絷。他是卫灵公的哥哥。《古今姓氏书辩证》记载，公孟絷"以疾不得嗣，其孙彄（kōu）以王父字为氏"。

《姓氏急就篇》注云："卫灵公兄孟絷之后亦曰孟氏。"卫襄公、卫灵公均都于帝丘，故这支孟姓出自河南濮阳。

姓氏研究专家谢均祥称，清人张澍《姓氏寻源》曾记载，颛顼有臣叫孟翼，但由于孟翼之后无世系可考，所以，古代的谱牒学家大都认为孟姓起源于春秋时期，是从姬姓诸侯国中衍生出来，由复姓改为单姓的。

值得一提的是，鲁国孟氏氏族周公和卫国孟氏始祖康叔都是周文王的儿子。因此，这两个孟氏从根源上来讲，都是周文王的后裔。

隋唐以前，孟姓已遍布全国

谢均祥称，孟氏早期主要是在其发源地山东、河南及其近邻的河北发展繁衍。

自东汉开始，孟氏出现于其他地区，分布于现今的陕西、浙江、湖北、云南、甘肃、湖南、四川、福建等地。

《姓源韵谱》载孟氏郡望有7个：洛阳、平陆、东海、钜鹿、武康、安平、江夏。所谓"郡望"，指的是魏晋至隋唐时每郡显贵的家族，意思是世居某郡，人丁兴旺，英才辈出，为当地所仰望。于此可见，隋唐以前孟氏在全国分布已相当广泛。

五代以后，由于官职调迁等原因，孟氏的居处又新添了许多地方，如现今的山西、河北等地。清代，大陆孟氏陆续有人移居台湾，进行开垦。近代以来又有一些孟姓人离别故土，徙居海外，开拓新的事业，现主要分布于东南亚及欧美一些国家。

1996年10月出版的《中华姓氏大辞典》将孟姓列为当今中国第84大姓，称其约占全国汉族人口的0.24%。2006年1月11日《人民日报》报道的新百家姓次序将孟姓列在第73位，但未公布其占人口的百分率。

孟姓分布很广，以山东为最，约占全国汉族孟姓人口的26%。其次，河南、辽宁、黑龙江、吉林、河北也较多。上述六省孟姓约占全国汉族孟姓人口的67%。

孟姓不仅是汉族大姓，而且也是古今一些少数民族所使用的姓氏。

孔、孟、颜、曾"通天"家谱

明太祖朱元璋赐给孔氏8个字供起名用：公、彦、承、弘、闻、贞、尚、胤。后来，孔子第56世孙孔希学及第57世孙孔讷先后袭封"衍圣公"，所以，孔氏字辈中又增加了"希""言"二字。到了清代，为避雍正皇帝胤禛、乾隆皇帝弘历名讳，孔氏字辈中的"胤"改为"衍"，"弘"改成"宏"。

孔子第65世孙孔胤植时，孔氏获得皇帝御赐的10个字是：兴毓传继广，昭宪庆繁祥。清同治年间，经皇帝恩准，孔氏又续了10个字辈：令德维垂佑，钦绍念显扬。

1919年，当时的北洋政府核准，又为孔氏续了字辈：建道敦安定、懋修肇彝常、裕文焕景瑞、永锡世绪昌。

有意思的是，孔氏的字辈并非只有孔氏用，孟、曾、颜三姓也在用，且顺序完全一样。民间有云，孔、孟、颜、曾"天下一家"。这往上追溯的话，要追到孔丘、孟轲、曾参、颜回四大圣贤了。

有说法称，朱元璋也曾御批孟氏字辈十个字辈：希、言、公、彦、承、宏、闻、贞、尚、衍。朱元璋对孟后裔格外优礼，除赐给祭田、免除徭役。明景泰年间孟子的第56代孙孟希文被授予世袭翰林院五经博士，从此，孟子后裔开始授世职。

亚圣孟轲，后世流芳

他叫孟轲，是一个伟大的思想家、教育家，被追封为"亚圣公"，后世尊称其为"亚圣"。

他发扬、完善并推广了孔子的思想和儒家文化，其思想与孔子思想被合称为"孔孟之道"。

孟子和母亲

2014年8月1日，据《中国文化报》报道，文化部公布的第四批国家级非物质文化遗产代表性项目名录推荐名单中，孟子故里邹城市报送的民间文学"孟母教子传说"榜上有名。

孟子，名轲，鲁国邹（今山东邹城市）人。据称他是鲁国庆父的后裔，父名激，母仉（zhǎng）氏。

孟子年幼时父亲去世，生活在单亲家庭中的他，多亏了有个好妈妈。南宋时的启蒙课本《三字经》引证的第一个典故就是"昔孟母，择邻处。子不学，断机杼"。孟母三迁、断机教子的故事，流传到现在。

关于孟母教子，邹城市文化馆非遗保护中心办公室主任王崇印曾说过，孟母对孟子的教育并不只注重外部环境，同样注重言传身教。她对孟子的成长、成才乃至孟子思想的形成，都起到了积极作用。

孟子和亚圣

《史记》说，孟子序诗书，述仲尼之意。千百年来，在儒家传统中，孔孟总是形影相随，既有大成至圣，则有亚圣。既有《论语》，则有《孟子》。研究者认为，孟子继承了孔子"仁"的思想并将其发展成为"仁政"思想。

随着历史的发展，孟子的地位也被不断提高。记载有孟子及其弟子的各项活动，以及政治、教育、哲学、伦理等学说和思想的《孟子》一书，理论纯粹宏博，文章也极雄健优美。

南宋时，朱熹将《孟子》与《论语》《大学》《中庸》合在一起称"四书"。宋、元、明、清以来，都把它们当作家传户诵的书，就像今天的教科书一样。直到清末，"四书"一直是科举必考内容。

宋代以后，封建帝王不断赐予孟子封号，北宋神宗元丰六年，孟子被追封为"邹国公"；元文宗至顺二年，加封孟子为"邹国亚圣公"；明嘉靖九年，孟子被封为仅次于"至圣"孔子的"亚圣"。

孟子和当下

说到孟子，离不开孔子，更离不开儒家文化。从被开创到传承至今，以儒学为主题的中国文化从未中断，而且对世界文化产生了重大影响。

据报道，儒学早在汉唐时期便超出中国范围，向东南亚和东北亚辐射，形成"儒家文化圈"，在整个人类文明发展史上占有重要位置。

从另一个角度来说，孟子的仁政思想对于我国的社会主义和谐社会构建，仍有相当的借鉴意义。众多学者对此进行了深入研究。

邹城当地学者刘贵之在《孟子思想与和谐社会》一文中，提到了孟子的"修身""养气"思想对当今的党风廉政建设的意义。

文中称，所谓"富贵不能淫，贫贱不能移，威武不能屈"，传达的是一种做人的道理：一个人无论贫穷还是富贵，都要有良好的修养和崇高的人格，否则将难以"见于世"。

这对于党员干部加强党性修养、永葆先进性具有同样的借鉴价值。只有坚定理想信念，加强自身修养，才能坚持全心全意为人民服务的宗旨。此外，要"善养浩然之气"，经常检查自己的言行，不断提升自己的道德境界，清正廉洁，经受得住权力、金钱、美色的考验。

河南省社科院党建与政治研究所副研究员陈东辉认为，孟子的"民为贵"的思想，放在当下仍然非常有借鉴性。

不过，陈东辉认为，孟子的这一思想，是有阶级立场在内的，"贵民"的目的是为了"御民、牧民"，和现在我们所说的以人为本有本质区别，"我们是把人民利益作为社会发展的终极目的，为了人，依靠人"。

日本首相曾有秦家人？

从唐朝开始，秦家便有人免费为老百姓看家护院，驱魔逐邪。如今1500多年过去了，他仍然坚守岗位，让牛鬼蛇神不敢来袭。

他便是唐朝大将军、中国民间的第一门神——秦琼。

秦姓始祖系秦非子

"秦姓始祖叫秦非子，其公墓在甘肃天水。秦姓的起源主要有三种。"河南省姓氏文化研究会秦姓委员会秘书长秦维贵说。

一说出自嬴姓。为颛顼帝的后裔，以国名为氏。相传颛顼帝有个孙女叫女修，有一天，她捡到一只燕子蛋，吃下去后就怀孕了，生下了儿子大业。大业之子大费（伯益）辅佐大禹治水有功，帝舜赐他姓嬴。伯益的后人有个叫大骆的，他的庶子非子被周孝王封在陇西秦亭为附庸国，让他恢复嬴姓，称为秦嬴。秦国后来成为战国七雄之首，并进一步统一了全国。秦灭后，王族子孙以国名作为姓氏，称为秦氏。

一说出自姬姓，为文王的后裔，以邑为氏。周公旦之子伯禽的后裔食采于秦邑，其后有以邑为姓，称秦氏，史称秦姓正宗。

另外，古代大秦人来中国，有的就以"秦"为氏。大秦即罗马帝国。东汉、晋朝时大秦皆曾遣使来中国通好，有留居不归者，以"秦"姓传也。

日本首相曾有秦家人

2014年6月出版发行的《中国统计》杂志，列举了2010年全国第六次人口普查的数据，超过200万人口的秦姓，排名新百家姓的74位。

先秦时期，秦氏主要分布于今河南、陕西、山东、湖北、河北等省。

西汉初，高祖刘邦采纳娄敬的建议，迁徙关东大族充实关中，于是秦氏有一支自鲁徙居扶风茂陵。这支秦氏人丁兴旺，官宦众多，西汉时有秦袭等五人同时任郡守一级的官，故世号"万石秦氏"。两汉至南北朝时期，秦氏还分布于今甘肃、四川、山西等省。宋、元、明时期，秦氏有迁至今广西、安徽、贵州、福建、北京、上海等省市者。历清至近现代，分布地更广。

秦氏为日本一个古代的氏族。根据《日本书纪》记载，是由百济来到日本的，时间约在3世纪，当应神天皇在任时已经到达日本。他们的主要据地在山背国葛野郡。在雄略天皇以后，开始受到朝廷的重用。秦氏最为有名的人物是秦河胜，是圣德太子的宠臣，负责建设广隆寺。在平安时代部分人以惟宗氏为名，岛津氏亦以秦氏先祖而自称。另外，四国的长宗我部氏和香宗我部氏也自称是秦氏后裔。姓羽田的与他们有关，日本前首相羽田孜公开承认自己是秦人之后。

"门神"是怎样炼成的？

秦家名人众多，有北宋才子秦观、南宋奸臣秦桧，还有战国时名医扁鹊秦越人等。其中，最让中国民间熟悉的，当属隋唐大英雄秦琼。

秦家叔宝，唐朝"战神"

秦琼，字叔宝，齐州历城（今山东济南市）人。其生辰不详，卒于638年。秦琼祠位于济南五龙潭公园内，占地面积1200平方米。

秦琼家世平凡，其父是北齐时期一个录事参军。在秦琼还没有记忆时，北齐为北周所破，秦父战死沙场。此后，秦琼和母亲相依为命。

爱讲义气的秦琼长大后，体形高大，威猛剽悍。隋大业八年（612），卢明月于下邳造反，拥兵十万。秦琼跟随张须陀率领数万人前往征讨。

张须陀在离卢明月六七里处扎营，相持几十天后粮草不足。张须陀对将士们说："卢明月见我军撤退，必定前来追击。他们大本营必然空虚，若是我们能有人率领一千人前去袭击，一定能出奇制胜。但是此行凶险，你们谁敢去？"

连问数声，众将没人敢应。秦琼和罗士信请战。

张须陀依计撤退，卢明月果然率军来追。芦苇间埋伏的秦琼、罗士信趁机偷袭，纵火烧掉卢军30多个营寨。卢率军回去救援，张须陀等又转头反击，卢明月仅率领百余骑兵逃亡。秦琼和罗士信因此战而远近闻名。

隋大业十二年（616），秦琼随张须陀去征讨瓦岗。张中计战死，秦琼率领剩余部队依附据守在武牢的裴仁基。后又转投瓦岗李密、洛阳王世充。王世充封秦琼为龙骧大将军。

唐武德二年（619），秦琼见王世充非常奸诈，与程咬金等人纵马投奔李唐，唐高祖李渊让其跟随李世民。李世民用秦琼为马军总管。

此后，秦琼跟随秦王李世民，先后击败了王世充、窦建德、刘黑闼等多路义军，为唐王朝的创建立下了汗马功劳，李渊曾派使者赐予金瓶以示褒奖。之后，秦琼又因战功，多次受到奖赏，先后被任命为秦王右统军，加授上柱国，后又晋封为翼国公。

玄武门之变时，秦琼旗帜鲜明，坚决站在李世民一边，与他一起诛杀了太子李建成和齐王李元吉，为李世民当太子夺皇位扫清了道路。

唐武德九年（626）六月，秦王李世民被立为太子。八月，李世民正式登基，秦琼被任命为左武卫大将军，并被赐予700户的封邑。贞观十二年（638），秦琼因病去世。朝廷追赠他为徐州都督，改封他为胡国公，并让他陪葬昭陵。

秦琼是如何成为门神的？

秦琼之所以为中国民间最熟悉，从唐朝至今他一直是大家的门神。每逢过年，家家户户都往门上贴两幅门神画驱邪。左边乃秦琼，右边系尉迟恭。

古代战将如云，建功立业者众多，为何选择秦琼为门神？它的背后有什么典故？"这个很难考究。目前大家知道的，都来自传说。"河南省姓氏文化研究会秦姓委员会秘书长秦维贵说。电视剧《西游记》中完整地记载了战神秦琼变成门神的经过：

唐朝开国初，长安附近的泾河老龙王与一个算命先生打赌。老龙王为求一时之胜，滥用权力，触犯了天条，其罪当斩。玉皇大帝便委派唐朝大臣魏征在第二天午时三刻监斩老龙王。

为了保命，泾河龙王在行刑前一天跑来向唐太宗李世民求情，让他在第二天拖住魏征，好让自己躲过一劫。

李世民满口答应。第二天，李世民宣魏征入朝，并将魏征留下来陪自己下棋，让他无法脱身，当然也就不能监斩泾河龙王了。谁料午时三刻之际，正下围棋的魏征却打起了瞌睡，李世民也没太在意，而魏征就利用这个短暂的瞌睡，灵魂出窍，梦斩龙王。

被斩了的泾河龙王恼羞成怒，怨恨李世民言而无信，因而阴魂不散，夜夜到唐宫里来大吵大闹，呼号讨命。李世民每夜都被吵得无法入睡。他只好将这一情况向群臣通报，以求解决办法。大将秦琼奏道，愿同尉迟恭（敬德）戎装立门外以待。李世民应允，那一夜果然无事。

但总不能让他们二位每天都不睡觉吧？因不忍二将辛苦，李世民遂命宫廷画家将秦琼和尉迟恭的形象描在画布之上，并张贴于宫廷的正门之上。之后，李世民夜夜安然入睡。

后来，民间也将秦琼他们的形象贴在自的大门之上辟邪。慢慢地，这两员大将便成为千家万户的守门神了。其中执锏者即是秦琼，执鞭者乃是尉迟恭。

阎姓来源，说法有三

阎姓也是一个起源很多的姓氏。后世普遍认为，汉族中的阎姓来源有三个。

但我国姓氏文化研究专家谢钧祥则认为，这三种说法中只有一种比较可信，这是为何？

发源于北方的阎姓又是在何时播迁至全国，甚至走出国门到达全球的？

起源：出自姬姓，与地名有关

记述阎姓起源最详细的书籍是《新唐书·宰相世系》。该书中详细阐述了阎氏的起源，称阎氏系由姬姓所衍生，具体来源均与带"阎"的地名有关。

第一种起源，书中说阎氏出自姬姓。当时，周武王姬昌封太伯曾孙仲弈于阎乡，仲弈的后代便以此为氏。

另外一种来源是，周康王姬钊有一个儿子叫姬瑕，他继位后称昭王，他的小儿子在出生的时候手上写着"阎"字，这个小儿子后来被封到了阎城，后代以此为姓。

第三种说法是，唐叔虞的后代晋成公子懿，食采于阎邑，在晋国灭亡之后，他的子孙散处河、洛（今河南洛阳、巩义一带），到汉末，居荥阳。

因为言之凿凿，所以这三种说法被后世所认可。

考证：前两种来源有明显错误

但在谢钧祥看来，这三种来源中只有第三种比较可信。

第一种说法中称阎姓出自太伯曾孙仲弈。他认为有明显错误。太伯、仲雍系周文王姬昌的伯父，是吴国的始祖。《史记·吴太伯世家》明确记载："太伯卒，无子，弟仲雍立，是为吴仲雍。仲雍卒，子季简立。季简卒，子叔达立。叔达卒，子周章立。是时周武王克殷，求太伯、仲雍之后，得周章。周章已君吴，因而封之。乃封周章弟虞仲于周之北故夏虚，是为虞仲，列为诸侯。"

关于"夏虚"，《集解》徐广曰："在河东大阳县。"大阳县，治所即今山西平陆县西南平陆城。于此可见，"太伯曾孙仲弈"应为"仲雍曾孙虞仲"，"阎乡"很可能就是"夏虚"。

第二种说法提到的"昭王"叫姬瑕，是周康王姬钊的儿子，其小儿子"生而手文曰'阎'"，被"康王封于阎城"，因而得阎姓。这种说法，理由有些牵强，似难成立，难怪宋人郑樵《通志·氏族略》说："有文在手之言多为迂诞。"

而第三说比较可信。文中提到的"唐叔虞"，系周武王姬发之子，晋国的始祖；"晋成公"系晋文公重耳的小儿子；"阎邑"，有关辞书无载，但既是晋成公之子懿的封邑，必在晋国疆域内，亦即在今山西西南部，当代有人注为山西安邑县西（今属山西运城）；"河洛"，即今河南省境内黄河、洛河流域的洛阳、偃师、巩义、荥阳一带。这一条是说，春秋时，晋成公的儿子懿被封于阎邑，晋国灭亡后，懿的子孙散处于河、洛一带，以原封邑为氏，就是阎氏，至西汉末定居于荥阳。

播迁：清代开始移民台湾至全球

春秋时，楚国有大夫阎敖，这说明此时已有阎氏居于今湖北省境。

东汉有尚书阎章，荥阳人，其子阎畅，官侍中，封北宜春侯，有三子：显、景、晏，女为安帝皇后。阎显以其妹为皇后，安帝时封长社侯，掌管禁兵。安帝死，太后临朝，他任车骑将军，定策立年幼的北乡侯为帝，专断朝政。不久，北乡侯死，宦官孙程等19人拥立济阴王为帝（即顺帝），他被杀，其子阎穆，避难徙于巴西之安汉（今四川南充市北）。阎显之孙阎甫，被曹操封为平乐乡侯，复居河南新安。其子阎璞，任牂柯太守；孙阎讚，西晋殿中将军、汉中太守。

东晋以前，阎氏还有迁至今陕西、甘肃等省者，如三国魏有阎温，为西城（今陕西安康县西北）人。西晋有阎鼎，天水（今属甘肃）人。阎讚之曾孙阎昌，因父难，奔居马邑（今山西朔县），其孙阎满，任北魏诸曹大夫，自马邑又迁回河南。阎满之孙阎善，任龙骧将军、云中镇将，因居云州盛乐（今内蒙古和林格尔县西北土城子）。

唐代，贞观年间所定太原郡十姓有阎氏；《元和姓纂》所列阎氏郡望有：天水、常山（郡治今河北正定）、广平（郡治在今河北鸡泽县东南）、河南。明、清时期，南方的江苏、湖南等省已有阎姓居民。

从清代开始，大陆阎氏陆续有人移居台湾，进行开垦。近代以来，又有一些阎姓人离别故土，走出国门，徙居海外，不断开拓新的事业，以求更大发展，现主要分布于东南亚及欧美一些国家。

堂号：海外阎氏字派自阎锡山始

阎氏的堂号有右相堂、庆春堂。唐朝有万年人阎立本，总章初年任右相，其后裔因以为堂号，即"右相堂"。

阎锡山在续修家谱时，请了一位清末举人，为阎氏续辈写了四句七言诗，计56字，作为阎氏56代的辈字，同时又以阎锡山父亲的乳名长春命阎氏堂号为"庆春堂"。现在，阎锡山在台湾及海外的子孙都沿用这个堂号。

少数民族亦有阎氏

1996年10月出版的《中华姓氏大辞典》将阎姓列为当今中国第50大姓，约占全国汉族人口的0.41%。2006年1月11日《人民日报》报道的新的百家姓次序将阎姓列在第75位，但未公布其占人口的百分率。阎姓分布很广，以河南、山东、河北较多，这三省阎姓约占全国汉族阎姓人口的57%。阎姓不仅是汉族大姓，而且也是一些少数民族所使用的姓氏。例如：清代满洲人有阎姓，世居沈阳；清满洲八旗姓布雅穆齐氏，后改为阎氏；达斡尔族亚尔兹氏，汉姓为阎；满、回、蒙古等民族也都有阎姓。

薛姓始祖，发明车辆

作为薛姓的得姓始祖，奚仲发明车辆，功在千秋，受到后世景仰，百姓也将埋葬他的奚公山视为仙山圣地。

作为薛姓的主要繁衍地，薛城空前繁盛，成为战国大城，但被齐魏联合所灭。参与诸侯征伐20多次，薛城可谓兵家必争之地，它也曾经被称作"古徐州"。

起源一：始祖奚仲，受封于薛

《元和姓纂》记载，黄帝的25个儿子受封为12个不同的姓族，散居各地。其中幼子禹阳受封于任（今山东济宁），禹阳的第12世孙奚仲在大禹时因为发明车辆有功，被封于薛（今山东枣庄薛城区），称薛侯。

战国时，薛国被齐国灭亡，薛国族人辗转迁徙，为了纪念封国，不忘祖先，以国名为姓，薛姓就此产生。

中华薛氏宗亲联谊会顾问薛德山说，作为得姓始祖的奚仲，发明车辆，大大加快了中华文明的发展，受到后世敬仰。

薛德山说，为纪念奚仲，薛国附近的山改名奚公山，奚公山上因为有奚仲墓，被当地百姓视为仙山圣地，几千年来祭祀不绝，"祭拜奚仲，平安出行"的民谚也流传至今。

奚公山山脚平坦平阔，据《地记》记载，这就是奚仲造车的地方，在魏晋南北朝时期尚能看到深深的印辙。

起源二：田文之裔，封邑为氏

《薛氏族情》主编薛荣说，"战国四公子"之一的孟尝君田文，是薛姓的另一重要源头。

薛国被齐国灭亡后，孟尝君的父亲、齐国丞相田婴被封于薛城，人称"薛公"。孟尝君田文袭封后，薛城空前繁盛，居民有六万余家，城内街道纵横，殿舍林立，商贾云集，成为战国大城。当时，临淄的居民才七万，薛城之重要可见一斑。

孟尝君病逝后，子孙内乱，纷争渐起，薛城被齐、魏两国联手所灭。

秦始皇统一六国后，薛城被改为薛郡，田文的后裔失去封地，子孙流散各地。西汉初期，来到安徽宿州的田文后裔为纪念薛城，遂改姓薛。

薛荣说，以上两支薛姓通常被认为是当今薛姓的主要来源。

外族融入，根深叶茂

《魏书·官氏志》记载，曹魏后期，北方的游牧部族拓跋鲜卑兴起于西部，统一各部落后，改国号为（北）魏。为争取中原士族支持，北魏孝文帝实行一系列的汉化改革，要求族人"禁胡服，断北语，改姓氏，定族姓"。

在这场声势浩大的改姓浪潮中，官员集体改为薛姓，也成为河南薛姓的重要来源，主要分布在今天的河南洛阳、陕西西安一带。

隋唐时期，北方游牧民族铁勒的薛延陀部灭亡后，部众有一部分改为薛姓，繁衍至今。

此外，元、明、清时期，蒙古、满族、朝鲜等民族的一些部落也曾改为薛姓。

古代徐州，源出薛国

作为薛姓后裔的主要发源地，薛城处于东部水陆交通中心地带，战略位置极为重要。史书记载，仅春秋战国时期，薛城一带的征伐就有20多次，可谓"兵家必争之地"。

秦朝末年，陈胜吴广领导的农民起义军，也酝酿首先攻占薛地，取得战略主动权。

薛德山说，据《齐乘》记载，"（薛）城高厚无比，以抗楚、魏"，在经历两千多年的沧桑巨变后，城郭依然基本保存完好，具有极重要的历史研究价值。

而薛城遗址以南的江苏徐州，也与薛国有着不尽的渊源。

《竹书纪年》记载："梁惠王三十一年，邳（城）迁于薛，故名徐州。"而《后汉书·地理志》明确记载："薛本国，曰徐州"，"徐州在薛县"。

薛德山说，三国时期，古徐州迁至彭城（今徐州），并固定下来，但从历史记载来看，古徐州与薛地有着不尽的渊源。

河东薛姓，一门尚武

作为薛姓历史上最重要的郡望，河东薛姓一门尚武，子孙也多以军功立身，自魏晋至隋唐，薛姓为将者数十人，成为独特的历史现象。

作为历史上著名的军事家族，薛家将威名远扬，薛仁贵远征高丽，威震辽东。在朝鲜、韩国至今仍流传着薛仁贵的传说。

先秦两汉，人才鼎盛

薛德山说，战国时期，受战乱影响，薛姓后人由山东迁徙至各诸侯国，但作为肇始之地，薛地仍是薛人最重要的发展衍息地。

秦、两汉时期，薛姓人口大大增加，分布地域也得以扩大，但主要仍集中在黄淮流域下游及中原腹地。

薛德山介绍，自战国开始，薛姓名人就活跃在历史舞台上。孔子七十二弟子之一的薛邦，史书有名；楚令尹薛倪，安邦定国；处士薛公，劝说信陵君从赵救魏，为人称道。高士薛居洲，被时人奉为道德楷模；薛炬剑术精湛，修成一代宗师。

军功方面，薛公骁勇善战，屡立奇功；广平敬侯薛欧，位居汉初 18 位侯爵前列。

河东薛姓，崇尚武功

《中华薛姓源流》记载，东汉末年，一支薛姓后裔迁徙四川，繁衍为蜀中大姓，世号"蜀薛"。蜀灭后，光禄大夫薛齐迁徙至河东郡。

经过几代繁衍，到魏晋南北朝时期，河东薛姓已成为名门望族。史书记载，南朝宋的薛安都，北魏的薛真度、薛椒、薛提、薛强、薛憕、薛实等，皆为朝廷倚重。

由隋入唐后，薛道衡长期主持朝政；薛仁贵人称"辽东王"，儿子任宰相。武则天时，太平公主与河东薛氏家族联姻……河东薛姓空前繁盛。

薛德山说，与其他士家大族相比，河东薛姓最鲜明的特点就是崇文尚武。

薛氏仕宦表显示，从魏晋至隋唐，河东薛姓担任将领者数十人，其中不乏一门皆将领者，如薛安都的子侄，大都以军功立身；薛世熊父子六人，俱为名将；薛仁贵一族，更因为勇猛善战，被后世直接冠以"薛家将"的美誉。

史籍记载，薛仁贵远征高丽时，慑于他的威名，高丽40余城不战而降，国人闻之胆寒。

中华薛氏宗亲联谊会副秘书长薛凤山也表示，作为历史上著名的军事家族，薛姓尚武的传统可追溯至战国时期。经过上千年发展，薛姓尚武已经成为一个独特的历史现象。

战乱之中，子孙遍及全国

《中华薛姓源流》称，魏晋南北朝时期，薛姓遍及北方黄淮流域及中原地区。一部分薛姓后人也自东向西，来到今甘肃、宁夏等地。

唐末及五代十国时期，受战乱影响，薛姓后人由中原不断向南方迁移。

宋元之交，北方战争不断，薛姓继续由北方向东南和向西北迁移。

明清时期，薛姓规模日盛，族人已经遍及大江南北，尤其向南迁徙的进度更快、规模更加庞大。同时，一部分薛姓后人迁入台湾，开垦土地，或向东南亚等地迁徙，成为华侨。

从唐末至明清，薛姓依旧名人辈出，并不逊色于先辈。

薛凤山称，从薛姓的迁徙流向可以看出，它的每一次大规模迁徙，都受战乱的深刻影响，也同其他姓氏的迁徙流向大体接近。

天下薛姓

《百家姓·薛》介绍，当代薛姓的人口接近700万，居第48位，约占全国人口的 0.53%。

作为长江以北的常见姓氏,薛姓在全国主要集中于江苏、陕西、河南三省,约占全部薛姓人口的 39%。其次分布于山西、河北、山东、安徽,占全部薛姓人口的 27%。其中江苏是薛姓第一大省,约占薛姓总人口的 15%。

薛凤山介绍,薛国位于今天的山东枣庄、滕州一带,即古徐州。薛国子孙后来迁徙至今天的邳州、宿州等地。因此,薛姓后裔在上述地区的分布尤为集中。

薛涛的美丽与哀愁

因出众的才貌,以及与文人名士的诗书唱和,薛涛成为唐代卓有成就的女诗人,在男子云集的大唐诗坛,占得一席之地。

广阔的朋友圈,使她成为中晚唐的文化地图。诗歌之外,她与元稹的姐弟恋,也成为后人津津乐道的传奇。

少年才女,崭露头角

薛涛原籍长安,"安史之乱"后随父母迁到成都,父亲薛勋给她取名"涛"。

《名媛诗归》称:一日,薛郧吟诵道:庭除一古桐,耸干入云中。一旁的薛涛随口续上:枝迎南北鸟,叶送往来风。对仗精妙,却带有浓浓的悲意。那一年,薛涛 8 岁。

14 岁时,父亲薛勋去世。生活困顿下,不得已,16 岁时薛涛成为一名官伎。

唐时的官伎由国家供养,主要的工作是在官员们饮酒聚会时,负责侍酒赋诗、弹唱娱乐。在这个平台上,凭借自己的聪明和勤奋,薛涛很快脱颖而出。

后蜀何光远的《鉴诫录》称赞,薛涛"通音律,善辩慧,工诗赋","容姿既丽,才调尤佳,言谑之间,立有酬对"。

少女薛涛在宴饮上如鱼得水。

得宠蜀中，因事遭罚

两年后，韦皋出任剑南节度使，召薛涛入幕府。

《云溪友议》记载，一次酒宴上，薛涛即席赋诗，一派初唐高迈气象，满座皆惊，也入了韦皋的心。薛涛很快成为韦皋身边的红人，两人甚至结为兄妹。

何光远在《鉴诫录》中描述了薛涛当时受宠的盛况："涛每承宠念，或相唱和，出入车马，诗达四方，名驰上国……"每逢幕府酒宴，薛涛都是耀眼的明星。

长期受宠，薛涛不免"狂逸不羁"，韦皋后来将其发配西南边陲，充当军伎，以示惩罚。

一番磨难后，薛涛写下《十离诗》，言词哀婉，情意殷切，隐隐有告饶意。韦皋读后心软，又将其召回。

经历这一巨变，薛涛看透人情冷暖，有些心灰意冷。回成都后，她脱去乐籍，定居浣花溪畔。

那一年，她 20 岁，渴望过上自由的生活。

唱和应酬，蜀中传说

虽然不在江湖，可江湖仍有她的传说。

韦皋镇蜀 20 年，薛涛尽管不在韦皋府，依然是他的座上宾，在各种宴游场合来往穿梭，应对自如，所到之处，裙裾飘香。

韦皋离世后，薛涛依然受到之后 11 任剑南节度使的青睐，她的身份也始终保持在诗伎与清客间，十分超然。

薛涛的朋友圈，与她来往的都是著名文人：元稹、白居易、牛僧孺、令狐楚、裴度、张籍、杜牧、刘禹锡……几乎就是中晚唐的文化版图。

流行蜀地数十年，薛涛早已成为传说。人们也把她同蜀地另一才女卓文君相提并论。

姐弟之恋，无疾而终

多年来始终平静，却随着一个人的到来而打乱心神。

《唐才子传》记载，元稹"仪形美丈夫"，且才学出色，25岁进士及第，两次策问考试名列第一，诗歌与白居易并称"元白体"，天下传颂，典型的"高富帅"加学霸。

两人相遇后，薛涛投身爱情中，柔情万种。这一年，她41岁，元稹31岁。

在一起的日子不过3个月，元稹就调往洛阳，两人就此分别。

朝思暮想，满怀的幽怨与渴盼汇聚成千古名诗《春望词》："那堪花满枝，翻作两相思；玉簪垂朝镜，春风知不知。"

爱情凋落后，她脱下极为喜爱的红裙，换上一袭灰色的道袍，终身未嫁。

薛涛晚年移居碧鸡坊（今成都金丝街附近），筑起一座吟诗楼，再也不受打扰。

薛涛卒，享年63岁。一代才女终归于尘土。

薛涛制笺，传于后世

因为才华卓著，薛涛被时人冠以"校书郎"之美称。唐时，"校书郎"一职须由进士及第者担任，白居易、李商隐、杜牧等都曾担任这个职务，薛涛的名望可见一斑。

人们称赞她的诗歌"工绝句，无雌声"，写字也"无女子气，笔力峻激，其行书妙处，颇得王羲之法"。张为《诗人主客图》将薛涛列入"清奇雅正主"列，为唯一入选之女诗人。

为纪念薛涛，后人在成都锦江之滨修建望江楼，与杜甫草堂、武侯祠媲美。

《唐诗纪事》称，薛涛性喜红色，以"芙蓉皮为料煮糜，入芙蓉花末汁"，将纸染成桃红色，裁成精巧的窄笺，适合书写情书，人称"薛涛笺"，流行于当时，盛传于后世。

成都望江公园之间尚存薛涛井，相传是当年薛涛制红笺时便从此井中取水，"水味甘冽，异于江泉"，成为当地人造酒的源泉，号称"薛涛酒"，流传至今。

多元侯姓，众川入海

侯姓是一个古老的姓氏，也是一个多源的姓氏。《金乡长侯成碑》记载，发源于河南的这一支侯姓，是共叔段的儿子共仲的后代。当年共叔段起兵谋反失败，被郑庄公讨伐，逃到共（今河南辉县）。共叔段死后，郑庄公赐他的儿子共仲姓侯。

这一支侯氏，便以共仲为始祖。而作为众多姓氏的起源地，辉县也成了部分侯姓后裔拜谒祖先的地方。

千年共城今犹在

在如今的河南辉县，有不少以"共城"命名的地名、小区名、店名。

共城，被当地人称为"城上"。这个被太行山支脉九山、东石河、卫河环绕起来的总面积约 156 万平方米的地方，就是当年共伯和所居的共城所在。

《辉县志》记载，共城城墙为"共国旧基"。而遗址简介也载明，现存城垣呈矩形，筑于战国时期，南北长 1300 米，东西长 1200 米，高 8 米。墙体为黄土夯筑而成，夯土层中，曾采集到很多龙山、商、周时期的器物、陶片和瓦当，以及战国时期的铁质农具。因时代久远，辉县现存西北、东北、南部三段墙体。"共城城址"是一段南北向的土墙。古墙遗址的保护始于上世纪 70 年代末，后来被认定为国家级文物保护单位。

在两千多年前，共国人就是靠着它的庇护，在城里安全地生活；共叔段也是靠着它，延续了自己的血脉。

兵败逃亡至共

共城文化研究会副秘书长任军安说，"共城"最早是西周共国国君共伯和的都城。共伯和原名姬和，被封于古共地，因"代行王政"而名流千古。

或许连当时的建城者共伯和都没有想到，在几百年后，会有一个与他没有任何关系的人，因为兵败无处可去，被封于此，并因此产生众多姓氏。

这发生在《左传·郑伯克段于鄢》中记载的故事之后。考虑到母亲太后姜的感情，郑庄公并没有对出兵谋反自己的弟弟叔段赶尽杀绝，而是念及亲情将其封在了共国，叔段也因为封地的缘故被称为共叔段。许多年之后，叔段病故，郑庄公赐他的儿子共仲姓侯，形成了一支侯氏。

之后，这一支侯氏便在此地生根发芽，逐渐枝繁叶茂。秦、汉之际，中原一带战争频仍，侯氏部分人外迁至今河北、甘肃的一些地方，并逐渐遍及全国。

值得一提的是，侯姓后裔在"二十四史"中单独立传者 57 人，被收入《中国人名大辞典》者 121 人。

古老而多源的姓氏

在共叔段之子被赐姓为侯之前，侯氏便已经出现。

《汉上谷长史侯相碑》上有"侯氏，出自仓颉之后"的说法，意思就是最早的一支姓侯的人系上古时期仓颉的后代。

除此之外，在《新唐书·宰相世系》中，有"侯氏出自姒姓。夏后氏之裔封于侯，子孙因以为氏"的记载。但因后世无法考证出夏后氏的后裔何时受封以及"侯"的地理位置在哪儿，所以我国姓氏文化专家谢钧祥对此说法持怀疑态度。

不少姓氏专家都比较认可"侯氏出自姬姓，系以爵为氏"的说法。即春秋初期，晋昭侯分封叔父成师于曲沃，造成分裂局面，历孝侯、鄂侯、哀侯、小子侯，至晋侯缗于公元前 678 年被曲沃武公（即晋武公）杀死，其子孙逃难到其他诸侯国，以祖上原来的爵号"侯"为姓氏，又形成一支侯氏。

侯氏除上述几支外，还有一支系少数民族姓氏所改，即《魏书·官氏志》所记，鲜卑族原有胡古口引氏（一作古口引氏），北魏孝文帝于 493 年迁都洛阳后，将其改为侯氏。

侯氏代有才人出

但不管是何来源，最终大河入海，中华民族的大家庭里有了侯氏子孙，他们中有不少在历史进程中发挥着自己的作用，甚至不少后世名人在关键时刻影响了历史的发展。

战国时魏国人侯嬴，70 岁时任大梁（今河南开封）夷门的守门小吏，后被信陵君（魏公子无忌）迎为上客，曾献计信陵君，设法窃得兵符，胜秦救赵，为时人推重。

东汉初有河南密县人侯霸，熟知旧制，官至大司徒，封关内侯。南朝梁怀朔镇（今内蒙古包头东北）人侯景，先属北魏，继归高欢，又降梁，受封为河南王，后举兵叛变，攻破建康（今江苏南京），于 551 年废梁帝自立，国号汉。但次年被梁将陈霸先等所破，侯景逃亡时被部下杀死，史称"侯景之乱"。

隋代有临漳（今属河北）人侯白，性滑稽，爱说讽刺诙谐的话，后世因称诙谐的演员为"侯白"。唐初有大将侯君集，豳州三水（今陕西旬邑）人，太宗时曾任宰相。

北宋有治水专家侯叔献。明代有宦官、航海家侯显，当时名望仅次于郑和；还有兵部侍郎侯恂，其子侯方域，明末与方以智等称"四公子"，后入清，能诗文，有才名。清代有女文学家侯芝。近现代有化学家侯德榜，病理学家、医学教育家侯宝璋……

侯姓为当今第 82 大姓

1996 年 10 月出版的《中华姓氏大辞典》将侯姓列为当今中国第 82 大姓，称其约占全国汉族人口的 0.25%。

2006 年 1 月 11 日《人民日报》报道的新的百家姓次序将侯姓列在第 77 位，但未公布其占人口的百分率。侯姓分布较广，以湖南、安徽、河南、辽宁居多，这四省侯姓约占全国汉族侯姓人口的 48%。侯姓在台湾为第 58 大姓。台湾的侯博义兄弟拥有财富约 10 亿美元，侯雨利是台南首富，他们均被列入"世界华人亿万富豪榜"。

侯姓不仅是汉族大姓，而且还分布于一些少数民族中。例如：世居沈阳的清满洲人有侯姓；傈僳族以猴为图腾的氏族，汉姓为侯；瑶、彝、畲、苗、满、土家、蒙古等民族均有侯姓。

侯姓起源地之一的辉县，位于河南省北部、太行山南麓，邻接山西省。另，河南省商丘市城南有壮悔堂，是明末才子侯方域的故居。

却币壮悔，美名至今

在古代，特别是科举考试之前，一个姓氏的堂号可能就决定着这个人一辈子的仕途。堂号的来源不一，有的是根据家族中有功名的先辈的发源地，有的是根据先祖的美名功绩。而侯姓的堂号来源，就属于后者。

却币堂与信陵君

在不少姓氏专家的著作中，都提及侯姓的"却币堂"。这个堂号的来源，与战国时隐士侯嬴有关。

想必不少人都读过《信陵君窃符救赵》的故事。在这个故事中，令信陵君处境柳暗花明的，就是却币堂的始祖侯姓人侯嬴。

战国时候，秦攻赵，赵向魏国信陵君求救。但信陵君没有兵符，无法发兵，拿着金币求计侯嬴。

侯嬴是一位71岁的隐士，当时是魏国大梁看城门的小卒。给信陵君出了一计，使如姬偷来了兵符。侯嬴又介绍自己的一个朋友，也是一个隐士，当时隐居以杀猎为业，名叫朱亥，很会用兵。

侯嬴请他参加了魏军，击杀了不愿出兵的魏将晋鄙。信陵君夺得晋鄙的兵马，带着去救赵，终于打败秦军，救了赵国。

事成之后，信陵君不知如何才能报答侯嬴的相助大恩，便派人打听，在获知侯嬴家中一贫如洗之后，便派人以金币酬之。

但侯嬴以高洁之士自比，坚决不受金币。侯嬴的子孙便以此美事作为自己的堂号，谓之"却币堂"。也有人以成功破秦救赵为号，谓之"救赵"。

壮悔堂与孔尚任

孔尚任的《桃花扇》中，李香君不为金钱所动为夫守贞赴死的故事，不知感动了多少痴情男女。然而，却又很少人知道，这本曲子是根据真实故事改编的。当时李香君的夫君，就是壮悔堂的主人——侯氏子孙侯方域。

商丘市睢阳区原文联主席尚起兴说，侯方域，字朝宗，号雪苑，河南商丘人，与魏禧、汪琬被称为清初三大文学家；与陈贞慧、冒辟疆、方以智被誉为"为天下持大义者"的"南明四公子"。在如今的商丘老城里，仍完整地保存着侯氏古宅和他的书房壮悔堂。

当年，侯方域就是在这座古宅里学得满腹经纶，从这里走上了明末清初的纷乱历史舞台。

崇祯十二年（1639），22岁的侯方域在南京邂逅了秦淮名伎李香君，两人一见钟情并私订终身。随后战乱频繁，侯方域离开南京，并与李香君相约此情永不渝。

侯方域在离开南京之后不久，便因罪下狱，性命在朝夕之间。在此期间，一田姓富豪听说香君貌美，便以银子为诱想娶香君。香君不从，惹怒田姓富豪，欲抢之。香君为保名节，以死相拒，血溅与侯方域的定情信物折扇。侯方域好友以血迹为墨，在折扇上点染桃花一支。

康熙年间，孔尚任以此为素材，创作千古名曲《桃花扇》。

不朽壮悔堂

南京被清军攻破后，李香君寄身于南京东北栖霞山葆贞庵，削发为尼。侯方域此时也从狱中逃脱，在栖霞山寻得李香君，携佳人同归归德府（今河南商丘）。

此时，侯方域已35岁。古语称人三十为壮，侯方域回想起自己的坎坷遭遇悔不当初，因而名其书房为"壮悔堂"，自此发奋并留下《壮悔堂文集》

和《四忆堂诗集》的名作。

其间还发生了一个小插曲。顺治九年（1652），侯方域因事外出。李香君的歌伎身份碰巧被侯方域家人获知，为侯府所不容，被赶至城南 7 公里的侯氏庄园。

香君不久郁闷而死，年约 30 岁。侯方域为之立碑，并撰一联：卿含恨而死，夫惭愧余生。

顺治十一年（1654），37 岁的侯方域也郁郁而终。因李香君身份低微，两人未能合葬。李香君生有一子，也因母贱而姓李。

虽然侯方域英年早逝，其后世亲人仍以其为傲，创堂号"壮悔堂"。

封地白邑，子孙不在

淮河贯穿全境的息县，是白姓在河南的发源地。可如今，这儿留下的白姓痕迹并不多。

源于息县，原本姓芈

新发布的百家姓排名中，白姓列 79 位。

除少数民族有改姓或被赐姓白的，作为汉姓存在的白姓，其来源有两种比较常见的说法：源于陕西凤翔的白乙丙和河南息县的白公胜。

陕西那支，说的是春秋时，秦国都（今陕西凤翔）上大夫蹇叔的两个名将儿子，小儿子名丙，字白乙，史称白乙丙。白乙丙的子孙以他的字为姓氏，就是白氏。

河南这支源于息县。这支原本姓芈，是春秋时楚平王太子建之子白公胜的后代。史料为证，白公胜姓芈，名胜，任楚国大夫，被封在白邑（息县境内）。

后来因为楚邑大夫皆称公，故称白公。白公胜在公元前 479 年发动军事政变，后被攻杀。他的子孙以他的封邑为氏，又形成一支白氏。

作为白氏后人中翘楚的白居易，曾经明确提到白姓的先祖就是白公胜，他称自己是"太原白居易"。其实，太原白姓源于秦国大将白起，白起是白公胜的裔孙。

寻找白公故城

白公故城，就相当于封地政府的所在地。

故城位于息县临河乡宣楼村，北面紧靠淮河支流小泥河南岸滩地。

息县文物办副主任尹志强介绍：1988 年，白公故城被列为息县文保单位；

2004 年，升级为信阳市文保单位；2006 年，成为河南省文保单位。

史料记载，公元前 487 年，白公胜在楚、吴接壤之地号为白公。《春秋左传注》记载，当时吴楚两国接壤的地方，在息县东 70 余里。西晋学者杜预曾记载："白，楚邑也，汝阴褒信县（息县包信镇）西南有白亭。"

尹志强说，这些都指明了白公故城的地理位置，就在包信镇的西南方。

不过，所谓的白公故城，只是一个高出周围 4 米的土台。

地图上，能找到一个叫"霸王台"的地方，却没有白公故城。据尹志强的介绍，"霸王台"就建在白公故城上。

1984 年，文物专家根据对遗址地表采集到的标本和附近出土文物进行考证，显示从地表采集的标本又以西周时期为主，因而确认为是西周时期筑建的城址。后来，文物专家确认遗址年代为西周至战国时期，而且"霸王台"就是在城址上筑造的。

当时文物专家认定，"霸王台"与史书文献所记载的"白公故城"在地理位置上完全吻合，从而可以确定"霸王台"就堆筑在白公故城址之内，而白公故城在白公胜受封之前已建有白邑城。

麦地白公城

白公故城处在一片平坦的绿色麦田中，从远处望去，特别突兀，像一堆削去坟头的大墓。高台四周分布着十数座坟茔，高台上也有一座，野草发黄，添了几分荒凉。

高台北高南低，上面甚至有一口已经干涸的近似方形的水塘。

据息县文物办测量，高台台面东西有 116 米，南北 104 米，总面积约 1.2 万平方米。城址高台台面周边高中间低，中部偏西处的水塘长宽约 20 米。

一位村民称，这座高台他也不知道存在多久了。因为民间传说有上神在此，故城也吸引了不少百姓前来烧香请愿。

封地在此，城址犹存，但源于此的白姓却了无痕迹。

对于个中原因，信阳市政协委员徐泽林提到了两种可能。

"改姓是姓氏消失的一个原因。另一个，可能是这个姓氏的人基本都外迁了。"至于白姓为什么在息县没留下太多东西,徐泽林特别提到:"你得知道白公胜是怎么死的。"

史料记载,白公胜就是"白公之乱"的主人公,白公之乱发生在楚国的首都郢。

白公胜在公元前 479 年夏天发动政变,杀了将自己从吴国召回的令尹(春秋时楚国最高官衔)子西,并劫持了楚国国君楚惠王。最后,白公胜自立为王。

但这场政变被平息,白公胜自杀,后代逃往其他国家。

徐泽林认为,白姓之所以在息县并没有留下太多痕迹,多少与白公胜政变有关。显然政变以后,他的后代不可能再在封地待着,只得逃奔到其他地方。

众说纷纭说白姓渊源

关于白姓起源之说,多至七种。对于这些说法,白姓长者、《中华白氏》的主编白凤毛都予以承认。他认为,这就好比江河中的许多支流,由近及远,逐渐汇集而成大江大河。

白公胜是不是白氏始祖?

在河南,洛阳的白姓居多,又多是白居易的后裔。

家谱可查,白高来就是白居易第 53 代族孙,现在是洛阳白居易研究会副会长。

白高来这支白氏的祖先,就是被封于楚地白邑的白公胜。而这样说的依据在于,白居易曾对自己姓氏的先祖和世系源流进行过的一番考究。

原来,白居易在《太原白氏家状二道》(以下简称"家状")中明确提到:白氏芈姓,楚公族也。楚熊居太子建奔郑,建之子居于吴、楚间,号白公,因氏焉。楚杀白公,其子奔秦。

这段关于白姓由来的文字,作于唐元和六年(811)。

同样在唐朝,吏部侍郎高踽为宰相白敏中(白居易从弟)续写的墓志铭上,也明确说明了祖源世系："白氏受姓于楚，本公子胜……其后徙居于秦，实生武安君（也就是白起）。"

而类似如此记述的隋唐墓志，目前发现的就有十多方。而多年前的纸文字和石文字，都将白氏始祖指向了白公胜。

"正本清源"

《西南白氏族谱》（下称"族谱"），是云贵川白氏支派的合谱。

关于白氏出自白阜之说，"族谱"认为历史上确有白阜其人，是炎帝时大臣怪义之子。不过，从神农氏到商末，2000 来年，除白阜外再没有第二个姓白之人。而在商代有怪用，姓书上把他归结为怪义之后。

始祖白份之说，出处是东安蒲川《白氏谱》。这份谱记载，白份是姜子牙的后代，周武王观兵孟津，白鱼跃入龙舟，建国后就把太公次子份改姓白，封在鄗。传 18 代，齐灭鄗，白纲逃到秦国，哀王以女妻之。其后白乙、白圭、白起。世系中白起之子白仲都，秦始皇封为南阳侯。其后白孝德、白元光……

对于上述表述，"族谱"反驳道，史上共有三个白纲，但与所载时间都不符：白仲都是南齐人，为稽胡种，不会受到秦始皇诰封。而另两人都是突厥人，不可能在白起的世系中。

而对于秦文公公子少白之说，"族谱"认为，《史记》等多本史书记载，秦文公只有一个儿子，但先于秦文公死去。秦文公后，爵位传于秦守公，并没有少白这个人。而考证嬴姓 14 姓公族中，只有白冥氏，是复姓。

白氏出于姜姓之说的出处在《路史》，里面记载：白氏出白乙，齐公族后，他的后代就是白乙丙。对此，"族谱"认为这是作者附会的，"他把单姓复姓混在一起"。

根据《姓氏寻源》说，白乙澍是白公胜长子白乙的儿子，白公之乱后逃去吴国，从父名白乙，他便改为白乙复姓。

始祖白乙丙？

对于白乙丙之说的反驳，西南族谱着墨最多。

在《唐书·宰相世系表》中，宋朝的欧阳修将白乙丙定位白氏受姓始祖。"族谱"也提到，"此书是权威著作，后人就多从此说"。

对此，"族谱"认为，《左氏春秋》说白乙丙是蹇叔之子，而欧阳修著作说他是百里孟明视之子。因此，白乙丙的全名应该是蹇白乙丙，或是百里白乙丙。他本来就不是姓白名乙丙，所以他的子孙不可能姓白。

其二，古人受姓，或以封地，或以官爵。《宰相世系表》并没有说白乙丙有无受姓情况，而是含糊其辞地说，"其后遂以为氏"。

此外，"族谱"还认为，欧阳修所写的白建三子，实际上将其子孙混在一起，"实为谬误"。

除了提出从白乙丙到白公胜的190多年间，历史上秦国未出现第二个姓白的人，说明"白乙丙的子孙姓蹇，或姓百里，或姓赵钱孙李去了"，足以证明白乙丙与白氏无关。

最后，还拿出了秦始皇对武安君（白起）的封诰："兹乐武安君白起，先原两楚，次继三秦。"这说明白起是楚国的后裔，而白乙丙显然不可能是白起的始祖。

支流与大河

《中华白氏》一书，是白凤毛先后十年自费访问国内大部分省市、香港特区以及新加坡等东南亚国家白氏聚居地后写成的。

在《中华白氏》一书中，对于姓源存在的诸多争议，白凤毛都予以"承认"。

他在书中写道，承认白阜是远古时代白氏的始祖，承认白阝是西周时代源于姜姓的白氏始祖，承认白乙丙是春秋时关中地区的白氏始祖之一，承认白公胜是春秋末期出自中国南方（楚国）的白氏始祖之一，承认白起是源于战国末期的白氏始祖，承认龟兹白氏是起自秦汉时代的白氏始祖之一。

对此，他解释称，构成姓氏的原因多种多样，更由于条件限制、资料不足，无法了解其相互连接和延续关系，因而有不同年代不同地区的白氏祖先出现，之后逐渐凝聚融会成一大家族。

而这就好比，江河中的许多支流，由近及远，逐渐汇集而成大江大河。

而千百年来，无数次的灾荒战乱、流荡析离，又把白氏分成许多支流，最后扩展到各大洲。

白氏后人，迁居新罗

望于洛阳

像很多姓氏一样，源起一地，旺盛又在一地。

史料记载，白公政变失败自杀后，"其子奔秦"。不过，相传白公胜的弟弟王孙燕和白公胜长子白乙就逃到了吴国，白公胜的五子张则"逃隐民间"。

在《家状》中，白居易写道，"裔孙白起，有大功于秦"，但并没有确指父子血系。有白氏族谱称，"从《家状》，故以武安君（白起）为第三代"。

白起其人，自不用说。他是秦昭王时的大将，善用兵，攻取70余城，南定鄢、郢、汉中，北破赵括，长平一役坑赵卒40余万，封武安君。

史料记载，后被谗，赐死杜邮。秦始皇即位后，思武安君之功，封白起长子白仲于太原，爵南阳侯，食邑南阳。白仲由咸阳移太原，南阳望族，奠基于此。

白居易和白敏中在家状和墓志铭中，都自称是太原人，是白起的裔孙。

但白姓真正兴盛之地，还是在洛阳。

白公墓迁洛阳

史料记载，白公胜自缢后，他的手下藏匿了他的尸体。白公的部将石乞被活捉，因为没有说出白公胜的尸体所在，最后被烹。

白公胜到底葬在哪里？

白高来告诉记者，白公胜墓就在龙门石窟西南一里处，而且是白居易那个时期从湖北迁到洛阳的。

清道光十三年（1833）《白氏宗谱》中记载，白公胜死后，部将石乞将其安葬在荆山。白公胜有五子，后奔秦为将，白公之墓也因此乏祀。唐大和五年（831），时任河南尹的白居易接到好友元稹（时任武昌军节度使）书信。信里提到，"堪得白公墓圹远离人烟，湮于荒岭岇岇之中，车马难行，乏祀"。于是，白居易派遣从弟白敏中、嗣子白景受赴荆山护白公之灵柩至洛阳，同年五月五日安葬于龙门西山南麓。

这本《白氏宗谱》还记载，宋真宗年间，白氏后人在此建白公庙，历年春秋祭祀，香火不断。但后来因为年久日湮，世事沧桑，白公陵、庙皆毁。

现在，作为白居易先祖的白公胜的墓，只存下白公陵巨碑一通和龟趺一座。

缺资料的乏力

始皇焚书坑儒，汉朝前农民起义、楚汉争霸，很多历史文物被毁。

而在汉武到南北朝 700 多年间，白氏见于史籍者仅有 19 人。根据《中华白氏》编者白凤毛的考证，这 19 人中大都是西来胡人，不知祖源和宗支。

后世编写的白氏族谱追溯到春秋战国的，也只是根据 25—30 年为一世为祖宗树名编撰出来，看各处白氏先祖的分支和发展真实情况。

待到隋唐，才有白居易和其从弟白敏中，为名身世、正渊源，对祖宗源流进行了考究，首次为白氏家族找出根源和世系：上起白公胜——白起，以及被封于太原的白仲。

后来，才接上北魏、后魏、北齐等时期白氏宗人。这些人初期都活动在山西太原，至北齐五兵尚书白建晚年才偕子移家韩城，至唐高宗年间大部分移入关中地区。

其中，季般之子松溪远徙到新罗（朝鲜半岛国家之一）。白凤毛认为，这一考证为古代的中华白氏拉开了序幕。

官方移民遍及全国

自晚唐至明洪武的 500 年间，因为内忧外患、战乱灾害，白氏族人相继由中原向东南的江、浙、闽、粤和东北、西北、西南流徙转移。

等到明朝统一全国，为解决受灾害地区人民的生产生活，充实畿辅边防，驱陕西和中部、西南部的稠民于洪洞大槐树下，前后 50 年 8 次大规模移民于陕、甘、冀、鲁、豫、皖和晋西北、晋东北等地区。白氏族人又跟着来了一次大规模的迁徙转移。

明末清初，张献忠败亡后，大西军余部（白文选等）南下云贵继续抗清，后被吴三桂率军平定。而这些随军征战的中原兵士部分北返，大部分最后定居西南。

而"湖广填川"，让白氏族人随着形势又有一大批移居于西南三省。

而闽、粤白氏则流向海外。至此，白氏族人遍及全国与海外。

为什么发源地没有人了？

在白、钟、唐等姓氏比较明确的起源地或兴盛之地，有一个普遍现象，就是如今留在当地的姓氏后人并不多、甚至很少。这多少让人有困惑，他的后人都哪儿去了？

在不少姓氏的家谱中，可以看到一个较为常见的地点——"洪洞大槐树"。

一位唐姓后人的家谱中，也明确将先祖来源指向大槐树。而像这样的大规模迁徙，往往有官方背景。

这位唐姓后人认为，那时候中原地区战祸，逃的逃、死的死，朝廷就组织了官方的"移民"，姓氏也因此从一地播迁到另一地。

而透过官方移民，也可以感觉到战乱纷争对一个地区造成的伤害。

过去朝代更迭，战乱频繁，灾荒连年。很长一段时间，包括中原在内的黄河流域地区的姓氏后人饱受北方民族的袭扰、统治，再加上中原的战略地位，故而很多发源于中原地区的姓氏后人都被迫走上了迁移的道路。就这样，发源于或兴盛于一个地方的姓氏，从当地走光了，而留在当地的，身处战乱、灾荒也得不到很好的发展。

豢龙村里的传说

作为中华民族的图腾，龙在中国文化中有着特殊的地位。华夏民族的先祖炎帝、黄帝，传说中和龙都有密切的关系，因而中国人自称为"龙的传人"。

在百家姓中，龙也作为一个姓氏出现。在最新的排名中，龙姓因人口众多而位居第80位。

龙姓到底从何而来？有姓氏专家认为，汉族中的龙姓也起源于河南，随着时间的变迁，迁至全国各地。

临颖有个豢龙村

河南临颖县巨陵镇境内，有一个名叫豢龙村的村子。村子的西侧有座刘公祠。这座建于民国九年（1920）的祠堂里，供奉的是刘姓始祖刘累。

近些年来，有不少自称是刘累的后裔来村中参观祭拜。但在众多姓刘的参拜者人中，夹杂着一些来自外省的龙姓人。这让村民们感到好奇。

原来，在被当地人尊称为"刘累爷"的人的后代里，有一支以先祖的职业"御龙"为姓，姓龙。

说起这个，几个在太阳地里取暖的村民才恍然大悟。原来刘累不光是刘姓的始祖，还是一部分龙姓后人的始祖。

作为当年修建刘公祠发起人的后代，63岁的村民赵玉庆回忆，在他小时候，村子里不光有刘累的祠堂，还有一个大墓，"就在村子的西南边，是个很大的土岗，我们当时都叫它'冢子'"。

赵玉庆说，那时候也不知道"冢子"是个啥东西，后来大了些才知道，那是刘累爷的墓。

如今，当年的大冢只剩一片空地。村民介绍，当年大生产时"冢子"上边的土被拉走了，"但下边的东西一点没动，等以后可以让考古部门的人来发掘一下。"赵玉庆说。

虽然关于刘累墓的所在，豢龙村的村民有不同的看法，但没有一种传说否认，刘累就是在豢龙村东南的涧龙沟养龙。

豢龙村里的传说

作为很久以来看守祠堂人的后代，赵玉庆对刘累当年在他们村养龙的传说很是了解。他讲述了他从老辈人口中听来的故事。

传说，夏朝夏王孔甲在位时，有一天，天气突变，狂风大作，天昏地暗，一时间雷电交加，暴雨倾盆。一阵狂风暴雨后，在豢龙村（后来取名）东南的水沟里，从天上落下两条龙，龙身五彩斑斓，非常好看，引来当地人竞相观赏。

"当时孔甲听说这件事后，就想找人把这两条龙养起来，以后给他拉车。"赵玉庆讲到，夏王先是找了豢龙氏，但当时豢龙氏已经不在了，后又找了豢龙氏的后代董父，但董父年事已高，"董父就向孔甲推荐了刘累"。

随后，刘累就带着随从赶往降龙的那个村子，发现两条龙恰好是雌雄一对，"他非常高兴，从此就住在这个村子，精心饲养这两条龙"。

后来，有一年大旱，刘累和随从不分昼夜给龙供水，周围的人也纷纷前来帮忙，结果母龙还是死了，活着的公龙没日没夜地嘶叫。忽然有一天，天空雷霹电闪，大雨急下，河水猛涨，不知为啥，那条公龙就顺着河水游走了。

"眼看一条龙死了，另一条龙跑了，无法向夏王孔甲交差，刘累很为难。"赵玉庆说，刘累担心事情被发现，干脆将龙肉煮熟，做成一道菜，派人送给孔甲，其余的分给村民吃了。"孔甲吃了龙肉后，觉得此肉香味无比，又派使者向刘累要肉，刘累害怕死龙之事暴露，于是带着随从逃走了"。

赵玉庆说，刘累先是逃到了鲁山，住了一段时间后又跑到了现在的信阳，"很长一段时间过去后，孔甲去世，刘累又回到了曾经养龙的村子居住。后来，刘累患病死去，人们为了纪念他，把他埋在了他曾经养过龙的土地上，并把这个村子取名为豢龙村"。

"刘累死后，还多次显灵帮助村民。"赵玉庆介绍，后来豢龙村发展成了一个寨子，"清末民初的时候，有一年闹土匪，刘累显灵把寨子周围的灯笼都点着了，土匪以为村民有防范便撤退了。实际上，村民们根本不知道土匪要来"。

谁来整修刘公祠

虽然史书记载，刘累的后代中有一支以龙为姓，但在豢龙村和附近的几个村子里并没有龙姓居民。

在祠堂的走廊里，竖着一块当年修建时的石碑，碑文是由当时十里八村比较出名的秀才滕蔚文撰写的。虽然受到风雨冲刷，上面的字迹依然清晰。

赵玉庆回忆，他小时候祠堂的建制还是很大的，占地有一亩多。但经过历次政治运动的冲击，原本属于祠堂的地方，现在多被村民当成了宅基地，"我小时候，院子里还有一片柏树，树干很粗，破四旧的时候，都被学生们砍了"。

在采访中，豢龙村不少村民担心，如果再不修缮，这座已有近百年历史的祠堂撑不了多久了，"当年修建祠堂时，是用比较流行的外熟内生的方式修的，泥坯加上青砖，但时间太长了，已经撑不住了"。

如今祠堂的东墙是用两块预制板顶着的。村民介绍，前几年下大雨，祠堂的东墙有倾覆的迹象，无奈只能用这个方法凑合。

"这是文物，我们也不敢擅自修。"赵玉庆说，即便是发动村里人凑钱再建，那建出来也只是一个假古董。他寻思，这件事还得让文物部门的人来管。

新密龙氏的来龙去脉

河南新密，有龙氏一族。上世纪 90 年代初，在新密市第三高级中学任职的龙云兴认为，他们这一支龙姓，是舜帝时纳言龙的后代。

纳言龙和养龙者的后裔

在姓氏专家谢钧祥的著作中，龙姓被看作是一个古老而又多源的姓氏，最早一支可以上溯至远古时代。

书中引用清人张澍《姓氏寻源》中"黄帝臣有龙行"一句，得出了在黄帝时期已有龙姓的结论。而在《史记·五帝本纪》中也有："黄帝居轩辕之丘。"

众所周知，轩辕丘位于如今的河南新郑市西北，可见最早的龙姓出现于河南。

而在唐朝林宝的《元和姓纂》一书中记载，舜时，有个做纳言（宣达帝令的官职）的人，叫龙。他的子孙以他的名字为姓氏，就是龙氏；此外，己姓的董父，被赐姓为"豢龙"。董父的子孙中，有一支将"豢龙"简化为"龙"，作为姓氏。这说明龙姓的来源有两种：一是纳言龙的后代，一是豢龙氏的后代。

据《史记·夏本纪》记载，帝尧后裔有个叫刘累的人，曾经跟着精通养龙技术的豢龙氏学过驯化龙的本领，因此被夏朝第十三帝孔甲赐姓为御龙氏，负责驯养孔甲的两条龙。后因饲养不善，死了一条雌龙，刘累南逃至鲁县（今河南鲁山县）。刘累的子孙中，有一支将"御龙"简化为"龙"作姓氏，也称龙氏。

此外，据东晋常璩《华阳国志》载，牂柯大姓有龙氏。牂柯郡，西汉置，治所在今贵州凯里县西北。又据唐朝李延寿《北史》载，且弥王龙姓，焉耆国王亦龙姓。且弥，汉代西域城国，有东西两且弥，其后合为一国，其地在今新疆鄯善县。焉耆，古西域国名，国都在今新疆焉耆西南，初属匈奴，公元前 60 年后属西汉。

而在如今的新密市，就有一支龙姓。他们是本地"土著"，还是从别处迁来？到底能归于上边哪一个来源？

新密龙姓来自江西进贤县

新密市姓氏研究会会长王衍村介绍，在最近的一次人口普查中，新密龙姓按人口在全市 370 多个姓氏中排在 20 多位。

他介绍，当年龙姓修家谱时，主持者龙云兴本以为自己的先人也是从山西大槐树迁来的。"我当时考证之后发现这种说法并不准确。"他说，随着龙云兴走访的深入，他的这种说法得到了证实。

"新密在汉朝建县的时候就有一万多人，不可能全部都是从山西那边迁过来的。"他说，造成这种说法被多数人认可的原因是，以前人们的文化程度普遍不高，"大多数人都是以讹传讹，随大流"。

据龙云兴介绍，修续祖谱是在1993年，为了寻找省内的同姓人，他几乎走遍了全省各个地市，"但最后发现，别的地方龙姓大多数都是从我们这边迁出去的"。

循着幼时记忆中家中匾额上"武陵望族源溪分支，源洁流清正宗龙氏"的对联，他们一行人先去了湖南，发现跟这边族谱上的记录对不上号。在辗转几个省后，终于在江西的进贤县源溪龙家村找到了自己的根。

"我们这一支龙姓的一世祖名叫龙之中，是在顺治六年逃荒落户到新密的。"龙云兴说，龙之中来新密时带着三个儿子，之后便在新密落户生根发芽，"现在龙姓在新密有至少1600人。"

新密的龙氏祖先来自于江西进贤，江西进贤的龙氏祖先又来自何方？

龙云兴介绍，江西进贤的龙氏来自于安徽歙县，"在老祖谱里都有记载，说我们都是在唐朝时的进士龙澄之后"。龙澄的后代中有一个叫龙敏的，做过晋朝的太常卿，"他的后代中有一个叫龙玮入赘到江西进贤县严溪……"

随后，龙玮出任明朝的参军，改故宅严溪为源溪，以纪念自己的姓名。

有少数民族也姓龙

1996年10月出版的《中华姓氏大辞典》将龙姓列为当今中国第85大姓，称其约占全国汉族人口的0.24%。2006年1月11日《人民日报》报道的新百家姓次序，将龙姓列在第80位。

龙姓分布很广，南方多于北方。其中，湖南、四川、广东、江西四省，龙姓约占全国汉族龙姓人口的67%。

龙姓不仅是汉族大姓，也是古今一些少数民族所使用的姓氏。除了上面已叙述者外，明代云南越州土知州的龙氏，系彝族；明、清时云南开化府教化三部长官司长官、八寨长官司长官、维摩乡土舍等，均为龙氏，系壮族；壮族先民以部族旗子颜色为姓，龙乃壮语"黄"字的音译；清代云南临安府长官司有龙姓;清代贵州府定番州土司为龙姓;清代满洲人有龙姓，世居沈阳;苗族喀柳氏，汉姓为龙;普米族巴落瓦支氏，汉姓有龙氏;云南金平芒人（今归布朗族）孟浪氏族，汉姓为龙;青海、甘肃一带白马人额珠家，汉姓有龙氏;清代云南临安府犒吾卡土把总、建水州纳更山巡检司土巡检，均为龙氏，系哈尼族;清代云南普洱府他郎厅定南等里土千总为龙氏，系傣族;满、苗、彝、壮、侗、瑶、水、土、哈尼、蒙古、土家、东乡、布依等民族也都有龙姓。

龙姓起源地之一的新郑，位于河南省中部，京广铁路经其东境;起源地之二的临颍，位于河南省中部、颍河上游、京广铁路纵贯其境;起源地之三的鲁山，位于河南省中部偏西、沙河上游，焦枝铁路经过其境。

毛姓起源，籍水毛泉

天下毛姓是一家

"天下毛姓是一家。"原阳县文化局毛国杰说，原阳县就是毛姓得姓的地方。入选国家第一批非物质文化遗产的《清漾毛氏族族谱》中记载，"郑封于司州荥阳郡"。"经过考证，司州荥阳郡应该就在原阳县境内。"

不过，关于毛姓的起源地，更多的文化研究者，包括湖南社科院毛炳汉、河南毛氏文化研究会会长毛乾业都倾向于发源地在洛阳宜阳县。也有认为发源地应该是陕西、济源、武陟的多种观点。

得到广泛认可的说法是，得姓始祖是文王之子毛伯郑受封于毛国，与籍水毛泉有关。

以国为姓，始祖伯郑

江山市是浙江南部的一个县级市，有50多万人，其中6万左右是毛姓。尤其是该县的清漾村，全村1000多人大都毛姓，更被视为江南姓的祖地。

江山市图书馆馆长毛冬青称，《清漾毛氏族谱》这部始编于清同治年间的家谱中写道，"郑封于司州荥阳郡"。"就是说，毛姓的得姓始祖是毛伯郑。"毛冬青说，其他文献资料也说明，得姓与周初分封有关。

毛冬青多年的研究成果表明，毛伯正原名应该叫姬正，是周武王姬发的同父异母的弟弟。周朝建国初期，为了有效控制广大被征服的土地，分封姬姓贵族、功臣和联盟的异性部落首领为诸侯，到各地建立诸侯国。姬郑就是受封者之一。

"受封的地方就叫毛，又是'伯'爵位，"毛冬青说，"所以后人就称呼他为毛伯郑。"

宜阳县退休干部乔文博也一直在做毛姓的研究,他说,在《国语》和《左传》中约略描述了毛国的灭亡。

公元前524年,毛国发生内乱。一个叫毛得的卿士杀了国君毛伯过,取而代之,史称毛伯得。乔文博的文章《关于毛姓起源的若干问题》中也介绍,周景王驾崩后,景王想要立王子朝为王,但另外一个王子丐,联络部分诸侯与王子朝争夺王位,并获得胜利,是为周敬王。"在王子朝与王子丐争夺中,毛伯得是站在王子朝这一边的。"乔文博说,正因如此,王子朝被周敬王打败之后,毛伯得也不得不离开封地,过上了逃亡的生活。

公元前516年,毛国灭亡,国人以国为姓。

毛姓与籍水毛泉

湖南社科院的毛炳汉,是中华毛氏文化研究会会长。在其著作《毛姓史话》中介绍,毛国的位置应该在河南宜阳一带。因为宜阳县一带古时候被称为毛地,是商代人毛部落故地。《山海经·海外东经》记载:"毛民之国在其北,为人身生毛。"也就是说,毛民是因身体多毛而得名。

乔文博认可这种观点,并称,古毛国的遗址应该就在宜阳县柳泉镇毛沟村附近。

毛沟村村口,竖着一个宜阳县政府立的牌子,上书"古毛国遗址"。毛沟村内已没有毛姓人,不过倒是遗留着许多与毛相关的名称,比如"毛家坟""毛家窑院""毛家领"等。该村前还有一条小河,现在叫弯河,河北岸近村处有一口古泉,无论春秋冬夏,泉水不息。

在《姓氏寻源》中毛氏条下有:"周采邑毛,即河南籍水毛泉也。"《路史·国名纪戊》中也说:"毛,伯爵;河南籍水傍有毛泉,近上邦。"

这说明毛伯所封之地在河南籍水的毛泉。乔文博将该村的河水、古泉与"籍水毛泉"做了联系。

乔文博认为,此处的"河南"是狭义的概念,最初的"河南"专指洛阳一带,并且"上邦"是指洛阳。

"在洛阳附近那条籍水的河,有没有可能就是毛沟村前的那条河?"他在文章中写道。

争论不休的起源地

但原阳县文化局研究员毛国杰就不认同这种说法，尤其是《清漾毛氏族谱》被发现，以及入选国家第一批非物质文化遗产之后。

族谱中记载，"武王四年，封伯于司州荥阳郡"。毛国杰查询《辞海》等资料后分析，"司州"的名称形成于三国时期，而原阳县就属于司州荥阳郡。

"以此为据，发源地应该在这里。"毛国杰说，因为原阳县有 20 多个村庄与毛姓有关，并且生活着两万多毛姓人。

关于发源地之争，还有济源与武陟。在一个叫"根在中原"的网站上有一篇来自焦作市统战部的文章中称，"《怀庆府志》和《武陟县志》均记载有秦伐郑之事，可以证明，郑国在今武陟县地域"。

又因"郑国吞并毛国后，郑国的版图里有原来毛国的国土。所以，知道了郑国的位置，就等于知道了毛国所在地。毛国灭亡了，毛国的后裔就以国为姓，即毛姓"。由此，可以得出这样的结论：周封毛国在武陟县，毛姓起源于武陟县。

关于毛姓起源的说法，除了河南这四地，还有一种说法是应该在陕西岐山。主要依据除了在岐山周原出土的毛公鼎之外，《百家姓探秘》中也说，河南宜阳一带的毛邑是周文王之子毛伯明所封，陕西岐山、扶风一带的毛国是文王之子毛叔郑所封。

毛炳汉认为这种说法并不符合史实，因为在周初分封时，周文王只有一个儿子被分到了毛地。根据《左传》《路史》等记载，分封地应该在河南宜阳。

"当初分封的目的是为了屏周，也就是为了拱卫周朝都城，所以分封的地方应该在国都附近的陕西、河南交界附近。"毛冬青说。

毛国杰认为这种争论很正常，在没有官方认可的结论前，应该暂时搁置争议，发现新的证据之后再改变现状。

源于北方，盛于江南

根据姓氏专家袁义达在其著作《中国姓氏——群体遗传和人口分布》一书中介绍，目前毛姓占全国人口比例为 0.27%。在新百家姓排名中，毛姓排到了第 86 位。

无论毛姓发源于河南还是陕西，都是典型的北方姓氏。现在人口主要聚集在江南一带。

因乱南迁

与其他姓氏一样，毛姓族人也是因为灭国之后，开始了四处迁徙。

湖南社科院毛炳汉所著的《毛姓史话》中介绍，毛国灭亡之后，毛伯得带着部分毛氏家族成员跟随王子朝迁到楚国，于是毛姓族人开始在汉水流域生息繁衍。

还有一支迁往了河内，就居住阳武，也就是新乡市的原阳县境内。至今，在原阳县还生活着 2 万多毛姓人。

在该县以村庄命名的 100 多个自然村内，以毛字命名的有 14 个，如毛老庄、毛庙、毛滩等。甚至有"毛半县，薛一角"的说法，说明县里毛姓人之多。

原阳县文化局毛国杰介绍，在原阳县生活的这一支毛姓人出了毛遂、毛宝，也是如今毛姓最兴旺的一支。

按照毛国杰的研究成果，毛国被灭后，毛地被划入了荥阳郡，又属于西河地区，所以后世为了永记祖根，加上毛遂的声望，就称荥阳郡为毛氏郡，"西河堂"为总堂号。这也正是许多留存的毛氏家谱中，总有"西河堂"字样的原因。

毛遂自荐

诸多资料中都介绍，毛遂是原阳县人。毛国杰说，毛遂故里就在距县城 10 多公里外的师寨乡路庄村。

路庄村内有一个毛遂庙，不远处还有毛遂坟冢。

不过，该村并没有一个毛姓人。看守庙宇的一位路姓老人肯定地说，代代相传毛遂就是这个村的人。在黄河改道之前，村庄在黄河南岸，古时黄河经常发生水患，毛遂的后人以及其他毛姓人都只能背井离乡逃难。

"离这个村不远有个小徐庄，村里倒是有好几百毛姓人。"毛国杰证实说，据称小徐庄的毛姓人就是毛遂后裔。随着历史发展，黄河多次改道，路庄村已远离了黄河，但毛姓人也没有再回来，后来路姓人来到这里，村子就叫作路庄。

至今，路庄村里流传着很多毛遂的传说。

其中一个是这样的：当时的阳武县十字街有一座塔，阻挡附近老百姓的出入通行。毛遂决定要把塔拉走，就借遍了周围很多村里的牛马，想把塔整体移走。

很多人都嘲笑他，觉得毛遂异想天开。除非把塔拆了，否则怎么能整体搬走？但第二天人们惊奇地发现，那座塔真的被挪到了 10 多里外。

"这些都是人们的传说，甚至有点神话的色彩。"毛国杰说，毛遂最有名的故事，还是"毛遂自荐"。

路庄村东北角的毛遂坟冢是新乡市级文保单位。坟冢周围就刻着这个家喻户晓的故事：毛遂青年时曾与孙膑、庞涓、苏秦等人均拜鬼谷子为师，在云梦山学艺。但因毛遂体瘦如柴，貌不惊人，一时无人重用，便到赵国平原君门下做了食客。

公元前 257 年，秦国包围赵都邯郸，平原君急赴楚国求援，在食客中挑选 20 名文武兼备的随行人员，左挑右挑却只有 19 人。

这时，毛遂说："如臣者，不识可以备数乎？"平原君问其姓名，对曰："毛遂，客居门下三年矣。"

平原君笑笑："有本事的人，随便到哪里，都好像锥子放在布袋中，一定会露出尖锋来。可你来了三年，没人说起你的大名，可见没有什么才能啊。"毛遂说："我如果早被放在布袋里，早就会脱颖而出，何止露出一点尖锋呢！"平原君见他说得有理，便带毛遂等 20 人来到了楚国。

到楚国后，平原君与楚王谈判多时，却没有结果，众人都很无奈。

毛遂按剑上前，震慑楚王，陈述厉害，最终使得楚王在大殿上歃血为盟，发兵救赵。

自此，毛遂成为当时名士。"也因为这个原因，原阳县毛氏也被称为望族，被后世称为毛氏荥阳郡望。"毛国杰说。

江南毛氏祖根河南

毛姓得以大规模发展，则源于江南毛氏的开基始祖毛宝。对江南毛姓有着重要意义的江山市清漾的毛氏祠堂里，就供奉着祖先毛宝。毛宝亦是名士毛遂之后。

《毛姓史话》介绍，西晋时期因永嘉之乱，毛宝随司马皇族南迁。当时的毛宝是阳武的一个小士族，南迁后因对东晋王朝有功，被封为征虏将军。

"这支毛氏就由阳武迁到了新安，也就是今天的浙江衢州。"江山市图书馆馆长毛冬青说。

这一支毛氏就在衢州安定下来，形成了名门望族，并不断向江西、云南等地发展，甚至有些毛姓族人漂洋过海迁到了海外。"江南甚至海外的毛姓人都尊称毛宝为一世祖，其实再往前推的话，毛宝也是原阳人，所以毛姓的根在河南。"毛国杰说。

"毛宝的孙子毛璩参加过淝水之战，也非常有名。"毛冬青说，正是毛璩这一支毛氏族人，又有一支向北迁到了湖南韶山。后来，韶山毛氏这一支出现了一个影响中国历史进程的人物，就是毛泽东。

常姓祖先，黄帝重臣

新郑市孟庄镇北常口一位年过八旬的老翁常好钦家里，珍藏了一份"常姓起源说"，上面记载着常姓的三位始祖：常先、常仪、卫康公支庶子孙。

源头有四，始祖有三

河南省姓氏文化研究会副秘书长陈建奎曾对常姓作过专门研究，对常姓的起源，陈建奎说，主要有四个源头：

源头一：黄帝大臣常先、常仪之后，也是出现最早的常姓，距今已有5000多年历史。

源头二：出自姬姓，卫康公支庶子孙。卫康公的儿子或孙子封于卫（今河南淇县），封其支子于常邑（今山东滕州东南），其后以地名为氏，即常姓。

源头三：出自恒姓。北宋时，出自春秋时楚国大夫恒惠公的恒姓，为避真宗赵恒讳而改为常姓。

源头四：出自吴国公族后裔。春秋时，吴国国君把一个庶子封于常（今江苏常州），其后人以邑为姓。

同样，常好钦珍藏的"常姓起源说"里，也证实了常姓的这四个主要源头。

不过，现任中华炎黄文化研究会名誉理事、河南省黄帝故里文化研究会副会长刘文学认为，常姓，起源有二，即前两支，始祖有三：常先、常仪、卫康公支庶子孙。

常先，黄帝时期重臣

不论是四个源头或两个源头，毋庸置疑的是，常姓最古老的一支是源于河南新郑，黄帝故里。

刘文学著述的《中华太庙族谱》记载了常姓的始祖常先和常仪。

"常姓，始祖有三。唐代林宝《元和姓纂》中说，'常，一云黄帝常先后。'"刘文学说，《史记·五帝本纪》记载黄帝"举风后、力牧、常先、大鸿以治民"，常先是黄帝的大臣，传说时任大司空（主管国家工程建设）。

除了这一要职外，常先还是一名大将，帮他掌管一方。晋皇甫谧《帝王世纪》说："黄帝使力牧、常先等大臣，或以为师，或以为将，分掌四方，名如己视，故号曰黄帝四目。"

嫦娥奔月，说的或是常姓一始祖

而常仪，是帝喾次妃，也是黄帝时期管天文、观星象的官。刘文学说："古代'娥'通'仪'，嫦娥奔月神话故事，说的有可能是常仪观月。"

不论是常先、常仪，均是黄帝的大臣。刘文学说，黄帝在轩辕丘居住，建都有熊国，在今新郑，常姓始祖故也出自此。

还有一个重要的常姓始祖，是卫康公支庶子孙。常好钦珍藏的资料中说，《新唐书·宰相世系》记载：常氏出自姬姓，卫康公支庶子孙食采常邑（今山东滕州市东南），因以为氏。

而卫康公姓姬，是周武王姬发的同母少弟，也是黄帝的子孙。因而出自姬姓的这一支常姓族人，说到底还跟黄帝有关。

常先当关，万夫莫开

在新郑西南15公里处的具茨山上，有一处"一夫当关，万夫莫开"的关口，是进入具茨山主峰风后岭的必经之地。这一关口，被称为"常先口"。

关口两边悬崖峭壁，巨石林立，如两扇高大的门把住关口。在关口南面的山峰上还有两块将军石高高地耸立着，后人说，这是轩辕黄帝在和常先在商议军国大事。

"常"本是图腾，意为"裙子"

现代女性多爱穿裙子，以显示窈窕的身材和淑女的气质。有种说法，常姓始祖或许最早发明了裙子。

常,刘文学说,也是图腾,上部是"尚",同"裳";下部为"巾",形状垂直,类似裙子的形状。后汉许慎《说文解字·巾部》中说:常,下裙也。

不过,也有说法是武则天发明了裙子,武则天的腿偏于肥胖,再穿上绫罗绸缎的裤子,走起路来,很容易擦来擦去,蹭得裤子"哧哧"直响。正郁闷时,武则天找了块缎子在镜子前比划,裹住双腿,这一比划让武则天灵机一动,何不剪裁个合身的,既潇洒又好看。此后,这种衣服便被称为裙子,流传坊间。

到底是常姓始祖抑或是武则天发明了裙子,无从考证,但从这个字的形体上"尚"下"巾"来看,常姓始祖肯定擅长做衣服,并以此为傲的。

常氏宗祠,一辈子的坚守

距新郑市区20余公里,有两个挨着的村子叫南常口和北常口,村里居住的大多是常姓人。

北常口有一座常氏宗祠,看守宗祠的老人今年已83岁,祠堂经历改造重建,老人誓守祠堂终生看守。他叫常钱券。

一位老人,一辈子的坚守

常铁券的家紧邻常氏宗祠,也正因为此,村民决定把看守宗祠的重任交托与他。

从1998年宗祠改建至今,常铁券一直拿着钥匙,几乎没敢出过远门。他担心,万一有人去宗祠祭拜,没人开门怎么办?

常铁券说,常氏宗祠在他记事时便有,改造前是两间土房子,一间祭祀,一间是私塾,也就是小学。

1998年,乡镇企业家、村民和中牟、新密等地的常姓人一起,集资翻修常氏宗祠,"原来宗祠靠西,正在我家前面,重建时偏东了些"。

没事时，常铁券便进来转转，他说，平时祠堂不热闹，过年时会有许多人来拜，尤其是做生意的。"只要有一人来，我就要看守。"虽然没人给他发工资，但他觉得，这是职责。

一间祠堂，常姓人的信仰

常氏祠堂占地5亩有余，坐北朝南，设祠堂、厢房、门楼带厦，共计4所12间房，门口蹲了两个石狮子守门。

祠堂虽不大，但布局上五脏俱全。北屋祠堂高大明亮，门口红漆圆柱，并有圆青石墼基。

正堂上方挂一绿色牌匾："平原堂"。走进祠堂，室内正中间竖一牌位，上书写"常氏历代宗亲之位"。

"谁家有喜事，会来这里祭拜感恩；有难事，也会来这儿祈祷先祖保佑。"常铁券说，这间宗祠，是村里几千个常姓人的信仰。

一本家谱，常姓人的珍藏

同样是1998年，北常口村民常好仁组织村民重修了家谱。

这本厚重的常氏家谱里，介绍了常氏宗祠的整修、常姓始祖，还介绍了村子的来历、发展。

"常姓最早的始祖是常先，常先就居住在离这儿20多公里的具茨山上。我们这个村子，是离常先最近的常姓聚集地。"村民常好钦说。

"半个世纪前，南常口和北常口没有外姓，村里谁家有事，整个村子一起出动。"常好钦说，村里任何人之间都能有联系，"七大婶八大姨，反正谁跟谁都有点儿亲戚。"

一句祖训，村民世代相传

在家谱中，南常口和北常口统称常口。而今，两个村子虽分属两个行政村，实际上，村民自认为还是一家人。

之所以称之南常口、北常口，是因为早前有条沟相隔，沟之南为南常口。

后来人口越来越多，沟被平了盖成房子，两个村子的房屋相互交叉着盖。

常好钦听老一代人讲，解放战争前，南常口和北常口只是两个寨子，为抵御土匪强盗，还设有寨门、炮台，"文革时期，寨门被毁，炮台也拆了"。

常口村民有统一的祖训："常氏后人，若为官须清廉，若经商须诚信，与人友好，礼让三分，忠厚务实。"

村民忘了这句祖训是哪个祖先所说的，但千百年来一代代流传至今，已成全村人的座右铭。

常先，战鼓的发明者

早在几千年前华夏文明刚刚起步时，便发明了鼓，不过当时鼓不是乐器，而是战争时威慑敌人的兵器。

发明鼓的，是常姓始祖常先。这还有一段传说。

常先发明战鼓打败蚩尤

这段传说，要从常先捕杀了一头野牛说起。

有一次，他将牛皮放在一个木墩上晾晒，时间一长，常先忘记了此事，牛皮经过暴晒收缩，将木墩裹得严严实实。

有一天，商部族的第七任首领王亥正在驯马，有个年轻人无意中发现一张野牛皮蒙在木墩上，便随手拍了一拍，"咚咚"的响声让他觉得很好玩。

这个年轻人便寻来两根木棒，双手使劲擂了起来，结果声音如雷鸣一般。马听到这声音，一受惊，冲出木栏，全部跑掉了。

常先得知后，又找来一张大鹿皮，把木墩的另一头也蒙住，再用木棒一敲，响声比原来更大、更好听，然而却没有牛皮结实，拍了几下便裂了。

上哪儿再去弄牛皮呢？玉皇大帝派九天玄女托梦给常先说，用夔牛皮蒙鼓，雷兽的骨作为鼓槌，威力无穷。

常先禀报黄帝，取来夔牛皮蒙鼓，在涿鹿大战中用此震慑蚩尤的军队，一举把蚩尤消灭在涿鹿之野。从此，鼓就成为我国古代战争中不可缺少的用具，人们之后把它叫作"战鼓"。

春秋战国时常姓已散居大江南北

5000多年过后，常先成了书中带有神话色彩的传说人物。而今，常姓人口已有240多万，在新百家姓中排行87，占全国人口的0.18%。

常姓一族从何时开始兴旺，远播四方的？又是从何时，开始向东南亚、欧美国家迁徙的？

刘文学介绍，常姓早期在河南一带发展，春秋战国时已散居大江南北。魏晋隋唐时，河内、东海、平原、武威、太原等地成为常姓郡望。

东汉末年，为躲避战乱天灾，中原地区常姓与其他姓氏一样不断向四方迁徙，主要方向是向南。

三国两晋时期，蜀郡江原（今四川崇庆）的常氏繁衍比较快，河内温（今河南温县）的常氏发展成为望族。隋唐时期，长安（今陕西西安）、新丰（今陕西临潼东北）的常氏也繁衍迅速。

西晋末年，中原人民为躲避战乱而大规模向南方迁徙，形成中国历史上影响深远的移民潮流。

这些中原居民的大迁徙，由永嘉（307—313）初年一直持续到东晋末年，中原大族约有百家相率而奔，并有大批百姓跟随过江，其中必有常姓。

清代移居台湾

《中华百家大姓源流》的作者谢钧祥在书中记述，常姓人从宋代开始迁至福建、安徽、内蒙古。清朝，开始有常氏移居台湾，主要进行农业开垦。

近代以来，又有一些常姓人离别故土，走出国门，现主要分布于东南亚及欧美一些国家。

常姓的繁衍，使其地位在百家姓排行榜中"提名"。1996年出版的《中华姓氏大辞典》将常姓列为中国第94大姓。2006年《人民日报》报道的新百家姓，常姓列在第87位。

河南省姓氏研究会秘书长李立新说，常姓分布很广，以河南、山西、黑龙江、吉林、河北较多，这五省常姓约占全国汉族常姓人口的63%。

常姓不仅是汉族大姓，而且也是古今一些少数民族所使用的姓氏。隋代鄯善右族有常氏。清道光时云南马龙州（今马龙）土知州有常氏，是彝族人。水、满、彝、回、蒙古、东乡、锡伯等民族也都有常姓。

堂号：知人堂，源于常何

常姓主要堂号有"知人堂"，出自唐太宗中郎将常何。

一次，唐太宗让百官上书议论国事，常何是武官，不善言辞，便请门客马周代笔。因马周所写切中时弊，唐太宗便对常何大加赞赏。

如果常何是个小气人，便不会有流传千秋的堂号。

常何将实情告诉唐太宗，说文章其实是门客马周写的。太宗召见马周，交谈一番，发现马周很有才华，立即封马周为官。

太宗没忘记向他推荐人才的常何，表扬常何"知人"。常何的后裔就以此为堂号，即"知人堂"，也是常氏最有名的堂号。

北顾源自范县，难觅故人踪迹

河南范县顾屯、顾庄村，这些年来颇是接待了一些来自各地的顾姓人。他们来此的目的大都相同——范县是北顾的起源地，来这儿是找北顾的人寻祖。

但多年来潜心于研究顾姓的顾双进遗憾地称，范县并没有北顾后人，如今全国300万顾姓人都出自南顾。不过，也有姓氏专家认为，北顾和南顾在发展中早已合流，不分彼此。

顾姓最早源于范县，因国得名

在河南省的东北部、黄河下游的"豆腐腰"地段，范县张庄乡政府东一公里处，有个旧城村。

村子坐落在黄河北岸，与南岸的山东郓城隔河相望。

据《范县志》记载，就在距村子不远处的黄河滩下，长埋着一座城址东长4000米、西长3400米、南宽3000米、北宽3500米的古国——顾国。

如今，从范县新城驱车近30公里来到顾国的"遗址"，能看到除了黄土，就是黄土地上一片片奋力生长的树木。甚至于，在附近有着几十个姓氏的旧城村里，你想找到一个顾姓人都是难事。

但无论如何，最早的顾姓，也就是北顾，就出自这里。这里和顾国的命运息息相关。

相传，顾国被封国，跟颛顼帝有关。颛顼帝有个孙子叫吴回，吴回有个孙子名樊，己姓，被封在昆吾国（今河南许昌东），后代便是昆吾氏。夏朝时，昆吾氏有子孙被封于顾国，称顾伯。

姓氏研究专家谢钧祥先生查阅史书时发现，顾国曾是夏朝的重要同盟国之一，是夏朝在黄河下游的重要支柱和东部的屏障。夏朝末年，商汤率领军队攻夏时，先灭掉了夏的几个属国和同盟国，其中就包括顾国。

亡国后，顾国王族子孙散居于全国各地。他们中的一些人，为了纪念自己的国家，就以原来的国名为姓，从此开始有了顾姓，也就是如今大家所说的"北顾"。

南顾先祖顾余侯，是越王勾践后人

"南顾"的得姓，则和越王勾践有关。

据《史记·东越列传》及顾氏族谱记载，汉朝初年，越王勾践的裔孙闽君摇，因辅佐诸侯灭秦有功被封为东海王，封地在东瓯，也就是如今的浙江永嘉县西南。后来，摇又封自己的儿子为顾余侯。顾余侯住在会稽（今浙江绍兴），他的子孙中有人以他封号的第一个字为姓，也就是顾。顾余侯就此成了"南顾"的得姓始祖。

南顾得姓后，很快成了会稽一带的大姓，一度与陆、朱、张三姓合称为会稽四姓。作为顾姓主要发源地和发展地的会稽，也因此成为顾姓的著名郡望之一。

潜心研究顾姓十几年的范县人顾双进说，从三国到南朝，顾姓一直是江东四大姓之一。南朝以后，由于官职调迁、兵祸之乱等原因，顾姓才不断地向南北各地播迁。到了明初洪武年间，顾姓随军或作为明朝洪洞大槐树移民的姓氏之一，被分迁到了河北、河南、山东、安徽、江苏等地。

到了明末至清朝中叶，有福建、广东等地的顾姓人渡海赴台，进而把顾姓播迁到海外。

如今，纵观顾氏的家族历史，从古至今，顾姓的发展繁衍中心一直在江浙一带。直到今天，全国200多万顾姓人口中，仍有约60%分布在江苏、浙江两省。

范县顾姓人，是"南顾"后裔

尽管顾姓在南方发展得非常好，但这些年来，仍时常有顾姓人来到范县寻根。

有人想看一眼顾国的遗址，有人则想弄清自己究竟是不是"北顾"后人、"北顾"究竟还有没有后人。

后一种人，顾双进就知道不少。这些人的家谱上，都写着顾姓最早起源自范县，因国得姓。

事实上，顾双进老家顾庄留存下来的家谱上也有类似的话。只是，和这句话相矛盾的是，家谱上还显示他们是明初镇远侯赠夏国公顾成的后代，也就是"南顾"后裔。

范县究竟有没有"北顾"的后人？ "北顾"的后人还存不存在？为了弄清这些问题，顾双进很是费了番功夫。

他专门请教了上海一位研究顾姓的教授顾恒一。后来，他又专门去了上海、济南等地的图书馆，查找和顾姓、顾国有关的史料、宗谱。其间，台湾学者顾庭铭还从台湾寄来了一本顾氏宗谱的复印本。据顾庭铭称，这本宗谱，是当年国民党从大陆撤退时带走的。

经过多年研究，顾双进颇为肯定地说，作为顾氏最早发源地的范县，虽有顾氏 3000 多人，但都是"南顾"后人。全国 300 余万顾姓人中，也没有谁是"北顾"的后裔。就像明朝时顾炎武所说，殷周秦三代后，已无"北顾"后人。

但也有姓氏专家持有不同意见。河南省姓氏文化研究会副会长陈建魁就认为，顾国灭亡后，"北顾"的后人中重要的一支逃亡到了会稽（今浙江绍兴），后来与"南顾"合流，成为一支。

藏于房梁上的家谱

按照顾双进的研究，如今在范县居住的已经没有"北顾"后人。那么，范县的顾姓人又是怎么迁居到这儿的？

在顾双进的老家顾庄，有一本修于民国时期的顾氏族谱，上面有着记载。

这本族谱，是顾双进的族兄顾双忠想办法留存下来的。当时是 1958 年，顾双忠连自己的土地文书和家中藏书都烧了，唯独留下了一本族谱。注重宗族的他，把族谱藏在了一般人都看不到的房梁上，这才将最早修于清朝康熙年间、于民国时期重修的族谱保存了下来。

顾双进说，有了这本族谱，再加上后来的研究，他也就弄清楚了他们是三国时吴国丞相顾雍、明初镇远侯顾成的后人，也就是越王勾践的后代。

1430 年，顾双进的先祖顾保随军从湖广武昌来到了山东聊城，1441 年又随军到了濮州，清朝初年又迁居到了如今居住的范县顾庄。

历史上从无"北顾"

不过，还有学者认为，商灭夏距今 3600 余年，自古至今，各种史料都没有北顾后裔人士的记载。故北顾之顾，是"顾"的字源，而非顾姓之源头，应是后世过分引申而致误导。

贺姓都是改来的

在如今的家谱上，几乎所有人的祖上，都有一个响当当的名人，而这个名人，理所当然是个汉人。

但真的是这样吗？河南省姓氏文化研究会副会长石小生说，李、刘等成为皇族的大姓，有很多少数民族赐姓、冒姓等。而中国北方的人，更是大部分都有少数民族血统。"古代中原真正意义上的汉族血统的人，不少都随着几次南迁到南方了。"

而贺姓，源自河南的一支，更是全由少数民族改姓而来。

贺姓两支，均由改姓而来

贺，当今第 93 大姓，源于江苏丹徒及河南洛阳。

贺姓起源有两支。一支是春秋时，齐桓公姜小白有个孙子叫庆克，庆克的儿子名封，以父亲的字为氏，即庆氏，称庆封。庆封在齐景公时任左相，与右相崔杼不和，乘崔杼家发生内乱之机，指使人攻杀崔杼的儿子，尽灭崔氏，自任相国，独揽朝政，因而引起其他大臣的不满。齐国的大族田、鲍、高、栾氏，经过密谋，乘庆封外出打猎之机，发兵攻打庆氏。庆封返回途中闻讯后，先逃到鲁国，后又逃到吴国，被吴王余祭赐给朱方（在今江苏丹徒县东南）之地，后逐渐兴旺起来。东汉时，庆封的裔孙庆质，为避汉安帝父亲刘庆的名讳，以庆、贺二字意相近之故，改为贺氏。

另外一支起源，就是鲜卑族原有复姓贺兰氏、贺拔氏、贺赖氏、贺敦氏等，493 年随北魏孝文帝迁至洛阳后，均改为贺氏。

北方人大部分有少数民族血统

在古时候，中原地区认为汉人是正统，将周围少数民族称为"东夷""西戎""南蛮""北胡"，其中"东夷"和"南蛮"是最早融入汉族的。到了魏晋南北朝之后，随着战乱和西晋南迁，大量的老百姓随着皇室迁到了南方。

"为什么要把老百姓带走呢？因为在那个时候，土地是大量存在的，不管走到哪里都有地可种，但是人却是稀缺的。只要有人，就是最大的财富。"石小生说，所以刘备撤离新野逃往江夏时，就带领着 10 万老百姓。

而北魏孝文帝迁都洛阳之后，开始推行最大的改革——汉化，穿汉服，改汉姓，和汉人通婚。本来鲜卑族和汉人在外貌上、种族上并没有明显差别，由于皇室的推行，民族融合非常迅速。

鲜卑族改姓的依据就是发音相近或取其中一字。如另丘穆陵氏改姓穆氏，步六孤氏改姓陆氏，贺赖氏改姓贺氏，独孤氏改姓刘氏。不同的是皇室拓跋氏，改姓元氏，因为"元"有"首领，开始"的意思。

北魏改姓，由此也成了中国历史上最大规模的一次改姓，涉及的姓氏有300 多个，而《魏书》记载的大姓，就有 114 个。

因为改姓，洛阳也和新郑、淮阳等，成为河南省姓氏起源最多的地方之一；而郡望里凡是涉及"河南郡"，或是"河南府"，均是指洛阳。

唐代著名少数民族改姓："昭武九姓"

第二次大规模的改姓，出自唐代。唐代的李姓王朝就有一部分胡人血统，李世民更是将整个部落集体赐姓李。由于唐朝强盛的国力，众多少数民族依附并汉化，其中最著名的就是"昭武九姓"。

"昭武九姓"国，指隋唐时期中亚的九个沙漠绿洲国家，包括康国、史国、安国、曹国、石国、米国、何国、火寻国和戊地国。它们处在古丝绸之路上，世代善于经商，狮子、哈巴狗、汗血马等物种传入东土，也与九姓有关。其中康国、史国、安国、曹国、石国、米国、何国长期与汉人融合，分别成为汉姓康、史、安、曹、石、米、何的一支起源，并对唐代的政治、经济、文化等各方面产生了很大影响。发动"安史之乱"的安禄山、史思明即出自这九姓。

他们的后人，也出了不少名人。如石国后人有唐代著名民族艺术家石宝山，米国后人有宋代著名书法家米芾。

小脚趾甲上有瓣，就是纯正汉人吗？

但元代实行了严格的种族制，统治者并没有和汉族融合，所以这期间改姓较少。蒙古族成吉思汗大将木华黎到中原，他的后裔汉化后，改姓李。

最后一次少数民族集中改姓，发生在清朝灭亡后。

1912年清帝退位后，长期不学无术的八旗子弟没有其他生存技能，与经济上的窘迫相伴随的，是更加让人难以容忍的歧视。为了生存，八旗子弟埋名隐姓，隐藏满族身份，一时之间，满人改姓的风潮兴起。

他们或以谐音取姓：佟佳，谐音为佟、董；舒穆禄，谐音为舒、徐；瓜儿佳，谐音为关。或取意译姓：毕拉，意江河之河，谐音为"何"；巴颜，意富裕，选用汉字"富"等。爱新觉罗氏也改为金、伊、洪、德等姓，叶赫那拉氏改为郎、卜、钮等姓。

长期的民族融合，还能分得出谁是汉人吗？以前有传说，小脚趾甲上如果有分瓣，就是纯正汉人，这种说法靠谱吗？

石小生说，小脚趾甲的说法为误传。与此相同的，还有山西洪洞县大槐树，即明初大移民之地，许多认祖归宗的人去寻根。也有人说，辨认是不是从大槐树出去的，要看小脚趾甲分不分叉，分叉就是从大槐树出去的。

实际上，大部分东亚人种（黄种人），都普遍存在小脚趾甲分叉的现象，并非汉族独有，以此分辨是不靠谱的。

临濮施氏，固始谒祖

2014 年 6 月 2 日，世界施氏宗亲总会会长施聪典、国家重点文化保护单位施琅纪念馆馆长施火灶等海内外施氏宗亲一行 15 人，到固始县寻根谒祖、参访考察。豫东南县城固始，有着独特的根亲文化。有研究者认为，对于南迁到我国福建、台湾等地的一些姓氏而言，固始不是其最早的本根所在，但又是姓氏寻根过程中探寻到的较近的根源。

譬如施姓，这个被普遍认为主要发源于山东的姓氏——不少闽台施姓族人却前往固始谒祖。

施姓出自于姬姓

据《通志·氏族略·以字为氏》和《元和姓纂》等记载，施姓主要发源于现在的山东。

史载，西周初期，周武王的弟弟周公旦受封建立鲁国，都城在今山东曲阜。不过，因周公要留在京师辅佐武王、成王，便由其长子伯禽就封。鲁国第 14 位国君惠公的一个儿子名尾生，字施父，人称施父尾。

南宋郑樵《通志·氏族略》说："施氏，姬姓鲁惠公之子公子尾字施父，其子因以为氏。"清人张澍的《姓氏寻源》中也记载，"公子尾字施父，子施伯，是以父字为氏也。"

姓氏研究专家谢均祥在其研究资料中称，除了上述施姓的形成时间，还有一种说法是，施父尾的五世孙孝叔以祖辈的字为姓氏，即施氏。

这两种说法的结论其实是一致的，即施氏为出自姬姓鲁国的姓氏。

关于施姓的起源，还有几种说法。南宋邓名世的《古今姓氏书辩证》中提到，夏代有个施氏诸侯国，大约在商代国亡后，国人以国名为氏。此外，商代还有一支施氏。据《康熙字典》"施者，旗也"，知施氏原是旗工，后以技艺为氏，称为施氏。这支施氏生活在商王所在的地方，即现在的河南安阳、淇县一带。

一些姓氏类的典籍还称，明代大儒方孝孺被杀害，其同姓族人纷纷外逃，为避祸改姓施——"施"字，拆开为"方人也"。

除了上述说法，还有一些少数民族有施姓。

施氏曾两次南迁

施姓先辈中，有一贤人：孔门七十二贤之一的施之常，南宋宋高宗绍兴十四年（1144），追封其为"临濮侯"——现今的世界施氏宗亲会以及海内外等地的宗亲会，纷纷称为"临濮施氏宗亲会"，即是由此而来。

谢均详的研究成果显示，施之常的后人西汉时施雠（chóu），汉宣帝时立为博士，史书称其为沛（今江苏沛县东）人。这说明西汉初期或者更早一些时间，今天的江苏境内就有施氏人的足迹。此后，施氏有一支族人迁至今安徽境内。东汉末年，施氏有人从安徽迁往今南京。

唐代，中原施氏有两次向福建迁徙：唐初陈政、陈元光父子奉命入闽开漳。唐末王潮、王审知兄弟入闽，均有施姓人随从迁往，并在福建安家落户。

2001年，浙江桐庐分水施家村发现的唐朝状元、诗人施肩吾的家谱——《施氏宗谱》记载，当年施肩吾辞官隐居后，率族人迁居台湾澎湖。这正好与清代大儒连横所著的《台湾通史》相印证。

此外，资料显示，康熙二十二年（1683），泉州人施长岭召佃渡台，垦于燕雾、武东两堡，与施琅渡台时间相差无几。目前，施姓在台湾也是个大姓。

谢均详在其著述中提到，施姓在1996年出版的《中华姓氏大辞典》中，名列中国第105姓，施姓约占全国汉族人口的0.16%。

2006年初《人民日报》报道的新百家姓次序中，将施姓列在第97位，但未公布其占人口的百分率。施姓分布很广，以江苏、福建、浙江居多，这三省施姓约占全国汉族人口的58%。

施姓后人常到固始寻亲谒祖

固始县城南约 50 里，郭陆滩镇青峰村燕子山，施氏先祖陵园坐落于此。陵园在 2004 年春落成，为海内外施姓宗亲捐资兴建。

2014 年 6 月 2 日，世界施氏宗亲总会会长施聪典、施琅纪念馆馆长施火灶等海内外施氏宗亲一行 15 人到固始县寻根谒祖、参访考察。考察团一行首先来到的就是施氏先祖陵园。

陵园依地形而建，拾阶而上，两旁松柏森森，菲律宾、香港特区等地的施姓族人的题词石碑点缀其中。陵园内矗立一碑，上书"先祖临濮侯施之常纪念碑"。

固始临濮施氏宗亲会会长施泽义说，陵园所在处，当地人称为施家大洼，据称是固始施姓的祖茔地所在处。

施泽义介绍，1989 年福建晋江施琅纪念馆一行人带着中国香港、台湾和菲律宾等国内外施姓族人的问候来到了固始。从那时起，固始施氏开启了和海内外族人的联系。此后，一波又一波的施姓族人，来到固始寻亲谒祖。

2014 年 9 月底，第六届中原根亲文化节在固始县开幕，来自新加坡、马来西亚等国和台湾、香港、澳门地区以及北京、福建等省市的宗亲代表、专家学者和商界人士共 1100 多人参加了开幕式。

固始寻根独具特色

固始县位于河南省东南部，南依大别山，北临淮河，历史上为中原经淮河南下扬州的主要水路通道。

东汉以后，由于中原地区天灾连年，社会动荡，人口不断外迁，主要方向是江南。地处江淮流域的固始县一带，是中原流民汇聚和南下的重要通道之一。

未发源于固始的姓氏，为何会有族人到这里谒祖？这也跟固始在我国历史移民中的地位分不开。其中绕不开唐时的陈政、陈元光父子"平乱"与"开漳"和王潮、王审知兄弟的"王闽"。

《漳州府志》记载，随陈元光开漳，有施光赞者，官府内校尉。固始县史志研究室主任戴吉强主编的《固始移民史料简编》一书中显示，唐末随王审知入闽有施典、施貌、施文仪等。

华中师范大学中国近代史研究所教授罗福惠在其《古代河南的四次政治性外迁移民及其影响》一文中称，固始陈氏、王氏两次带往福建的移民，成为后来有族谱可据的河南人迁居福建的基本群体。

河南省社会科学院文学研究所研究员王永宽曾著文《中原姓氏寻根概述》称，近数年来，福建和台湾的许多姓氏在探寻祖根的过程中，发现他们的祖先在历史上大都来自"光州固始"（今河南固始县），于是在其家族的思想中形成一种带有普遍性的固始情结，他们对根在中原的印象便是"光州固始"。

文章称，对于南迁至闽台的中原姓氏和后裔来说，固始不是这些姓氏最早的本根所在，但它确实在姓氏寻根过程中必然会探寻到的较近的根源。因此可以说，固始寻根是独具特色的。

江南第一清官：施世纶

将门之后 其貌不扬

历史上，老施家有一位著名的廉吏，被称为"青天"——他是施世纶，清康熙年间官员。

施世纶是施琅的第二个儿子，今福建晋江人。

史载，施琅初为郑芝龙、郑成功父子的部将，因与郑氏矛盾而降清，任福建水师提督，力主收复台湾，使"四海归一"，"边民无患"。他于康熙二十二年收复郑氏统治下的台湾，并实行"抚绥"政策，加快了台湾的发展。

施琅先祖施炳，为南宋高宗朝评事官，于1163年自河南光州固始县施大庄（今郭陆滩镇青峰村）南渡入闽，为浔海施氏始祖。

与貌相魁梧、"膂力绝人""环步数巡"的父亲相比，施世纶自小体弱多病，其貌不扬。历史学家邓之诚说他"眼歪，手蜷，足跛，门偏"，所谓"五行不全"。

清乾隆年间，文人龚炜的《巢林笔谈》中说："施世纶貌丑"，被人称为"缺不全"。文中说，施世纶当上县尹去拜见上司时，上司不禁捂住嘴发笑。施世纶估计知道对方是笑他丑，正色说："公以其貌丑耶？人面兽心，可恶耳。若某，则兽面人心，何害焉！"

施世纶自认"兽面"，但毫无自卑而自信"人心"。不过，这一事迹，《清史稿》中未见记载。

刚正清廉的"官二代"

施世纶是"官二代"，也是靠着这个身份，没有参加"公务员考试"，直接"以荫生授江南泰州知州"。

《清史稿》记载，在泰州时，施世纶"廉惠勤民，州大治"。

纵观《清史稿》中的记载，不论是在泰州知州、扬州知府、江宁知府，还是湖南布政使、顺天府府尹以及漕运总督任上，施世纶均表现出了极强的"使命感"和"责任感"，政绩显著，清名远播。

《清史稿》中说，世纶当官聪强果决，摧抑豪猾，禁戢胥吏。所至有惠政，民号曰"青天"。

"老虎""苍蝇"一起打

施世纶做到了对任内的违法违纪官员"伸手必被查"。施世纶对于违法违纪人员，不论官职大小，是"老虎"还是"苍蝇"，从不留情。史载，在漕运总督任上，他对因私滞留的押船官吏，依律惩处，终致漕政廓清；奉命往陕西配合川陕总督鄂海督军饷、赈灾民时，施世纶发现陕西的积储多已虚耗，便上疏弹劾鄂海，终致鄂海罢官。

一心为民，不护犊子

施世纶在任上时，被群众称为"青天"。有资料称，康熙曾赞其为"江南第一清官"。

"青天"是怎么爱民的？在湖南布政使任上时，湖南田赋丁银有徭费，漕米有京费，他到后，"尽革徭费，减京费四之一，民立石颂之"。

施世纶的廉洁，康熙帝也了解。他曾说：朕深知世纶廉，但遇事偏执，民与诸生（地方上一些读过书的人）讼，彼必袒民；诸生与缙绅（官员或做过官的人）讼，彼必袒诸生。

在康熙看来，施世纶有"偏执"，不过，"天地之间有杆秤，那秤砣是老百姓"，他得到了人民的爱戴。

此外，施世纶作为"官二代"，他不仅自己不"拼爹"，也不允许同是官二代的儿子"拼爹"。

《清史稿》记载，施世纶在漕运总督任内，去陕西赈灾时，发现当地仓储亏空严重，准备上疏弹劾时任川陕总督鄂海。

鄂海赶紧和施世纶沟通，提到了施世纶的儿子施廷祥，"以廷祥知会宁，语微及之"，意思是，你的孩儿在我手下当官啊。

意思很明朗，是想交换利益：你别弹劾我，我就不会找你儿子的麻烦。不过他却打错了算盘。施世纶说："吾自入官，身且不顾，何有于子？"意思是说，我自从当了官，自身尚且不顾，哪里还去顾儿子？

洪龚原是一家人

共姓是个古老的姓氏，早在氏族部落时期，就有共工氏族以共为姓。周朝共国国君共伯和、春秋共叔段的后裔也以共为姓。后来，共姓人为了避难，在"共"旁加三点水成"洪"或是加"龙"成"龚"，都为提醒族人不忘是水神共工之后。

辉县市共城文化研究会副会长任鸿昌说，辉县这片古老的土地，不仅是西周时期古共国的封地，还流传着许多与共工相关的传说。

市区至今还存有一座古城墙，是西周时期古共国的遗址，被评为国家级重点文物。

战国城垣遗址，至今留存

在新乡辉县市，有很多以"共城"命名的地名、小区名、店名，如共城大道、共城花园、共城饭馆等。在文昌大道中段，还保留有国家重点文物保护单位"共城城址"。

共城城址为一段南北向土墙，文昌大道北侧的一段城墙面积较小，其基槽牢固地坐落在地面石头上，荆棘、树木的根须暴露在黄土坡外；路南的一段城墙向南延伸约1公里远，其顶部已被整平，修建有人行步道和凉亭。

据《辉县志》记载，共城城墙为"共国旧基"。而遗址简介也载明，现存城垣呈矩形，筑于战国时期，南北长1300米，东西长1200米，高8米。墙体全为黄土夯筑而成。夯土层中，曾采集到很多龙山、商、周时期的器物、陶片和瓦当，以及战国时期的铁质农具。因时代久远，现仅存西北、东北、南部三段墙体。

国君共伯和，开创"共和"

辉县市史志办副主任任军安说，共城最早是西周共国国君共伯和的都城。共伯和原名姬和，被封于古共地，因"代行王政"而名流千古。

据史料记载，周厉王时期，统治苛刻残暴，人民生活穷苦，就咒骂厉王。厉王就派人到处监视，杀掉抱怨者。

到后来，国人不敢讲话了，只能用眼神进行交流。大臣召公虎劝谏说："防民之口，甚于防川。"

可厉王不听，反而变本加厉地镇压，最终引起贵族、平民阶层的反抗，攻入王宫，厉王仓皇出逃，客死彘地（山西霍县），这就是著名的"国人暴动"。

因国君出逃，太子年幼，当时的周人就推举共国君共伯和为首领，"摄行天子事"，号共和，并将这一年定为共和元年，即公元前841年，这一年也是我国历史上有确切纪年的开始。

任鸿昌评价，共伯和开创了中国历史准确纪年的新纪元。远古时期没有史料文献，其历史事件时间模糊，但从共和元年起，史官开始做编年体记录，至今没再间断。

此外，由品德高尚的共伯和代理国政，创造与"世袭""禅让"截然不同的"共和"概念，也是历史的创举。

共工部落，治水世家

其实，共伯和之前，在共国故地，就已经有共工氏族繁衍生息。

共工是我国神话传说中的水神，掌控洪水。《山海经》中记载，共工与颛顼争夺帝位失败，怒而撞不周之山，天崩地裂，才有了后来女娲炼五彩石补天的事迹。

有传说描写共工氏"残暴而作恶多端"，故意释放洪水，与大禹作对。但在任鸿昌看来，共工氏族生活在黄河下游，本是治水世家，且"共工"一词本意为协调合作完成复杂任务，指的就是这个氏族掌握修筑堤坝的技术，并有能力组织大量工匠协同工作。

但共工氏治水方法是筑土堤来挡水，因这种方法没有疏通河流，面对小洪水，尚能行之有效；遇到黄河泛滥，挡水的土坝不堪重负而决口，反而成为氏族部落的"灭顶之灾"。

任鸿昌说，上世纪90年代，河南省考古研究所、新乡市文管会、辉县市文物局曾联合对辉县市孟庄遗址进行勘察，发现有裴李岗文化时期、仰韶文化时期以及距今2500多年的龙山文化晚期的文物，证明辉县市区域内确有远古部落活动。

为避灾祸，改姓"洪""龚"

任鸿昌说，先有共姓，后有洪与龚姓。传说共工被打败后，共工部落的人为了避难，而改姓洪与龚。"改洪是因为共工是治水的神仙，加龙也是说明自己的先人是神族，都是为了不忘本。"

唐人林宝所著《元和姓纂》云："洪，共工氏之后，本姓共氏，因避仇，改洪氏。"此外，汉武帝时，共工氏后裔共勋之子共普，为躲避朝廷内乱，去敦煌后改为洪姓，叫洪普，洪普被不少洪氏人封为始祖。唐朝也有宏姓氏族，为避讳唐太子宏而改为洪姓。

洪姓鼎盛于闽、粤、台。唐朝长安人洪廞迁居福建仙游，宋朝庆历年间又有洪忠去福建，传至洪浩之孙迁居广东。就是这一支，诞生了一个影响近代中国历史的人物——洪秀全。

把姓氏刻在西周青铜器上

龚姓以共工为始，根在河南辉县

除了上古共工氏族的子孙改"共"为"龚"外，龚（共）姓还有多种起源说法：在共工氏族故地（今河南辉县市境内），西周共伯和建立有共国，郑庄公之弟共叔段也逃难于此，其后代都以共为氏；在商代，甘肃泾川县境内也有共国，亡国后，子孙以共为氏；西汉初年，被封为临江王的共敖（封地在今湖北江陵），其后代也以共为氏。

但中华龚姓文史研究会副秘书长龚成波说，共伯和、共叔段、共敖本不姓共，都是以封地为姓。龚姓族人都以共工为始祖，以共工的儿子句龙为得姓始祖。

相传因共工治水不利，其子句龙被流放至古幽燕（今北京）地区，为避难改姓龚，现今北京密云水库附近还有古龚城遗址。

"共工氏族的发源地应该在今河南辉县市。"龚成波说，早期的共工部落就生活在黄河流域，而且辉县市又有共国故城遗址和孟庄遗址，也有文史资料加以佐证。

龚姓姓氏与青铜器——颂鼎、颂簋、颂壶

"龚姓在距今 2800 多年的西周时期就已存在。"龚成波说，近代出土的西周宣王时期著名青铜器"颂鼎""颂簋""颂壶"上，就铸刻有龚叔、龚姒的名字。

鼎是西周时期饪食器，颂鼎现藏北京故宫博物院，其内壁铭文大意为，周王册命（龚）颂为掌管宫内用品仓库的官员，赏赐给（龚）颂册命书、官服和銮铃、旗子、马笼头等车马用具。（龚）颂为答谢天子，祭奠其死去父母龚叔、龚姒，祈求仕途通顺、长命善终，铸造此鼎。

而盛食器"颂簋"、盛酒器"颂壶"上，也铸刻有同样的铭文材料。颂鼎铭文既是金文书法的典范，多为近代书家临摹之法帖，又因其对册命典礼记载详尽，也成为后世学者研究西周礼制的重要史料。

河南境内龚氏，多为江西迁来

中华龚氏文史研究会常务副会长龚立座先生说，虽然共工氏族祖居黄河流域，但历史上中原战乱频繁，龚氏数次南迁。

西汉改姓之后，主要在北方地区发展，其中山东、河南、江苏的龚氏影响较大。唐代至宋代，龚氏多在江南发展，江苏、福建、浙江、广东遍布龚姓足迹，并在当地成为名门望族。在清乾隆、嘉庆年间，陆续有沿海龚姓族人移居台湾，进而有龚氏族人去往新加坡、菲律宾等东南亚国家发展。

龚立座说，河南境内的龚姓人口主要分布在信阳、驻马店、南阳、周口等地，多为明末清初从江西迁来。

例如，现今光山县北向店乡大李湾村龚湾村民组的2000余名龚氏族人，是明末清初时从江西省南昌市筷子巷迁来，迁徙始祖龚守谦；在光山，另一支龚氏族人以龚兰清为迁徙始祖，也是从江西迁来。

台湾龚氏，源在福建，根在中原

"台湾省的龚姓主要来源于福建，而福建龚氏又源于中原。"中华龚氏文史研究会创会长龚龙泉在一篇文章中记载，1981年，台湾嘉义县苦苓脚庄龚氏族人在整理宗祠祖宗牌位时发现，清雍正八年（1730）的两尊祖先牌位背后刻有"原籍漳州府平和县宝峰社人士"字样。

经考证，清康熙三十四年（1695），平和龚氏十二世孙龚祈祯带六子随行，迁徙至台湾高雄县林园乡龚厝村；清乾隆十年（1745），平和龚氏十三世孙龚荣信也徙台定居。1991年、1995年，台湾龚氏宗亲两次赴平和县拜祭祖墓，认祖归宗，与当地龚氏后裔共叙亲情。

龚龙泉认为，福建、广东的龚姓宗族大多以南宋龚茂良为其始祖。龚茂良是福建莆田人，宋绍兴八年（1138）登进士第。因赈济灾民，为民称颂。宋淳熙元年（1174）拜参知政事，后代行宰相职权。因其弹劾贪腐之臣，触动官僚集团，被诬贬官，客死他乡。而据其族谱记载，龚茂良先祖为光州固始人，唐末躲避战乱，迁徙至钱塘，后迁到莆田，

六桂堂龚氏：避乱改姓，六子折桂

五代十国末期，福建泉州人翁乾度在闽越国朝中做官。不久闽越国灭亡，为避战乱，翁乾度携眷归隐，并对六个儿子分别赐姓为洪、翁、江、方、龚、汪。

其中，翁乾度五子处廉（字伯约）被改姓龚，并在宋太祖开宝六年考中（973）进士，官至大理司直，监察御史。

而处廉的五个兄弟也先后中进士。因科举登科美称为"折桂"，时人以

此称赞翁氏六子为"满朝翁六桂联芳",其后人也以"六桂堂"为号。

上世纪 30 年代,台湾地区、东南亚各地洪、翁、江、方、龚、汪姓氏后裔组织起"六桂堂"机构,旨在团结互助,抱团发展,并兴办公益事业,回国寻根溯源,影响力日趋广泛。

变法先驱龚自珍

古文世家,变法先行者

"九州生气恃风雷,万马齐喑究可哀。我劝天公重抖擞,不拘一格降人才。"清朝末年,龚自珍以一组《己亥杂诗》,惊醒士大夫们天朝上国的黄粱美梦。

龚自珍出生在世宦家庭、书香门第,古文功底深厚,但他不愿像前辈那样静坐书斋,而是要"方读百家",关心世情民隐,研究朝章国故。

戊戌变法时期,康有为进行变法维新的理论基础之作——《新学伪经考》与《孔子改制考》,便是受了龚自珍的影响,以重解古文的方式,论证变法维新的合理性。

后世所谓新学家康有为、梁启超、谭嗣同、黄遵宪等,无不推崇龚自珍。梁启超在《清代学术概论》中指出:"晚清思想之解放,自珍确有功焉。光绪间所谓新学家者,大率人人皆经过崇拜龚氏之一时期。"

预测西北乱局,坚持查禁鸦片

龚自珍曾任内阁中书、宗人府主事和礼部主事等官职,主张革除弊政,抵制外国侵略,对当时的内忧外患,都有着清醒的认识和预判。

1865 年,中亚浩罕汗国军事头目阿古柏侵占新疆天山南北;五年后,沙俄又出兵占领伊犁地区,中国西北边陲危机四伏。从 1876 年到 1881 年,清朝派左宗棠率三路大军入疆,击溃新疆叛军,又通过外交努力迫使俄国让步,才收回伊犁。

王俊义在《龚自珍与晚清思想解放》一文中提到,其实早在嘉庆二十五年（1820）前后，龚自珍就已经注意到沙俄的侵略野心和边疆分裂势力，并著《西域置行省议》，主张在新疆设立行省，还建议迁移内地百姓到西北边疆垦荒戍边。可惜当时未被采纳，直到平定伊犁两年后，清朝在新疆设置行省时，不少士大夫才感慨当年龚自珍的远见。

对于近代戕害国人至深的鸦片贸易、鸦片战争，龚自珍也早有预判。早在嘉庆末年他就撰文指出："江西、福建两省种烟草之奸民甚多，大为害中国。"道光初年，他更主张对种植和吸食者皆施以严刑。

在鸦片战争前夕，他全力支持林则徐查禁鸦片，帮其出谋划策，应对可能的侵略战争。鸦片战争爆发后，他甚至准备赴上海参加反抗外国侵略的战斗，但1841年9月，他突患急病暴卒于丹阳。

第四部分

姓氏知识

八成多姓氏，发源于姬姓

翻阅《中国姓氏大辞典》不难发现，汉族不少姓氏都是由姬姓演化而来的。

洛阳姓氏文化研究会常务副会长姬传东介绍，《百家姓》收录的 508 个大姓中，411 个都源于姬姓。这 411 个姓衍生出来的其他姓氏，更是数不胜数。在大多姓氏研究者看来，姬姓是名副其实的"万姓之祖"。

万姓之祖：姬姓繁衍出来的姓氏，数不胜数

"说起姬姓繁衍出来的姓氏，那就数不胜数了。"姬传东介绍，姬姓得姓于轩辕黄帝，是名副其实的"万姓之祖"。去过新郑黄帝故里的人，对"中华姓氏树"都不陌生，姓氏树的树干位置，写的便是姬姓。

《说文解字》等古籍记载，黄帝生于姬水，故姓姬。姬传东说，黄帝的嫡系子孙继承了姬姓，非嫡系子孙则改为他姓。从黄帝这里，便直接衍生出了 12 个姓。

后来的西周王朝建立者姬发，便是继承了黄帝的嫡姓。西周初年，统治者分封的 71 个诸侯国中，姬姓国有 53 个，这些国名后来大多演化成为姓氏。这之后的 800 多年，是中华姓氏形成并发展的重要阶段，现存的多数姓氏，都是在这段时间里出现的。

姓氏源流：发源于姬姓的大姓举例

姬传东在《姬姓史话》一书中介绍，人口数量排名前 300 的姓氏中，直接源于姬姓的有 120 多个。不过，这些姓氏的演化方式不同，大体分为五类。

第一类是直接发源于黄帝的姓。黄帝直接演化而来的 12 个姓分别是姬、酉、祁、己、滕、箴、任、荀、僖、姞、儇（xuān）、衣。

第二类是周王朝分封的 53 个姬姓诸侯国。当时曹、吴、韩、杨、郑、蔡、晋、魏、沈等都是姬姓国，其国名后来都演化成为姓氏。

第三类是发源于姬姓的衍生姓氏。直接源于黄帝的 12 个姓，后来也逐

渐分化为其他姓氏。比如,其中的祁姓被尧帝的祖先继承,后来衍生出刘、唐、杜、范、司空等姓;已姓被少昊继承,衍生出张、安、金、苏、温、顾等姓。

第四类是姬姓族人以祖先或自己的官职、职业、称号、名字、居住地为姓。比如,林姓的一支主要来源是姬姓,其祖先是周平王的庶子姬开。姬开的字是"林",子孙以其字为氏,称"林氏",后来演化成为林姓。

第五类是秦汉之后的改姓。姬传东介绍,姬姓先后经历过四次改姓,其中规模最大的两次,分别发生在东周灭亡时和唐朝中期。"秦灭东周,大多姬姓人改姓为周;唐朝时为避讳李隆基的名字,又有大部分姬姓人改姓为周。"

姬姓现状

姬传东介绍,发源于姬姓的姓氏数不胜数,但姬姓本身如今已经十分少见。据统计,姬姓人口约有 54 万,占全国人口总数的 0.033% 左右。

姬姓分布广,主要分布在山东、河南、山西、陕西、河北、江苏等地。姬姓人口主要为汉族,但满、回、白、壮、苗、水、布依等多个民族也有姬姓人。姬姓望族现居在南阳,堂号是"寿丘堂"或"赤舄(xì)堂"。

姬姓谱系清晰,字辈世系十分严格。1684 年,康熙皇帝御赐山东曲阜姬姓族人 20 字辈"枝兴衍圣绪,隆茂庆脉长,广生忠厚嗣,永远洁正方",被大多姬姓后人沿用至今。

姬姓人的家谱、族谱中,一般尊轩辕黄帝为始祖,并尊周公旦为显祖。比如,在姬姓人的家谱中,"忠"字辈既是黄帝第 116 世孙,同时也是周公第 98 世孙。

姬姓后人交流也很密切。姬传东介绍,2008 年,山东、河南、山西、陕西等地姬姓后人代表共聚一堂,共同商议并确定了姬姓后续的 40 个字辈:

至德开文运,来孝毓福祥;

礼教培家训,信义作宝章。

先祖功勋著,伟名省万邦;

五洲欣景慕,普天崇华光。

他叫乐乐乐，你说该咋读

在人际交往中，读错别人的姓，无疑十分尴尬。在用作姓氏时，"查"不读 chá 而读 zhā，"单"不读 dān 而读 shàn，"种"不读 zhòng 而读 chóng……这些你都能搞清楚吗？有没有出过糗？

读错姓氏，让老师尴尬

马女士是郑州一所中学的老师，每接手一个新的班级，她都会先看看学生名单里有没有生僻字、多音字，拿不准的就查字典，做好准备。

尽管如此，她还是遭遇过不少尴尬。"有个学生姓'员'，我直接喊成了 yuán。没想到这个字作姓时读 yùn，当时别提多尴尬了。"她说。这种尴尬，把她硬生生逼成了"姓氏专家"。她专门整理了不少异读姓氏的读法，还将这份资料分享给同事。

"整理时才发现，异读姓氏多着呢！"马老师说，比如用作姓氏时，"句"不读 jù 而读 gōu，"区"不读 qū 而读 ōu，"繁"不读 fán 而读 pó，等等。

然而，最让马老师头疼的，是某些字用作姓氏时，还有不同的读音。

"比如'盖'既读 gě 也读 gài，'郇'既读 xún 也读 huán，'贲'既读

用作姓氏时与常用读音音韵相同、声调不同（部分）

姓氏	应读	不读	姓氏	应读	不读
过	guō（第一声）	"过去"的 guò	那	nā（第一声）	"那里"的 nà
哈	hǎ（第三声）	"笑哈哈"的 hā	宁	nìng（第四声）	"安宁"的 níng
华	huà（第四声）	"华丽"的 huá	舍	shè（第四声）	"舍弃"的 shě
纪	jī（第一声）	"纪律"的 jì	要	yāo（第一声）	"需要"的 yào
监	jiàn（第四声）	"监督"的 jiān	应	yīng（第一声）	"应付"的 yìng

bēn 也读 féi……"她说，整理了这些异读姓氏之后，她才知道自己喜欢的歌手那英，不是"nà 英"，而是"nā 英"。

古时有个人叫乐乐乐，你会读吗

姓氏异读造成的尴尬，古已有之，有一个有趣的小故事：

古时候，一位名叫乐乐乐的书生中了状元，皇帝要接见他，就让小太监传旨。

小太监传旨："宣 lè-lè-lè 上殿。"过了片刻，没有动静。太监想到"乐"还读 yuè，便又传旨："宣 yuè-yuè-yuè 上殿。"等了半天，还是没人上来。

旁边一位老太监自恃学识渊博，小声说："'乐'还能念成 yào。"小太监恍然大悟，忙改口喊道："宣 yào-yào-yào 上殿。"但仍然不见人上来。

皇帝龙颜不悦，问："怎么回事？"这时，主考官忍不住笑道："新科状元的名字应读成 yuè-lè-yào。"太监照此传旨。果然，话音刚落，新科状元就乐颠颠地跑了过来。

异读姓氏的五种类型

河南省语言学会常务理事、河南大学教授魏清源解释，这种"姓氏异读"产生的原因，一是汉字古音、今音本来不同，姓氏可能保留了这个字的古音；二是各地方言、声调不同；三是民族习俗的遗存。

魏清源说，异读姓氏大致有五种类型。马老师说，她总结的异读姓氏，也都可以归在这五种类型里。

1.一个字作单姓时和作复姓时，有不同的读音。比如，"尉"作单姓时，读 wèi；用作复姓"尉迟"时，读 yù，如唐初名将尉迟敬德。

2.一个字作一般的用法时和作姓时，有不同的读音。这种情况最多，如盖、仇、查、朴、单、种、员、解、缪、陆等，都属于这种情况，且这类异读姓氏一般较为常见。

3.一个字作姓时可以有两个读音，两个读音都对。比如，"乐"作姓时可读 lè，也可读 yuè；"覃"作姓时可读 qín，也可读 tán。专家解释，它们虽然用同一个汉字，但可能代表两个源流不同的姓，不能认为这是同一姓氏在不同地区、不同族属的不同读法。

4. 两个字都作姓时，读音相同，写法却不同，也不能互用。如"欧"和"区"作姓时都读 ōu，"邵"和"召"作姓时都读 shào。

5. 一个字作一般用法时和作姓时读音相近，声母韵母相同，只有声调不同。如"那"原本读 nà，但用作姓时读 nā。另外，这类异读姓氏还有燕、任、宁、葛等。

有些异读姓氏的发音，字典上查不到

"有些异读姓氏，字典上根本查不到这个音。"对姓氏颇有研究的田先生说，在他江苏镇江老家，有一部分眭姓人自称姓 xǔ。眭氏世代相传，保留了这一姓氏的古音，但在字典上查不到。

同样的情况还有佴姓。江苏江都市一个有着1000多年历史的古老村落里，佴姓人都自称姓 nǐ。他们称自己的祖先是从苏州迁来的，而在苏州话里，"耳朵"的发音为 nǐ-duǒ。

魏清源介绍，异读姓氏与其他异读汉字也有联系，都是为了"变音别义"。不过，他认为，上述字典上查不到的姓氏读音，一般都是某地的方言音，应以普通话读音为准。

柴米油盐酱醋茶，个个都是姓

姓氏中不乏"较罕见"的姓氏，均有来源与典故。下面就暴、盖、米三个姓氏作简要解读。

我姓暴，我从哪里来？

郑州市民暴先生很想知道暴姓来源。暴先生原籍在安阳滑县暴庄。1959年，父亲离开家乡到山西参加工作，1972年才调到郑州。"在郑州生活几十年了，几乎没遇见过姓暴的人。"

他回忆，20多年前，他去办理自行车证，排队时前面有个女孩，等女孩填完表格离开后，他一看，女孩也姓暴，此时，女孩早已离开。暴先生说，这么多年来，这是他唯一一次在郑州遇见同姓人。

查询资料得知，暴姓出自姬姓，以国名为氏。从历史文献上考证，我国有人以暴为姓，大约是在3500年前的商朝时期。

《风俗通》中记载，殷商时期，有一位诸侯叫暴辛公，根据考证，便是暴姓的始祖。这一说法在《尚友录》上也有记载。

暴姓的望族居魏郡，东周时，有王族大夫辛被封在暴邑（今河南郑州北），建立暴国，因其爵位是公爵，故称暴辛公。春秋时暴国并入郑国，其国民以原国名为姓，称暴姓。

我有个"粮食姓"：米姓

郑州一位姓米的市民，想知道米姓的来源。

市民米远道对米姓有一定研究，据他了解，米姓源于官职。据说，西周时期设置了一种官位称为舍人。长官为舍令，官称舍人，俗称米史令、粟史令，主要职责就是掌管国库的九谷六米之出入，归地官府司管辖，为周王朝时期的重臣之一。在舍人的后裔子孙中，以官职称谓为姓氏的人，称米氏，世代相传。

此外，对于米姓的来源也有其他说法。一说来自远古时期舜的后代，二说来自楚国的后裔，三说来自隋唐时期西域米国的汉化改姓而来，四说来自满等少数民族汉化改姓。

米女士知道自己的姓跟粮食有关，可她不知道，与粮食有关的姓还有很多。据媒体报道，柴米油盐酱醋茶皆为姓氏。

根据《中国姓氏大辞典》记载，柴米油盐酱醋茶中，柴姓、米姓分布较广。

据媒体 2010 年的报道数据显示，柴姓、米姓分别约占当时全国人口的 0.058% 和 0.035%。油，山东省有此姓，约占全国人口的 0.0028%。盐姓则在江苏、四川等地有分布。酱姓源出不详，台湾有此姓。山西扶风、四川成都、台湾、上海等地有醋姓。茶作为姓有槎（chá）、屠（tú）两音，云南省有此姓。

我姓盖（gě），总被人念成盖子的盖

有一位姓盖（音同葛）的读者，生活中，他的姓总被别人念成盖子的盖，一度令他烦恼。他很想了解盖氏的来源。

对此，上蔡县盖姓研究会副会长盖志表示，盖姓以封地为氏。盖志长期研究盖姓，据他介绍，春秋战国时期，齐国有个地方称盖（gě）邑（今山东沂水西北一带）。战国时期，齐国有一个公族大夫叫王欢，因功受封于盖邑。后来，他的子孙以邑为氏（秦汉以后，姓氏合一），自此世代姓盖。也就是说，盖氏的始祖应该是盖大夫王欢。

据史料记载，齐国时期，盖姓一直在盖邑世袭，子孙繁衍。后来，齐国虽灭，地名也更换了，但盖姓生生不息，流传后世。

此外，盖姓的来源也有其他说法。其一，出自少数民族中的盖姓。据《魏书》记载，卢水胡人中有盖姓。其二，由盖楼氏复姓所改。据《魏书》记载，由盖楼氏复姓改为单姓盖氏。

最容易"夺冠"的姓：第一

零、一、二、三、四、五、六、七、八、九、十、百、千、万、亿、兆等，个个都是姓。不仅如此，第一、第二、第三、第四……不单是姓氏，它们的出身还十分显赫呢！

数字姓氏：从零到十，个个是姓

说起数字姓氏，明代文学家冯梦龙的幽默小品集《古今谭概》里，收录了这样一个笑话：

一位县令的夫人姓伍，平日养尊处优，骄横跋扈。有一天，她的丈夫会见下属官员，她便与这些官员的妻子聊天。"你贵姓？"她指着其中一位官员的妻子问。"免贵姓陆。"县令夫人十分不悦，心想：你丈夫的官职比我丈夫低多了，我姓伍，你居然敢姓陆！她问另外一名女子时，对方回答："免贵姓戚。"

县令夫人受不了了，跑到丈夫跟前说："我才姓伍，你下属官员的妻子却姓陆、姓戚，是不是还有姓八姓九的啊？"

这则笑话里的县令夫人虽然无理取闹，但她还真是说对了：在我国，不仅有人姓零、一、二、三、四、五，还有人姓六、七、八、九、十，甚至百、千、万、亿、兆，也都是姓。

"名次"姓氏：第一、第二出身显赫

上文提到的数字姓氏，大多比较常见。而第一、第二、第三、第四、第五……这些姓氏，就相对罕见了，但它们的出身都十分显赫。

据记载，刘邦取得天下后，将齐、楚、燕、韩、赵、魏等国的贵族豪强集中迁到关中房陵（今湖北房县）居住。在迁徙原齐国田姓贵族时，因为他们族大人众，官府为了方便区分，将他们一一排号，从第一排到了第八，作为他们的新姓氏。比如，原来的齐国国君田广的孙子田癸迁到了第三门，便称"第三氏"。

这8个家族人口不一,有些姓氏后来改成数字姓氏,有些则渐渐消失,也有一部分保留至今。

比如,《百家姓》的最后一句是"第五言服、百家姓终",其中的"第五"就是姓氏,如今在北京、台湾等地都有分布。另外,"第八"这个姓也使用至今,他们都是田广族人田英的后裔。

数字姓氏的起源大多与数字无关

不过,作为姓氏的"一、二、三、四、五……",究其根源,却多与数字没太大关系,大多是从以国为氏、以地名为氏、以先祖名字为氏、以先祖族群名称为氏等演变而来。与现代数字相对应的"壹、贰、叁、肆、伍、陆、柒、捌、玖、拾"等姓氏,也大多保留至今。

一姓

在甲骨文中,商王朝的建立者成汤又称天乙、大乙或高祖乙,他的一部分后人便以"乙"为氏。后来,又有子孙按顺序排行取"壹"为氏,后来简写为"一氏"。

而《魏书》记载,南北朝时期,北魏鲜卑族有"乙弗氏"。北魏孝文帝实行汉化改革,乙弗氏多改为"娄氏",但也有人取"乙"的谐音,改为"壹氏"或"乙氏",后来简写为"一氏"。

二姓

《中国古今姓氏大辞典》记载:"古有贰国,或以国为氏。"贰国是姬姓国,故址在今湖北省广水市,贰国贵族以国名"贰"为氏,逐渐发展成为"贰姓"。

另据《姓氏考略》记载:《山海经》贰负之臣曰危。贰姓始此,望出河东。""贰负"是当时的官名,是专门消灭恶兽的武将或猎手,其后裔子孙以先祖官职为氏,称"贰氏"。

百姓

《通志·氏族略》记载:"秦大夫百里傒之后,其先虞人,家于百里,因氏焉。"百里傒是秦国著名的贤士,他的后人以其出生地百里乡(今山西平陆)为氏,称"百里氏"，后来简化为"百氏"。

此外，百姓的起源还有出自上古柏皇氏、黄帝第五代孙"百虫将军"伯益和少数民族部族名称等说法。在唐代，百姓还是高丽国的八大姓之一，至今在朝鲜半岛仍有分布。

千姓

据记载，孔门"七十二贤士"中，有个名叫闵损的人。闵损字子骞，世人奉闵损为"骞王"，他的子孙称"骞氏"。新中国成立后，国家推行文字简化改革，骞氏族人在户籍登记时被改为"千"氏，至今"骞"、"千"仍可通用。

《大明遗民史渊源补遗》记载：千氏始祖是千岩。明洪武元年，千岩考中了武举人，因为他的出生地在蜀西（今四川西昌）的千高峰，朱元璋便赐其姓千。

万姓

如今，万姓是中国排名第86位的大姓，有多个来源，多出自姬姓。例如，《通志·氏族略》记载，周朝有大夫受封于芮国，春秋时的芮伯万一度官至周王朝司徒，其子孙以"万"为氏。

亿姓

亿姓在《姓氏考略》中并无记载，但在《姓苑》中有记载。亿姓比较罕见，人数稀少，其族人分布在今山西、上海和台湾等地。

兆姓

兆姓多源于古代少数民族。南北朝时期，羯族契胡部有一位名叫尔朱兆的杰出首领，其后人以先祖名字为氏，称"兆氏"。另据《皇朝通志·氏族略·满洲八旗姓》记载，满族、蒙古族的不少原有姓氏，都改成了汉姓"兆"或"赵"。

你没看错，这些都是姓氏

中国有不少有趣的数字姓氏，但"数字姓氏"并非华人姓氏的"专利"，不少日本姓氏中含有数字。日本姓氏中，与数字有关的有多少？日本还有哪些稀奇古怪的姓氏？

漫画里的日本姓氏能"从一数到九"

数字姓氏不光中国有，外国也有。"数字姓氏"在日本也很常见。

日本漫画《相聚一刻》里的几个重要人物，姓氏里都包含数字，甚至能从一数到九：一之濑花枝、二阶堂望、三鹰瞬、四谷、五代裕作、六本木朱美、七尾须惠、八神吹雪、九条明日菜。

曾在德国留学的周女士也说，她遇见过不少稀奇的德国姓氏，其中的Montag（星期一）、Freitag（星期五）等都与数字有关，她在大学里有一名教授的姓是Siebenhaar（七根毛），也与数字有关。

对此，华中师范大学日语系主任李俄宪教授介绍，在日本，"数字姓氏"不仅有，而且相当常见。

数字，都是姓

据统计，日本排名前300的姓氏中，含有数字的姓氏就有二宫、三浦、三宅、八木、五十岚等；另外，比较常见的数字姓氏有一冈、二丸、三濑、四岛、五十铃、六角、七条、八马、九鬼、十石、百家、千代、万岁等。

日本的数字姓氏，大多也代表着某种含义，如"一万田""一方井""一寸木""一锹田""一本松"等，似乎代表了这户人家立姓时的家产；"四月一日""八月一日"等，也许代表该姓氏立姓的时间。但更多姓氏无法从字面上判断其意义，如"十一谷""一郎丸""四步一"……

在日本，纯数字的姓氏也很常见。不仅"一、九、十"是姓氏，"五六""一二三""二十一""九十九""七五三""十万""百万""四万十"等也是姓氏，甚至"三分一""四分一"也可以用来作为姓氏。

不过，这些姓氏的读法并不只有一种。比如，"一"姓有四种读法，且各种读法含义不一；有10个姓用到"十二"这个数字，读音各不一样，其含义一般是"十二""十二丁""十二佛""十二月""十二月一日""十二神"等。

姓氏源起：人们认知范围内的事物几乎都可作姓

为什么会产生这么多有趣的数字姓氏呢？据日本姓氏专家高信幸男研究认为，这与日本历史上的姓氏制度有关。

刚开始，日本人并无姓氏。670年，大和政权开始编制最初的户籍《庚午年籍》。那时，姓氏仍然是贵族的"专利"，姓氏数量也很少。

直到19世纪前半期，姓氏才在武士、巨商和有权有势的人之间流行。

明治天皇时期，政府觉得编造户籍、课税征役很不方便，便号召人们都取姓。

不过，由于大多数人对姓氏并无概念，也很不重视，只是当作一项差事来办，他们大多任意取个代号作为姓氏，能交差就行。因此，住在山脚下的人们，便多以"山下""山本"为姓；住在水田边，便称为"田边"；另外，"西村""冈村""森村""木村"等，都是来源于他们所居住的地名或村名。

不仅如此，在当时，上至日月星辰，下至花鸟鱼虫，从数字、职业、住所到宗教信仰，凡是人们认知范围内的事物，几乎都可作姓。于是有了"上下""左右""前后""火山""热海""温泉""满身""汗""瓶子""布袋""三五七""九十九"等千奇百怪的姓氏。

到了1870年，日本政府颁布"平民姓氏使用认可令"，将姓氏的数量控制在了13万多个，日本现存的姓氏基本固定。

1898年，日本政府制定了户籍法，每户的姓氏从此固定，不得随意更改，子承父姓、妻随夫姓，沿用至今。

有趣姓氏：天地万物、社会百态均可作姓

"猪股、牛肠、鸭头、鸡尾、蜘手、蚊爪、寒蝉、蜂巢、狗饲、牛粪、白水、

村山、村中、望月、饭田桥、村女、山花、六十里、十二村"等，一般是农村家庭用姓。

"东山、西山、乐山、香山、下山、三山、狮子、虎、熊、鹰、鹿、目"之类，多是猎户的姓氏。

"潮来、网、网干、生鱼、鳗、蟹、螺、钓竿、海部、海老名、厚海、长绳、东风、北风"等，多隶属于渔民船夫。

"寺门、神户、戒屋、虎杖、救、地藏、隐居、青鬼、小粥、天道、调月、星、不来方、四十八愿、四十九院、御菩萨木"等，可能是僧、道的姓氏。

"文屋、倭文、文字、一笔、高知、作家、知识、大学、入学、文部、十文字"等，其祖上必是文化人。

"三瓶、酱油、酢屋、铜工、锻人、铁师、膳夫、音头、煤孙、油田、修理、相扑、公文、执行、押领司、大藏、黄金、白银、山纳"等，可能与职业有关。

"北上、老家、厚见、父母、千寿、万福、花房、新妻、伴、吾妻镜、妻良、女乐、五味、满足、黑须、白发、万代、幸福"等，几乎包罗了人间各种天伦之乐。

此外，日本还有无数的怪姓、难姓，实在无法一一对号入座。

日本天皇无姓氏？

日本社会受汉文化影响深远，实际取用的姓氏很是离奇，令人不可思议。不过，很多姓氏的产生，都有特殊的来历和有趣的故事，耐人寻味。

比如，静冈县有人姓"一尺八寸"，其取姓的原本意思，是镰刀柄的长度为一尺八寸。原来，因为同乡有人先取用了"镰柄"为姓氏，这个人实在不知道取什么好，便直接将镰柄的长度用作姓氏了。

再如，奈良县有五家三字的姓："五鬼助、五鬼肉、五鬼堂、五鬼胜、五鬼作"。"五鬼"在日文里与"御器"同音。"御器"是神的供器，具有神圣感，而"鬼"字又有很强的灵意。这五家都是神社里的职员。

以日期为姓的，如"正月一日"的意思是农历春节，万象更新，吉祥如意；"四月一日""四月朔日"原意是农历的四月初一，天气开始返暖，以后便不用穿棉袄了。

　　如今，日本几乎人人有姓氏，唯独地位尊崇的天皇家族没有，这是为什么？原来，在日本人的观念里，天皇并不是人，而是神，神是没有姓的。天皇无姓，皇子、皇孙、皇女、皇弟等自然也无姓氏。在日本，女子出嫁后要改用夫姓，但因为皇族无姓，嫁到皇家的平民女子便仍用娘家的姓。

上古八大姓为何皆从"女"旁

《中华姓氏大辞典》一书中收录了4820个汉族姓氏，对它们的起源，很多人都有疑问，表示对自己姓氏的来源"不太清楚"。

姓氏研究者徐铁生介绍，姓氏来源复杂，但根据史料记载可以肯定：汉族姓氏绝大部分源于"上古八大姓"。上古八大姓是哪些？它们各有什么来头？

上古八大姓都有哪几个？

中国科学院姓氏研究专家袁义达编写的《中华姓氏大辞典》一书中，收录了11969个用汉字记录的姓氏，其中汉族姓氏4820个。

后来，他与中华文化促进会副主席邱家儒共同编纂的《中国姓氏大辞典》一书中，姓氏数量增加到了23813个。

众多学者研究表明，在四五千年前，华夏民族使用的姓氏远没有这么多，只有少量姓氏。但正是这些古老姓氏不断演变、发展，才形成了今天使用的这些姓氏。

上古时期的姓氏有多少，至今学界尚无定论。但众多研究都表明，汉族的姓氏绝大多数源于"上古八大姓"。

上古八大姓都有哪些？曾历时34年编纂《中华姓氏源流大辞典》一书的徐铁生说："上古八大姓有两种：姬、姜、姚、妫、姒、嬴、妘、姞，或姬、姜、姚、妫、姒、嬴、妘、妊。"

姬、姜、姚、妫、姒、嬴、妘、姞、妊九姓源流

上古八大姓，都曾有着辉煌的历史与高贵的血统。它们是怎么产生的？其代表人物都有谁？后来发展成为如今使用的哪些姓氏？

姬姓：

《说文解字》等古籍记载，黄帝生于姬水，故姓姬，其嫡系子孙继承姬姓，

非嫡系子孙则改为他姓。西周分封的 71 个诸侯国里，姬姓国有 53 个，这些国名后来大都演化成姓氏。

据统计，《百家姓》收录的 508 个大姓中，有 411 个源于姬姓；中国人口数量排名前 300 位的姓氏中，直接源于姬姓的有 120 多个。不过，姬姓越来越少见，如今人口有约 54 万。

姜姓：

《说文解字》记载："神农居姜水，因以为氏。"传说中的炎帝神农氏生于姜水（今陕西岐山县），故以姜为姓。

炎、黄二帝在历史上地位尊崇，姜姓后裔也名人辈出，如姜尚、姜维等。《百家姓》一书中收录的 508 个大姓中，源于姜姓的有 50 多个，如齐、申、丁、许、高等。姜姓沿用至今，人口有 600 多万。

妊姓：

《唐书·宰相世系表》记载，黄帝最小的儿子叫禹阳，他得姓为"妊"。后来，他的后裔寒浞，曾统治整个华夏民族长达 40 年。

周朝时的谢、章、薛、舒、吕、祝、终、泉、毕、过等诸侯国，都是妊姓后裔的封国，其国名逐渐演化成现在使用的姓。另外，妊姓也逐渐演变成如今的任姓。

姒姓：

《通志·氏族略》记载："女志于水中得月精，神珠如薏苡，爱而吞含之，遂生夏禹。"因为大禹是其母吞吃神珠薏苡所生，所以他得姓为姒。

大禹在历史上功绩显赫，尤以治水的功劳最大。他的儿子启建立中国有史记载的第一个"家天下"王朝夏，所以子孙也很繁盛。

据统计，源于姒姓的有夏、娄、邓、曾、鲍、谭、嵇、关、窦、欧阳等 30 多个姓。不过，姒姓如今很罕见，人口不足 2000 人。

妘姓：

《说文通训定声》记载，鄢、郐、路、逼阳、鄅等，都是古时的妘姓国。妘姓是"祝融八姓"之一。

《史记》记载，祝融是颛顼帝之孙。他是上古时期的赤帝，被后世尊为"火神"。在神话传说中，他与共工的那场"大决战"，给当时的生灵带来极大的灾难。

据统计，如今的董、曹、彭、云等姓，均源于妘姓。而妘姓逐渐去掉女字旁，演化成云姓，沿用至今。

姞姓：

据记载，黄帝为自己的25个儿子立了12个姓，其中一个儿子得姓为姞。在先秦时期，姞姓衍生出了燕、雍、光、鲁、卤、孔、蔡、阚等姓。

据统计，如今的燕、严、杨、孔、鲁、郅等姓，均源于姞姓。而姞姓与妘姓类似，逐渐演变成吉姓，沿用至今。

嬴姓：

《帝王世纪》记载："少昊帝名挚，字青阳，嬴姓也。"少昊位列"五帝"之中，也是华夏民族的奠基者之一，功绩卓著。

西周灭亡后，姬宜臼迁都洛邑（今河南洛阳），原有的镐京（今陕西西安市长安区西北）被犬戎占据。姬宜臼将镐京附近的土地赐给嬴氏，建立秦国，以抵御犬戎。

后来，秦国不仅将犬戎打跑，还完成了大一统。因此，嬴姓子孙也很繁盛。

据统计，《百家姓》中的508个大姓，源于嬴姓的有30多个，如李、黄、梁、徐、赵、马、秦等。然而，经过两千多年的风雨洗刷，嬴姓已十分罕见。

姚姓、妫姓：

《通志·氏族略》记载："姚姓，虞之姓也。虞帝生于姚墟，故因生以为姓。"据考证，姚墟位于今天的河南范县附近。姚和妫是舜帝先后立的两个姓。

《尚书》云："德自舜明。"《史记·五帝本纪》记载："天下明德，皆自虞帝始。"舜帝是上古时期的贤明君主，他的子孙也很繁盛。

据统计，源于姚姓的姓氏有70多个，如陈、王、胡、孙、袁等。姚姓也作为大姓一直沿用至今，人口约550万；源于妫姓的有田、夏、满等，但妫姓如今已极为罕见。

最古老的姓氏，为何都从"女"旁

由上古八大姓可以看出，中国最古老的姓氏，大多带有女字旁，连"姓"字也是这样。这是什么原因呢？

《三坟》记载："男女媾精，以女生为姓。"《说文解字》解释："姓，人所生也。古之神圣，母感天而生子，故称天子。从女、生，生亦声。"

由此看来，姓在产生之初，便是由女性来确定的。当时，人们"只知其母、不知其父"，人们尊女性为部落首领，作为氏族徽号的姓带有女性色彩，也就不足为奇了。

这些形成于母系氏族的姓，除了很少一部分留存至今外，大多或演变成别的姓氏，或直接消失不见，逐渐淹没在历史洪流中。

明明是姓"虎"，咋要读成"猫"

在中国传统文化中，虎一直是权力和力量的象征，被称为"万兽之王"。以虎为姓的人们，其祖上也威名远扬。

不过，在河南、云南、四川的一些地方，"虎"姓的读音不是"hǔ"，而是"māo"，这是为什么呢？在民间传说中，虎和猫有着怎样的关系？

虎姓起源：帝喾时代的"八大才子"

"虎"姓，无疑是华人世界中最霸气的姓氏之一。对虎姓颇有研究的虎啸先生介绍，虎姓出自帝喾时代"八大才子"之一的伯虎。

《左传·文公十八年》记载："高辛氏有才子八人：伯奋、仲堪、叔献、季仲、伯虎、仲熊、叔豹、季狸。忠肃共懿，宣慈惠和，天下之民谓之'八元'。"

据记载，这八个人才德高超，是辅佐帝喾治理天下的好帮手。后来，尧接替帝喾为帝，"八元"退隐；之后，舜又起用大批旧臣，伯虎部族随之复兴，他们是如今大多数虎姓人的祖先。

另据《元史·氏族表》记载，元代名臣赛典赤·赡思丁的三儿子忽辛、另一位大臣纳速剌丁的四儿子忽先，他们的后代中都有不少人以"忽"为姓，后来改姓为"虎"。

另外，云南昭通多个虎氏家族的《虎姓家谱》记载："吾祖奉请来朝，唐王亲封虎威将军……故此子孙永远姓虎。"这些虎姓人的祖先是"虎威将军"，其子孙以祖上官职封号的首字"虎"为氏。

据《资治通鉴》记载，唐高宗李治的第六子李贤因谋逆被废为庶人，流放巴州（今四川巴中市巴州区），支持他的大臣一并流放至巴州，并赐姓为"虎"。如今，河南、云南、四川、广西等地，均有虎氏族人分布。

虎姓读音：虎姓为什么会读成猫？

据媒体报道，在四川、贵州等地，虎姓人自称姓"māo"。在四川南部县五灵乡岐山坝村，有80多名村民都姓"虎"，他们都将"虎"读成"māo"；在四川成都新都区，也有不少虎姓人自称姓"māo"。

不过，老家在平顶山的虎女士说，她的家族均将自己的姓读为"hǔ"："虽然我们都姓'虎'，但人们把'虎'读成'māo'的情况我也遇见过，不觉得奇怪。"

"我在成都上学时，不少南方人都喊我'阿猫'，我刚开始不理解。后来有同学告诉我，把'虎'读成'māo'是当地的习俗。"她说。

《回回姓氏考》记载，回族虎姓中"唯成都虎姓，音不读'虎'而读'猫'"。而查阅资料发现，将虎姓读为"māo"，多集中在四川、云南、贵州等地和河南的部分地区。而在广西、江苏、山西以及河南的另外一些地区，虎姓仍然被读作"hǔ"。

民间传说中，虎猫原本是一家

虎姓为啥有两种读法？"虎"和"猫"之间到底有什么关系？

对此，民俗专家王光荣解释，"虎"通常只有一种读法，但用作姓氏时，确实可以读作"hǔ"或"māo"，且两种读法"都比较常见"。

"民间传说中，虎和猫原本是一家，后来因为某些变故才'分家'。所以，在一些地方，把'虎'读成'māo'并不奇怪。"他介绍，如今在四川等地，仍有把虎当成猫的风俗。

虎啸则称，他们老家的人也把"虎"读成"māo"，但老辈人的说法各不相同："有人说，虎姓人的祖先认为猫是老虎的师父，便自称为'猫'；也有人说，虎姓人的祖先曾在云贵川做皮货生意，生意场上忌讳'与虎谋皮'，他们随机应变，自称姓'猫'；还有人说，因为老虎会伤人，人们觉得喊'虎某某'不太吉利，便把'虎'念成了'猫'；更有人说，中国民间认为'白虎星'很不吉利，虎姓人为了在不背叛祖先的前提下避讳，便把'虎'读成了'猫'。"

王光荣说，虎姓读音不同，可能与古代的虎图腾也有关系，"虎"字的读法不同，意味着这些姓氏的来源不同。"不过，这些都是猜测，具体原因还有待考证。"

中国第一小姓：觊（kuàng）

提起中国四大姓，大部分人都知道是李、王、张、刘，然而，你知道"四小姓"是哪些吗？

华夏姓氏源流中心主任袁义达的研究表明，原来的小姓有难、死、山，不过后来发现了觊（kuàng）姓，因为人数过于稀少，据称是第一小姓。

第一小姓：觊

主要分布在河南安阳市区，其他地方各有其家族成员。不过百人，据言均出一系。

第二小姓：难

分布于河南省，由南北朝时期鲜卑族的姓发展而来，原本是一种鸟类的名字，由于当时人崇尚鸟类，把姓起成了"难"（nàn）。后来难姓大部分迁徙到了朝鲜半岛，中国极少存在。

袁义达的研究组在山西调查难姓时，还引来了韩国的寻亲团。他说，韩国文化界认为，这个姓是韩国难姓的根源："河南曾出土过一块南北朝时期的石碑，记载一个鲜卑族官员的事迹，他的名字叫难楼，难姓随鲜卑北迁，松花江当时也改名成了难江。随后，这些姓难的鲜卑族到了现在的朝鲜半岛，韩国人认为这些鲜卑人是自己的祖先。"

第三小姓：死

袁义达介绍，死姓主要分布于中国西北部，是由北魏时期的少数民族四字复姓发展而来的，目前人数呈减少趋势。

第四小姓：岽（yà）

袁义达说，这个姓是研究组在安徽省涡阳县和辽宁省彰武县偶然发现的，共有 2000 人左右。这些人都清楚自己姓的来源，称自己是岳飞的直系后代。岳飞后人遭秦桧迫害逃亡，便把"岳"字上下颠倒，组成了这个新姓。

姓与氏都是姓

"您贵姓？""免贵姓姓。""啥？""我姓姓！"

孙女士在郑州一家事业单位上班，这天，南阳市社旗县人姓先生来办业务。于是，发生了上边这组对话。

其实，不仅姓是姓，氏也是姓，两家的祖上，也出过不少厉害角色。

姓姓源于姬姓，根在上蔡

我国确实有"姓"这个姓，它不仅"出身"显赫，历史上还出过不少名人，目前在浙江、山西、河北、河南等省份均有分布，总人口约有10万。

据《姓氏考略》《元和姓纂》《通志·氏族略》等记载，姓姓起源于今天的驻马店上蔡县一带，与蔡姓渊源颇深。

西周初年，武王姬发为了分化商朝的残余势力，将其地一分为三，并将胞弟姬度封到了蔡（今河南上蔡县一带），让他建立蔡国。

《左传》记载，公元前447年，蔡国被楚国攻灭。蔡国贵族流亡到楚、秦、晋、齐等国居住，或为平民，或为大夫。其中，几位蔡国贵族姬孙姓、姬射姓、姬丁姓在当时较为有名。因为他们的名字中都有个"姓"字，不少后裔子孙便以其名为氏，称"姓"氏，并世代沿用至今。如今的姓姓人，大都尊姬度的儿子姬胡为得姓始祖。

关于姓姓，《姓氏寻源》中还有"其人本无姓氏，因即以姓为姓"的记载。春秋战国时期，平民原本没有姓氏，他们便干脆以"姓"为姓或以"姓"为氏，并自命"姓氏正宗"和"最大的姓氏"，暗含嘲讽"有姓有氏"的豪门大族之意。

姓姓名人：因经商有道成为一方巨贾

历史上，姓姓也出过不少名人，其中以姓伟、姓益恭、姓秉恭等较为有名。

《汉书·货殖传》记载："临淄姓伟，赀五千万。"汉成帝、汉哀帝时期，国运逐渐衰落，而家住山东临淄的姓伟则经商有道，积累了五千万的家资，成为齐地首富。

当时，五千万钱约能购买 42 万石大米。西汉时期，官职级别最高的"三公"（丞相、大司马、御史大夫）年俸为 4200 石。一位丞相不吃不喝攒 100 年，才能与姓伟的身家相提并论。

氏姓起源

"姓"都是姓氏了，"氏"是不是姓氏？河南商报记者查阅相关史料发现：还真是！不过，"氏"用作姓氏时不读 shì，而是读作 zhī 或 dǐ，分别代表氏姓的两个来源。

据专家考证，读作 zhī 的氏姓，源于族序。在上古姓氏家族中，先祖排行为次者称"氏叔"，在氏族内部类似于"长老"，掌管宗祠，后来演化成为姓氏。

另一支氏姓源于妘姓。《大事年表》记载："邸国，妘姓，子爵。"西周初年，武王分封的邸国（今山东临沂市一带）因为国小力弱，经常被周边大国欺负。

《左传》记载："昭公十八年六月，邾人入邸。"公元前 524 年，邸国被临近的小国邾国攻灭。

后来鲁国惩罚邾国，割走原邸国的地盘，改为"邸城"。再后来，楚国灭了鲁国，邸城又成为楚国的邸县。《姓苑》记载，邸为县名，邸氏以县名为氏。后来，一部分邸氏后人将"邸"笔讹为"氏"，世代沿用至今，读音仍然是 dǐ。

不过，这两支氏姓人数都非常稀少，据统计，总人数不超过 3 万，零星分布在陕西、山东、河北的部分地市。

氏姓名人：让法律也"失效"的氏仪

三国时期，东吴有一位直言敢谏的大臣，被当时的官员当作楷模，是"一生都没犯过错"的"完人"，这就是氏仪。

氏仪是北海营陵（今山东潍坊南）人，曾在北海郡当县吏。当时的北海郡相孔融嘲笑他的姓，说"氏"字"形似民而无上"，可以改成"是"。氏仪还真的就此改姓为"是",成为如今是姓人的始祖。

后来,氏仪在吴国做官,多次参与策划与蜀汉、曹魏的战争。他直言敢谏,成为当时百官的楷模,后来升任尚书仆射。

当时,氏仪被认为从来都没犯过错误。大臣吕壹经常向皇帝说大臣的坏话,唯独对于氏仪,他苦苦思索很长时间,最终也没找出来诬告的借口,以至于孙权感叹:"如果人人都像他,法律也就没有用了。"

那些与动植物有关的姓氏

草字头姓氏多与植物有关

"艾和蒋一样，原意是一种植物，'艾'就是艾蒿。"郑州人艾先生说。

民谚道："清明插柳，端午插艾。"古时的端午节，人们会将艾条或菖蒲插在门楣上，用来驱逐蚊虫。

艾先生推测，艾姓的起源，应该也与艾蒿这种植物有关。"艾姓的得姓始祖是夏朝的汝艾，后人以他的名字为姓。而他的名字，估计就与艾蒿这种植物有关，这跟现在人名中经常带'芳''菲'等字是一个道理。"

他说，"萧""茅""薛""荆"等带草字头的姓氏，估计也与相应的草本植物有关。

与植物有关的姓氏，多源于古人的植物崇拜

对民俗文化颇有研究的艾先生说，在先秦时期，民间广泛祭祀一种司木之神，名叫"句（读 gōu）芒"。植物崇拜是自然崇拜一个极为重要的方面。在古代，关于植物崇拜的传说数不胜数。

《中华全国风俗志》记载，苗族人尊奉竹为竹王，称其为"白天帝王"。在一些地方，凡是高大茂盛、年龄古老、造型奇特的树，往往都会被人们视为神树来祭祀。

其实，植物崇拜到现在仍有迹可循。比如先人去世入葬时，会在其墓旁植上樟树、松树、柏树、柳树等作为"风水树"，这也是植物崇拜的一种体现。

在古人看来，每种植物都有特定的神性，这种植物成为一些部落的代号、图腾，也就不足为奇了。久而久之，这些代号或图腾又渐渐转化成姓氏。

"与植物有关的姓氏，大多来源于古人的植物崇拜。"艾先生举例说，"姚"虽然不是木字旁，但姚姓起源与桃树有关。据记载，姚姓祖先生活的地方盛产桃树，当地人便视它为神树，并以桃树为图腾。如今，桃木仍被人们认为具有神奇的辟邪作用。

与植物有关的姓氏有很多

《中国姓氏大辞典》一书收录的 2 万多个姓氏中，与植物有关的姓氏不在少数。除了带草字头、木字边的，还有与五谷杂粮、瓜果蔬菜、各种花卉有关的姓氏。

动物鸟、鸡、鹅、鸽、鱼个个都是姓

动物崇拜的现象，似乎比植物崇拜更为常见：全球华人自称"龙的传人"，这源于华夏祖先崇拜的龙图腾。中国古代少数民族"犬戎"以犬为图腾，也有不少游牧民族崇拜狼图腾。华人世界至今仍在使用的"十二生肖"，也是一种动物崇拜。

古人的动物崇拜，甚至形成了体系。在黄帝时代，东西南北四个方位，有青龙、白虎、朱雀、玄武四种神兽守卫。天上的二十八星宿，也分别用一种动物来命名。由动物崇拜转化而来的姓氏，甚至比由植物崇拜转化而来的姓氏还要多，与飞禽走兽、家禽家畜、虫蛇鱼龙等"重名"的姓氏应有尽有。

姓、氏本不同，秦汉合为一

如今的姓和氏，是一回事儿，所谓"张氏""刘氏"，意思就是"姓张的""姓刘的"。

然而，姓与氏刚出现时，它们其实各有含义。先秦时期，两者更被明文规定严格区分。姓与氏在产生之初有什么区别？两者为何合二为一？如今的姓、氏，在用法上有哪些不同之处？

伏羲正姓氏时，姓与氏的含义

如今，人们说起姓与氏，大多觉得两者是"一回事儿"。其实，姓与氏刚出现时，含义各不相同，还曾经被明文规定严格区分。

在《中国通史简编》中，史学家范文澜对姓与氏的区别有所介绍。他认为，两者产生时，姓是源于同一女性始祖、具有共同血缘关系的族属共有符号、标志。它最初的形式是图腾，后来形成了文字意义上的"姓"。

中国第一部系统分析汉字字形和考究字源的书《说文解字》解释："姓，人所生也。古之神圣母感天而生子，故称天子。从女、从生，生亦声。春秋传曰天资因生以为姓。"这说明，姓所标志的血缘关系，在当时是由女性来确定的。所以，一些古老的姓如姬、姜、姚、妘、嬴、姒等，都是女字旁。

近现代史学家大多认为，母系氏族社会中，人们"只知其母、不知其父"，这便是姓产生时的社会背景。它是宗族的根本族号，一般情况下不会发生变化。

古籍《通鉴外纪》记载："姓者，统其祖考之所自出，氏者别其子孙之所自分。"随着人口繁衍，原始部落分出若干新部落，新部落为了表示自己的特异性，单独起了一个共用的代号，这便是"氏"，氏是姓的支系。

正是在此基础上，后来的太昊伏羲氏才有了"正姓氏"的创举，使华夏子孙逐渐繁盛。

先秦时期，男子称氏，女子称姓

"礼不娶同姓"的规定，一直延续到周。婚姻制度、姓氏制度不断丰富，并以法律的形式确定下来。

河北师范大学文学院田恒金教授，曾对先秦时期的姓氏、人名进行过专门研究。他认为，到了周代，姓氏制度已相当严密，成为宗法制度的重要组成部分。

《通志·氏族略》记载："姓所以别婚姻，氏所以别贵贱。"田恒金介绍，在周代，男子是氏族的主体和代表，只称氏不称姓，但姓有着"别婚姻"的重要作用，所以女子称姓就显得十分重要。

女子称姓，形成了先秦时期人们对女子的特殊称呼，如历史人物赵姬、庄姜、雍姞、文嬴等。他举例说，见于《春秋》记载的杞国夫人"杞伯姬"，"杞"代表她嫁到杞国或嫁给杞氏男子，"伯"代表她在自己的姐妹中排行老大，"姬"则代表她的娘家是姬姓。

《通志·氏族略》记载："贵者有氏，贱者有名无氏。"田恒金介绍，先秦时期等级制度严格，姓与氏都是贵族才有权使用的称号，没有名字的平民百姓，人们统一以其职业称呼，如庖丁、匠石、医和、优孟等。

顾炎武曾说："氏一传而可变，姓千万年而不变。"姓起源较早，几乎稳定不变；而氏是后起，会随各种原因而变更。氏的变化，往往反映贵族男子身份地位的变化，春秋中期的晋国大夫士会，他又称士季、随会、范会、随武子、范武子等，代表祖先官职的"士"和他的封邑名称"随""范"，都是他的氏。

秦统一后，姓、氏渐渐合二为一

姓、氏含义不同，持续了数千年时间，从什么时候开始，两者成"一回事儿"了呢？袁义达等姓氏专家研究认为，其演变经历了较长的历史时期。

春秋时期"礼崩乐坏"，战乱频仍，宗法制度渐渐崩溃。战国时期，姓氏制度已经变得十分混乱，"氏"大多转变为"姓"，平民的地位逐渐上升，也有了姓，"百姓"开始成为民众的通称。袁义达认为，目前使用的100个汉族大姓，其人数占汉族总人口的约 87%。其中的 97 个姓，都是在这一时期形成的。

《通志·氏族略》记载："秦灭六国，子孙或以国为姓，或以姓为氏，或以氏为氏，姓氏之失，由此始……兹姓与氏浑为一者也。"

公元前 221 年，秦王朝完成统一，将沿袭数千年的分封制改为郡县制，原有的宗法制度、姓氏制度彻底失掉社会基础。明贵贱的"氏"、别婚姻的"姓"本质上不再有区别，都成为表示宗族、血缘的符号。西汉时，姓、氏更是完全融为一体。从此，中华姓氏才开始了世代稳定的传承。

因为姓、氏合一，西汉中期的司马迁撰写《史记》时，并不十分注重两者在先秦时期的区别，以致出现孔子"字仲尼，姓孔氏"这种错误说法。孔子其实是子姓、孔氏。

如今的姓、氏，在用法上的区别

秦汉以后，姓即是氏，氏即是姓，两者含义相同，一直持续了两千多年。

不过，两者在不同场合还是有区别的。比如在人际交往中，不相识的人往往会礼貌地问对方"贵姓"，而不是问对方"贵氏"。

但家谱、族谱大多题名为《×氏家谱》《×氏族谱》，从未见过《×姓家谱》《×姓族谱》。

为什么会有这种区别？学者研究认为，在汉语口语中，"氏"与"死"读音相近，古人忌讳"死"字，所以"氏"字也渐渐失宠，在口语中消失不见。

但因为在先秦时期，"氏"是男子的专有称号，而家谱、族谱又是记录男性家族成员血缘关系的册子，所以家谱、族谱的题名常用"氏"字。

"大槐树"移民，祖根在中原

"你家从哪儿来？""山西洪洞大槐树下。"

不少人被问到"祖宗在哪儿时"，都会这样作答。

历史上，真实的"大槐树"传说是怎样的呢？

家谱上记载，他们是"大槐树"移民

在焦作温县，有一个名为"杨家庄"的村子。杨先生说，他家祖祖辈辈都居住在这里。

"我家族谱上记载，温县这一支杨姓人，是从山西洪洞迁过来的。后来，兄弟几个分开谋生，分布在温县不同的镇，但村名几乎一样，都是杨家庄或杨家村。"杨先生说，他翻阅过附近村庄其他姓氏的家谱，"上面记载，很大一部分人，都是从同一个地方迁来的，这就是山西洪洞县的'大槐树下'"。

《温县志》也有很大篇幅关于"大槐树移民"的记载，发生时间多集中在明朝初期洪武年间或永乐年间，涉及的姓氏不仅有杨，还有张、赵、王、郭、陈等。

翻阅《郑县志》《温县志》《滑县志》《宝丰县志》《新乡县志》等多种史料，书中均有关于"大槐树移民"的记载，且不止一次出现。

明朝初期，山西洪洞县的"大槐树下"，究竟发生了什么？

祖先在何处，山西洪洞大槐树

"问我祖先在何处，山西洪洞大槐树。祖先故居叫什么？大槐树下老鸹窝。"这首民谣，至今仍流传在河南、山东和河北的广大地区。

葛剑雄在《中国移民史》中介绍，元末，黄河流域水患严重，民不聊生，随后，红巾军等反元武装蜂起，中原成了主战场，良田荒弃；明朝建立后不久，又发生了"靖难之役"，稍稍安定的黄河流域再次沦为战场。

连年混战加上多年大旱，使得黄河下游流域"十室九空"。出于巩固边防、充实粮饷、增加国库收入等考虑,统治者不得不下令移民垦荒。据《明史》《明实录》等史籍记载,明洪武六年（1373）到永乐十五年（1417）的近50年时间里,先后共计从山西大规模移民18次。

山西这么大,为何偏偏"大槐树下"这么有名呢?洪洞县志办主任张青介绍,当时晋南地区交通便利,洪洞县城北有一座规模较大的广济寺,寺旁有一株"树身数围、荫遮数亩"的汉槐,当地官员决定在大槐树下集中为迁民办理"手续"。"大槐树"传说便由此而来。

张青说,洪洞"大槐树"移民的规模为"中国历代移民之最",并且"有史可稽、有谱可查、有函可依"。移民从山西各地赶来,先是被迫集中在大槐树下,又从这里迁到了今天的北京、河北、河南、山东、安徽、江苏、湖北、陕西、甘肃等10多个省份的600多个县。

"凡是有华人的地方,就有'大槐树'移民的后代。"他称,这些移民涉及1230个姓氏,其后代经过辗转迁徙遍布海内外,总人数已经超过了2亿。如今,位于洪洞县的古大槐树处,也成了人们寻根祭祖之地。

"大槐树"移民,其实祖根在中原

不过,据学者研究和多种史料记载,"大槐树"移民的很大一部分人都属于"回迁"。

《元史》《明史》均记载,元末,中原大地成为农民起义军反抗元朝统治的主要阵地,明初又成为群雄的逐鹿场。当时,黄河南北"劫火燎空、噍类无遗",河南、山东、河北以及两淮百姓"十亡八九"。可是蒙古人察罕帖木儿父子统治的山西,却是一番太平景象。

从事元史研究的瞿大风认为,这一时期,大量河南、山东、河北难民流入山西,使得该地区人口出现急剧增长,达到了约600万。其中,流民人口,几乎比山西的原住居民还要多。

后来,山西虽然也被战火波及,但其"表里山河"的地理特征,宜于百姓躲藏。据不完全统计,洪武初年,山西人口仍有近500万,比当时河南、河北、山东三省的总人口还多。

因为连年战争，中原人为避难迁到了山西；战乱结束后，他们又自发或在当时政策影响下迁回中原：尽管当时的中原大地满目疮痍，但这里毕竟是他们的"故乡"。

"大槐树移民"留下的风俗习惯

"大槐树移民"因有规模大、时间长等特点，对如今人们的风俗习惯产生了深远影响。

据说，为防止移民半途逃跑，官兵将他们反绑，用一根长绳串联起来。"押解"途中，移民大多习惯背着手走路，其后裔也沿袭了这种习惯。

另外，由于双手被绑，移民要小便都要向官兵报告："老爷，请解开手，我要小便。"次数多了，只要说声"我解手"，官兵就会明白什么意思。而在如今的中原地区，"解手"几乎就是小便的代名词。

另有说法称，当年迁民时，官兵用刀在移民的小脚指甲上切一刀，作为记号以防逃跑，所以如今有"小脚趾甲两瓣的人都是大槐树移民后代"的说法。

对此，复旦大学公共卫生学院流行病学教研室郝卫国解释，瓣状甲多在五岁后可见，是常染色体单基因显性遗传性状，这在汉族人群中普遍存在，可能是古代民族融合的产物，并不能作为"正宗汉族"或"大槐树移民"的标志。

走西口，闯关东，下南洋

　　近几年，伴随着《闯关东》《走西口》《下南洋》等电视剧的热播，"闯关东""走西口""下南洋"这些名词被人们熟知。复旦大学历史地理学教授安介生介绍，这三部电视剧，分别描述了中国近代史上三次著名的移民潮。那么，当时为什么会出现移民潮呢？

近代迁徙：走西口、闯关东和下南洋

　　19世纪初，黄河下游连年遭灾，破产农民不顾禁令"闯"入东北讨生活，这便是"闯关东"的由来。到了1860年，清政府正式在东北地区开禁放垦，更使东三省人口大增。据统计，新中国成立前夕，东三省的居民已超过4000万，其祖先大多来自山东、河北等地。

　　"哥哥你走西口，小妹妹我实在难留……"这首脍炙人口的民歌《走西口》，在山西几乎人人会唱。据记载，清光绪年间，晋北地区出现了严重自然灾害，晋北人不得不到"口外"即蒙古地区谋生。这场移民潮一直持续到民国时期，影响深远。

　　明末清初，大批不愿臣服清朝的汉族人纷纷移民东南亚，称为"下南洋"。这场移民运动持续了数百年，奠定了如今东南亚国家的人口格局。

　　"闯关东""走西口""下南洋"和"大槐树移民"一样，有规模大、时间长、时代近等特点，在很多家族的族谱上都有详细记载。尽管如此，在历史长河中，它们仍只是中国移民史的一个片段和缩影。

三海平原：华夏先民的聚居地

　　按照人口地理学界的普遍观点，移民从人类产生时就出现了。据我国地质、历史、考古和民俗等专家研究推论，距今1万多年前，东亚大陆东侧的海平面比现在低约100米，东海、渤海、黄海是连在一起的三海平原。华夏民族和一些少数民族的祖先，便生活在这片广袤的土地上。

《新中国的考古发现和研究》介绍，当时，云贵高原、祁连山脉和秦岭冰层开始融化，地势较低的三海平原逐渐被融冰覆盖，最终形成了海洋，居住在这里的先民开始向黄河中下游迁徙。

在这一过程中，为争夺生存空间，华夏族的祖先与少数民族的祖先发生大规模冲突。后来华夏族大获全胜，开始在这片土地上繁衍生息。

历代移民：中国古代几次大规模移民

在《中国移民史》一书中，知名历史地理专家葛剑雄称，有史记载的中华先民的大迁徙，无外乎政策、战乱和自然环境变化等几个原因。那么，从商王朝建立开始将近 4000 年时间里，除了上文提到的闯关东、走西口、下南洋和大槐树移民之外，古人还经历了哪些重大的移民运动？下面作一小结。

先秦时期的移民，主要在黄河中下游流域进行。

商王朝曾六次迁都，迁都意味着大迁徙。西周初年分封了 71 个诸侯国，受政治因素影响，当时的移民都具有一定规模。春秋战国时期战乱频繁，胜方开疆拓土，败方四处流亡，都形成了无法避免的大规模移民。

秦汉时期，主要是移民戍边。

秦灭六国后，为巩固边疆，秦始皇迁 50 多万中原人定居珠江流域，并迁 30 多万人定居河套地区。汉承秦制，继续移民戍边，对河套地区、河西走廊、青海东部以及新疆中部进行大规模屯垦。

魏晋南北朝，大批北方人来到长江流域和岭南地区。

历史学家统计，经历了三国时期，中国人口锐减三分之一，仅剩约 2400 万。西晋建立后，人民好不容易安居乐业，却又发生了"永嘉之乱"。"永嘉之乱"时，大批北方人来到长江流域和岭南地区。这种迁徙持续了 100 多年，史称"永嘉南渡"。

唐末五代，北方百姓大量南迁。

755 年开始的"安史之乱"以及随后的黄巢起义，使人口大量南迁。五代时期，中原地区战乱频繁，南方相对平静。于是，北方百姓大量南迁，南北人口分布逐渐均衡。

宋元时期，南方人口数量首次超过北方。

北宋末年，北寇入侵掳走徽钦二帝，史称"靖康之乱"。这场民族战争，使中原人口再次大量南迁。中国南方的人口数量首次超过北方。1161 年，南宋和金刚刚签订的和约又被撕毁，史称"宋金毁约"，淮河流域成为战场，当地居民再次被迫南迁，定居长江流域和岭南地区。后来，忽必烈于 1273 年大举南侵，发动消灭南宋的战争，其主战场在长江中下游地区。当地居民为躲避战乱，不得不南迁到珠江流域。

明清时期，两次"湖广填四川"。

明朝初年，明玉珍在四川建立的大夏政权被明军所灭，两湖居民大量入川，这就是第一次"湖广填四川"。明朝末年，张献忠占据四川，大肆屠杀川民。《清史稿》记载，当时的川民"孑遗者百无一二"。清康熙十年（1671），朝廷准许"入蜀屯垦"，大量湖广居民进入四川。这次移民运动历时约 105 年，被称为第二次"湖广填四川"。

图腾：中华姓氏来源之一

姓氏是家族血缘关系的标志和符号，它的最初来源是什么？它与图腾有什么关系？在姓氏出现之前，人们用什么标示自己的氏族和身份？

中华古姓的来源：图腾崇拜

德国东方学家马克斯·缪勒在《献给神话学》中说：一个图腾，开始是一个氏族的标记，而后是部族的名字，而后是部族祖先的名字。这里的"名字"，其实就是"姓"。

图腾对中国人有什么影响？看过姜戎小说《狼图腾》的人知道，古代不少游牧民族都崇拜狼图腾。中国古代出现过一个名叫"犬戎"的民族，他们以犬为图腾。全球华人自称"龙的传人"，这源于华夏祖先所崇拜的龙图腾。另外，华人熟悉的"十二生肖"，其实也是一种动物图腾崇拜。推而广之，我们所熟悉的国旗、国徽和企业标志、商品标识等，在某种意义上也是图腾。

图腾对华人的影响不言而喻，那么，它与姓氏有什么关系？北京师范大学文学院王泉根教授研究认为，原始图腾崇拜是中华古姓的根源。大量古代文献以及现代少数民族中留存的图腾信仰，均佐证了这一观点。

不少学者也认为，中国姓氏的最初来源，是基于"天道"的原始宗教崇拜、图腾崇拜与祖先崇拜。所谓"天道"，即一切事物皆有的规则。上古时期，太昊伏羲氏正是将这三种崇拜合而为一，才有了"正姓氏"的创举。

图腾：氏族的徽号或标志

图腾到底是什么？马克思在《摩尔根〈古代社会〉一书摘要》中说：图腾，表示氏族的标志和符号。

将"图腾"一词引进我国的，是清代学者严复。1903年，他翻译英国学者甄克思的《社会通诠》时，首次把"totem"译成"图腾"，从此成为中国学术界的通用译名。严复在按语中说，图腾是群体的标志，旨在区分群体。

具体到某个氏族，图腾便成为氏族的徽号或标志。

中国社会科学院研究员何星亮介绍，关于图腾，目前学界有三种观点：图腾名称是一个群体共同的名称；图腾是群体的祖先，成员都是由图腾繁衍而来；图腾是群体的保护神。他在《中国图腾文化》一书中说，图腾在确认氏族成员血缘关系上具有重要意义，是维系、联结氏族成员的精神支柱和心灵纽带。

闻一多最早提出"龙图腾说"

华夏子孙为何自称"龙的传人"？最早提出"龙图腾说"的，是闻一多先生。他研究称，上古时期，蛇氏族兼并别的氏族后，便在蛇图腾的基础上，吸收其他形形色色的氏族图腾，成为后来的龙图腾。

《竹书纪年》记载，6000多年前，太昊伏羲氏在古宛丘（今河南淮阳）实现了华夏九州第一次大结盟，开创帝业。后人研究认为，这次结盟后，太昊伏羲氏以蟒蛇图腾为基础，集中九大部落图腾的特色，选用鳄鱼图腾的头、雄鹿图腾的角、老虎图腾的眼、巨蜥图腾的腿、苍鹰图腾的爪、红鲤图腾的鳞、白鲨图腾的尾、长须鲸图腾的须，组成了一个新的图腾，命名为"龙"。

从此，华夏民族的知识结构中，有了"龙"的概念。因为龙图腾汇聚了九大部落图腾的特点，它就此成为凝聚天下民心的旗帜，各氏族部落从此称为"龙子龙孙"。

风姓起源：龙蛇图腾或玄鸟图腾

关于姓氏图腾的研究，早已有之。文化学者丁山认为，中国古姓大多是图腾的遗留。著名历史学家吕振羽也曾指出，中国今日不少姓氏中，都保留着原始图腾名称的遗迹。民国时期社会学者李玄伯则认为，姓就是图腾的结果。

郭沫若在《甲骨文字研究》中指出，太昊伏羲氏的"风"姓，起源于凤鸟图腾。他认为，"风"与"凤"在古文中意义相通，凤指玄鸟，伏羲氏以玄鸟为图腾，故以"风"为姓。也有学者认为，"风"的古体字为"飍"，在甲骨文中的形象是一条龙和一条蛇，代表龙蛇图腾。

《通志·氏族略》记载，"五帝"之一的虞舜姓姚，他居住的姚墟到处是桃树。其氏族的原始图腾"姚"，便是由桃树的形状演变而来。

图腾感生的传说，上古时期频频出现。《论衡·奇怪篇》记载，禹的母亲吞食薏苡受孕生下大禹，故夏人以薏苡为图腾，以"姒"为姓。简狄吞食玄鸟的"子"（卵）而生下契，故商人以玄鸟为图腾，以"子"为姓，这就是所谓的"天命玄鸟，降而生商"。

网上流传的姓氏图腾，其实是艺术家的创作

现在网上广泛流传的"中国100个大姓的姓氏图腾"，其实是图腾文化学者王大有的艺术创作。

王大有在其书中介绍，中华姓氏来源于上古氏族的文化图腾，姓氏图腾是"中华文化的DNA"。他创作的姓氏图腾，主要依据甲骨文、金文、"鸟虫书"、陶器或玉器上的"族徽"以及神话传说创作而成。"我在创作姓氏图腾时，运用了一些艺术手法，争取把每个图腾画得漂亮些，让人们喜欢。"

中国青年政治学院姓氏专家王大良认为，这种姓氏图腾只是艺术创作，并不能代表学界观点。"一部分非常古老的姓氏，确由图腾转化而成。但姓氏还有多种来源，不应过分渲染姓氏和图腾之间的关系。"他说，图腾产生时文字尚未出现，没人见过图腾的样子，怎么会有图片呢？学者艾农也曾对这些姓氏图腾进行过批驳，认为它们经不起推敲。

古人有字号，它们有啥用

众所周知，姓氏是代表人们血缘关系的符号。我们在日常使用中，常把它与名字连在一起，成为姓名。

但在中国古代，人们的名和字一直是分开使用的。《古人名字解诂》解释：名以正体，字以表德，号以明志，斋室寄情。

那么，它们具体都有哪些用处呢？

名：原本不与姓氏连称

《说文解字》解释："名，自命也。"在古代，"名"与"字"含义不同。"名"是用来代表一个人，并区别于他人的正式文字符号。

早在远古时期，我国的人名就形成了单名、双名并存的格局，一直延续至今。河南大学教授魏清源介绍，在春秋以前，"名"是独立存在的，一般不与姓或氏连称。

直到战国时期，姓氏逐渐合并，姓、名连称逐渐成为全社会的共同习惯。

可为什么姓在前、名在后？

魏清源解释，中国古人的宗族观念很深，姓氏代表人们的血缘关系，其地位自然要比代表个体的"名"重要多了。

人们的"名"虽在出现时就单双并存，但了解历史的人会发现，在不同时代，单名、双名的比例也明显不同。

魏教授介绍，两汉之前，人们的名以单名居多，比如刘备、项羽等都是单名。古代的中国人，历来有一种"求偶"和"对称"的心理，一个姓、一个名，正好是双字结构，是偶数，又对称，符合中国人的心理。

两汉之后，双名逐渐增多，后来更是在数量上超过了单名。专家认为，其原因是汉朝行辈字派的出现和广泛使用。行辈字派先是用来区分排行的，如伯、仲、叔、季和长、次、幼、少、元等；后来人们觉得父子之间也应该区分开，于是便有了字辈，以区别同族男子之间的辈分。

据统计，到了 1949 年，我国双名者已占总人数的 93.5%。

字：同辈之间不呼名，而称字

什么是字？《礼记·檀弓》记载："幼名，冠字。始生三月而加名，故去幼名；年二十，有为人父之道，朋友等类不可复呼其名，故冠顶加字。"人们见面时或信函中多称对方的字，而不直呼其名，以示尊重。

相对于男子的正式名字来说，"字"就是"名外之名"，是人在正式名字之外所起的名字。古人一般有两种字，一是"小字"，一是"表字"。

小字又称"小名""乳名""奶名"，是一种昵称，一般由父母来起。与乳名相对应的是学名。

表字即通常所谓的"字"。由于"名"的地位较尊贵，同辈人之间不能互相称"名"。未成年时，同辈人之间可以互称小字；成年以后，交际频繁，会彼此称呼对方的"表字"。不过，与小字不同的是，表字一般是男子成年后自己起的。

既然字是"名外之名"，那么字与名之间有什么联系呢？《白虎通·姓名》记载："闻名即知其字，闻字而知其名，盖名与字相比附故。"

有的古人的字与名有直接关系，即字和名至少有一个字相同，如李白字太白、孟浩然名浩字浩然、孔安国字子国等。

另外一些人的字与号有对应关系，在字形、字音、字义上有相关性，如马超字孟起、董羽字仲翔、张奚若字熙若……其中，在字义上有相关性最为常见。

号：取个什么号，全凭个人爱好

《尔雅》记载："号，呼也。"号是人的姓氏名字之外的称呼，由来已久，早在上古时期就有了。号产生时与氏的用法相似，常用作部族的标记或统治者个人的标记。

后来，部族的标记演变为"国号"，统治者的标记演变成"后""王""帝"等，其中皇帝的尊号是个代表。比如，宋太祖赵匡胤的尊号是"应天广运仁圣文武至德皇帝"。

帝王的号，除了尊号之外，一般还会有谥号、庙号和年号。谥号是帝王死后的称号，一般有褒扬、同情、贬斥等类型，如文、武、明、成、孝、悼、庄、哀、怀、灵、炀、厉等；唐代以后，每个皇帝都有庙号，如唐太宗、宋太祖、明太祖等；年号是纪年的名称，我国年号始自汉武帝，其年号为"建元"。

当然，号在出现时也是王公贵族专用的，直到汉代以后，民间才开始用号。

魏晋南北朝时期，使用号的情况渐渐普遍，一般都是人们自己起的，如陶渊明自号"五柳先生"。到了唐宋时期，用号成了社会风气，明清更是达到鼎盛。人们全凭个人爱好取号。

假名：你知道常香玉的真实姓名吗？

在古代，人们还经常使用另一种名字——假名。化名、代号、法名、道号、笔名、艺名等，都是典型的假名。

人们为了应付某种特殊情况，往往会用化名掩盖自己的真实身份。比如，在革命年代，周恩来就曾使用过伍豪、翔宇、冠生、周少山、胡必成等多个化名。

所谓代号，多是在小团体内部使用，外人往往不得而知。比如，在热播剧《潜伏》里，孙红雷扮演的余则成，代号是深海。

法名，即出家为僧尼或虽未出家却皈依三宝的人的名字。法名又称法号或戒名，通常是由法师所赐，用来取代俗名，并将俗名永远隐匿起来。法名以双字居多，有一定的字辈，佛教色彩浓厚。比如现任少林寺方丈法名为永信。与之相比，道号则并不排斥真实姓名，如一说起长春子，人们都会想到丘处机，两者并不冲突，可同时使用。

笔名和艺名都算是假名。

一个人可以使用多个笔名，一个笔名也可以代表很多人。艺名则是人们在从事某些特定行业时所起的名字，如梅澜的艺名是梅兰芳，张妙玲的艺名是常香玉等。

家谱"攀"名人，原是"被迫"的

众多家谱上，都有个"亮闪闪"的名人是自己的先祖，或为帝王，或为名臣。

比如，有的李氏称李唐皇帝为本族始祖，萧姓则号称自己这一支先祖为萧何，张氏则拉张良、张飞等为自己的祖宗……

其实，"攀附"名人并非简单如阿Q般"我祖上比你阔多了"。这样做，除敬重祖先的思想外，老百姓也有自己迫不得已的原因。

宋代以前家谱只能"官修"

华夏姓氏源流研究中心主任袁义达长期从事姓氏群体遗传学研究，曾任中国科学院遗传研究所室主任，出版过《中华姓氏大辞典》等著作。

袁义达说，在宋代以前，中国的家谱只能"官修"，也就是说，只有帝王将相、名臣才有资格修家谱。普通人如果要修家谱，是要冒很大风险的，属于"犯上"。

宋代以后，民间言论开放，普通人才开始修家谱。因为中间多年文献断档，没有人知道自己的祖上到底是谁，只能根据自己大概来自哪里，和哪个同姓官员的某一支重合，就直接跳过去连接上了。

当然，老百姓们这么做，也是受了刘邦的启发。众所周知，刘邦做皇帝前仅仅是个小小的亭长，出身低微。他当了皇帝后，竟然拐弯抹角把自己的家谱续成了炎帝之后。老百姓一看，皇帝都这么干，大家当然可以效法。于是，几乎所有的家谱，往上数祖先必定是名人，因为普通人根本就没有家谱传下来。

明朝开国皇帝朱元璋登基后，曾有人要为他续家谱，想把宋代大理学家朱熹认成他祖先，但最终放弃。有人说，是因为年代太近，朱熹子孙尚在，朱元璋实在不好蒙混；也有人说，是朱元璋后来自己没同意，而是把自己讨饭的经历给写上了。

家谱文化是一种信仰

如果家谱是这么来的，那它还可信吗？袁义达说，家谱文化，实际上已经成了一种信仰。世界上没有任何一个国家，能像中国一样保留几千年的家族文化。这种信仰，也是对祖宗的敬畏，让人有根有源，知道自己从哪儿来。

实际上，对于家谱，前面是真实的，后面也是真实的。也就是说，家谱前面多少代，因为有文献记载，是有据可依的；最近数代，牵涉自己的叔伯、爷爷、曾祖等，也是真实的。唯一的断层就是在文献缺失的那些年代。

"曾经有人发现，一个县如果有五个进士，那么全县同姓的人都认这几个人为祖先，难道这几个进士就没有兄弟吗？其他人都去哪儿了？"袁义达说，这就像是一棵大树有众多分支，你本来属于第三支第五根，但是你认了第一根，中间的差别其实并不大。

说到底，中国的家谱文化，就是整个民族的血脉信仰。

袁义达说，上世纪七八十年代，美国黑人开始寻根，由此带动了华人寻根。和他们不同的是，我们有家谱，追根溯源，就知道自己从哪儿来。不管中国的社会结构如何变化，只要姓氏文化不丢，我们的文化就能传承。

姓氏轶事：朱熹的"序"被多个姓冒用

除了认名人当祖先，以前还有人喜欢假托名人作序。史料显示，朱熹作谱序的家谱多达十几个，有的是真的，有的则是伪作。

他的一篇谱序，竟为周、黄、刘、戴、吴、洪等姓氏的家谱同采用，其中只姓氏一字之别，其余文字均雷同。

明清时期，甚至有了职业"谱师""谱匠"，专为一些家族制作假冒伪劣家谱。

如今，随着寻根和民间修谱的兴起，"谱师"这个职业又重出江湖，甚至有了专门的修谱公司。

有学者说，这应了"盛世修谱"这句话，也跟"三十年一小修，六十年一大修"的修谱传统有关。

但修家谱需要仔细考证，要把每个人诞生、工作、嫁娶的轨迹都找到，何时迁徙、埋葬在哪里等都要弄清楚。掌握好这全部的要素，并不是一件易事。

刨根问底：五百年前是一家？

常常有两个同姓的人初次遇见，会笑称"五百年前是一家"。也有人会主动和名人搭关系，比如姓孔的就认为自己是孔子后代，姓关的认为自己是关羽后代。

不过，这种说法并不准确。

有学者解释称，一方面，同一姓氏最终追溯到老祖宗，不可能是一个人，而应该是一个家族。比如姓孔的，老祖宗可能是孔子，也可能是孔子的兄弟。再比如，中华民族所有姓氏追溯到头就是炎帝和黄帝，但不可能只有这两人，而是两个家族。

更重要的是，在姓氏流传和演变过程中，很多因素会影响一个姓氏"血统"的纯正。大量的赐姓、改姓，还有姓氏避讳等，都使得"五百年前是一家"的说法难以成立。

郡望、堂号——宗族那些事儿

姓氏文化源远流长，有一些词频繁出现，比如，"郡望""堂号"，你知道它们是什么意思吗？

范阳卢氏、清河崔氏、荥阳郑氏、太原王氏，大家对这四大门第耳熟能详，它们分别代表什么，你知道吗？

郡望：中国大姓的郡望最多

"郡望"一词，是"郡"与"望"的合称。

"郡"是春秋至隋唐时的地方行政区划名。战国时期，边地逐渐繁荣，郡下设县，产生郡、县两级制。秦统一六国后，确立郡县制，郡下设县。

"望"是名门望族。"郡望"连用，古称郡中为众人仰望的显贵家族，即表示某一地域范围内的名门大族，主要指魏晋至隋唐时每郡显贵的世族。

根据姓氏研究专家谢钧祥的研究，一般来说，姓氏人口数与郡望数成正比，人口多，郡望就多。

比如，张姓的郡望多达43个，王姓郡望有21个，李姓的郡望有12个，刘姓的郡望有16个，这些姓长期以来都是中国的大姓。

士、庶之间不能通婚

"郡望"为什么主要指魏晋至隋唐时每郡显贵的世族？

根据谢钧祥的研究，从东汉末年开始，大官僚地主依靠政治、经济特权，逐渐形成士族或世族，又称高门；不属于士族、世族的则称为庶族，又称寒门。士、庶之间不能通婚，甚至不得平起平坐。

魏晋南北朝时期，为保证士族特权的官僚选拔，魏文帝曹丕实行九品中正制，推选各郡有声望的人出任"中正"，将当地士人按"才能"评定为九等（九品），政府按等选用。

至齐王曹芳时，司马懿当政，于各州设大中正，由世族豪门担任，选用官员时以"家世"为重，必须查考谱籍。从此，高门中选，寒门受排斥，"上品无寒门，下品无世族"，九品中正制成为世族地主操纵政权的工具。因此，郡望就显得相当重要。

虽然隋文帝时改行科举制，但在宋代以前，仍很讲究门第和郡望。

北魏孝文帝迁都洛阳后，令鲜卑人改为汉姓，并确定元、穆、陆等十姓为最高贵的门第，又确定范阳卢氏、清河崔氏、荥阳郑氏、太原王氏这汉族四姓为最高门。这四姓前面所冠的地名，均是当时的郡，也就是这些姓的郡望所在。

堂号：孟母三迁，所以孟有"三迁堂"

说起"堂号"，也有一番历史。堂，本指正房、堂屋；号，即名称。堂号就是一个家族或家族中一支（即一房）的名称。

堂号的来历各有千秋，或有一番不平凡的来历，或在讲述一则故事，但都与这个家族最荣耀的事迹分不开。

有的堂号与地域息息相关，比如，有人以郡望、重要地名为堂号；有的堂号是对先人的缅怀，比如，有人以先人的官职、名号（包括书名、斋名、封号、谥号等）、美誉、嘉言懿行等为堂号；有的堂号是为了教育后人，比如，以训诫后人的格言、传统的道德准则、祥瑞吉兆、良好祝愿为堂号。还有些别致的，以特殊的组合形式为堂号等。

古时，大户人家的厅堂上，几乎都悬挂着写有堂号的匾额。每逢节日，家门前还会挂起写有堂号的大灯笼。如今，我国南方不少地区，节庆时在门前挂上有堂号的灯笼，或在村头立个写有堂号的牌坊。

一些堂号口碑相传，比如，孟姓"三迁堂"，源于"孟母三迁"；卞姓"忠贞堂"，源于卞壶为国牺牲；周姓的"爱莲堂"，出自北宋理学开山鼻祖周敦颐的《爱莲说》。此外，还有张氏的"金鉴堂"、杨氏的"四知堂"、方氏的"六桂堂"等。

女性为何不能入家谱

俗话说："女子不入祠，女子不入谱。"在封建社会，女性不能进本姓家谱，只能记入丈夫的家谱，但也仅是附庸式地记入，只记姓、不记名。

随着社会发展，人们开始对女性不入家谱的旧习产生质疑。当今社会提倡男女平等，那么在修家谱的时候，女性是不是也应该记入家谱？

河南省姓氏文化研究会秘书长李立新认为，女子不入家谱，是中国封建政治在文化上的体现，是男权社会对女性地位的否定。

在他看来，古代的家谱是残破不全的家谱，当今社会，应该摒弃封建文化观念，倡导女性入家谱。当今社会一些姓氏在修家谱的时候，逐渐打破了女子不入家谱的陋习，这是社会的一大进步。

据报道，1986 年福建省长乐县横岭乡谢氏修订家谱，一反女子不入谱的旧习，把当代女性作家谢冰心编入了家谱。而湖北鄂州"槐荫堂"1993 年新编的《王氏宗谱》，也将女性入了谱。

2003 年，孔子世家第 6 次续修家谱，此次续谱决定打破昔日只有男性入谱的惯例，不仅孔子的女性后裔可以入谱，女性后裔的子女也同样可以入谱。

祠堂，家族的"小法庭"

在郑州，有一个知名的任姓家族，曾经有完整的族谱和祠堂。如今还有几户人家，住在百年老宅里。

曾经的大家族，如今各奔东西

这个百年老宅，坐落于郑州市高新区东史马村，任金岭就在这里住着。56岁的任金岭，祖上是明朝时从山西洪洞县迁来的。最初，他们住在郑州二里岗一带，到了雍正八年（1730），才搬到了现在的东史马村。

任金岭的祖上初搬来时很穷，地无一垄、房无一间。后来，也许是与勤劳有关，任家人慢慢有了积蓄和大片的良田。

清朝乾隆年间，任金岭的先祖任德润，建起一座呈"品"字形布局的五进院落，占地几十亩。整座宅院历经四代63年完工，院内建有家庙。

任德润曾任布政使，属从二品大员。他的弟弟是一名武官，官至千总。

任金岭说，当时任家很兴旺，上百人住在一起。千总是整个家族的当家人，任家的吃喝拉撒，全由他说了算。谁家有事儿了，只要找他，没有解决不了的。

如今，任家人在这座老宅里已经住了200多年。老宅被拆了大半，任姓族人也早已各奔东西：有人在解放初期随国民党去了台湾，也有人去了山西、山东等地。就连住在东史马村的任姓人，也已分散四处。只有任金岭和他的几个兄弟，还守在这座老宅里。

犯了族规，得去祠堂里受罚

这几年，时常有姓任的外地人找到任金岭，想要续家谱。

遗憾的是，任家的家谱已在"文革"破四旧时被烧了。就连字辈，任金岭也已记不全。他只知道，他是他们家族的第17世，祖上原有族规，如今也都失传了。

据有关资料显示，任氏是黄帝时代的12个重要氏族之一。如今，任姓在百家姓中排名第 50 位，人口主要分布在山东、河南等地。

说起族规，不得不说起祠堂。古时候，只有家中做官的人家才能建家庙。到了明代，民间被允许建造家庙或祠堂。家庙和祠堂除了用来供奉和祭祀祖先，也是族长行使族权的地方。族人违反族规，要在这里受罚和教育，直至驱逐出宗祠。从一定程度上说，它也可以说是一个家族的小法庭。

任金岭还记得，在他父亲小的时候，谁要是犯了族规，还得去家庙里跪着受罚。逢年过节，家里不管男女老少，只要是姓任的都会去家庙，由辈分最长的人领着祭拜先祖。

作为被一个家族承认的象征，族里的媳妇儿新婚时也要去家庙或祠堂祭拜，进不去的就不被承认。

任金岭说，家庙和祠堂绝对不能让外姓人进去，哪怕你只进去看一眼也不行。如今，任家的家庙早已不在，上百人祭拜先祖的热闹场景，再也不会见到了。

任姓堂号

任姓堂号中，最知名的当数"水葓堂"。这个堂号和东汉名士任棠有关。

任棠不愿为官，在家教书为生，地方上的官员前来拜访，任棠也常常避而不见。

后来，新任太守庞参也登门拜访。任棠既不迎接也不说话，只是把从地里刚拔出的一株葓（一种杂草）摆到桌子上，又在堂前放了一盆清水，随后抱着小孙子坐在门下。

庞参沉思良久，终于悟出了任棠的用意：放一盆清水是希望我做一个清官；拔一株葓，是希望我能铲除欺压百姓的豪强；他抱着孙儿，是希望我能够爱惜民力，抚恤老弱病幼。随后，庞参在太守任上，抑强扶弱，实施惠政，发展生产，很得民心。

也说祠堂那些事儿

古时候，所谓国有国法，家有家规，"家法"是国法的补充。当时的族长，相当于家族里的法官，而祠堂就相当于法院，犯了错的族人，挨杖责、罚金、笞罚等，都要在祠堂实施。

族法在祠堂里实施，不仅是给活人看，也是为了拿不肖子孙来告慰先人。这是因为，"大凡祠堂之设，以祀其先祖"。祖宗神灵聚居于此，所以，祭祖是祠堂最重要的功能。

古代的祭祀很有讲究。一年之中，春秋两季各有一次规模较大的祭祖活动。清明节扫墓，也要先到祠堂祭祖，然后分别到各家墓地祭扫。

祠堂的宗庙里，祖先神主的排列顺序也有讲究：始祖居中，始祖以下奇数辈为"昭辈"，偶数辈为"穆辈"，一般是"左昭右穆"。宋元时期流行在寝堂里立先祖的塑像，明清时期流行挂画像轴，民国时期则开始流行挂照片。

此外，祠堂还是教育人才、宣讲礼法的地方。家族召开重大会议，通常也会在祠堂里进行。逢年过节或重大喜庆事件，祠堂还会成为全族人的娱乐场所，以至于一些地方的祠堂里都有一座戏台。遭遇战乱，祠堂又会成为本族的"应急指挥中心"，由族内的权威人士商讨、决定全族人的前途命运。

这么重要的场所，自然在族人心中的地位神圣庄严。那时候，祠堂不仅是村子里最坚固豪华、风水最好的建筑，同时禁忌也相当多。

比如，不是明媒正娶的妻子绝不能进祠堂，族内女性也不能随意进祠堂，与本族无关人等更是别想踏进一步。

其实，祠堂文化，无非是以"忠孝仁义"为本的儒家文化，时代烙印鲜明，在今天怎样去其糟粕、择其精华，仍需人们多多研究和思考。

六千年前的"婚姻法"长啥样？

《中华姓氏大辞典》中，收录了我国各民族用汉字记录的姓氏11969个，其中汉族姓氏4820个。

这么多的姓氏是什么时候产生的？当时有着怎样的社会背景？中国最古老的姓是什么？

姓氏产生之前的婚姻制度

著名史学家吕思勉认为，中国最早的姓氏制度，是当时婚姻制度的补充。那么，姓氏产生时有着怎样的婚姻制度？

在《家庭、私有制和国家的起源》一文中，恩格斯将人类社会的婚姻制度概括为三个阶段：与蒙昧时代相适应的群婚制，与野蛮时代相适应的对偶婚制，与文明时代相适应的一夫一妻制。

吕思勉也在其作品《中国制度史》中说：中国的婚姻制度，经历过原始群婚、血缘婚、亚血缘婚、对偶婚和专偶婚等多个阶段。

群婚时代，人们没有父母、兄弟姐妹的概念，两性关系纯粹出于"自然"；血缘婚时代，家族内部产生婚姻禁忌，排斥亲（父母）子（子女）之间通婚；亚血缘婚则更进一步，家族内同辈男女通婚也被禁止；对偶婚时代，男女之间的婚姻关系也并不稳定。

另外，古代先民沿袭了数万年的乱婚、抢婚习俗，严重影响当时的社会秩序，也让当时的社会结构处于不稳定的状态之中。这种情况，无疑让当时的统治者十分头疼。

伏羲正姓氏，是姓的开始

约6000年前，一位伟人出现了，最终改变了这种混乱蒙昧的状态。这位伟人，就是伏羲氏。

《竹书纪年》记载，伏羲氏连年征战，最终迫使周边部落臣服于他，创造了亘古未有的帝业。"正姓氏、制嫁娶"这两样创举，正是他在平定天下之后完成的。

制嫁娶，就是当时的"婚姻法"。史书记载，伏羲氏下令"以俪皮为礼"，实行"一夫一妻"制。自此，中华先民才有了"夫妻"的概念。

正姓氏，则是与"制嫁娶"相辅相成的政策。《史纲评要》记载，"正姓氏，通媒妁，以重人伦之本，而民不始渎"。《路史·太昊纪上》则说，正姓氏"以正君臣、父子、夫妇之义"。

正姓，即正人们的"天性"，废止群婚、乱婚，实行专偶婚（一夫一妻），代表人们的血缘关系；正氏，指的是"正男子"，废"男随女"为"女随男"，确立男性的社会主导地位。

当然，这些功绩，都是伏羲氏在当时的都城古宛丘（今河南淮阳）做出的。所以在众多姓氏文化研究者眼中，淮阳是"中华姓氏的起源地"，是姓氏文化的"根"。

最早的"婚姻法"都有哪些规定

《帝王世纪》记载，"氏同姓不同者，婚姻可通；姓同氏不同，婚姻不可通"；《左传》称"父母同姓，其出不蕃"；《国语》说"同姓不婚，恶不殖也"。这些记载，都是当时"婚姻法"的内容。吕思勉认为，伏羲氏制定的"婚姻法"，主要有以下规定：

1.男女不准任意交媾，必须是夫妻才能交媾。

2.婚姻实行男婚女嫁，女子要到男方部落"安家落户"。

3.男女婚配，要由酋长或者长者做"媒人"。

4.男方必须给女方送两张兽皮作为婚礼。

5.在同一氏族内，亲亲不准婚配。

正姓氏的具体规定有：姓由祖定，万世不变；"姓"是父母之所出，明确血缘关系；后裔不论男女皆随"父姓"，特殊情况除外；同姓之间不通婚等。正是这两种制度的实行，中华先民才逐渐摆脱蒙昧，迈向文明。

最初的姓：风姓和龙姓的最初来源

根据这些规定，伏羲氏时代都出现了哪些姓？有史可考最古老的姓是什么？

《竹书纪年》记载，伏羲氏"以木德王，为风姓"，这是有史记载"姓"的开始。

他为什么姓风？这在《史纲评要》中有答案："帝生于成纪，以木德继天而王，故姓风。"

《帝王世纪》记载，伏羲氏去世之后，"女娲氏代立为女皇，亦风姓也"。女娲氏去世后，"大庭氏、柏皇氏、中央氏、赫胥氏、祝融氏、混沌氏、昊英氏、有巢氏、葛天氏、无怀氏等十五氏皆袭伏羲之号"。

他们承袭"伏羲"称号和"龙图腾"，自然也承袭了风姓。当时的天下是"风天下"，也是"龙天下"。

除了风姓，当时还有哪些古老的姓？《竹书纪年》《史记》等均记载，伏羲氏"以龙纪官"。伏羲氏结合多种图腾创造了"龙图腾"，大臣官职名称中大多都有"龙"。有学者认为，这是龙姓的起源。

祖宗十八代，你能说全不？

"国有史书，邑有县志，民有家谱。"一部家谱，记载着一个家族的传承，连贯着家族的血脉，生生不息。在中原方志馆，收藏了百余种家谱。形式不一的家谱，背后却能看到一个家族的特性和传统。

收集全国各地庞姓 50 余种家谱

庞志奇是中原方志馆主任。在中原方志馆，收藏着百余种形式不一的家谱。致力于庞姓文化研究，他收藏的庞姓家谱，就有 50 余种。

庞志奇说，经考证，庞姓来源于姬姓，起于周文王的第 15 个儿子毕公高。毕公高因受封于庞乡，他的后世子孙以其受封地名"庞"作为姓氏。关于庞地，有两种说法，一是河南南阳，一是山西。

在中国的姓氏中，极少有字中带"龙"的。庞志奇说，由此也说明，庞这个姓氏与帝王的关系。

在他收藏的族谱中，来自全国各地的都有，最早的族谱能上溯到东汉年间。庞姓"始祖德公"。他说，这个"德公"，就是三国时期"凤雏"庞统的叔叔，也曾是诸葛亮的老师。

他说，在"文化大革命"之前，尚有许多古籍家谱，但经历了"文化大革命"后，家谱散失较多，很少能看到旧时候留下来的了，大部分都是重修。

与北方不同的是，南方众多家族"修谱"之风很盛，且家谱保存极其完整。庞志奇说，一个重要的原因，是中原地区战乱、迁徙更多，家谱很难能完整保存。

从家谱看古人传宗接代压力

从没有哪个时刻，比翻看家谱时更能感受到古人传宗接代的压力。

在一本只记载男性名字的庞氏家谱上，妻子只标注"王氏""李氏"等，下面栏里注明生了几个儿子，都是谁。女儿则不被列在儿孙之列。家谱中，唯一可能占一席之地的女子，就是"烈女""节妇"一类。

如果一个人没有生儿子，他们的子孙栏里就会写上"无传"二字。跟一旁一列列的几个儿子相比，显得格外冷清。

又因旧时有着男丁兴旺、多子多福的观念，留在家谱上的"无传"确实让人看着"压力山大"。而这种无传的压力，通常又都落在女人身上。

那时候，如果生不出儿子，都会被认为是女人的错。而这个女人，会因此被整个家族的人看不起，甚至会因此而被夫家堂而皇之地休了。也因此，一些女人如果长期没有生儿子，还会主动为夫纳妾。

当然，到了近代，这种男尊女卑的面貌已经有了明显改观。在很多家谱里，写妻子不再以"某氏"标注，而是写了全名。女孩也不再完全被排斥在家谱之外，而是会被列入子孙后代行列。

家谱中只记好事不记坏事

在每个家谱中，都会标注功成名就之人，如"某科进士""曾任某处知县""贡生""监生"等。如果中间某人有迁徙，还会标注迁徙地址。

到了近现代，一些家谱也与时俱进，不再仅仅标注谁家传了几个儿子，详细介绍某一家时，还会配上照片。学生考上大学，也被认为是光宗耀祖的事，家谱中会标注考上某某大学。

不过，在家谱中，几乎不记载任何不好的事。庞志奇说，在修家谱时，很注意"书善隐恶"，如果家族有纷争，或者家族里谁犯了法，遭遇什么刑，一般是绝对不会在家谱上看见的。因为家族中叛逆、犯刑、败伦、悖义者，都会被"出族"，不让入家谱。

这种做法，也跟家谱的教化功能有关。

辈分用完了怎么办?

家谱上的辈分，如果用完了，往后怎么续?

对此，庞志奇说，家谱一般都会经过多次重修。按民间惯例，如果遇到家谱中辈分字数用完的情况，通常是召集家族中最有学问、德高望重的人，重新为家谱中的后辈拟字。这些字，一般都要有特别的含义。修家谱时，辈分一般定 20 辈，最多不超过 60 辈。"一般 20 辈就够用很多年了。"

以方志馆收藏的广西贵港市大圩镇永隆村新村屯黄姓的族谱为例，其中定了 20 辈的用字，其中有"全乃树善、敬孝忠信、博谨明笃、恭柔仁和"，后面还有详细解释。

"全乃树善"的意思是：这一辈人要树立个好的榜样，给以后的子孙万代做参照；"敬孝忠信"：教人立身处世的方法和态度；"博谨明笃"，出自《白鹿洞书院揭示》里的"博学之、谨思之、审问之、明辨之、笃行之"，教人工作求学、长智慧的方法；"恭柔仁和"：教人君臣父子兄弟夫妇相处之道。

"祖宗十八代"是什么？

在一些地方，骂一个人时，最狠的莫过于问候他的"祖宗十八代"。

"祖宗十八代"究竟是什么意思？有的家谱里也说了。黄姓族谱中解释，这是指自己上下九代的宗族成员。

上按次序称谓：父母、祖、曾祖、高祖、天祖、烈祖、太祖、远祖、鼻祖。

书中说："因人怀胎，鼻先受形，故鼻祖为始祖。"在古人看来，胎儿是鼻子先成形，所以就叫"鼻祖"。

下按次序称谓：子、孙、曾孙、玄孙、来孙、晜（kūn）孙、仍孙、云孙、耳孙。

书中说："耳孙者，谓祖甚远，仅耳目之闻也。"也就是说，耳孙隔代太远，只听过没见过。